문학의 이해

한울출판사

머리말

본서는 문학 일반에 대해 서술하고 있다. 고대 우리문학의 기저에는 중국문학이라는 거대한 산이 있듯이 현대 문학의 기저에는 서구문학이라는 거대한 바다가 있다. 그래서 우리 고전을 이해하기 위해서는 일찍부터 발달한 중국시학을 알아야 하듯, 현대문학을 이해하기 위해서는 서구 문학을 함께 해야 함을 알게 된다. 한국의 현대 문학이론은 서구 문학 이론에 있음을 알 수 있다. 그래서 초기 현대 문학 이론을 개설한 저자 및 작가들도 영문학자들이 다수 있음을 본다.

본서는 제목이 말하듯이 문학 일반의 이론과 함께 그 창작에도 도움을 주고자 했다. 그래서 본서는 문학의 이론적 배경과 함께 창작으로의 길도 열어두었다고 할 수 있다.

본서는 제1부와 제2부로 나뉜다.

제1부에서는 총론으로 문학일반에 대한 이해이다. 곧 문학의 기원이라든가 정의, 기능, 특성, 요소 등 문학으로서 갖추어야할 기본적인 성격이며 비문학과의 차별성을 갖는 것이기도 하다. 그 위에 또 작자로서의 자질 내지 문학을 낳을 수 있는 원천이라 할 수 있는 사고와 상상에 대해서 서술했다.

제2부는 각론 부분이다.

제1장 수필의 이론과 실제에서 수필의 정의, 갈래, 특성, 본질, 구성 기법 등 수필의 다양한 면을 살펴보았고, 제2장 소설의 이론과 실제에서는 소설의 정의, 문장 구성, 구조, 기법, 요소 등을 살피며 소설의 이론과 창작 기법까지 서술했다. 제3장 시의 이론과 실제에서는 두 갈래로 나누어 먼저 시의 세계와 그 탄생에 대해 살피며 그 관점과 가치 기준까지 밝혔으며 창작 이론과 실제에서는 창작의 구체적인 이론에서부터 창작의 실제 및 감상 내지 표현의 묘미까지 다방면에서 살펴보았다. 그래서 시의 이론과 실제는 본서에 나타난 것만 잘 익히고 활용해도 시 창작에서부터 감상, 해설, 평론에 이르기까지 확장시켜 표출해 낼 수 있다.

제4장 시조의 이론과 실제에서는 시조 일반론을 통하여 시조를 바로 이해하고, 시조의 형식미를 지키며 창작에 임할 것과 시조의 퇴고 과정을 통하여 시조를 시조답게 쓸 것을 염두에 두고 서술했다. 시조도 시인 만큼 그 이론은 시론이다. 다만 그 내용에 있어서는 현대인의 감각을 그대로 표현하되 시조의 형식을 지키면 된다. 그래서 시론에서는 그 예문으로 특별히 시조를 많이 인용하여 시론을 설명했다.

제5장 희곡의 이론과 실제, 제6장 평론의 이론과 실제, 제7장 비교문학의 이론과 실제까지 문학의 전반적인 장르를 섭렵하여 기술했다. 다만 희곡과 평론은 이론 중심으로 했고 제7장 비교문학과 실제에서는 그 양이 방대하기 때문에 아주 기본적인 것만 소개했을 따름이다. 비교문학은 21세기로 접어들면서 세계도 하나의 이웃, 글로벌 시대로 오면서 각 문화교류와 더불어 문학도 서로 비교할 수 있는 여건이 다양하게 주어졌다. 그래서 비교문학과도 대학원 과정에서 개설되어 연구가 활발하게 이루어지는 것을 본다. 따라서 이곳에서는 소개형식으로 조금 다루었음을 밝힌다.

아무쪼록 본서가 '문학의 이해'라는 측면에서 독자에게 많은 도움이 되기를 바란다.

2012. 1. 지은이

차례

CONTENTS

제 1 부
총론

차례

CONTENTS

제 2 부
각 론

차례

CONTENTS

차례

CONTENTS

제1부
총론

제1장

문학의 기원

문학의 기원을 뚜렷하게 말할 수는 없다. 하지만 시의 발생 기원과 같이 한다고 보아도 과히 틀리지는 않을 것으로 보고 있다. 시의 발생이 원시 종합 예술과 맥을 잇고 있기에 문학도 그렇게 보면 될 것이다. 왜냐하면 시의 발생이 문학 장르 중 가장 먼저이기 때문이다. 우리 고전을 보아도 운문이 먼저 발생했고 그 다음 산문이 나왔다. 세계 문학사도 마찬가지다. 이에 대한 논의는 시의 발생에서 다시 보기로 하고 학자들이 연구하여 내 놓은 문학의 기원설에 대해 알아보자.

1. 심리학적 기원설

이 설은 심리적 요청설이라고도 한다. 문학예술의 창작 심리를 중심으로 예술의 발생을 고찰한 학설로 다음 3 유형으로 나누어 설명한다.

1) 모방 본능설(imitative impulse)

인간에게는 주위에 보이는 것을 모방하려는 본능을 갖고 있다. 아기가 말을 배우는 것도 행동을 하는 것도 결국은 모방이다. 사실 인간은 모방에서 배운다. 모든 것은 모방이 먼저고 그 다음 창작이다. 그것은 무에서 유를 창출하기 어려운 것과 같은 이치이다. 위대한 발명가도 사소한 어떤 사건에서 영감을 얻는 것을 볼 수 있다.

이 모방본능설은 아리스토텔레스(Aristotle, BC 384-BC 322)가 주장한 이론이다. 그의 「시학Poetics」에 의하면 '문학과 예술은 인간에게 있는 생래적인 본능에서 발생하였다'는 것이다. 이 본능은 인간 본성에 내재하고 있다. 우리 자신을 돌아보아도 그렇다. 인간은 모방하면서 배워나간다. 그리고 성취감에서 희열을 느낀다. 이 또한 인간의 본성이다.

예술의 단어 Art의 어원이 '모방의 기술', '모방의 기교'라는 의미를 가진 Aros에서 온 것만 보아도 문예로서의 문학이 모방과 밀접한 관계에 있음을 알 수 있다.

어린아이는 끊임없이 어른을 모방한다. 말을 배울 때부터 자라면서, 그래서 가정은 자라는 아이에게 산 교육장이고, 부모는 바로 교사이다. 그만큼 가정의 역할이 어느 교육기관보다 소중하고 크다는 것을 말해 준다.

이러한 모방의 본능이 바로 예술을 낳게 하고 예술을 낳는 원동력이 된 것이다.

2) 유희 본능설(play impulse)

이 설은 칸트(Immanuel Kant, 1724-1804)에서 비롯되어 실러(Johann Christoph Friedrich von Schiller, 1759-1805)와 스펜서(Spencer, Herbert, 1820-1903)[1] 등에 의하여 주장 되었다. 칸트가 그의 저서 「미적 판단 비판」에서 '예술은 노동이 아니라 아무 목적도 없는 유희다'고 한데서 암시를 받은 실러는 '인간의 미적 교육'이란 논문에서 '감각 충동과 형식 충동이 가장 잘 조화되었을 때 유희 충동이 생긴다.'는 학설을 주장했다. 여기에 스펜서가 다시 사회학적 해석을 더하여 체계화한 것이 예술 유희설이다.

사람은 누구나 생래적으로 유희(놀이)를 즐기고자 하는 본능을 가지고 있다. 동물들은 생존과 종족을 보존하기 위해 모든 힘을 쏟지만, 인간은 이들과는 달리 본능을 충족시키고도 지적 능력을 다른 목적으로 이용할 줄 안다. 그리고 이용한다. 그것이 놀이이고 취미활동이다. 그 놀이를 형식화한 것이 곧 예술이라는 주장이 유희 본능설이다.

3) 자기표현 본능설(self-expression instinct)

문학이나 예술은 자기를 표현하고자 하는 본능에서 발생한다는 학설로 허드슨(W.H.Hudson, 1841-1922)이 주장했다. 사실 인간은 누구나 어느 형태로든 자기를 표현하고자 하는 욕구를 갖고 있다. 그러한 욕구가 없다면 자기 발전도 없을 것이며 현

1) 영국의 철학자·사회학자. 다윈의 진화론에 입각하여 생물학, 심리학, 윤리학을 종합한 철학 체계를 수립하였으며, 사회 유기체설을 주창하고 사회의 발전을 진화론적으로 설명하였다. 저서에 《종합 철학 체계》가 있다.

대 같은 IT시대에서 블로그나 미니홈피 기타 여러 매체들의 존재가 이어지기 어려울 것이다. 결국 자기표현의 본능에 의해서 블로그를 만들고 트위터에 가입하고 미니홈피가 존재한다. 개인마다 그 차이는 있지만 일반적으로 자기의 행위와 남의 행위에 대한 표현욕과 흥미를 가진다. 그 끈으로 인해서 현실과 상상의 세계를 꿈꾸며 표현한 것이 문학으로 이어졌고, 그러한 형식을 사랑하게 되어 문학이 성립되었다는 설이다.

허드슨은 문학의 존재 목적을 다음 몇 가지로 보았다.

첫째, 자기표현에 대한 인간의 욕구,

둘째, 인간과 그들의 행위에 대한 타자간의 흥미,

세째, 현실의 세계와 실존을 떠오르게 하는 상상세계에 대한 흥미,

네째, 문학 형식으로서의 형식에 대한 관심 내지 사랑[2)]

사실 인간(우리)에게 자기를 표현하고자 하는 욕구가 없고, 타인에 대한 흥미가 없고, 미지의 세계에 대한 상상력과 호기심이 없다면 문학과 예술은 존재할 수도 없을 것이다. 문학은 작가의 내면세계인 사상이나 감정을 형상화한 것이다. 곧 작가의 주관적 체험내용이 문학이 된 셈이다. 이 때문에 문학의 가장 중요한 요소를 체험과 상상에 두고 있다.

결국 문학 작품은 작가자신의 사상이나 감정의 흐름이고 발설이고 투사이다. 그리고 새로운 체험을 향한 끝없는 탐구의 결과인 것이다.

2. 발생학적 기원설

발생학적 기원설은 사회적 요청설 이라고도 한다. 실생활의 필요에서 문학이나 예술이 발생했다는 것이다. 이 학설을 주장한 사람은 헌(Hirn Yrjo, 1870-1924)과 그로세(Grosse Ernest, 1862-1927)이다. 이들의 학설에 의하면 원시시대의 장식품도 단지 심미적인 의미만 가진 것이 아니고, 실제적인 목적을 더 중시했다는 것이다. 하기야 현대의 장식품도 심미적인 의미 위에 실용성이 더해지고 있음을 볼 수 있다. 이들은 고증의 자료로서 인류학 고고학 고대원시민족의 유품 등을 관찰하여 문학예술의 발생은 심미성에서 출발한 것이 아니고 실용성에서 비롯되었다고 했다.[3)]

2) W.H.Hudson, An Introduction to the Study of Literature, Lodon, 1958. p.11
3) 백철, 문학개론, 신구문화사, 1972. p.21 참조.

헌(Hearn, Patricio Lafcadio Tessima Carlos, 1895-1850)[4]의 「예술의 기원 The Origin of Arts」에 의하면 "원시 시대의 어떤 종족의 장식품을 자세히 연구해 보면 오늘 날 우리들에게는 단순한 장식품처럼 보이는 것도 사실은 옛날에 그들 종족에게 있어서는 극히 실제적인 비신미적인 의미를 가졌음을 알 수 있다"[5]고 하여 문학예술의 발생은 실생활과 관련이 있고 실용성에서 비롯되었다는 것이다. 뿐만 아니라 그는 노동과도 깊은 관계가 있다고 보았다. 이는 우리의 노동요나 뱃노래를 보아도 노동과 유관함을 알 수 있다.

헌에 의하면 개개인의 노동을 자극하고 정리함에 있어서나 협동노동을 추진하고 조정하는데 있어서도 예술이 필요하다고 했다. 그 이유를 나일강 유역 뱃사공들의 노동요(work song)를 예로 들었다. 그 밖에 정보(information), 화해(propitiation), 흥분(stimulation), 기술적 효력(magic efficiency)을 공리적 동기로 보고 예술의 기원에 편입했다.

그로세(Grosse Ernst, 1862-1927)[6] 또한 같은 견지에서 문학의 기원설을 발생학적으로 보았는데 그의 「예술의 기원 The Origin of Art」에 의하면 "원시 민족의 예술작품의 대부분은 순수한 심미적 동기에서 이루어진 것이 아니고 어떤 실제적 목적에 맞도록 계획되어 있다"[7]고 하여 예술의 기원을 심미성이 아니라 실용성임을 밝힌 대목이다.

이 같이 발생학적 기원설은 '사회적 요청설'이란 말에서도 짐작할 수 있듯이 실생활의 필요에서 문학이나 예술이 발생했다는 설이다.

3. 발라드 댄스(ballad dance)설

몰턴(R.G.Moulton, 1849-1924)은 「문학의 근대적 연구」에서 "문학형태의 근본적 요소는 발라드 댄스이다. 이것은 운문과 음악의 반주와 무용의 결합인 것이다. 문학

4) Koizumi Yakumo: 아내의 성을 따라 개명함. 미국의 작가·번역가·교사.일본의 문화와 문학을 서구에 소개했다 도쿄[東京]제국대학 영문학교수로 재직한 1896~1903년 그는 가장 많고 뛰어난 글들을 발표했다. 이무렵에 쓴 〈외래문물과 회고 Exotics and Retrospective〉 (1898)·〈영적인 나라 일본에서 In Ghostly Japan〉 (1899)·〈허상들 Shadowings〉 (1900)·〈일본 논집 A Japanese Miscellany〉 (1901)은 일본의 관습·종교·문학에 대해 알려주는 자료이다.

5) 이기반 외, 문학개론, 교학연구사, 1995. p.5 재인용

6) Grosse, Ernst: 독일의 인류학자·예술학자. 1926년 프라이부르크대학 교수. 예술학에 관한 종래의 역사적 · 철학적 연구뿐 아니라 민족학·인류학적 연구의 필요성을 주장.

7) 백철, 문학개론, 신구문화사, 1972. p.21

이 처음 자연 발생적으로 나타나는 경우에는 이러한 형태를 취한다."[8]라고 말했다. 곧 예술과 문학이 발라드 댄스에서 발생했다는 이 학설은 여러 발생 기원설 가운데서 가장 강력한 지지를 얻고 있다.

이것은 원시 제천의식에서부터 고대 국가들의 축제에서도 볼 수 있다. 성경에 의하면 다윗왕도 하나님의 언약궤를 옮길 때 '여호와 앞에서 힘을 다하여 춤을 추는 데 때에 베 에봇을 입었더라'(사무엘하 6:14)라고 나온다. 우리나라의 상고사를 보아도 발라드 댄스와 연관되는 것은 많다.

세계 여러 나라의 고대 제천의식을 들추지 않더라도 한국 고대 부족국가에서도 제천의식이 있었다. 〈삼국지〉에 의하면 "예(濊)에서는 해마다 10월이면 하늘에 제사를 지냈다. 밤낮으로 술을 마시며 노래 부르고 춤을 추었다. 이를 무천이라 한다. 또 호랑이를 신으로 여겨 제사 지낸다"(常用十月節祭天 晝夜飮酒歌舞 名之爲舞天 又祭虎以爲神)라고 나온다. 농사가 끝난 10월에 행해진 무천은 일종의 추수감사제에 해당하는 농경의례였다고 할 수 있다. 일찍이 농경사회로 진입한 우리 고대사회의 다른 지역에서도 대부분 이러한 농경의례를 행하고 있었다. 부여의 영고(迎鼓), 고구려의 동맹(東盟), 삼한의 10월제와 같은 것이 이러한 종류에 해당된다.

이를 미루어 보아도 예술과 문학이 발라드 댄스에서 발생했다는 이 학설은 여러 발생 기원설 가운데서 가장 강력한 지지를 얻는 것이 당연한 것으로 보인다.

문제 : 부여의 영고와 고구려의 동맹에 대해서도 알아보자.

8) R.G Moulton, The Mordern of Literature, 1957. p.10.

몰톤(Moulton)의 문학요소도 – 문학형식의 四方位[9)]

시(Poetry) = 창조적 문학(Creative Literature)

서사시(Epic)	서정시	희곡
서술(말의 우세)	명상(음악이 우세)	표출(동작이 우세)

Ballad Dance
말
음악
행위
(원시적 문학 양식)

역 사	철 학	웅 변
서 술(자연과 사건)	명 상	표 출

산문(Prose, 이미 존재하는 것을 토의)

문학 – 시(서사시 · 서정시 · 희곡)와 산문(역사 · 철학 · 웅변)으로 분류

* 몰톤의 문학형식의 사방위(cardinal point)는 서술과 표출이며 문학형식의 6요소는 서사시 · 서정시 · 희곡 · 역사 · 철학 · 웅변이다.

9) 이기남 · 김남석, 문학개론, 교학연구사, 1995. p.9 재인용.

제 2 장

문학의 정의

우리가 오늘 날 사용하는 '문학'이란 말은 literature의 번역이다. 이 단어 'literature'는 '기록'을 의미하는 라틴어 'litteratura'에서 나왔다. 이 말의 원근이 되는 'littera'는 문자라는 뜻이다. 그래서 협의로는 시, 수필, 소설, 희곡 평론, 등의 문학 작품을 뜻하나 원 뜻은 '문자로 기록된 모든 것'을 의미한다.

동양에서도 '문학'의 '문'은 '무'와 대립되는 말로써 詩·文· 經 ·史 등 모든 학문, 모든 문장을 일컬었다.

공자는 제자들을 재능에 따라 각 분야별로 분류하여 택했는데[10] 朱子의 「四書集註」에 의하면 '詩·書·禮·樂에 능하고 이를 언어, 문장으로 표현할 수 있는 것을 문학이라 했다.

1. 광의의 문학

광의의 문학은 정치, 경제, 수학, 법령 등으로부터 기술이나 지식을 제공하는 모든 문헌에 이르기까지 문자화된 모든 것이라고 정의한다. 하지만 오늘날 문학이라면 일반적으로 협의의 문학을 이른다.

10) 論語 先進篇:子曰......德行 顔淵 閔子騫 … 子貢 政事 … 文學 子游 子夏

2. 협의의 문학

협의의 문학은
첫째, 상상과 감정을 통한 사상의 표현이며
둘째, 독자에게 미적 쾌락을 주며
셋째, 비전문적인 형식으로 표현하는 언어 예술이다.

여기서 문학의 표현 내용이 '상상과 감정을 통한 사상'임을 알 수 있고, 표현 형식이 언어라는 점을 알 수 있다. 그래서 허드슨은 '문학이란 근본적으로 언어의 매개물을 통한 인생의 표현이다'[11]라고 했다. 이러한 표현은 협의의 문학을 가장 간명하게 잘 말해 주고 있음을 알 수 있다. 결국 협의의 문학은 상상과 감정을 통한 사상을 예술적인 언어로 표현한 것이라고 할 수 있다.

이렇게 문학의 정의는 몇 마디 말로서 정의 내려졌지만 시의 정의가 시인마다 조금씩 다르듯이 문학의 정의 또한 평자의 문학관 내지 그의 철학에 따라 조금씩 다르게 표현되었음을 알 수 있다.

최재서에 의하면 '문학은 가치 있는 체험의 기록'이라 했고, 웰렉(R. Wellek)과 워렌(A. Warren)은 문학은 '인쇄한 책, 위대한 책, 즉 그 제재가 무엇이든, 주제가 무엇이든 문학형식과 표현에 있어 문학이라는 예술 곧 상상문학(想像文學)에만 국한하는 것이 좋을 듯하다'[12]고 하여 협의의 문학을 강조했음을 알 수 있다. 헉슬리(T.H.Huxley, 1825-1895)는 '문학은 정선된 쾌락의 모든 원천 중 가장 뛰어난 것'이라 했고, 허드슨(W.H. Hudson)은 문학이란 근본적으로 '언어라는 매체를 통한 인생의 표현'이라 했으며. 롱(G.M.Long, 1886-1952)은 '인간의 사상과 감정의 기록'으로 오직 쾌락을 목적으로 하는 저술만을 문학에 포함시켰다. 이는 문학의 교시성(敎示性)을 완전히 배제한 것이다. 그런가 하면 브룩크(S. Brooke, 1832-1916)는 문학이란 '독자에게 쾌락을 줄 수 있는 방법으로 배열된, 지성적인 인간의 사상·감정의 기록'이라 했다. 이렇듯 문학의 정의도 다양한가 하면 문학의 교시성을 완전히 무시한 것도 있다.

이를 종합해 보면 문학은 가치 있는 인생 경험을 통하여 지성을 바탕으로 작가의 사상과 감정을 언어라는 매체를 통하여 기록하되 독자로 하여금 즐거움을 주는 것이어야 한다고 하겠다. 곧 우리가 문학이라고 일컫는 협의의 문학을 정의한 셈이다.

11) W.H. Hudson, op. cit. p.11.
12)웰렉·웨렌, 문학의 이론, 을유문화사, 1988. pp.26-29 참조.

제 3 장

문학의 기능

문학의 기능은 전통적으로 '교훈설(敎訓說)'과 '쾌락설(快樂說)'이 제시돼 왔다. 교훈설은 문학이 독자들에게 인생에 대한 어떤 '교훈' 또는 '깨달음'을 가져다준다는 입장이며, 쾌락설은 문학을 창조하고 향유하는 행위가 사람들에게 즐거움을 준다는 입장이다. 이를 교시적(敎示的) 기능과 쾌락적(快樂的) 기능이라고도 한다.

1. 敎示적 기능

문학의 교시적 기능은 동서를 막론하고 일찍부터 제시되어 온 것으로 본다. 공자는 論語 「爲政篇」에서 '詩三百一言以蔽之曰思無邪'라 하여 문학의 교시적 기능을 말해 주고 있다. 곧 시경에 편집된 300(305)편의 시는 한 마디로 말해 그 생각에 사특함이 없다는 것이다. 시경은 공자 오경[13] 중의 하나로 동양 최초의 시집이다. 공자는 그 때까지 전국적으로 흩어져 있던 그 많은 시들을 모아 그 중에서 305편만을 추려서 편집한 것이 시경이다. 공자는 음악과 함께 시를 좋아했다.

문학의 교시적 기능은 작가의 사상이나 관념으로 생경하게 드러나는 것이 아니다. 그것은 작중 인물의 행위와 사고 속에 융해되어 감동을 통해 구체적으로 독자에게 전달되는 것이다. 곧 독자 스스로 깨달아 마음의 변화를 일으키게 하는 것이다. 독자는 작품 속에 그려진 다양한 삶의 양상을 통해 인간과 세계에 대한 이해를 넓히며 그 체험의 과정에서 인생에 대한 깨달음을 얻고, 삶에 대한 태도를 가다듬고 인생관의

13) 詩經·書經·易經·春秋·禮記

좌표를 그리기도 한다.

그리고 실제로 역사와 사회에 큰 변화와 변동을 일으키는 기폭제가 되기도 한다. 스토우 부인의 「Uncle Tom's Cabin」은 노예해방의 기폭제가 되어 미국 남북전쟁을 이끌어 내었고, 볼테르(Voltaire)나 루소(Rousseau)의 작품은 프랑스 혁명을 위하여 계몽적 기능을 발휘했고, 톨스토이(Lev Nikolaevich Tolstoi, 1828-1910)나 투르게네프(Ivan Sergeyevich Turgenev, 1818-1883)의 소설은 러시아의 농노해방을 갖고 왔으며 그런가 하면 입센의 「인형의 집」은 여성운동의 선구적 역할을 톡톡히 해냈다.

우리의 고대소설 역시 권선징악이라는 교훈적 의미로 점철된다. 그런가 하면 갑오경장 이후의 창가 신소설은 물론 현대문학의 초창기 최남선 이광수 심훈의 작품들도 교시성이 뚜렷한 계몽주의에 입각한 작품들이다.

이로 미루어 볼 때 문학은 간접적인 교사라 할 수 있다. 그러므로 작가는 가치 있는 인생의 경험을 쌓아 철학과 인생과 상상력으로 이룩한 작품을 통하여 사회에 영향력을 미치는 간접적인 교사라는 자부심과 더불어 책임을 갖고 교시적 기능을 잘하여야 한다.

2. 쾌락적 기능

아리스토텔레스의 「시학」에 의하면 '모방하는 그 자체에서 인간은 쾌락을 느낀다.'는 것이다. 문학의 발생에서 살폈듯이 모방은 인간의 본능이며 특징이다. 어린아이가 어른을 모방하며 배워나가는 과정을 보아도 알 수 있다. 그리고 그 모방을 제대로 잘 했을 때 만족해하며 기뻐하는 것을 볼 수 있다. 교육도 모방에서 시작된다.

영국의 낭만파 시인이며 비평가인 코올리지(S.T.Coleridge, 1772-1834)에 의하면[14] '모든 예술의 공통적인 본질은 미를 매개로 해서 쾌락이라는 직접 목적을 위하여 정서를 자극함에 있다'고 하여 문학은 독자에게 쾌락을 주어야 하며 미와 정서를 자극함으로써 이루어진다고 하였다. 프랑스의 비평가이자 시인인 보들레르(Charles Pierre Baudelaire, 1821-1867) 역시 문학의 기능을 쾌락으로 보고 있다. 그는 '시는 아름다움을 목적으로 한다.'고 하여 문학의 미적 쾌감을 주장했다.

'쾌락적 기능'이란. 간접 체험을 통한 '감동(感動)'과 새로움이다. 상상을 통해 인생

14) Coleridge, On the Principles of General Criticism. Concerning the Art, London, 1952. p.15

의 새로운 경지를 체험하는 것은 그 자체로 매우 즐거운 일이다. 그러한 체험이 영혼을 울리는 진한 감동으로 다가올 때 독자는 행복하다. 이러한 쾌락 곧 즐거움은 아리스토텔레스의 비극의 구조와 효과의 설명에서도 선명하게 드러난다. 비극에서 서로 모순되는 두 개의 정서 곧 공포와 연민을 통하여 독자의 마음이 흥분되기도 하고 안정되는데 이것을 그는 쾌락이라 부르지 않고 카타르시스(Katharsis, catarsis)[15)]라고 불렀다.

문학의 쾌락설을 주장한 사람은 많다. 스코트(Walter Scott, 1771-1832)는 '여러 사람에게 즐거움을 주기 위해 소설을 쓰고 있다.' 했으며 허드슨 또한 '소설을 읽음으로써 여가를 유쾌하게 보내고 실생활의 긴장상태에서 휴식을 하며 즐겁게 하기 위함'이라 했다.

이 쾌락은 쇼펜하우어(Schopenhauer Arthur, 788-1860)에 의하여 철학의 새로운 분야인 미학을 성립시켰다. 그에 의하면 문학의 본질은 미의 추구에 있고, 그 미는 윤리도덕과는 단절된 비목적 효용으로서의 미적 경험으로 만족스러운 쾌감을 준다고 했다. 칸트(Immanuel Kant, 1724-1804) 역시 "쾌락을 그 아름다움이 자주성을 가진 '무목적의 목적성' 또는 '무관심의 기쁨'"이라 하여 이해관계나 목적이 없는 순수한 기쁨을 설파했다.

위에서 살펴본 아리스토텔레스의 '카타르시스'나 쇼펜하우어의 '비목적적인 효용'이나 칸트의 '무관심의 기쁨' 등은 모두가 정신적인 기쁨으로 미적 쾌감에서 오는 쾌락이다. 그리고 이러한 쾌락은 지적인 고상함과 정적인 고양함을 지닌 것으로 함께 조화를 이루어 가는 것이 문학을 더욱 아름답게 하는 길이 된다.

이상에서 살펴본 문학의 두 가지 기능 곧 교시적 기능과 쾌락적 기능은 서로 분리해서 생각할 것이 아니다. 이들은 서로 유기적 관계 속에서 불가분리의 이원적인 합체로서 문학에 존재한다. 이들이 조화를 이루면서 교시와 쾌락을 동시에 누리는 것이 문학의 참다운 기능이며 이를 통하여 간접적으로 인생을 배우고 익히고 인생의 진리를 느끼게도 한다. 그래서 책 속에 길이 있고 문학을 통하여 우리의 삶은 보다 풍성하고 윤택해진다.

15) 원래는 소화불량을 씻어내는 약의 이름이었는데 종교의식상의 정화작용에서 연유되어 육체적 내지 정신적인 해방감에서 오는 쾌락을 말한다.

제 4 장

문학의 특성

1. 항구성(permanency)

영국의 수필가이며 비평가인 드 퀸시(De Quincey Thomas, 1785-1859)는 문학을 지식의 문학과 힘의 문학으로 나누었다. 지식의 문학은 사람을 가르치는 작용을 하고, 힘의 문학은 사람을 움직이게 하는 작용을 한다.

근대 심리파 미학자인 마셜은 '고통, 쾌락, 미학'에서 일시적인 쾌감은 미감이 될 수 없다고 하였다. 즉, 항구적인 쾌감만이 미감이 될 수 있다는 것이다. 이 미감의 항구성은 문학에도 그대로 적용된다.

윈체스터(C. T. Winchester)는 「문학 비평의 제 원리Some Principles of Literary Criticism」[16]에서 문학의 영구적인 흥미와 가치를 논함으로써 쾌감의 항구성을 강조했다. 우리가 고전을 읽는 것도 그 작품이 시대를 초월하는 '항구성'이 있기 때문이다. 그런가하면 개개인의 입장과 심리를 초월하는 '보편성'과 또 다른 작품과 변별성을 유지하는 '개성'까지도 알게 된다.

그에 의하면 日曆이나 국가 자선 사업 보고서나 법률 서적 같은 것도 영구적인 흥미와 가치를 지니고 있음은 틀림없지만, 이런 것들을 문학이라고 할 수는 없다는 것이다. 그가 말하는 문학이란 일력과 같이 진리를 함유하고 있는 서적이 아니라 그 자체에 불멸의 흥미와 영구적인 진리를 지니고 있는 서적, 그것이 곧 문학이라는 것이다.

문학이 불멸의 흥미를 가지는 이유는 그것이 인간의 감정과 정서에 호소하는 힘을

16) C. T. Winchester, Some Principles of Literary Criticism(New York, The Macmillan Co, 1950), pp.34-62

가지고 있기 때문이다. 그러기에 문학은 세월이 가도 고전으로서의 빛을 밝히며 독자를 부른다.

2. 개성성(individuality)

문학의 또 하나의 특성은 개성이다. 문학에 표현되는 정서는 작가 개인의 정서이며 그것을 받아들이는 독자의 정서도 개인적인 것이다.

우리가 문학 작품에서 경험하는 정서는 그것을 쓴 작가가 경험한 정서와 동일한 것이다. 그것은 독특하고, 개성적인 경험인 것이다. 그래서 뷔퐁(George L.C. de Buffon, 1708-1788)은 '글은 곧 그 사람이다(Le style est l'homme meme)'라 했다.

괴테(Goethe, Johann Wolfgang von, 1749-1832)는 그의 〈시와 진실〉 제3부에서 "한 작가의 작품 속에는 그의 엄격한 오성, 순진한 감성, 활발한 구상력, 인간의 다양성에 대한 훌륭한 관찰, 각종의 차이에서 오는 특색 있는 묘사가 있다"고 했다. 그런가 하면 임종 2년 전인 1828년에 에커만(Johann Peter Eckermann)과의 대화에서는 '작가의 문체는 그 사람의 내적 자아의 진정한 표현'이라고 말했다. 그래서 누구든지 명석한 문체를 쓰려면 우선 그 정신을 명석하게 해야 하고, 위대한 문체를 가지려면 우선 그 자신이 위대한 정신의 소유자가 돼야 한다고 했다. 위대한 정신의 소유자만이 위대한 문체를 낳을 수 있다는 뜻이다. 이러한 괴테의 주장은 곧 인격을 '문학의 발달 원리(The Principle of Literary Growth)'로 보는 것이다.

헌트 또한 "사람은 문체다(The man is the style)"라고 말함으로서 문학과 인격과의 관계를 단적으로 보여주고 있다. 작가의 인격 문제는 문체뿐만 아니라 모든 예술에 다 적용된다. 프랑스의 미학자 골티에(Paul Gaultier) 또한 "예술작품이 그 양식에 의해 우리에게 무엇인가를 보여준다면 그것은 무엇보다도 그 사람의 인격"이라고 말함으로써 예술과 인격과의 상관관계를 적절히 말해주고 있다.

개성은 완전한 특수성과 특이성과는 구별된다. 각 개인에게 개성이 있듯이 문학작품에도 각기 그 개성적 특징이 있다. 곧 위대한 작품이나, 우수한 작품은 그 작가의 인격이 위대하고 우수하다는 것을 말해 주기도 한다. 따라서 문학 작품과 작가의 인격은 불가분의 관계를 가진다.

3. 보편성(universality)

문학이 보편적인 것이냐, 특이한 것이냐 하는 논쟁은 아리스토텔레스가 시는 특수한 것만을 다루는 역사보다는 더욱 보편적인 가운데 더욱 철학적이라 한 데서도 볼 수 있듯이 문학작품은 각기 일반적이기도 하며 동시에 특수하기도 하다. 그것은 감정이나 정서가 개성적이면서도 보편적이기 때문이다. 자식을 사랑하는 어버이의 애정은 개인차는 있을지언정 그 성질에 있어서는 동일하다고 본다. 애정뿐만 아니라 기쁨, 슬픔, 위안, 분냄, 놀람, 두려움 등의 감정도 정도의 차이는 있을지언정 동일선상에서 바라보는 것이 상례이다.

이같이 보편성이란 공간적으로 공통적인 특질을 뜻한다. 문학작품이 공시적으로 보편적인 이유는 문학이 지식을 전하는 것이 아니고 독자에게 정서와 감동을 주는 것이기 때문이다

윈체스터의 말을 빌리면 문학이란 진리를 포함하는 책이 아니라 그 자체가 불멸의 흥이요, 영구적 진리인 책이다. 과학책이나 어떤 학문서적에는 대단한 지식과 진리가 들어있지만 이것은 설명과 교육을 통해서 후대에 전달되므로 원본을 반드시 읽지 않아도 된다, 그러나 문학은 인간의 정서와 감정에 호소하기 때문에 직접 텍스트를 읽지 않으면 아무리 설명을 듣는다 해도 감동을 받을 수 없다, 따라서 문학은 그 자체가 진리인 셈이다.

윈체스터는 또 문학이 다루는 정서가 지식에 비하여 연속적인 이유를 다음과 같이 말한다. '지식과 정서의 차이는 지식은 한번 습득하면 오래 가지만 정서는 곧 소멸되므로 지식과 학문은 다시 원 저서를 읽을 필요가 없고 정서를 다루는 문학은 또 읽고 읽지 않으면 안된다는 것이다,'

곧, "지식은 일종의 영구적 습득이지만. 정서는 부단히 변화하는 경험의 영속"이기 때문에, 역설적으로 문학은 시간과 시대를 초월하여 읽히고 또 읽히는 것이며. 동시에 항구적인 생명을 지니게 된다. 위대한 문학일수록 아무리 읽어도 싫증이 나지 않고 번번이 감명을 주며 시대가 바뀌고 역사가 흘러가도 영원히 전승되는 것이다.

호머의 「일리아드」와 「오딧세이」, 단테의 「신곡」과 밀톤의 「실락원」, 셰익스피어의 4대 비극 작품을 포함한 그의 소네트, 그 외 많은 작품, 괴테의 「파우스트」, 톨스토이의 「부활」, 토스토예프스키의 「죄와 벌」 … 그 외 수많은 명작들이 시공을 초월하여 독자의 마음에 울림을 주는 것은 바로 문학의 영원성과 보편성에 있다.

개개의 정서는 다를지언정 인간 정서의 일반 특질은 크게 다르지 않음을 본다. 곧 '로미오와 줄리엣'의 사랑과 베아트리체를 향한 단테의 사랑이 오늘날의 사랑 감정과 별 다를 바가 없다는 것이다. 그래서 사랑은 국경도 초월하고 인종도 초월하는 것을 주위에서도 보게 된다. 이것이 문학에서의 보편성이다. 이러한 보편성이 인종이나 지역이나 시공을 초월하여 문학작품을 읽는 이유이기도 하다.

제 5 장

문학의 요소

1. 미적 정서(aesthetic emotion)

문학의 제1 요소는 미적 정서다. 문학은 정서와 감정의 표현이므로 정서는 문학에서 가장 중요한 요소가 된다. 그러나 사실에 있어서 사실 그대로의 정서와 감정으로는 문학적 정서가 될 수 없는 것이다. 문학적 정서 곧 미적 정서가 되려면 심리적인 순화의 과정을 거쳐야 한다. 이 특수한 심적 과정을 미학자들은 미적 과정이라 부른다. 이 미적인 과정에는 두 가지의 심리적인 특색이 있다. 하나는 실감의 遊離이고, 다른 하나는 실감의 補修이다.

실감의 유리란 실감에서 떨어져 나간 실감 아닌 것이 된 것을 말한다. 실감을 형체라 한다면 회상 속의 정서는 그 그림자에 불과하다. 예술은 실감에 준거하면서도 실은 그 형체를 떠나 그림자를 따르는 세계이다. 이런 의미에서 실감의 유리가 소재를 예술화하는데 중요한 실적 태도의 하나임을 알 수 있다.

또 실감의 보수란 실감을 그대로 표현하는 것이 아니라 선택하고 수정하고 보족해서 표현한다는 뜻이다.

이상의 두 가지 심적 태도를 미적 과정이라 한다. 결국 미적 과정이란 묘사하려는 소재나 대상을 실감에서 유리하여 바라보고 그것들을 머릿속에서 여과하여 정화하고 순화하여서 그 에센스를 뽑아내는 과정이라고 할 수 있다.

윈체스터는 문학의 정서적 효과의 표준으로서 다음 다섯 가지를 들고 있다.

첫째, 정서의 순정(justice) 또는 적절(propriety)

둘째, 정서의 활약(vividness) 또는 힘(power)

셋째, 정서의 계속(continuity) 또는 확실성(steadiness)

넷째, 정서의 범위(range) 또는 변화(variety)

다섯째, 정서의 품위(rank) 또는 성질(quality)

곧 미적 정서는 문학의 요소 중에서 가장 기본적이다. 이것은 제1차적 요소로서 사상과 관념까지도 정서적으로 나타냄으로써 독자에게 감동을 준다.

2. 상상(imagination)

문학의 제2요소는 상상이다. 문학의 미적 정서를 경험하는 마음은 언제나 미적 현상을 그대로 정관하는 태도로써 관조적이어야 한다고 관조설을 주장하기도 한 보잔켓(B. Bosanquet, 1848-1923)은 상상을 가리켜 '경험의 집합에 의하여 암시된 여러 가지 가능성을 추구하고 또 이를 천명하려는 마음이 활동하는 상태'라고 말했다.

흔히 상상과 공상을 혼동하거나 동일시하는 경우가 있는데 보잔켓의 설명에 따르면 상상은 과거의 갖가지 경험을 기초로 해서 그 중에서 어떤 부분이나 성질을 끄집어내거나 또는 선택하고 결합시켜서 새로운 것을 구성하는 일종의 창작 작용이다. 그러나 공상은 그러한 확고한 순서를 밟는 창작 작용이 아니다. 현실적이지 못하거나 실현될 가능성이 없는 것을 막연히 그리어 보거나 그리는 그런 생각이다.

상상은 문학작품에서 기본이고 필수적이다. 모든 문학 장르에서 상상이 배제된다면 그것은 사실에 입각한 실용문이거나 신문 기사이거나 역사서가 될 것이다. 역사소설이나 역사드라마도 상상력의 소산물이다. 그 줄거리는 역사에 바탕을 두지만 그 가지나 풍성한 잎들은 다 작가의 상상력에서 배태되어 재미를 더해준다. 작가의 상상력은 뛰어나다. 특히 판타지 문학에서 작가의 상상력은 독자를 매혹시킨다. 그 예를 [피터 팬]과 [해리 포트]에서 볼 수 있다. 이들은 20세기를 강타한 아동문학이지만 어른들도 즐겨 읽는 판타지 소설이다. 이러한 문학을 읽으면서 독자들은 상상의 날개를 맘껏 펼쳐보는 시간도 영유할 것이다.

3. 사상(thought)

문학의 제3요소는 사상이다. 사상(思想)은 사고(思考, thinking)와 상상(想像, imagination)을 합한 말이다. 그래서 思와 想은 다르다. 한자의 형성을 살펴보면 그 의미는 뚜렷이 나타난다. 思는 곧 마음(心)이 밭(田)의 경계를 나누듯 개념의 경계를 나눈다는 의미이고, 想은 나무(木)를 바로 보는 시선(目)이 서로(相) 다른 상대적(相對的)인 의미를 이끌어 내는 것처럼 사람에 따라 상대적(相對的)으로 마음(心)에 투영되는 그림이다.

그러므로 思와 다르게 想은 개별적이며 독특하다. 이러한 의미를 가진 사상이란 작가의 인생관이나 세계관을 뜻한다. 이 사상이 뛰어나고, 독창적이면 그 작품은 위대한 문학이 될 수 있다. 문학에 있어서의 사실성은 자못 그 의미가 크다. 사상이란 그 자체로서 그대로 표현되어지는 것이 아니다. 아무리 위대한 사상이라 하더라도 그 자체가 문학에 표현되면 그것은 이미 문학이 아닌 철학이나 학문에 불과한 것이다. 그러므로 사상도 미적 정서에 의하여 순화되어야만 문학의 요소가 될 수 있다.

발레리(1871-1945)는 그의 「문학론」에서 '사고는 싯구 속에서는 과일 속에 묻힌 영양소와 같이 숨겨져야 한다'고 했다. 따라서 사상은 미적 정서 속에 융해되어야 한다. 이처럼 사상은 문학을 위대하게 만드는 중요한 요소이다. 그러나 미적 정서로 정제되는 과정을 밟아야 한다. 위대한 작품에는 딱딱한 이념이나 관념이 나타나지 않는다. 작중 인물의 행동과 대화 속에 감추어져 나타난다. 이렇게 함으로써 보다 큰 감동을 주고받는 감동적 사상이 될 수 있다는 것이다.

4. 형식(form)

문학의 제4요소는 형식이다. 문학을 내용과 형식으로 양분했을 때 생기는 문제 중의 하나가 형식의 문제다.

윈체스터는 '작가가 작가의 모든 사상과 정서를 독자에게 이식하려는 모든 방법과 수단을 '문학의 형식'이라고 하였다. 이 경우 작자가 독자에게 이식하려는 사상과 정서는 문학의 내용이 되고 그것을 이식하기 위한 수단과 방법은 형식이 된다.

어떠한 형식을 빌려 독자에게 전할 것인가에서 장르문제가 나오고 장르 간 교류가 있고 장르별 작가가 있다. 그리고 몇 장르를 넘나드는 작가도 많다. '시형식'을 빌려서 전하는 것이 더 효율적인 내용이 있나하면 '수필의 형식'을 빌려서 전하는 것이 더 자연스럽고 진솔하게 얘기할 수 있는 것이 있다. 그런가하면 때로는 그것도 부족하여 아예 '소설의 형식'을 빌려서 자전적 소설로 쓰는 것도 비일비재하다. 소설의 편리함은 일단 픽션의 의미를 부여할 수 있기 때문에 개인적인 이야기를 부각시킬 때는 보다 자유스럽다.

크로체(1866-1952)나 벨(1881-1964), 보잔켓 등에 의하면 어떤 내용이라고 생각하는 것은 그것이 바로 형식이며 어떤 형식이라고 생각하는 것은 그것이 바로 내용이라는 것이다. 즉 내용을 내용되게 하는 것이 형식이고, 형식을 형식 되게 하는 것이 내용이라는 것이다.[17]

최재서가 여섯 가지로 말한 문학의 형식이 지닌 특성을 간추려 보면 다음과 같다.[18]

첫째, 이성 능력의 소산이다.

둘째, 내재적이다.

셋째, 장르를 결정해 준다.

넷째, 자기 한정적이다.

다섯째, 창조적인 작가의 노력이다.

여섯째, 기능이 바뀌면 형식도 바뀐다.

이러한 문학의 형식은 내용과 유기적으로 결합되어 작품을 형성하는 요소가 되며 예술미를 창조하는 구실을 한다.

17) 조연현, 「문학개론」, 인간사, 1963. p.61.
18) 최재서, 「문학개론」, 어문각, 1962. p.76.

제 6 장

문학과 사고(思考)

문학의 요소인 미적정서(aesthetic emotion)라든가 상상(imagination)이라든가 사상(thought)은 다 사고(思考, thinking, 사유 생각)의 샘에서 나온다. 그러면 이러한 사고의 샘은 어떻게 충전될까? 찬찬히 살펴보자

'인간은 생각하는 갈대'라고 프랑스의 철학자이자 과학자이며 수학자인 파스칼(Blaise Pascal, 1623-1662)은 그의 저서 『팡세(Pensées, 생각)』에서 인간을 가을바람에 나부끼며 서걱거리는 연약한 갈대에 비유했다. 하지만 그 갈대는 다른 어떤 자연보다도 위대한 '생각하는 갈대'이다. '생각'하고 '사고'하고 '사유'하는 갈대이다. 인간은 이 '생각'하고 '사고'하고 '사유'하는 힘으로 지식과 지혜를 얻어 무한히 발전하며 만물의 영장이 되었다. 곧 사유는 인간 발전의 원동력이다. 모든 문화와 문명의 발전은 사유하는 인간의 머리에서 나왔다. 문자도 과학도 문학도 예술도 사유하는 인간의 머리에서 오지 않은 것은 아무 것도 없다. 한 줄의 글도 생각에서 나오고, 로댕의 생각하는 사나이도 생각에서 나왔다.

뉴턴의 '만유인력의 법칙(The law of universal gravity)'도 사과가 땅으로 떨어지는 것을 보고, 사과와 지구 사이에는 서로 끄는 힘(인력)이 작용할 것이라는 생각을 시발점으로 하여 나왔다. 그는 우주의 모든 물체들 사이에는 서로의 질량을 곱한 것에 비례하고, 거리의 제곱에 반비례하는 인력이 작용한다고 하였다. 그리고 그 힘을 만유인력이라 하였다. 이 원리를 뉴턴(Isaac Newton, 1642-1727)은 『자연철학의 수학적 원리(Philosophiae Naturalis Principia Mathematica)』를 통해 세상에 처음 발표했다. 이 또한 비범한 사고에서 온 발견이다.

"인간은 생각하는 갈대다"라든지 "클레오파트라의 코가 조금만 낮았더라면 세계의 역사가 달라졌을 것이다"라는 경구(警句)로 잘 알려진 『팡세』는 인간관찰의 책으로 보이지만 실상은 모든 사람을 신앙으로 이끌기 위해서 쓴 그리스도교 변증론의 초고(草稿)였다. 그의 사후, 정리되지 않은 채로 발견된 이 유고(遺稿)에는 인간의 위대함과 비참함, 신을 향한 사랑에 이르는 길(道) 등이 변증법으로 잘 설명되어 있다. 에픽테토스(Epictetus, 55년경-135년경)[19]와 몽테뉴(Montaigne, Michel Eyquem de, 1533-1592)에게서 배운 파스칼(Blaise Pascal, 1623-1662)은 인간을 무한과 허무(虛無), 위대와 비참 사이에 부동(浮動)하는 중간자(中間者)로 보았다. 인간은 광대무변한 우주에 비하면 작고 작은 하나의 점과 같은 존재이다. 그것도 갈대와 같이 약한 존재이다. 하지만 그것은 '생각하는 갈대'이다. "공간에 의해서 우주는 나를 둘러싸고, 하나의 점으로서 나를 삼킨다. 그러나 사고(思考)에 의해서 나는 우주를 품을 수 있고 우주를 넘나들 수 있다." 그래서 인간은 존엄하고 위대하다. 이것이 파스칼의 논리이고 여기서 '시'가 탄생되고 문학은 깨어난다.

생각하는 갈대로서의 인간의 생각은 자유자재이다. 생각은 그 누구도 제재할 수 없다. 물질적인 육체는 제재를 받지만 정신적인 생각은 우주도 감싸 안을 수 있는 힘을 갖고 있다. 시인의 상상력은, 작가의 상상력은 뛰어나다. 대우주의 한 점에 불과한 인간은 연약하기 이를 데 없는 갈대에 불과하지만 '생각'이라는 힘을 가진 '갈대'로서 상상의 날개를 펼치며 사고의 샘을 끊임없이 넘나든다.

그런가하면 근대철학의 아버지로 알려져 있는 프랑스의 수학자이며 과학자이고 철학자인 데카르트(Descartes, Rene, 1596-1650)는 모든 형태의 지식을 방법적으로 의심하고 나서 "나는 생각한다. 그러므로 나는 존재한다(Cogito ergo, sum)"라는 명제를 도출했다. 이 또한 사고의 소산이다. 그는 직관이 확실한 지식임을 발견하고 정신은 사유 곧 생각을 본질로 한다는 것이다.[20]

따라서 명석하고 판명한 모든 관념은 반드시 참일 수밖에 없다.[21] 이것이 데카르트의 지론이고, 데카르트 철학의 명제이다. 이 명석하고 판명한 본유관념(本有觀念)에 기초하여 데카르트는 각자의 마음이 정신적 실체이고 육체가 물질적 실체라고 확신

19) 에픽테토스의 생애와 사상을 찾아보고 각자의 생각을 나누어 보자.
20) 사유를 본질로 하는 정신과 연장(延長)을 본질로 하는 물질을 구분함으로써 이원론적 체계를 펼쳤다.
21) 브리태니커 백과사전 참조.

했다. 이렇게 사고는 정신활동의 본질로서 사람을 사람이게 한 근본이기도 하다. 이러한 사고로 인해 인간은 만물의 영장이 되고 우주 만물을 지배하고 도전하고 끊임없이 발전한다.

1. 사고의 샘

무에서 유는 나지 않는다. 무에서 유는 조물주의 몫이고 인간은 유에서 유를 창출한다. 사고도 사고의 샘에서 길어 올린다. 사고의 샘에서 끊임없이 풍성한 생각이 솟아나야 한다. 그렇게 하기 위해서는 먼저 그 환경이 조성되어야 한다. 사막에서 물이 나지 않는다. 그 사막을 먼저 초원으로 가꾸어야 한다. 숲이 우거진 산도, 들도, 그 사이를 흐르는 시냇물도 있어야 한다. 사고의 샘에서 1차적인 조건은 사고의 샘을 풍성하게 만들어야 한다.

우리는 그간 끊임없이 배우고 익히고 독서도 하고 여행도 하고 영화도 보고 미술도 감상하고 음악도 감상하며 감상문과 기타 이러 저러한 글도 쓰며 발표도 하며 나를 드러내고 자신을 가꾸어 왔다. 이 모든 것들도 사고(思考)의 출발에서 왔고 사고(思考)로써 이루어졌다. 다만 개인마다 사고의 깊이와 넓이와 높이가 다를 뿐이다. 그것은 각자가 가진 능력의 차이이다. 그 능력은 다른 것이 아니다. 독서이다. 책에는 무한한 가능성이 있다. '책을 만드는 것은 사람이지만 사람이게 만드는 것도 책이고 책 속에 길이 있다'고 한다.

하루에도 수 없이 책이 쏟아져 나오는 오늘날에는 책으로 사람이 질식할 정도이다. 하지만 그 속에서 내가 꼭 필요로 하는 책은 그리 많지 않다. 그 책을 찾아 읽으면 그것이 나의 선택이고 나의 사고의 샘에 새로운 지식으로 큰 보탬이 될 것이다. 그리고 옛 것을 찾아 읽는 것도 온고이지신(溫故而知新)으로서의 지식을 더하게 될 것이다. 또 철학서적과 종교서적도 찾아 읽어보면 생각의 깊이와 넓이를 더하게 될 것이다. 물론 문학도서는 마음이 가는대로 손길을 따라 기본으로 읽게 될 것이다.

독서 곧 문학, 철학, 종교서적과 고전을 찾아 읽는 것이 사고의 샘을 풍성하게 하는 원동력이 된다. 다음 예문들을 읽으며 각자의 생각을 나누어 보는 것도 생각의 깊이와 넓이에 도움을 줄 것이다. 찬찬히 읽으며 사고의 샘에 두레박을 내려 보라.

예문·1 (고전)

이소(離騷)/굴원

亂曰
已矣哉國無人兮
莫我知兮
又阿懷乎故都
旣莫足與爲美政兮
吾將從彭咸22)之所居

– 離騷 卒章 –

졸장(卒章)에 말하기를
그만 둘 것인가 나라에는 사람이 없으니
나를 알아줄 사람 없네.
또 어찌하여 옛 도읍을 그리워하랴
이미 함께 아름다운 정치를 할 수가 없는데
내 장차 팽함이 있는 곳을 따르려하네.

위의 글은 이소(離騷)의 마지막 장이다. 굴원의 생애는 파란만장(波瀾萬丈) 바로 그것이었다. 왕실의 후예로 태어나 높은 벼슬까지 오른 그가 정적의 모함으로 억울하게 겪은 두 번의 귀양살이는 그를 죽음에까지 이르게 한 눈물겹도록 슬프고도 안타까운 삶이다. 하지만 그의 올곧고 깨끗한 삶이 자연과 함께한 자유인으로서의 그를 위대한 시인으로 거듭나게 했기에 그의 정치인으로서의 성공보다 더욱 귀하고 아름다운 삶이다.

가사 문학의 최고봉으로 일컬어지는 송강 정철의 〈사미인곡〉, 〈속미인곡〉이 굴원의 이소에 비유되기도 하는데 정철의 작품 또한 그의 귀양살이에서 쓰여진 것이다. 그런가 하면 시조계의 제일인자로 일컬어지는 고산 윤선도 또한 정계를 떠나 금쇄동에서 〈오우가〉를, 부용동에서 〈어부사시사〉 40수를 지은 것이다. 그런 작품들이 그들에게 있었기에 오늘날 국문학을 풍요롭게 하는 것이다. 이소(離騷) 또한 굴원의 그런 비극적인 삶이 있었기에 가능했다. 그리고 그것은 슬프도록 찬란하게 길이길이 빛나고 있다.

이 세상에는 뜻을 같이 할 사람이 없으니 팽함이 그랬듯이 굴원도 팽함의 길을 장차 따르리라 했는데 결국 그대로 이루어진 것이다.

22) 彭咸(팽함) : 은나라의 어진 신하, 임금에게 간언했으나 받아들여지지 않자 물에 몸을 던져 죽었다.

다음은 유협(劉勰)의 『문심조룡文心調龍』에 나타난 굴원을 찬한 글이다.

贊日 不有屈原
豈見『離騷』)
驚才風逸
壯志煙高
山川無極
情理實勞
金相玉式
艶溢緇毫)

찬하여 이르기를 굴원이 없었다면
어떻게 이소를 볼 수 있었겠는가
놀라운 재능은 바람처럼 휘날리고
장쾌한 뜻은 구름처럼 높이 있으리
그가 묘사한 산천은 무궁하게 펼쳐지고
그가 드러낸 정리는 실로 힘들었구려.
금이나 옥 같은 훌륭한 것을 이룩하려면
아주 작은 것에도 아름다움이 넘쳐나야 하리라.

(이정자, 『고전의 샘에 마음을 적시다』에서)

예문·2 (수필)

고전을 읽다보면 정말 주옥같은 글들이 내 심금을 울린다. 그것은 옛글이로되 오늘을 사는 우리에게 더욱 현대이게 하는 글이다. 그리고 더욱 현재에 필요한 말들이다.

신라 경덕왕 때는 나라가 많이 혼란스러웠다. 오죽 했으면 왕이 충담사를 불러 백성을 다스리는 노래를 청했겠는가? 충담사는 安民歌(안민가)를 지어 왕께 바쳤다. 그 노래 끝 구절을 보면 '임금은 임금답게 신하는 신하답게 백성은 백성답게 하면 나라는 태평하리라'고 했다.

이와 비슷한 말이 論語(논어) 顔淵(안연)편에도 나온다. 제경공이 공자에게 정치에 대해서 물으니까 공자가 말하기를 '君君 臣臣 父父 子子'라 했다. 곧 임금은 임금의 도리를 다하고 신하는 신하의 도리를 다하고, 아비는 아비의 도리를 다하고, 자식은 자식의 도리를 다하면 정치는 바로 선다는 것이다.

그렇다. 각자가 자기의 위치에서 자기의 도리를 다하고 책임과 의무를 충실히 하면 가정도 사회도 나라도 잘 되는 것이다. 그렇게만 한다면 공무원 伏地不動(복지부동)이란 말도 나오지 않을 테고, 부실공사도 나오지 않을 테고, 부정부패 불의도 사라질 것이고, IMF도 오지 않았을 것이며, 대통령 아들들이 법의 심판을 받을 일도 없었을 것이며, 선식 내동령이 자실하는 사긴도 일이니지 않았을 것이다.

예문 · 3 (기타)

오래전(1980년대로 기억) 신문에서 '서울대 출신 고시 합격자 포함 9명 출가'라는 신문 기사를 보았다. 이들은 '서울대 불교 서클 동문들'로서 박사도, 고시합격도 다 필요 없다며 학업과 직장을 초개같이 내던지고 잇달아 출가했다. 제 3자의 눈으로 볼 때, 산사에 들어간 이들 젊은이들은 이 사회에서 살아가기에 더 좋은 조건을 갖추고 있고, 또 이 사회에서 그에 걸맞은 할 일도 많이 있을 텐데 어찌하여 산사에 들어갔을까? 하고 의아해지기도 했다. 하기야 석가부터 왕궁의 부귀영화도 다 버리고 출가하여 부처님이 되었으니 그 제자가 되고자 하는 사람들이 그 뒤를 따라야 되지 않겠는가? 하고 생각해 보기도 하지만 꼭 그렇게 해야만 하는가? 싶다. 그것도 한 사람이 아닌 집단으로 말이다.

이와 비슷한 시기 '이것이 인생'이란 TV 프로에서 88올림픽 유망주였던 전 체조선수 김소영에 대한 이야기가 나왔다. 휠체어에 앉아 있어도 웃음 띤 밝은 표정이 안정되고 평화스러워 보였다. 여리게 보이면서도 역경을 이겨낸 승리자의 모습이었다. 앞으로의 계획을 묻는 사회자의 질문에 '장애자의 편의를 위한 사업에 힘쓰겠다.'고 했다. '장애자가 되지 않았다면 그러한 일을 생각지 못했을 것이라며 자기가 이렇게 된 것도 장애인을 위한 도구로 쓰시기 위한 '하나님의 뜻'임을 비추었다. 이러한 그녀의 말은 신앙의 힘이 얼마나 위대한 가를 깨닫게 해주었다.

2. 선험적인 사고

요즈음은 태아교육이 각광을 받고 있고 산모들은 태아교육에 각별히 신경을 쓴다. 요즈음 같이 드러내지는 않았지만 옛날부터 태아교육의 중요성을 말하여 왔다. 임산부가 임신 중에 모든 일에 대해 거친 행동을 삼가고 말과 마음가짐을 조심하여 태아에게 정서적 신체적으로 좋은 영향을 주기 위한 태중교육을 태아교육 또는 태교라 한다.

태교와 육아에 대한 가장 오래된 기록은 중국 전한시대 유향(劉向)의 『열녀전 烈女傳』이 있고 가의(賈誼)의 『신서 新書』, 대덕(戴德)이 찬한 『대대례기 大戴禮記』 등이 유명하다. 우리나라의 경우, 본격적인 태교 연구서는 사주당 이씨(師朱堂李氏)가 한문으로 짓고 그의 아들 유희(柳僖)가 언해를 붙인 『태교신기 胎敎新記』이다. 이 책을 바탕으로 태교의 내용을 살펴보면 다음과 같다.

권장하는 것으로는 귀인의 초상이나 신선의 그림을 가까이 두고 보며, 관대(冠帶)·흉배(胸背)·패옥(佩玉) 등 귀한 물건을 자주 만지거나 뺨에 대어 보며, 아름답고 옳은 말을 듣고 읊고 써보아야 한다.

삼가는 것으로는 격렬한 감정을 표현하는 행위를 스스로 하지 말며, 남을 헐뜯거나 남의 물건을 탐내지 말며, 옷이나 용모를 더럽게 하지 말며, 변했거나 바르지 않은 음식은 먹지 말며, 광대놀이를 보지 말며, 굿거리·잡소리를 듣지 말라는 것이다.

그밖에 금기의 속신도 있는데 토끼고기를 먹으면 언청이 아이를 낳고, 오리 등 물갈퀴가 있는 고기는 아기의 손발이 붙게 되고, 오징어·문어 등 연체 고기는 먹지 말라고 했다.

그 외도 임신 중에는 상가나 부정한 곳에 가지 말라고 했다.

남편이 지켜야 할 것은 초하루·보름·그믐에는 성교를 금하고 달이 기울 때, 천둥이나 번개가 치고 비오는 날, 일식·월식이 있을 때, 술 마셨을 때, 배고플 때, 병을 앓은 직후나 온당치 못한 장소에서의 성교를 금했다.

이렇게 옛날부터 건전한 아기를 낳기 위해 임산부나 주위 사람들은 임산부의 육체적·정신적 건강을 지켜주었다. 실제 아기는 모체로부터 영양 상태와 정신건강에 많은 영향을 받는 것으로 밝혀져 오늘날은 태교의 중요성을 더욱더 강조하고 있다. 뿐만 아니라 태교는 아이에게 평생토록 영향을 미친다고 하니 모태에서부터의 교육이 얼마나 중요한가를 일깨워준다.

그래서 요즈음 산모들은 태아교육으로 클래식 등 태아에게 좋은 명곡을 들으며, 명화(名畵)를 감상하고, 잠언을 읽으며 지혜를 구하기도 하고 사색하고 명상하며 자신을 가꾼다. 그것은 곧 태아에게 직결되어 선험적인 사고의 원천이 된다.

3. 경험적인 사고

존 듀이(John Dewey, 1859-1952) 에 의하면 일관된 중요한 개념으로서의 경험은 역사와 생활(history and life)이라는 두 개의 말로 구성된다. 특히 역사상 인간이 행하였던 것과 그 행동한 것이 주 경험이다. 곧 경험은 인간이 살아왔던 일정 방식의 행동 작용이다. 인식 작용도 경험의 한 방식이며, 탐구의 과정도 또한 경험한 것의 특수 방식이다. 그 결과로서의 사물은 알려진 사물이며 경험된 것은 자연인 것이다.

따라서 경험은 연속적인 것이다. 경험이 직접성. 잠재성. 침투성. 독자성과 규칙성의 질을 갖출 때, 그 경험은 '완전한 경험'이라고 할 수 있다. 듀이가 말하는 이러한 경험의 성장은 질의 특성을 갖춘 완전한 경험, 즉 '전체적 질적 경험'(gross Qualitative experience)의 성장인 것이다. 그는 교육의 과정이란 이러한 '경험의 계속적인 재조직.

개조. 변형'(a continual reorganization, reconstruction and transformation experience) 과정이라고 말한다. 듀이의 철학의 핵심은 인간 유기체와 자연 또는 환경과의 상호 작용에 있다고 할 수 있다.

이러한 상호작용에서 경험이 발생하며, 경험의 여러 국면의 탐구를 통해서 창조적 지성을 발달시켜, 문화의 원리와 가치를 분명히 하고 비판하는 데 철학의 기능이 있다고 듀이는 말한다. 특히 그는 경험을 강조 하고 있으며, 교육을 경험의 계속적 개조이며 본질적으로 성장의 개념을 가진 모든 것이라고 보았다. 그러니 인간의 사고 또한 이러한 경험을 바탕으로 이루어진다고 하겠다. 사회적 성장은 민주주의라는 사회적 작용 속에서 보다 잘 성장될 수 있다고 보았다.

민주주의는 '공동생활의 양식이며 공동 경험의 양식이기 때문이다. 인간은 하나의 생명체로서 환경에 대한 작용을 통하여 자기를 갱신한다. 생명체의 본질은 환경과의 상호작용을 통하여 자기를 갱신하는데 있다. 이러한 과정이 성장이며, 인간의 사고 또한 그 성장 속에서 이루어지며 교육의 목적은 인간의 성장을 계속 촉진시키는 데 있다고 할 수 있다. 이때 성장의 과정이란 환경과의 상호작용을 통하여 경험의 의미를 증대시키는 경험의 개조 재구성이다.

그러므로 듀이의 경험주의 교육은 우리 주위에 있는 모든 환경 가정·학교·사회에서 우리와 접하는 사물이나 인물이나 문화나 문명 등등을 통한 경험의 개조와 재구성의 과정이다. 따라서 인간의 사고 또한 경험 중심에서 이루어짐으로 폭 넓은 경험과 깊이 있는 이해는 바로 작가의 길이기도 하다.

4. 심미적인 사고

왼쪽 뇌는 우리가 아는 대로 논리적이고 세밀한 사고와 사실에 입각한 생각과 판단을 하는 기능을 하며, 왼쪽 뇌가 잘 발달된 사람의 특징은 수학과 과학을 잘하고 이해력이 빠르며 기억력이 좋고 꼼꼼한 성격의 사람이라 한다. 오른쪽 뇌는 창의력과 상상력 그리고 철학이나 종교, 예술 등 심미적 사고를 하는 기능을 하며, 오른쪽 뇌가 잘 발달된 사람은 창조적이고 탐구적이며, 진취적이고 의욕적이며, 감성적인 사람이라고 한다.

음악은 문화·생태적 가치판단을 중심으로 감수성, 창의적인 지적 역량의 발달에 영향을 준다. 대중문화와 인터넷의 발달로 문화적 욕구가 강하고 멀티미디어적 감수성을 지닌 현대인들은 음악 감상도 귀로만 듣는 것이 아니다. 여러 테마들과 예술·미디어를 결합하는 방식으로 새로운 음악 감상을 즐긴다. 좀 더 창의적이고 감성적인 방법을 요구한다. 음악의 심미적 체험을 강조한다. 음악의 아름다움을 스스로 느끼고, 느낌의 체험을 개별화하고 내면화하여 음악성이 발달되도록 한다. 음악 감상을 통해 심미성이 발달하고 심미적인 사고와 체험을 통해 균형 잡힌 삶을 영위할 수 있다. 음악을 통해 상상력을 키워 나가기도 한다.

좋은 음악은 인간을 행복하게 해 준다. 음악은 그 옛날 원시 수렵시대부터 인간과 함께 종합예술로서의 한 몫을 해 왔다.

비발디의 사계 중 '봄'을 감상하며 제1악장이 주는 봄이 오는 기쁨을 노래하는 네 개의 짧은 시로 구성되어 있음을 제1악장에서 감지한다면 새들의 노래, 산들바람의 상쾌한 속삭임 등 봄의 즐거움을 느끼며 '시인'이라면 또 다른 시 한 편도 구상할 것이다. 제2악장에서는 봄의 햇살을 받아 졸고 있는 양치기 개의 한가한 오후의 장면이 펼쳐진다. 제3악장에서는 봄날의 햇살 아래서 춤을 추는 요정과 양치기들의 무곡을 마인드맵하며 상상의 날개를 펼쳐 동화의 한 장면을 설정할 수도 있을 것이다.

5. 창조적인 사고

'무에서 유는 나지 않는다.' 했다. 머리에 가득 든 것이 있어야 적절하게 쏟아져 나온다. 관심분야나 자기전공에 대한 전문적인 지식을 두루 갖추는 것은 어떤 글쓰기에서나 기본적인 요건이다. 그 위에 항상 기존 것과는 다르게 새로운 것으로 생각해 보는 습관을 기른다. 사물이나 어떤 대상을 보는 데 있어서도 항상 양면성을 생각하는 습관을 기른다. 곧 긍정적인 면과 부정적인 면을 같이 보고 그 해결점을 찾아보는 것이 좋다. 그리고 뭔가 다른 차별화를 꽤하고 이를 글로 옮겨보는 것도 좋다.

창조적인 사고는 어느 분야나 필수적이다. 남보다 다른 표현, 남보다 다른 새로운 소재, 남보다 다른 신선함, 남보다 다른 그 무엇을 찾아낸다는 것은 작가에게는 보물을 찾은 거나 같다. 창조적인 사고는 독창성을 가지며 신선함을 더해 준다. 여기서 자기의 생각을 펴는데 있어서 실수나 실패를 염려하거나 겁을 먹어서는 안 된다. 곧 실패를 두려워 말라는 것이다. '실패는 성공의 어머니'라는 말을 새겨 두는 것도 좋다.

6. 몰입의 사고

몰입 개념을 통해 일상의 행복을 제시하는 인문교양서이자 행복 이론서인 『몰입의 즐거움』은 칙센트미하이의 저서 『Flow』를 번역한 것이다. 이 책은 『몰입의 재발견』, 『 몰입』, 『 FLOW』, 『몰입의 경영』, 『창의성의 즐거움』, 『몰입의 즐거움』 등의 다른 이름으로 번역되기도 했다. 이 책은 지금 하고 있는 일에 몰입하는 순간 삶이 변화된다고 주장한다. 여기서 '몰입'이란 삶이 고조되는 순간에 행동이 자연스럽게 이루어지는 느낌을 일컫는다. 자기만족을 즐기기 위해서는 집중력, 즉 몰입이 필요하다.

이러한 몰입의 개념을 문학의 이해에서 말하는 이유는 문학도 바로 이 몰입의 개념과 다르지 않다는 것이다. 독서삼매에 빠져보지 않고서는 문학을 이해한다고 할 수 없다. 소설가가 되기 위해서는 소설삼매에 빠지게 마련이다. 신문에서 읽은 것으로 기억한다. 『엄마를 부탁해』로 미주지역까지 강타한 신경숙이 대학에 다닐 때 무려 200권의 소설을 읽고 줄거리를 쓰고 감상문을 쓰는 과제를 했다는 내용을 읽었다. 그 과제를 충실하게 했을 것이라고 생각한다. 그러니 그 결과가 그의 작가 인생을 성공으로 인도했으리라 본다. 그러한 과제물도 단순한 과제로서만 했다면 그녀의 오늘날은 없으리라고 본다. 80년대 가장 학생운동이 심할 때 가까운 대학에서의 데모가 확성기를 통해 귀를 울려도 그녀는 그 과제에 몰입할 수 밖에 없었다고 했다. 그러한 훈련이 있었기에 그녀는 작가로서 성공한 것이다. 몰입의 정신이 없이 무엇을 이룰 수 있으랴. 어느 분야를 막론하고 몰입의 단계가 없이 이루어지는 것은 없다. 적은 것에서부터 큰일을 이루는 것까지 그렇다.

칙센트미하이에 의하면 '플로우'의 순간을 경험한 사람은 강점을 더욱 발전시키고 더 큰 자신감을 얻는다. 그것은 자신이 정한 목표를 달성하기 위해 성공적으로 에너지를 투자하기 때문이다. 게다가 '플로우'의 경험은 문화, 사회적 계층, 남녀노소를 불문하고 모든 사람이 즐기는 경향이 있다. 이러한 경향을 문학이 담당하고 작가가 활용하는 것 이것이 작가와 독자를 향한 몰입의 정신이다. '플로우'의 비결은 자기가 하는 일을 '일'이라기보다 '놀이'같이 즐기는 활동으로 생각하는 시각이 중요하다. 곧 생각을 바꾸는 데서 시작된다.

이상에서 각론에 들어가기 전 사고의 샘을 보다 풍성하게 엮어보았다. 사고의 깊이와 넓이는 각자의 몫이며 각자의 노력이고 능력이다.

제 7 장

문학과 상상의 세계

한 번 쯤 자기만의 상상의 세계를 그려보지 않은 사람은 없을 것이다. 꿈이 많은 사람일수록 상상의 세계는 풍성하다. 현실과 꿈 사이에서 꿈이 현실로 이루어지기 전 상상의 세계를 펼치고 그 꿈을 옮길 수도 있기 때문이다. 공상과학이나 공상소설은 꾸준한 상상력의 창조물이다. 미래에 대한 전망을 보여주는 과학소설은 작가의 탁월한 상상력과 통찰력으로 이루어낸 창작물이지만 그것이 현실로 나타난 경우를 볼 수 있다. 그 작품들 속에서 상상한 미래는 이미 실현되었거나 현재 실현되고 있으며, 그렇지 않은 것들은 미래의 어느 날에 실현될지도 모른다.

세계적인 석학이자 미래학자인, 프리먼 다이슨(Freeman Dyson)은 우리의 그러한 궁금증과 호기심을 풀어주기 위해 『상상의 세계(Imagined World)』를 펴냈다. 그는 웰스(H.G.Wells)가 1895년에 내놓은 과학 소설 『타임머신』의 상상력과 통찰력을 기반으로, 인간이 상상한 세계가 인류의 과학과 역사를 어떻게 변화시켜 왔고 앞으로 어떻게 변화시켜 갈 것인지에 대해 이야기한다.

뿐만 아니라 다이슨은 자신이 말하는 미래를 독자들이 보다 체계적이고 종합적으로 이해할 수 있도록 주제별로 나누어 각각에 대해 이야기를 만들어내기도 하고 실제 이야기를 인용하기도 한다.

인간이 가진 능력 중에서도 가장 빛나는 것이 상상력일 것이다. 누구의 방해도 받지 않고 상상력은 누구나 얼마든지 펼칠 수 있다. 이 세상에 존재하는 것을 초월하여 미지의 세계까지도 다양하게 조작해 내는 상상력은 특히 예술과 기술 분야에서 더욱 빛을 발휘한다. 인간의 상상력과 예술은 과학기술과 더불어 우리의 상상을 현실로 구현시켜 보다 다채롭고 즐거운 세상을 만들어주고 있다. 오늘날의 미디어아트는 TV 속 광고에서도, 지나가는 거리에서도 접할 수 있을 정도로 우리 생활에 깊숙이 자리 잡고 있다,

그래서 과학과 예술과 문학은 결국 인간 특유의 상상력의 소산물이다.

1) 신화의 세계

신화의 세계는 무궁무진하다. 세계 각 나라의 개국신화에서부터 씨족의 시조 신화, 그리스·로마신화 서양 신화 아시아 신화… 등 이루 헤아릴 수 없다. 우리나라만 해도 단군신화에서부터 주몽신화 혁거세신화… 등등 무수하다. 그 신화는 문학을 통하여 그림을 통하여 재탄생되어 독자나 감상자들로 하여금 상상의 세계로 안내하기도 한다. 심지어 요즈음은 게임의 세계에서도 신화를 즐길 수 있다. '도쿄게임쇼 2010'에서 선보인 '디비나'는 신과 인간이 어우러진 신화의 세계를 재미있게 펼쳐 보이고 있다. '디비나'의 어원은 '신의 말'이다.

조이스 창 총괄 책임자는 '디비나'에 대해 전 세계의 신화를 각각 하나의 세계로 만들어 그 신화들의 세계를 모험할 수 있는 아기자기한 이야기라고 소개한다. 신화에 관심이 있는 사람이라면 한 번 쯤 게임으로 즐겨 보는 것도 괜찮을 듯 하다.

화폭으로 담아내는 역사 속 신화의 세계도 그림을 감상하며 즐길 만하다. 어느 소모임에서 항경아트갤러리 개관 초대전에 갔다. 거기서 모지선 작가의 '역사 속 신화의 세계'를 감상했다. 크로키 작품들이다.

모지선은 우리 역사 위에 세계를 아우르는 신화의 작가로 유명하다. 유럽예술의 중심지 비엔나 '팔레파피갤러리'에서 한국예술제를 통해 600호의 대작과 크로키 작품을 가지고 한국미술의 진수를 보여주기도 했다.

고분 벽화에서도 신화는 있다. 고대 한국 미술자료 중 중국 신화와 관련된 내용을 가장 많이 담고 있는 것은 고구려 고분벽화이다. 염제 신농씨는 고구려인 사이에서 가장 인기가 높았던 신으로 꼽힌다. 오회분 사호묘와 오호묘 등에 3번 이상이나 출현하기 때문이다. 견우·직녀 신화도 만화 같은 모습으로 덕흥리(德興里) 고분에 그려져 있다.

중국 신화는 고대 한국 문화의 일부 내용을 담고 있다. 노량해전에서 순국한 이순신 장군을 기린 남해 충렬사(忠烈祠)의 현판에는 '보천욕일(補天浴日)'이라는 글귀

가 쓰여 있다. 중국 신화를 모르면 이 성어를 이해할 수 없다. '보천욕일'은 뚫어진 하늘을 기운 대모신(大母神) 여와와 매일 해를 목욕시켜 세상을 새롭게 비추게 하는 태양신 희화(羲和)의 신화에서 나온 한자성어(漢字成語)로 충무공을 두고 명나라 수군제독 진린(陳璘)이 "천지를 주름잡는 재주와 나라를 바로 잡은 공적이 있다"고 상찬(賞讚)한 글에서 따왔다.

고대 한국의 고고자료 중에도 중국 신화와 관련된 것이 더러 있다. 그 중에서도 주목할 만 한 것은 백제 무녕왕릉(武寧王陵)에서 발굴된 매지권(買地券)과 동경인 방격규구신수문경(方格規矩神獸紋鏡), 의자손수대경(宜子孫獸帶鏡) 등이 있다.

매지권은 피장자가 지하세계의 신으로부터 묘지를 구입한다는 내용을 적은 글인데, 일종의 토지매매계약서로서 무녕왕릉의 경우 청회색 섬록암(閃綠岩)에 새겨져 있었다. 같이 출토된 방격규구신수문경, 의자손수대경 등은 한 대의 동경을 모방해 만들어진 것들인데 무덤 안의 잡귀와 사악한 기운을 구축하기 위해 배치됐다. 이러한 배치는 한 대 이래 위진남북조 시기에 걸쳐 절정에 달한 동경의 벽사(辟邪) 능력에 대한 믿음과 상관된다.

이러한 세계 각국의 신화를 접해보면 어느 나라든 그 나라 특유의 신화도 있고 나라간 유사한 신화도 있다. 어느 나라의 신화든 배타적 민족개념을 초월하여 인간 특유의 상상력이 낳은 공동의 문화라는 넓은 의미에서 이해하면 우리의 사고 또한 보다 풍성하고 윤택해질 것이다.

2) 꿈의 세계

꿈은 왜 꾸죠? 수없이 질문하고 궁금한 논제이다.

20세기의 위대한 사상가이며 정신분석학의 창시자인 프로이드(Sigmund Freud, 1856-1939)는 그의 〈꿈의 해석〉에서 '꿈이란 어떤 형태의 것이든 소망 충족의 수단이며, 꿈을 꾸는 사람은 그 자신이면서도 현실의 자기 자신과는 완전히 단절되고 있다'고 했다. 그는 〈꿈의 해석〉에서 꿈의 문제에 관한 기존 연구자들의 학문적 문헌 고찰과 꿈과 꿈에서 깨어난 후의 생활과의 관계에서부터 꿈의 재료와 원천, 및 꿈의 여러 작업 그리고 꿈과 신경증과의 관계 등등을 체계적으로 연구하여 꿈에 대한 궁금증을 풀어준다. 하지만 그 꿈의 해석이 누구에게나 똑 같이 적용되는 것은 아니다. 사람마다 차이가 있음을 주위에서도 보게 된다. 그러니 꿈이란 묘한 것이고, 시원하게 풀리지 않는 숙제이기도 하다.

특히 꿈의 망각 현상에 대해서는 프로이드도 확실한 답을 주지 않았고, 이에 대한 여러 학자들도 실험 대상에서 얻은 결론은 불투명하다. 꿈의 망각에 대한 스트럼 펠(Strum Pell)의 해석을 보면 ;

> '첫째 꿈을 잊게 하는 모든 요소가 각성시의 생활에서 작용한다. 그것은 감각이 너무 미약했다든지 심적 흥분도가 낮았기 때문이다.
> 둘째는 단 한 번 밖에 일어나지 않았던 일은 깨었을 때 잊어버리기 쉽다.'

첫 번째는 꿈에서 깨어난 후의 환경적인 여건을 말하는 것일 테고, 두 번째는 머리에 각인이 되지 않았기 때문에 잊어버린다는 것이다. 꿈의 망각에 대한 이론 또한 개인간의 차이가 있음을 실제 경험을 통해서도 알 수 있다.

필자의 경우, 수 십 년 동안 꿈을 꾸면서 경험한 꿈에 대한 기억론과 망각론은 아주 간단하다. 꿈을 꾸고 있는 자세 그대로만 내 몸이 보존되어 있으면 꿈은 그대로 살아있다. 곧 생생하게 기억에 남는다. 하지만 조금이라도 몸이 흔들리거나 돌아누우면 그대로 꿈은 달아나 버린다. 곧 잊어버린다. 몸을 움직이지 않은 상태에서 그대로 벌떡 일어나 메모지에 꿈의 내용을 써 두면 기억에 도움이 된다. 하지만 꿈을 꾸고 방금 눈을 떴을 때 생생하게 기억된 것도 다시 눈을 감고 다른 자세로 자고 나면 아침에 깡그리 잊어버린다. 꿈의 기억과 망각은 잠 잘 때의 자세와 잠자는 습관과 밀접한 관계가 있음을 나는 내 체험에서 얻은 결론이다. 여러분들도 실험해보기 바란다.

꿈에 대한 이야기는 역사 속에도 많이 나타난다. 그 중에서도 김유신의 동생인 보희와 문희의 꿈 이야기와 성경에 나오는 요셉의 꿈 이야기가 많이 膾炙(회자)되고 있음을 본다. 문희는 비단 옷 한 벌로 언니의 꿈을 사서 오빠의 친구인 김춘추(신라29대 무열왕)와 결혼하여 왕비가 되었고, 요셉은 꿈에 해와 달과 11개의 별이 자기에게 절하는 꿈 이야기를 형들에게 하여 미움을 더욱 받아 애굽에 팔려갔지만 바로왕의 꿈을 해몽하여 애굽의 총리대신까지 올라가서 꿈에서처럼 11형제들에게 절을 받는 현실을 맞기도 했다.

이렇게 꿈은 꿈으로서 끝나는 것이 아니라 어느 시기, 어떤 형태로든 현실과 맞물려 있음을 알 수 있다. 그러니 꿈의 정체를 흐트러지게 생각해서는 안 된다. 그러한 의미에서 프로이드의 꿈의 해석 곧 '꿈이란 어떤 형태로든 소망 충족의 수단'이라는 말을 새겨보게 된다.

꿈의 세계는 무한하다. 그리고 좋은 꿈을 꾼 날은 기분이 아주 좋다. 꿈은 대개의 경우 자기 전의 기분상태에 많아 좌우된다. 좋은 생각 아름다운 생각으로 잠이 들면 좋은 꿈을 꾸게 되고, 좋지 않은 생각과 기분 나쁜 마음으로 잠이 들면 악몽을 꾸게 된다. 그러니 꿈도 평상시의 마음과 관계됨을 알 수 있다.

무한한 꿈의 세계를 영화로 옮긴 작품이 크리스토퍼 놀란 감독이 창조한 꿈의 세계 「인셉션(Inception)」이다. 꿈과 현실을 구별하기 어려울 정도로 꿈에 빠진 주인공 '콥'을 이해할 수도 있고 꿈의 세계를 창조하기 위해 설정한 가설도 상상으로 이루어진 꿈의 세계이다. 「인셉션(Inception)」은 꿈을 잘 꾸고 꿈에 대한 호기심을 갖는 사람이라면 누구나 흥미를 갖고 보고 싶은 작품이다.

이 영화는 관객의 상상력을 필요로 한다. 이러한 영화를 제작한 감독-크리스토퍼 놀란-의 상상력이 얼마나 대단한지 짐작할 수 있다. 영화는 현실에서의 꿈을 바탕으로 관객들의 공감을 얻기도 한다. 곧 자신이 어떻게 꿈을 꾸게 되었는지, 꿈을 꾸면서 인식하는 시간흐름과 현실의 시간흐름의 차이, 꿈을 꾸다가 외부의 소리나 힘이 느껴지면 꿈에서 깨어나는 것 등은 누구나 겪는 일이다. 잠간 동안 꾼 꿈속에서의 시간 흐름은 현실과는 완연히 차이가 있다. 영화에서는 그 시간을 12배로 계산한다. 곧 현실에서의 5분이 꿈속에서는 1시간으로 환산했다. 이 또한 공감이 가는 부분이다. 또 현실에서 간절히 바라는 것이 꿈속에서 이루어지는 것도 공감이 가는 부분이다. 다만 영화에서처럼 남의 꿈을 훔치는 것은 악용될 경우, 현실로 다가오면 앞으로 큰 문제가 될 수도 있다. 그래서 그것은 삼가 하는 것이 좋다.

다만 꿈은 꿈으로 아름답게 이루어지고 아름다운 현실로 이어진다면 그 꿈은 언니의 꿈을 산 '문희'나 '요셉'의 꿈처럼 미래를 예시하는 길몽(吉夢)이기에 좋다. 꿈은 꿈으로서 살아있다. '꿈을 꾸는 사람은 꿈을 가진 자이고, 꿈을 꾸지 않는 사람은 꿈이 없는 사람'에 비유하기도 한다. 그래서 프로이드의 꿈의 해석 곧 '꿈이란 어떤 형태로든 소망 충족의 수단'이라는 말을 다시 새겨보게 된다. 여러분들도 '소망 충족의 수단'으로서의 꿈의 세계를 아름다움으로 열어보기 바란다.

3) 판타지의 세계

환상문학에 대한 체계적인 고찰을 시도한 대표적인 학자는 프랑스의 구조주의 비평가인 즈베탕 토도로프(Tzvetan Todorov, 1939-)이나. 그가 말하는 환상의 세 가지

조건은 다음과 같다.

첫째 실재인지 꿈인지, 진실인지 환각(illusion)인지 판단하기 힘든 '망설임'이 끝까지 유지되는 경우,

둘째 자연법칙에 위배되면서도 확인된 것으로 보이는 사건이 등장하지만 작중인물은 그 망설임을 공유하지 않는다.

셋째 작품에 대해서 우의적인(allegorical) 해석이 가능하면 그것은 환상으로 성립할 수 없다.

한편 '판타지 백과사전'의 판타지(fantasy)에 대한 정의에 의하면, 판타지는 자체적인 일관성을 지니고 있는 이야기(story)이며 이 세계에서는 일어날 수 없는 이야기다. 그래서 판타지는 과학 소설과는 구분된다. 즉, 환상은 사실적이지 않은 인간 표현의 모든 형태를 일컫는 넓은 의미로, 판타지는 SF와 같은 좁은 의미로 사용된다.[23)]

판타지의 세계는 인간에게 부여된 상상력의 무한성을 보여준다. 그 상상력은 책으로만 읽고 상상의 세계를 펼치던 시대를 뛰어 넘어 이제 IT 기술과 미디어와 영상기술과 어우러져 판타지의 효과를 100% 이상 만끽할 수 있다. 『반지의 제왕』이라든지 『해리포트』, 『아바타』가 컴퓨터 그래픽이 없었다면 판타지 영화로서의 기능을 제대로 발휘하지 못했을 것이다. 이제 판타지의 세계는 영화에서 그 기능이 더욱 빛나 보인다.

신의 세계를 다룬 「센과 치히로의 행방불명」은 돼지로 변한 부모를 구하기 위해 신들의 세계에 빠진 소녀 '치히로'의 모험을 판타지적인 상상력으로 그려낸 작품이다. 신들의 세계에 살고 있는 요괴와 도깨비, 수많은 정령들은 저마다의 강렬한 개성과 특징으로 구성되어 보는 이로 하여금 무한한 상상력에 매료되게 한다.

마법사의 세계를 펼친 「하울의 움직이는 성」은 인간과 마법사가 공존하고 있는 마법사의 세계를 배경으로 한 판타지로 마녀의 저주를 받아 90세의 할머니가 된 소녀 '소피'가 저주를 풀기 위해 매력적인 마법사 '하울'이 살고 있는 움직이는 성에서 함께 지내며 벌어지는 판타지와 로맨스를 그렸다. 「하울의 움직이는 성」은 마법사의 세계에서 펼쳐지는 마녀와 마법사들간의 전쟁을 통해 관객에게 웅장한 스케일의 판타지를 선보이며, 불의 악마 '카루시파', 허수아비 '카부' 등 기발한 캐릭터로 재미를 더한다.

이러한 작품들에 이어 애니메이션의 명가 지브리 스튜디오가 또 다시 새로운 작

23) 송태현, 판타지, 살림, 2003.

품「마루 밑 아리에티」(2010)로 관객을 초대한다. 이 작품은 요즈음 아파트 세대에게는 감히 상상도 못할 공간, 그러나 아버지·할아버지 세대들이 한 번쯤 경험해 봄직도 한 공간으로 곧 마루 밑 세계를 그려내며 기발한 상상력이 돋보이는 판타지의 세계이다.

「마루 밑 아리에티」를 통해 마루 밑 세계의 판타지를 선보인다. 인간 몰래 그들의 물건을 빌리며 살아가는 마루 밑 소인들의 세계가 있다는 설정을 바탕으로 한 감성 판타지 애니메이션이다.「마루 밑 아리에티」는 10cm 소녀 '아리에티'가 인간 소년 '쇼우'를 만나 함께 모험을 펼치는 판타지이다.「센과 치히로의 행방불명」,「하울의 움직이는 성」이 상상 속에서만 존재하는 신과 마법사의 세계를 그린 것과 달리,「마루 밑 아리에티」는 우리 주변에 존재해온 현실 속의 공간인 마루 밑을 무한한 판타지 세계로 그려내, 보는 이의 호기심을 자극한다. 10cm의 소인들이 인간에게 몰래 빌려온 물건을 가지고 살아가는 독특한 생활방식이라든지 그들의 눈으로 바라본 거대한 인간세계의 모습 등은 신들의 세계나 마법사의 세계와는 또 다른 상상력으로 펼쳐진 새로운 판타지의 세계이다. 이러한 작품을 그려낸 그 중심에는 애니메이션의 거장이자 상상력의 보고를 간직한 미야자키 하야오 감독이 있다.

그 외 잭 스나이더 감독의 최신작「가디언의 전설」은 전 세계 독자들을 열광시키며 500만 부 이상 판매고를 올린 작품의 매력이 영화와 맞물려 현재 3권까지 국내 출간되면서 뜨거운 관심을 모으고 있다.

「가디언의 전설」은 절대 악에 맞서 위기에 처한 왕국을 구원한 올빼미 전사들의 위대한 전설을 담은 대서사 판타지 블록버스터(block buster)이다. 원저자 캐스린 래스키는 100편 이상의 소설과 동화, 논픽션을 발표하며 뉴베리 영예상과 ALA 선정 청소년을 위한 최고의 책 등을 수상한 세계적인 작가이다.

인간이 아닌 올빼미를 주인공으로 인간 역사를 바탕으로 하되 인류가 완전히 배제된 제2의 우주를 창조하여 아동용 동화가 아닌 판타지 문학으로서의 작품성을 인정받았다. 총 15부작으로 이어지는 이 작품은 전 세계 판타지 팬들을 열광시키며「반지의 제왕」,「헤리포터」시리즈 못지않은 인기를 누린다.

이렇게 판타지의 세계 또한 무궁무진하고 다채롭다. 앞으로 판타지의 세계는 더욱 발전하고 인기를 누리며 사랑을 받을 것이다. 이것은 인간의 상상력이 그만큼 더 다채롭고 몽환의 세계를 간직하고 있다는 의미이기도 하다.

4) 동화의 세계

동화의 세계는 꿈속을 거닐 듯 아름답고 신비스럽다. 동화의 세계가 실재인 듯이 믿었을 때도 있었다. 동화의 세계는 어른이 되어서도 아이들과 같이 읽으면서 그 속에 들어가고 싶을 때가 있다. 동화는 민중의 애환과 지혜를 담아 수수께끼 같은 세계로 우리를 이끌기도 한다. 그래서 동화는 어린이들을 위한 책이지만 어른들 역시 어린 시절을 회상하며 그 시절에 읽었던 동화의 세계로 들어가 삶의 지혜를 배울 수 있다. 동화 속 거인과 난쟁이, 용감하고 멋있는 왕자와 아름다운 공주, 어시시한 유령과 성, 신비스러운 숲길을 거닐며 각박한 현실을 잠시나마 벗어나 환상의 세계로 유영할 수 있다.

안데르센 동화, 그림 형제의 동화, 전래동화 창작동화 한국동화 일본 동화 … 수없이 많다. 누구나 어릴 때 한 범쯤은 동화의 세계를 꿈꾸어 보았을 것이다. 동화의 세계는 상상의 날개를 활짝 펼치고 나아갈 어린 시절 꿈이기도 하다. 그 꿈은 어른이 되어서도 그 시절을 꿈꾸듯 회상에 젖기도 하는 아름다운 추억이기도 하다. '신데렐라' 이야기나 '콩쥐 팥쥐' 이야기는 아기가 엄마로 엄마가 할머니로 또 아기에게로 공유하는 동화의 세계이다.

이렇게 동화는 아이들을 위해 쓰여진 재미있고 아름다운 이야기이다. 그리고 그 속에는 권선징악이 깔려 있다. 곧 동화를 통하여 인간의 심성을 아름다움으로 변화시키는 역할도 한다.

세계의 동화를 읽다보면 공통적인 특징도 볼 수 있고, 민족마다의 두드러진 민족성도 볼 수 있다. 그런가 하면 작품들 곳곳에서 질투심, 욕심, 공명심 등 인간의 약점으로 분류되는 보편 정서도 눈에 띈다. 그리고 그런 정서들은 과장되고 확대되어 표현되기에 다르고 낯설기보다는 우스꽝스럽고 익살스럽게 다가와 우리를 웃고 울게 만든다. 그리고 생각할 수 있는 침묵의 공간을 만들어주고 우리 속에 숨은선과 악을 되짚어보게 만들기도 한다.

동화는 어린이의 정서를 순화시키고 심성을 곱게 하며 아름다운 삶을 꿈꾸게 한다. 그래서 동화는 재미와 함께 교화적인 면도 함께 한다.

5) 이야기의 세계

이야기의 세계는 무궁무진하다. 모든 사안이 이야기로 재구성될 수 있기 때문이다.

실재이야기와 꾸며낸 이야기에서부터 전래동화 이야기, 신화와 전설 이야기, 역사이야기, 과학 이야기, 곤충 이야기… 수없이 이야기는 이어진다. 이러한 이야기는 한 사람이 이루어 놓은 고차적인 것도 있지만, 구전에서 구전으로 전하고 전하여지면서 보태고 다듬어서 이어져 내려온 것이 많고 그것이 이야기로서의 재미를 더해 주고 있다. 그리고 요즈음은 기발한 발상으로 꾸며낸 이야기들이 돌고 돈다. 이 또한 상상력의 소산이라 하겠다.

요즈음은 역사이야기가 종전의 전래동화 못지않게 인기를 모으고 있다. 〈이야기 미국사〉, 〈이야기 독일사〉, 〈이야기 삼국사〉, 〈이야기 러시아사〉… 역사를 야사와 함께 이야기 식으로 풀어내어 쉽게 읽힐 수 있는 책들이다. 〈이야기 동양신화〉, 〈이야기 그리스 로마 신화〉… 등 이야기의 보자기가 늘려있다.

뭐니 뭐니 해도 어릴 때 귀로 들은 구수한 옛 이야기가 이야기로서는 제격일 것이다. 〈콩쥐 팥쥐 이야기〉,〈해가 되고 달이 된 오누이〉, 〈신데렐라 이야기〉… 이야기는 한글을 깨우치기 전 어머니, 할머니께서 해 주신 이야기가 진정으로 이야기의 맛을 더해줄 것이다. 지금은 일찍 한글을 깨치고 책으로 읽어주는 시대이니 그 맛은 옛날의 이야기와는 다르다. TV를 통해서도 이야기는 쏟아져 나온다. 그만큼 풍성한 이야기를 접하며 자라나는 아이들이기에 요즈음 아이들은 그만큼 아는 것도 많고 빨리 깨우치고 성숙해짐을 알 수 있다.

제 2 부

각 론

제 1 장

수필의 이론과 실제

일반적으로 수필이란 하나의 주제를 평이하고 간단하게 쓴 문학적인 글을 일컫는다. 보통 작가의 개인적인 경험과 견해를 쓴다.

형식은 16세기말 프랑스의 저술가 미셸 드 몽테뉴(Montaigne, Michel Eyquem de, 1533-1592)가 처음 만들었다. 그는 당시 프랑스의 광신적인 종교 시민전쟁의 와중에서 종교에 대한 관용을 지지했고, 인간 중심의 도덕을 제창했다. 그러한 견해를 피력하기 위해, 또는 그러한 견해가 자신에게 무엇을 의미하는가를 밝히기 위해 에세(essai)라는 문학 형식을 만들어냈다. 이러한 의미에서 그의 〈수상록 Essais〉은 인간 정신 곧 몽테뉴 자신의 개인적인 사고와 체험을 표현하려던 것이었기 때문에 '에세'(essai : 프랑스어로 '시도', '시험'이라는 뜻)라는 말을 써서 자신의 시도와 노력의 산물임을 강조했다. 몽테뉴는 자신의 사사로운 일들에 대한 생각을 회의주의적 성찰과 라틴 고전에 대한 해박한 교양을 반영하여 뛰어난 솜씨로 기록했다. 1588년 완전히 마무리되어 출간된 〈수상록 Essais〉은 아직도 수필문학의 백미로 꼽히고 있다.

프랜시스 베이컨은 영국 최초의 수필가이다. 그러나 그의 〈수상록 Essayes〉은 몽테뉴의 〈수상록〉과는 완전히 다르다. 다루는 주제들이 '야망에 관해서', '진리에 관해서', '높은 위치에 관해서'와 같은 심각하고 무거운 것이며, 문체는 대체로 위엄 있고 장중하다.

에이브러햄 카울리(1618-67)는 몽테뉴의 모범을 따른 최초의 유명한 영국 작가로, '나 자신에 관하여' 같은 자신의 수필에 몽테뉴의 개인적인 필체를 고스란히 반영하고 있다. 18세기 영국의 수필은 애디슨과 스틸, 새뮤얼 존슨, 올리버 골드스미스와 같은 대가들에 의해 모양이 갖추어져 엄청난 인기를 누렸다.

찰스 램(1775-1834)은 영국 수필의 대가 중 한 사람으로 1820년에 나오기 시작했던 〈엘리아 수필집 Essays of Elia〉이 수필 장르의 대표작으로 널리 인정되고 있다. 램의 수필은 삶을 예리하게 관찰하는 그의 재능을 통해 해학·공상·감정을 결합시키고 있으며, 그 모든 것을 매우 개인적인 문체로 표현하고 있다. 그밖에 뛰어난 수필가로는 토머스 드 퀸시(1785-1859)가 있다. 퀸시의 작품인 〈하나의 예술작품인 살인에 관해서〉와 〈영국의 우편마차에 관해서〉 등은 고도로 세련되고 문학적인 것이다.

19세기 후반 로버트 루이스 스티븐슨의 수필은 몽테뉴나 램의 수필과 같은 계열에 속하는 것으로, 그 시대의 다른 수필가들보다 훨씬 뛰어난 수준에 다다른 것이다. 미국의 소로Thoreau(1817-1862)는 〈월든 호(湖) Walden〉에서 천재적인 필치를 보여주었고 에머슨은 〈수필집 Essays〉(1841~44)에서 비록 몽테뉴와 램의 전통을 따르지는 않았으나 고상한 사고와 풍부한 논조를 보여주었다.

수필은 원래 프랑스에서 생겨난 것임에도 불구하고 프랑스에는 늦게 정착되었다. 생트 뵈브[Sainte-Beuve, Charles-Augustin, 1804-1869]는 프랑스의 문학사가·비평가로서 역사적 자료를 당대의 저술에 적용한 것으로 유명하다. 르네상스 시대부터 19세기에 이르는 프랑스 문학에 대한 그의 연구는 자세한 정보를 집대성해 놓은 위대한 해설서이다. 그의 경탄할 만한 작품인 〈월요 한담 Causeries du lundi〉(1851-62)은 실로 문학적이라 할 만큼 수준 높은 수필로 프랑스 수필의 선구가 되었다.

그밖에 유명한 프랑스 수필가로는 테오필 고티에(Pierre Jules Théophile Gautier, 1811-1872)와 아나톨 프랑스(Anatole France, 1844-1924)[24]가 있으며, 이들에 의해 프랑스의 수필이 지적이고 분석적인 글임이 예증되었다.

20세기에 수필은 일종의 재미있는 문학으로 다시 태어났고 제임스 서버[25]와 도로

24) 아나톨 프랑스(Anatole France, 1844년 4월 16일-1924년 10월 12일)는 프랑스 작가 자크 아나톨 프랑수아 티보(Jacques Anatole François Thibault)의 필명이다.
프랑스의 소설가이자 비평가로, 그리스·라틴·프랑스의 고전을 읽고 철저한 고전주의자가 되었다. 중학교 졸업 후 《황금 시집》을 발표하였다. 그 후에는 소설과 비평을 썼으며, 아카데미 문학상을 받았다.
소설 《실베스트르 보나르의 죄》, 《타이스》, 《붉은 백합》 등으로 명성을 떨쳤다. 5년 동안 정기적으로 문예 시평을 썼으며, 극평에도 뛰어났다. 1896년 아카데미 프랑세스 회원에 선출되었고, 1910년에는 철학적인 풍자 소설을 썼으며, 제1차 세계 대전 후에는 평화주의를 강조하였다. 1921년 노벨 문학상을 받았다.

25) 미국에서 태어난 제임스 서버는 유머 작가이자, 만화가이다. 어릴 적 동생들과 장난을 치다 한쪽 눈을 잃은 그는 활동적인 일과 운동을 할 수 없었다. 그 시간에 글을 쓰고 그림을 그리며 상상력을 키워갔다. 성인이 된 서버는 E.B. 화이트와 함께 팀을 이루어 작업을 하였으며, 어린이 책뿐만 아니라 많은 성인 책도 출간하였다. 『아주아주 많은 달』로 1944년 칼데콧 상을 수상하였고, 자기만의 색깔을 구축해 미국에서 꾸준히 사랑받고 있는 작가이다. 1997년에 만들어진 '서버 상 Thurber Award'은 매년 유머러스한 작품을 쓴 작가에게 수여하고 있다.

시 파커(Parker, Dorothy, 1893-1967)[26] 같은 유머 작가들은 이러한 기술이 탁월했던 작가이다.

1. 정의

일반적으로 수필은 '붓 가는 대로란 뜻'으로 생활 속에서 보고, 듣고, 느낀 것을 사실 그대로 생각나는 대로 붓을 따라 자유롭게 쓴 글이다. 즉 체험을 바탕으로 일정한 틀에 얽매이지 않고, '붓 가는 대로 쓴다.'는 것이다.

그래서 '무형식의 형식'이란 말을 쓴다. 그 내용은 일상생활, 자연의 모습, 인생에 대한 관조나 사회의 움직임, 등에 대한 유심한 관찰과 생각, 느낌이 들어있음을 알 수 있다. 그러므로 그 소재는 지은이의 관심거리가 되는 그 모든 것이 곧 소재가 된다.

수필은 실제 체험을 바탕으로 얻은 사실을 말하고, 자기를 고백하는 글이기 때문에 지은이의 사상, 감정, 인생관, 철학관, 생활관 등이 직접적으로 드러난다. 그래서 개성의 문학이라 고도 한다.

2. 수필의 갈래

1) essay(formal essay, 형식적 에세이)

지식의 전달이나 비평의식을 나타내는 글로서 진지하면서도 논리적이다. 또 객관적이면서도 지성적 세계를 표현한다. 이러한 정신을 담아내는 글로는 신문의 사설에서부터 소논문, 비평, 논설, 서평, 평론 등이 이에 속한다.

예문

정부가 또다시 부동산 안정대책을 내놓았다. 그러나 '철저하고 획기적인 대책'이라는 장담에도 불구하고 얼마나 효과를 거둘 수 있을지 의심스럽다. 지난해부터 여섯 차례나 집값 안정 대책을 내놓고도 '반짝 효과'에 그쳤던 일이 되풀이될

26) 위트와 감수성을 발휘해 1920년대부터 20세기 중반에 이르기까지 도시인의 어리석음을 폭로한 작품들을 썼다. 뉴욕 시에서 자란 파커는 뉴저지 주 모리스타운에 있는 미스 데이너스 스쿨을 졸업한 뒤 다시 뉴욕으로 돌아와 〈배너티 페어 Vanity Fair〉에서 일했다. 그녀는 이 잡지에 함께 글을 쓰던 유머 작가 로버트 벤츨리와 당시에는 극비평가였으나 후에 극작가로 변신한 로버트 셔우드와 더불어, 뉴욕의 알공킨 호텔에서 비공식적으로 오찬을 함께 하던 알공킨 원탁모임의 핵심회원이 되었다.

가능성이 높다.

김포, 파주 신도시 개발과 분양권 전매(轉賣) 금지, 부동산 보유세 중과(重課) 같은 정책으로 부동산 투기를 막기는 역부족이다. 정부는 '땜질'식 처방에 매달릴 것이 아니라 부동산으로만 돈이 몰리는 근본 원인을 먼저 살펴야 한다. 그래야 엄포가 아닌 진짜 대책을 내놓을 수 있다.

서울 강남 지역을 비롯한 수도권 요지의 집값은 이제 어지간한 대책에는 꿈쩍도 하지 않는다. 오히려 부동산 안정대책이 나오면 가격이 더 뛰는 경우도 있다. 정책의 약발이 먹히지 않는 정도가 아니라 투기꾼을 불러 모으는 역효과를 내고 있는 실정이다.

사태가 이 지경에 이른 원인은 시중에 돈이 너무 많이 풀려 있고, 그 돈이 증권시장과 은행을 통해 기업으로 흘러가지 못하는데 있다. 한마디로 기업들이 투자를 하지 않고 있기 때문이다. 예금 금리는 물가 상승률보다 낮은데도 주식과 채권시장이 죽을 쑤고 있는 이유도 여기에 있다. 기업이나 투자자 모두 우리 경제의 미래에 불안감을 느끼고 있는 탓이다.

갈 데 없는 부동(浮動)자금이 부동산 시장으로 몰리는 것은 자연스런 일이다. 얼마전 서울지역 아파트 동시분양에선 도곡동 주공1차 587가구에 11만명이 넘는 청약자들이 몰려드는 소동이 벌어졌다. 부동산 투기는 망국병이라고 하지만 이런 상황에서는 누구를 탓하기도 어렵다.

결국 시중자금이 기업으로 흘러들어가는 '물꼬'를 터줘야 한다. 노동정책에 대한 기업들의 불안감을 덜어주고, 투자의욕을 북돋워주는 것이 중요하다. 경제를 살려야 부동산 문제도 해결할 수 있다.

–조선일보, 2003. 5. 10. 사설에서 –

2) miscellany(informal essay, 비형식적 에세이)

주관적, 감정적, 상상의 세계를 표현한 글로서 시평, 인물평, 일기, 서간, 감상문, 생활문 등이 이에 속한다.

예문 · 1

장마가 시작되었습니다. 한나절 내내 비를 맞으며 사흘 전, 미국으로 떠난 큰애를 생각하며 꽃모를 냈습니다. 제가 옮겨 심고 있는 맨드라미나 금송화나 분꽃처럼 그도 낯선 환경에 도착했으니 이제부터 뿌리 내리기로 몸과 마음이 꽤나 힘들 것입니다. … 중략 …

맨드라미의 여린 뿌리를 젖은 흙으로 다독이며 아들의 건승을 기원 했습니다. 넓은 세상에 나갔으니 많이 배워 널리 쓰이라고, 등짝을 후려치는 빗줄기에 온몸 적시며 꽃모마다 소원을 아뢰었습니다. 이것이 어미의 심정임을 당신께서도 모르진 않으시겠지요.

빗속으로 날아가는 새 한 마리, 아들의 모습인양 싫어 눈물이 앞을 가립니다.

– 김애자, 「수렛골에서 온 편지」에서 –

예문 · 2

자고 깨기만 하면 눈물과 울음으로 날을 보내는 사람들이 있다. 슬퍼서 울고 배고파서 울고 억울해서 울고… 심지어 즐거운 일이 있으면 이번에는 즐겁다 해서 운다. '아메리카'의 '슈 · 인디언'들은 잘 울기로 이름난 종족이지만 그들도 결코 우리를 따르지는 못했으리라.

울음과 눈물을 빼놓고는 한국을 말할 수 없다. 자기 자신만이 아니라 주위의 모든 것까지를 '울음'으로 들었다.

'운다'는 말부터가 그렇다. 우리는 절로 소리 나는 것이면 무엇이나 다 '운다'고 했다. 'Birds sing'이라는 영어도 우리말로 번역하면 '새가 운다.'로 된다. sing은 노래 부른다는 뜻이지만 우리는 그것을 반대로 운다고 표현했던 것이다.

– 이어령, 〈울음에 대하여〉 중에서 –

3. 수필의 특성

1) 형식의 자유성 -.무형식의 형식

백철은 수필을 정의하기를 '그 형식이 구속 없이 자유스럽고 한계의 제한이 없고 그 영토가 광대하다'고 하여 수필의 자유성을 피력했다. 따라서 수필은 서정적인 감각이나 소설적인 구성이나 희곡적인 대화, 비평적 판단작용 등을 활용할 수 있으며 또한 일기 서간문 기행문 논설문 서평 비문 등을 수용하게 된다.

수필은 인간의 본성을 바탕으로 다양한 장르와 접경을 이루고 있다. 무형식의 형식이란 곧 다양한 영역의 특성을 모두 포용하여 용해할 수 있는 것이 수필이라는 의미이기도 하다. 하지만 잡문이 수필이 될 수는 없다. 문학으로 형상화시킬 때 수필의 참 맛과 품위가 있다.

예문

봄은 멋대로 왔다 멋대로 가는가 보다. 그러나 멋대로인 것이 어찌 봄뿐이랴. 거리를 달리는 버스도 멋대로요, 일요일마다 교외로 밀려나가는 택시, 관용차, 자가용차들 또한 멋대로이다. 잠간 공중전화 앞에 가서 보라. 기다리는 손님이야 있건 말건 멋대로 장시간 사랑을 속삭이는 아가씨들을 발견할 것이다. 세상은 모두 제

멋에 겨워 사는가 보다.
하룻밤을 꼬박 새고 났더니 이튿날 한쪽 귀가 막혀 잘 들리지 않는다. 내 귀마져 멋대로인가 싶어 약간 화가 치미는 걸 꾹 참았다. "이 사람 그건 비타민 부족에서 오는 걸세"
"비타민 부족인데 체중이 한 관이나 늘어?"

– 장만영의 〈멋대로의 봄〉에서 –

2) 고백 문학

영국의 극작가이며 시인인 벤 존슨(Ben Johnson, 1572-1637)은 '수필은 마음의 산만한 희롱'이라 하여 단편적인 수필의 불확실성을 지적하기도 했지만. 수필이야말로 인생과 사물을 관조하고 나타내는 향기 높은 문학이며 예술이라 할 수 있다. 존슨이 말한 값없는 잡문과는 차원이 다르다.

수필은 고백 문학으로서 자기를 그대로 들어낸 개성적인 글이라는데 그 특성을 둔다. 몽떼뉴(MichelEyquem Montaigne, 1533-1592)는 그의 〈수상록〉 서문에서 "이 글에서 나는 대단히 만족해서 자기를 충분하게 적나라하게 그린 것이다. 따라서 독자여 이 책의 주제는 내 자신이다."라고 하여 수필이 개성의 노출임을 드러냈다. 알베레스(Josef Albers, 1888-1976)는 〈수필의 성격과 그 영역〉에서 "수필에 있어서 중요한 특성은 숨김없이 자기를 말하는 것과 人生(인생)事象(사상)에 대한 傍観的(방관적) 태도"라고 했다. 그러므로 수필을 가리켜 自照文学(자조문학), 告白文学(고백문학), 心的(심적)裸像(나상)이라고 말한다.

개성의 문학, 필자의 마음을 적나라하게 드러낼 뿐만 아니라 필자의 지식, 이상, 취미, 인생관, 우주관 연애관, 결혼관 등 다양하고 폭넓게 표현하는 고백의 문학이다.

예문

나는 지난해 여름까지 난초 두 분(盆)을 정성스레, 정말 정성을 다해 길렀었다. 3년 전 거처를 지금의 다래헌(茶來軒)으로 옮겨왔을 때 어떤 스님이 우리 방으로 보내준 것이다. 혼자 사는 거처라 살아 있는 생물이라고는 나하고 그 애들뿐이었다. 그 애들을 위해 관계 서적을 구해다 읽었고 그 애들의 건강을 위해 하이포넥슨가 하는 비료를 바다 건너가는 친지들에게 부탁하여 구해 오기도 했었다. 여름철이면 서늘한 그늘을 찾아 자리를 옮겨주어야 했고, 겨울이면 필요 이상으로 실내 온도를 높이곤 했다.
…… 중략 ……
난을 가꾸면서는 산철(僧家의 여행기)에도 나그네 길을 떠나지 못한채 꼼짝 못하고 말았다. 밖에 볼 일이 있어 잠시 방을 비울 때면 환기가 되도록 들창문을 조금 열어놓아야 했고, 분(盆)을 내놓은 채 나가다가 뒤미처 생각하고는 되돌아와 들여 놓고 나간 적도 한두 번이 아니었다. 그것은 정말 지독한 집착이었다.

며칠 후, 난초처럼 말이 없는 친구가 놀러 왔기에 선뜻 그의 품에 분을 안겨 주었다. 비로소 나는 얽메임에서 벗어난 것이다. 날 듯 홀가분한 해방감. 3년 가까이 함께 지낸 '유정(有情)'을 떠나보냈는데도 서운하고 허전함보다 홀가분한 마음이 앞섰다. 이때부터 나는 하루 한 가지씩 버려야겠다고 스스로 다짐을 했다. 난을 통해 무소유(無所有)의 의미 같은 걸 터득하게 됐다고나 할까.

– 법정, 〈무소유〉 중에서 –

3) 다양한 제재

인생, 사회, 우주, 자연, 등 존재하는 모든 것이 수필의 제재가 된다. 김동리는 '평론의 대상은 문학이요, 수필의 대상은 사유의 전 영역'이라 했고, 김진섭은 '수필은 무엇이든지 담을 수 있는 용기'라고 하여 수필 소재의 무한성을 시사했다. 무엇을 그 속에 담든 수필은 그 담는 내용과 그것을 필요로 하는 필자에 의해서 그 취향이 여러 가지로 변화한다. 수필은 필자의 신비롭고 정서적인 이미지를 통한 풍요로운 사고를 표현함으로써 문학성을 높인다.

예문

나무는 德을 가졌다. 나무는 주어진 분수에 만족할 줄을 안다. 나무로 태어난 것을 탓하지 아니하고, 왜 여기 놓이고 저기 놓이지 않았는가를 말하지 아니한다. 등성에 서면 햇살이 따사로울까, 골짝에 내려서면 물이 좋을까 하여 새로운 자리를 엿보는 일도 없다. 물과 흙과 태양의 아들로 물과 흙과 태양이 주는 대로 받고, 厚薄과 불만족을 말하지 아니한다. 이웃 친구의 처지에 눈떠 보는 일도 없다. 소나무는 진달래를 내려다보되 깔보는 일이 없고, 진달래는 소나무를 우러러보되 부러워 하는 일이 없다. 소나무는 소나무대로 족하고 진달래는 진달래대로 스스로 족하다.

– 이양하, 〈나무〉에서 –

4) 예술성과 철학성

수필은 예술성과 철학성이 조화를 이루어 표현되어야 한다. 이 말은 문학이 언어예술이듯이 수필은 문학으로서 예술성을 부여받고, 또 담아내는 그 내용에 있어서 필자의 인생철학이 나타나고, 사상이 나타난다는 것이다.

예문

흙은 향기롭다. 흙은 인간의 고향이요, 대지는 인류의 어머니다. 우리는 흙에서 나서 흙 위에서 살다가 흙 속에 묻힌다.

우리는 죽으면 한 줌 흙으로 돌아간다. 성서에 의하면 인간은 흙의 아들이요, 흙의 딸이다. 인간에게 가장 가깝고 가장 소중한 것은 흙이다. 흙 속에는 위대한 진리가 있다. 지구의 어디에나 깔려 있는 흙, 산도 흙으로 덮여있고, 논과 밭도 흙으로 되어 있다.

지구는 흙의 옷을 입고 있다. 흙은 지구의 피부요, 살결이다. 어디에나 있는 그 누런 흙, 흙은 무지개처럼 빛깔이 아름답지도 않다. 나무처럼 싱싱하지도 않다. 꽃처럼 향기도 없다. 산호처럼 모양이 고운 것도 아니다. 하지만 흙은 썩지 않는다. 믿음직스럽다. 흙에 씨앗을 뿌리면 새싹이 돋아난다. 흙은 생명의 원천이다. 흙은 어머니의 풍부한 젖가슴과도 같다.

– 안병욱, 〈흙의 향기〉에서 –

5) 위트(wit, 재치), 유머(humor, 익살)

'수필은 인생을 반 산 사람의 글'이라 하듯이 인생에 대한 깊은 그 무엇을 독자로 하여금 느끼게 해야 한다. 곧 재치 있는 위트나 흐뭇한 유머나 날카로운 개성과 아름다운 논리, 찌르는 듯한 풍자, 그리고 Irony(반어, 비꼼) Paradox(역설적)로 조화를 이루어야 한다. 따라서 Pathos(애수, 비애)도 어우러져야 한다. 또 어느 정도의 비평정신, 교훈적인 叡智(예지)가 나타나야 한다.

예문 · 1

위트가 위기를 모면해 주는 일이 있다. 어느 날 저녁 때 임금이 대궐 안을 산책하고 있었다. 우연히 주방 앞을 지나다가 보니 수라상을 마련하는 여자가 홍시를 혀로 핥아서 닦고 있었다. 임금은 못 본채하고 그 앞을 지나갔다. 그 이튿날 아침에 수라상에 그 홍시가 올려져 있었다. 임금은 은근히 화가 치밀어 그 여자에게 물었다. "음식은 어떻게 해야 깨끗한가?" 여인은 가슴이 철렁했다. 순간 기지를 발휘했다. "아니 보시면 깨끗하나이다."

– 임정현, 〈감의 맛〉에서 –

예문 · 2

아인슈타인이 상대성 원리를 발표한 후 여러 곳에 초청을 받아 강연을 하게 되었다. 32번을 하고 33번 째 초청 강연을 가게 되었다. 그 때 기사가 아인슈타인에게 말했다. "선생님, 선생님 강연은 제가 해도 이제는 원고를 안 보고 다할 수 있습니다" 했다. 그래서 아인슈타인이 "그래? 자네가 내 강연을 할 수 있단 말이지?" "네! 이제는 저도 선생님 강연을 다 외웠습니다." 그렇게 해서 진짜 기사가 아인슈타인을 대신해서 강연을 하게 되었다. 기사는 원고도 없이 강연을 깔끔하게 잘 마무리 했다.

강연이 끝난 후 객석에서 질문이 나왔다. 기사는 처음 들어보는 문제이다. 아찔했다. 객석에 앉은 아인슈타인 역시 난처했다. 거기에 대한 준비는 없었다. 잠깐의 침묵이 지나갔다. 기사는 재치를 발휘했다. 빙그레 웃으면서 말했다.

"네-. 그거요. 그 정도라면 나의 기사도 잘 알고 있습니다. 기사님, 한 번 답해보시지요." 이렇게 해서 기사와 아인슈타인이 위기를 모면했다.

– 아인슈타인의 기사 –

4. 수필의 본질

1) 수필과 에세이

윤오영은 '수필은 동양적인 에세이'이고, '에세이는 서구적 수필'이라 했고, 장백일은 '수필과 에세이는 형제, 부부와 같은 관계'라 하여 그 긴밀성을 말했다. 그런가 하면 류병석은 '포오멀 에세이와 인포오멀 에세이로 나누어 커다란 차이가 있다고 하여 에세이와 수필의 차이점을 피력했다. 백철과 최승범도 수필과 에세이를 동일시 또는 같은 개념으로 보기도 했다.

이렇듯 보는 이의 견해에 따라 그 정의도 다양함을 알 수 있다. 그러나 일반적인 견해를 보면 에세이는 좀 무게가 있는 내용을 일컫고, 일상적인 감상이나 수상을 가볍게 붓을 들고 쓴 글은 수필이라 하기도 한다. 요즈음은 이를 무시하고 쓰는 경향도 있음을 신문이나, 잡지에 발표되는 에세이를 보면 알 수 있다.

엄밀히 따지면 잡문은 에세이가 아니며 수필과도 동일시 할 수 없다. 수필과 에세이는 한글과 외국어 발음의 차이로 보고 동일시해도 무방할 것 같다. 왜냐하면 수필에서 重随筆(중수필)이라 하면 에세이에 해당하고, 軽随筆(경수필)이라 하면 보다 가벼운 일상적이 감상이나 수상록으로 인정하여 그 내용을 분류하기도 하기 때문이다. 이는 아래에서 읽을 다른 문학과의 관계를 보면 확연히 드러나기도 한다.

2) 다른 문학과의 관계

(1) 시와 수필

시는 형태적, 운문적, 축약적이라면 수필은 비형식적, 산문적, 확산적이다. 시적 내용을 담고 있는 수필은 시적 정서와 시적 이미지, 시적 운율이 나타난다. 그런가 하면 산문적 형태를 취한 시는 수필 같이 느껴진다. 다음 예문을 감상해 보자.

예문

꽃가게 앞에서 고전과 양장이 가지런히 발을 멈춘다. 소담한 꽃묶음을 한 아름씩 안으면 맑고 아름답기 애기를 어르는 산모와 같다.

아낙네들이 저자에 나서면 취객과 같이 気勝(기승)한다. 사내놈이란 술을 마시고 목이 튀어 세상을 얕잡지만 계집년은 꽃다움 앞에 눈과 손이 절로 커진다.

겨울에 팔리는 가을 한 묶음이 육백환 석류가 짜개지는 웃음으로 선선히 천 이백환을 내던지고 꼬리를 치며 희희한다.

어느 양가집 예쁜 새며느리가 형 아우처럼 첫애기를 안고 친정에 들르는 걸음이다.

사람도 그늘에 살면 생선처럼 상하기 마련인데 저마다 어둔 밤, 이 한 묶음 꽃을 고작 은촛대에 불을 켜듯 환히 밝히면 때로 臭氣와 陰濕을 가지는 焚香일 수 도 있는 일. 잔털을 밀고 예를 지낸지 엊그젠 듯 새순 같은 며느리의 나들이가 어쩌면 이렇게 춥고 서러울 줄이야

–이동주의 시집, 「散調(산조)」에서 –

(2) 소설과 수필

서술과 묘사, 장편과 단편, 잡다한 이야기를 산문으로 표현하는 것이 공통적이다. 가공적인 허구의 세계를 다루면 소설, 정서와 감정 철학 등을 형태에 구애 없이 표현하면 수필이다.

예문

스물세 살이요, 삼월이요. 각혈이다. 여섯 살 잘 기른 수염을 하로 면도칼로 다듬어 코밑에다만 나비만큼 남겨가지고 약 한제 지어들고 B라는 신문지 한적한 온천으로 갔다. 게서 나는 죽어도 좋았다.

그러나 이내 아직 기를 펴지 못한 청춘이 약탕관을 붙들고 늘어져서는 날 살리

라고 보채는 것은 어찌하는 수가 없다. 여관 寒灯(한등) 아래 밤이면 나는 늘 억울해 했다.

– 이상의 소설 逢別記(봉별기)에서 –

예문

나는 아침을 먹었다. 할 일이 없다. 그러나 널따란 백지 같은 오늘이라는 것이 내 앞에 펼쳐져 있으면서 무슨 기사라도 좋으니 강요한다. 나는 무엇이고 하지 않으면 안 된다. 무엇을 해야 할 것인가. 연구해야 한다. 그럼… 나는 최서방네 집 사랑 툇마루로 장기나 두려갈까 그것 좋다. 최서방은 들에 나갔다. 최서방네 사랑에는 아무도 없나보다. 최서방의 조카가 낮잠을 잔다.

– 이상의 수필 〈倦怠(권태)〉에서 –

(3) 평론과 수필

넓은 의미에 있어서는 평론도 수필에 속한다. 이러한 수필은 이지적 비평적 硬随筆(경수필)이다. 평론은 지성의 판단으로 한 문제에 대한 총결산이고, 수필은 감정의 유로로 한 문제에서 발화된 무종결의 연소다

軽随筆(경수필) 또는 軟随筆(연수필)은 정서적 감정과 감동은 표현하고 공감하고, 체험과 사상, 미의 창조에 그 특징이 있는 무형식의 글로 그 특성은 개성의 문학, 산문의 문학, 무형식의 문학, 비평정신의 문학, 제재가 다양한 문학, 심미적 철학적 가치의 문학이다.

重随筆(중수필)또는 硬随筆(경수필)은 이지적인데 특징을 두고 형식에 구애받는 글로 그 특성을 보면 형식을 갖춘 문학, 이론적으로 표현 기술하는 문학, 논리적 문학이다. 다음 〈예문1〉은 평론적인 내용을 수필에 담은 것이고, 〈예문2〉는 평론적인 문장으로 쓴 수필이다.

예문 · 1

그 누구였는지 이름은 잊었으나 시는 거대한 수목과 같다고 말했다.

오랜 세월을 두고 그 수목에는 헤아릴 수 없을 만큼 무수한 새들이 날아와선 노래하고, 노래하다가는 날아가는데 그 새 속엔 부엉이도 꾀꼬리도 카나리아도 앵무새 내지 까마귀도 있다고 한다.

우리들 시에 종사하고 있는 사람이나 시를 공부해서 장차 시에 종사해 보겠다는 사람들도 확실히 이 거목에서 노래하는 한 마리의 새임에는 틀림없다.

– 신석정, 〈서정시 小考〉에서 –

예문 · 2

모든 발명 · 발전에 앞서 있어야 할 것이 필요성이다. 그래서 필요는 발명의 어머니라는 말이 있다. 이렇게 필요성이 인식된 뒤에는 그 필요를 충족시켜주는 발명이 있을 것인데 그것이 가능하려면 또한 그것을 구체화하는 데 있어서의 제일보가 착상이다. 그런데 이 착상은 우연한 기회에 이루어지는 때가 있다.

…… 중 략 ……

그가 발명에 착수한지도 오래된 어느 날, 난로 옆에 앉아서 지난날의 연구실적과 앞으로의 일을 곰곰이 생각하고 있었다. 이때까지 자기 연구를 위해 들어간 돈은 고사하고 음과 양으로 도와준 많은 사람들에게 이것이 성공하지 못했을 때의 미안한 생각과 그로 말미암아 패가망신할 수밖에 없는 자기의 처지를 안타깝게 한탄하고 있었다.

이 때 딸이 긴 머리를 빗어 넘기더니 이것을 손가락으로 길게 갈라 땋는 것이 눈에 띄었다. 그는 그것을 보고 힌트를 얻었다. 그리하여 마침내 훌륭한 기계를 발명하게 되었다.

이렇게 발명하는데 선행조건이 되는 착상은 상상외의 일을 눈여겨 본 때문에 얻어지는 경우가 많다.[27]

– 안춘근 撰, 착상에 대하여 –

5. 수필의 구성

수필이 무형식의 문학이라고 하여 아무렇게나 쓴 잡문이 수필이라는 것은 아니다. 수필은 다른 장르에 비하여 그만큼 자유스럽다는 말로 받아들일 수 있다. 희곡이나 소설 시 의 형식이 있고 그 구성이 있듯이 수필도 형식이 있고 그 구성이 있다. 수필의 형식은 일반 문장 구성의 형식을 따른다고 생각하면 무난하다. 그래서 무형식이 곧 수필의 형식이란 말을 한다. 수필의 구성에 있어서는 주제와 제재(소재), 구성, 문체로 나누는 것이 일반적이다.

1) 주제

글을 쓸 때는 쓰는 이유가 있다. 그 글 속에서 작자가 독자에게 주고자 하는 메시지가 있다. 곧 작가가 나타내고자 하는 중심사상이 바로 주제이다.

특별한 경우를 제외하고는 주제를 선정할 때, 다음 기준에 준하는 것이 편리하다.

27) 안춘근 撰, 세계예화선집, 을유문고60, 을유문화사, pp.202-203.

① 독자가 관심을 가지는 주제

② 자신이 알고 있거나 알게 될 주제

③ 독자가 흥미와 관심을 가지고 있는 주제 또는 독자가 알게 될 가능성이 있는 주제

④ 주어진 문장의 분량에서 충분히 다룰 수 있는 주제

⑤ 유익하고 가치 있는 주제

⑥ 분명하고 한정된 주제

⑦ 제재를 구할 수 있는 주제

2) 제재

주제를 나타내기 위한 기본 재료로 내용의 중심이 된다. 많은 소재 중에서 선택된 소재이다. 자연, 인간사, 사유, 식물 동물 등이며 시간적 순서에 따라 전개되는 계시적 제재와 공간성에 바탕을 둔 자연이나 사회, 공간상황 등의 동시적 제재가 있다.

3) 구성(plot)

구성(plot)은 구조(structure), 형식(form) 등으로 해석되기도 한다. 주제를 나타내기 위한 제재 배열의 방법이라 할 수 있다. 구성은 곧 건축의 설계도와 같은 것이다. 설계사가 그린 설계도에 따라 집을 짓듯이 작자는 문장 구성에 따라 서술해 간다. 작자가 선택한 제재를 적재적소에 잘 배치하여 전체적인 통일을 이루어야 하고, 무엇보다 주제가 잘 드러나도록 생명력 있게 잘 짜야 한다.

(1) 구성의 중요성

구성은 예상된 문장 전체의 일람표가 된다. 곧 문장의 혼란을 막고 주제의 탈선을 막는다. 그리고 내용이 되풀이 되는 것과 필요한 내용이 빠뜨려짐이 없도록 한다. 뿐만 아니라 구성은 한 가지 사실에 치중하는 진술로 나가지 않도록 하여 문장의 균형을 잡아준다. 그러므로 구성은 제재의 유기적 배열이다. 또한 주제를 잘 드러내기 위해서는 제재의 기법이 있어야 하고 그로부터 예술미를 형성시켜야 한다.

(2) 구성의 종류

① 단순구성

단 한 가지의 이야기를 진행시켜 가는 구성, 주제를 선명하게 표현 할 수 있는 장점

이 있지만 구성의 단순함에서 오는 단조로움을 느낄 수 있음으로 구성을 잘 해야 한다. 곧 구성미를 잘 살려야 한다.

이양하의 〈나무〉 김진섭의 〈주부송〉 피천득의 〈오월〉이 이에 해당한다.

예문

오월은 금방 찬물로 세수를 한 스물 한 살 청신한 얼굴이다. 하얀 손가락에 끼어 있는 비취가락지다. 오월은 앵두와 어린 딸기의 달이요, 오월은 모란의 달이다. 그러나 오월은 무엇보다도 신록의 달이다. 전나무의 바늘잎도 연한 살결같이 보드랍다.

스무 한 살의 나였던 오월, 불현듯 밤차를 타고 피서지에 간 일이 있다. 해변가에 엎어져 있는 보트, 덧문이 닫혀 있는 별장들, 그러나 시월같이 쓸쓸하지 않았다. 가까이 보이는 섬들이 싱싱했다.

…… 중 략 ……

신록을 바라다보면 내가 살아있다는 사실이 참으로 즐겁다. 청춘의 계절 오월 속에 내가 있다. 나이를 의식해서 무엇하랴. 연한 녹색은 나날이 번져가고 있다. 머문 듯 가는 것이 세월인 것을, 유월이 오면 녹음은 더 짙어질 것이고, 태양은 뜨거운 정열로 다가오리라. 맑고 순결한 오월은 지금 가고 있다.

– 피천득, 오월 –

② 복합구성

두 가지 이상의 이야기를 서술. 장편 소설에서 쓰고 있는 수법이다. 이희승의 〈清秋数題(청추수제)〉에서 보듯이 곧 벌레, 달, 이슬, 창공, 독서와 같이 서로 동등한 제재를 나열하지만 그 하나하나의 제재마다 주제를 잘 드러나게 하는 방법이다.

예문

"원수를 사랑하라"고 성경은 가르치고 있지만 그렇게 하기란 참으로 어려운 일이다. 그런데 그 어려운 일을 실천하는 사람들이 있어 가슴을 뭉클하게 한다. 자기 아들을 죽인 사람을 법원에 청원까지 하여 풀려나게 하고, 그를 죽은 아들 대신 아들같이 돌보는 사람이 있나하면, 자기 재산을 가져간 도둑을 용서하고 덤으로 현금까지 더 주어 개과선천하기를 바라는 사람이 있다. 관용의 극치를 보여준다.

월남 이상재 선생은 80평생을 청빈하게 사셨다. 그는 일생을 집 한 칸 없이 물질에는 도시 욕심이 없었다. 선생이 기독교 청년회 총무로 있을 때의 일이다. 어느 날 한 청년이 선생을 집으로 찾아갔다. 그 때가 바로 추운 겨울이었는데 선생이 계신 방은 얼음장 같았다. 그 청년은 늙으신 선생께서 너무 추위에 고생하시는 것을 민망히 생각해서 가지고 있던 약간의 돈을 선생 앞에 내놓았다. 조금 있으니 어떤 학생 하나가 선생을 찾아와 학비가 군색함을 호소했다. 선생은 거침없이 조금 전에 받은 그 돈을 내놓았다. 사정을 알게 되면 구제를 하게 된다.

인간의 일생은 결코 평탄한 것이 아니다. 수많은 고통이 있고 겪어야할 장애가 있다. 이 모든 어려움을 이기고 살아나가는 인생은 그 생명이 그만큼 존귀하다는 것을 뜻한다. 러시아의 문호 투르게네프는 그가 오랜 생애를 살아 얻은 풍부한 관찰력을 통해 〈용감한 새〉라는 단편에서 독자에게 〈생명〉에 대한 귀중한 교훈을 주고 있다. 그것은 나무에서 떨어진 새를 개가 해치려는 것을 어미새가 보고 그 작은 새의 몸으로 개에게 필사적으로 덤비는 모습을 그리고 있다. 새끼를 구하려다가 어미새는 결국 죽고 만다. 그것을 본 개도 한 발짝 물러난다. "사랑은 죽음보다, 죽음은 공포보다 강하다." 새끼를 사랑하는 어미새의 그 고귀한 사랑은 인간의 사랑보다 못하다 할 수 없다.

– 안춘근 撰, 「세계예화선집」에서 –

③ 산만구성

일정한 계획 없이 산만하게 쓰는 글이다. 수필의 특성인 무형식의 형식이 그대로 나타난 구성법이다. 하지만 산만한 것 같으면서도 조화미가 있고, 통일된 예술미를 갖추어 주제를 선명하게 드러내야 한다.

예문

좋은 일인 줄 알면서도 또 그 일을 할 수 있으면서도 그것을 행하지 않는 것은 죄악이라고 한다. 이것은 비단 도의적으로만 그런 것이 아니고 법률적으로도 소위 부작위법이라고 하여 가령 어떤 사람이 투신자살을 하려고할 때 능히 그 사람의 자살해위를 방지할 수 있는 처지에서 그것을 방관했을 때 책임을 묻게 되는 것이 바로 그 하나의 예이다.

다시 말하면 알고도 행하지 않는 것은 옳지 않다기보다 경우에 따라서는 죄가 된다는 것 이다. 그런데 세상에는 알고 행하지 않는 정도가 아니라 나쁜 줄 뻔히 알면서 그 일을 행하는 사람이 많다. 그러나 그보다 알면 알수록 나쁜 짓을 교묘히 꾸며나가는 것을 볼 수도 있다. 이 때문에 이른바 식자가 무식자보다 더 나쁜 짓을 하게 된다.

– 안춘근 撰, 〈학문의 功罪〉 에서 –

④ 긴축구성

의도적이며 유기적인 연결로 질서정연하다. 구조미가 있고 주제를 선명하게 할 수 있는 구성법이다. 지나치면 논리적인 문장이 되어서 논설문이 되기 쉽다. 김진섭의 〈생활인의 철학〉, 안병욱의 〈산의 철학〉이 이 계열의 수필이다.

6. 문체와 기법

뷔퐁(Buffon, Georges Louis Leclerc, Comte de, 1707-88)은 '문은 곧 그 사람이다'라 했다. 문장은 개성과 인격의 표현이라는 말이다. 그러므로 문체는 문장과 개체(작가)의 결합으로 작가자신의 사상 감정을 표현하는 그 작가의 독특한 문장 체제이다. 김진섭의 수필이 지성에 뿌리내린 객관적 표현이라면 이양하는 정서에 뿌리내린 주관적인 문체이다. 수필 문체로는 간결체와 우유체가 적당하다.

예문 · 1

나는 겨울을 사랑한다. 겨울의 모진 바람 속에 태고(太古)의 음향을 찾아 듣기를 나는 좋아하는 자이기 때문이다. 그러나 무어라 해도 겨울이 겨울다운 서정시(抒情詩)는 백설(白雪), 이것이 정숙히 읊조리는 것이니, 겨울이 익어가면 최초의 강설(降雪)에 의해서 멀고 먼 동경의 나라는 비로소 도회에까지 고요히 고요히 들어오는 것인데, 눈이 와서 도회가 잠시 문명의 구각(舊殼)을 탈(脫)하고 현란한 백의(白衣)를 갈아입을 때, 눈과 같이 온 이 넓고 힘세고 성스러운 나라 때문에 도회는 문뜩 얼마나 조용해지고 자그마해지고 정숙해지는지 알 수 없는 것이지만, 이 때 집이란 집은 모두가 먼 꿈 속에 포근히 안기고 사람들 역시 희귀한 자연의 아들이 되어 모든 것은 일시에 원시 시대의 풍속을 탈환한 상태를 정(呈)한다.

–김진섭의 〈백설부〉의 일부 –

예문 · 2

나무는 주어진 분수에 만족할 줄을 안다. 나무로 태어난 것을 탓하지 아니하고, 왜 여기 놓이고 저기 놓이지 않았는가를 말하지 아니한다. 등성이에 서면 햇살이 따사로울까, 골짜기에 내려서면 물이 좋을까 하여, 새로운 자리를 엿보는 일도 없다. 물과 흙과 태양의 아들로, 물과 흙과 태양이 주는 대로 받고, 득박(得薄)과 불만족(不滿足)을 말하지 아니한다. 이웃 친구의 처지에 눈 떠 보는 일도 없다. 소나무는 소나무대로 스스로 족하고, 진달래는 진달래대로 스스로 족하다.

나무는 고독(孤獨)하다. 나무는 모든 고독을 안다. 안개에 잠긴 아침의 고독을 알고, 구름에 덮인 저녁의 고독을 안다. 부슬비 내리는 가을 저녁의 고독도 알고, 함박눈 펄펄 날리는 겨울 아침의 고독도 안다. 나무는 파리 옴쭉 않는 한여름 대낮의 고독도 알고, 별 얼고 돌 우는 동짓날 한밤의 고독도 안다. 그러면서도 나무는 어디까지든지 고독에 견디고, 고독을 이기고, 고독을 즐긴다.

이양하의 〈나무〉의 일부 –

7. 문체의 다양성

(1) 간결체

간결한 어구로 요약 압축하여 일어일구에 힘이 있고 선명한 인상을 주는 것이 특징이다.

예문

읽던 글을 멈추고 자기의 과거를 회상하는 일이 있다. 또 과거를 회상하다가 글에서 읽은 장면을 연상하는 적도 있다. 나는 "아버님의 병환"이라는 노신의 글을 읽다가 오십 여 년 전 그 날을 회상하였다. 엄마가 위독하시다는 전보를 받고 나는 우리 집 書士(서사) 아저씨와 같이 평양 가까이 있는 강서라는 곳으로 떠났다. 나는 차창을 내다보며 울었다. 아저씨가 나를 달래느라고 애쓰던 것이 생각난다. 울다가 더 울 수 없으면 엄마 생각을 했다. 그리고는 또 울었다.

– 피천득의 〈그날〉의 일부 –

(2) 만연체

많은 어구를 동원하여 長文을 이루는 문장이다. 그러므로 뜻이 중첩되고 반복되는 경우가 있다. 그래서 읽으면 지루함을 느낄 수도 있다. 특히 초보적인 독서인에게나 외국인에게는 독파하기가 여간 힘 드는 것이 아니다. 그것은 우리가 영어나 기타 외국어의 長文을 이해하기가 힘 드는 것과 마찬가지 이치이다.

예문

세상에서 제일 단단해서 닳아지지 않는 것이 금석이라 합니다. 그런데, 가령 바윗덩어리만한 금강석이 어떤 산 위에 놓여 있다면, 그것이 산새들의 발톱에 긁히거나 풍우에 스쳐서 다 닳아 없어지는 그 시간도 우리 삶의 동안에 비하면 순간이라 하오니, 우리가 헤어진지가 40년도 채 못 되니 그 짧은 시간을 길다 짧다할 나위가 있겠습니까?

그러나 그 시간의 비율이 틀림없음을 알면서도 아직도 습기에서 벗어나지 못한 나의 정신을 치맛자락에 매달려 울부짖는 젖먹이 같은 순진한 여인인 나를 더 슬플 수 없는 자리에 세워 놓고 당신은 내게 이별의 인사 한 마디 없이 떠나 버리면 그 일이 오늘에는 뉘 일이었던가. 헤이면서 퍽이나 오래된 옛날 일인 듯 하여집니다.

– 김일엽의 〈영원히 사는 길〉에서 –

(3) 강건체

박력이 있고, 격조가 높으며 호흡이 빠른 문장으로 장렬하고 강직한 품격을 지니는 것이 특징이다. 선언문 격문이 이에 속한다.

예문

청춘! 이는 듣기만 하여도 가슴이 설레는 말이다. 청춘! 너의 두 손을 가슴에 대고 물방아 같은 심장의 고동을 들어보라. 청춘의 피는 끓는다. 끓는 피에 뛰노는 심장은 거선의 기관같이 힘 있다.

이것이다. 인류의 역사를 꾸며 내려온 동력은 꼭 이것이다. 이성은 투명하되 얼음과 같으며 지혜는 날카로우나 관 속에 든 칼이다. 청춘의 끓는 피가 아니드면 인간이 얼마나 쓸쓸하랴.

– 민태원의 〈청춘예찬〉에서 –

(4) 우유체

부드럽고 온화하며 청초한 아취가 풍기는 여성적인 문체로 수필문에 많이 쓴다. 평이한 문체이기 때문에 의지적인 표현에는 부적당하다.

예문

요즘 날씨는 조금 쌀쌀하기는 하지만 피부에 닿는 감촉이 겨울과는 달랐다. 새벽이면 신선한 공기를 호흡하기 위해서라도 바깥으로 나간다. 내 복잡한 머리속을 씻어내기라도 한 듯 상쾌한 것을 느끼게 한다. 도심지에서 떨어져 있고 조금 높은 지대에 살고 있어서 저녁이면 야경도 볼만하다. 집집마다 바위처럼 깊은 침묵에 빠져 있는 것을 보면 너무 이른 시간인 것 같다.

– 조경희의 〈사랑을 안은 계절〉에서 –

(5) 건조체

일체의 미사여구를 배제하고 의사 전달에만 충실한 문체로 기록문, 학술논문 등이 이에 속한다.

예문

지조란 것은 순일한 정신을 지키기 위한 불타는 신념이요, 눈물겨운 정성이며 냉철한 研真(연진)이요 고귀한 투쟁이기까지 하다. 지조가 교양인의 威儀(위의)를 위하여 얼마나 값지고 그것이 국민의 교화에 미치는 힘이 얼마나 크며 따라서 지조를 지키기 위한 괴로움이 얼마나 큰가를 헤아리는 사람들은 한 나라의 지도자를 평가하는 기준으로서 먼저 그 지조의 가도를 살피려 한다.

– 조지훈의 〈지조론〉에서 –

(6) 화려체

구절마다 화려한 미사여구와 현란한 수식으로 絵画(회화)적인 색감과 음악적인 운율을 북돋아 주는 문체이다. 직유 은유 의인법 등이 한 문장 안에 중첩되어 있으며 화려한 색채가 짙으며 美文(미문)으로 엮어 가는 문체이다. 지나친 미문은 현실감이 감소된다. 기행문에 많이 쓰인다.

나도향의 〈그믐달〉, 정비석의 〈산정무한〉, 모윤숙의 〈가을〉 등이 이에 속한다.

예문

매미의 긴 시름도 언덕 밑에 가 버리고 하늘 기슭에 떠도는 기러기 비명이 달 비친 새벽 창가에 외로운 메시지를 던지고 간다. 잎 지는 소리도 이 밤은 더 한층 처량히 들려 내 맘은 어두웠다 밝았다 하며 지향 없이 떨고 있다.

가을은 젊은 가슴에 회색 강을 파고 이름 모를 추억을 끌어 준다. 나는 푸른 6월의 품도 좋아하거니와 갈색 황혼 아래 외로이 산기슭을 헤매는 낙엽의 가을도 좋아한다.

– 모윤숙의 〈가을〉에서

제2장

소설의 이론과 실제

1. 정의

허구를 통하여 인생의 진실을 표현하는 산문적인 문학 형식이다.

허구의 세계는 실제의 이야기가 아닌 꾸며낸 이야기로서 현실세계와 유사한 일면은 있지만 그 자체로서의 배경과 존재와 통일성을 갖고 있는 특수한 세계이다. 그러므로 소설은 우발적이고 개별적인 세계보다는 필연적이며 보편적인 세계를 창조한다. 감동을 창조하고 전달하는 데는 사실보다 허구가 더 적절한 수단과 방법이 된다.

허구의 세계를 표현하되 인생의 참다운 면, 참된 모습을 제시하기 위해 작가는 끊임없이 인생을 탐구해야 한다.

소설은 산문형식을 취한다. 표현이 구체적이고, 구조가 분산적이며, 길이가 비교적 길고, 지적인 정신활동에 속한다. 산문형식은 복잡한 사상과 감정을 표현하는데 있어서나 현실을 있는 그대로 그려내는 리얼리즘적 경향에 적합한 표현 형식이다.

2. 문장 구성

소설 문장은 지문과 대화로 이루어진다.

1) 지문

소설에 있어서 대화를 제외한 모든 문장을 지문이라 일컫는다. 지문은 곧 화자나 작가가 행하는 서술이나 묘사이다.

(1) 서술

서술은 설명적인 문장으로 인물, 사건, 배경을 해설하거나, 사건을 진행시키고 조절하는 데 필수적인 역할을 한다.

예문

벌써 마당에는 넓은 차일을 치고 그 아래 멍석을 깔아두었으며, 멍석 위에 깔 화문석까지도 깨끗한 행주질을 몇 번이나 하여 대청마루에 내어놓았다. 그리고 교배상을 챙긴다.

서래봉의 줄기에서 갈려 나온 낮은 동산이 집터의 뒷등을 이루어 주고 앞쪽은 툭 트여 마을이 내려다보이며 마을 건너 강골과의 경계를 내고 있는 강줄기가 비단 띠처럼 눈에 들어오는 남도 땅의 대실, 이 집의 안팎은 지금 며칠째 밤을 새우고 있었다.

– 최정희, 〈혼불〉에서 –

(2) 묘사

인물이나 장소 등을 구체적으로 그리는 방법이다. 곧 인물과 장소의 환상을 깊게 하여 독자의 상상 속에 그들의 실재를 재생시키는 것이다.

예문

신부는 다홍치마를 동산처럼 부풀리며 재배를 하고 일어선다.

한삼에 가리어졌던 얼굴이 드러나자 흰 이마의 한가운데 곤지의 선명한 붉은 빛이 梅花簪(매화잠)의 푸른 청옥 蚕頭(잠두)와 그 빛깔이 부딪치면서 그네의 얼굴을 차갑고 단단하게 비쳐주었다.

거기다 고개를 약간 숙인 듯 하였으나 사실은 아래턱만을 목 안쪽으로 당긴 채, 지그시 눈을 내려감은 그네의 모습에서는 열여덟 살 새 신부의 수줍음과 다감한 풋내보다는 차라리 일종의 위엄이 번져나고 있었다.

그것은 그네의 골격 때문인지도 몰랐다.

아버지 허담의 큰 키와도 거의 엇비슷한 만큼 솟은 키에 허리를 곧추세우고 어깨를 높이 펴고 있는 자세는 오색찬란한 활옷과 화관으로 하여 더욱 그런 느낌을 주는 것 같았다.

그러나 그네의 그런 모습과는 달리, 화관에 장식된 青剛石(청강석) 나비가 하르르 떨고 있는 것은 숨길 수 없는 일이었다.

신부의 속눈썹도 나비를 따라 떨린다

…… 중 략 ……

紗帽(사모)를 쓰고 紫色(자색) 団領(단령)을 입은 신랑은 소년이었다. 몸가짐은 의젓하였지만 자그마한 체구였고, 얼굴빛은 발그레 분홍 물이 돌아, 귀밑에서 볼을 타고 턱을 돌아 목으로 흘러내리는 여린 선에 보송보송 복숭아털이 그대로 느껴진다.

그는 시키는 대로 나붓이 꿇어앉으며 신부에게 一杯(일배)를 한다.

마당을 가득 채운 웃음소리와 덕담, 귓속말들, 옷자락에 흥건히 배어들 만큼 질탕한 갖가지의 음식 냄새와 청·홍 오색의 휘황함에 짓눌리기라도 한 것일까. 아니면 모든 것이 아직은 어색한 탓일까. 나이 어린 신랑의 얼굴은 굳어 있었다.

– 최명희의 〈혼불〉에서 –

이렇게 소설은 서술과 묘사를 적절히 사용하여 플롯을 전개시키고 구체적인 형상화를 이룩해 나간다.

2) 대화

등장인물들이 주고받는 말을 말한다. 이러한 대화는 플롯을 진행시키고, 성격을 나타내는데 주로 사용한다. 이 대화는 인물의 성격과 일치하고 자연스러워야 한다. 또 스토리와 유기적으로 결합되어야 하며, 환경에 알맞아야 한다. 그리고 참신하며 생생하고 재미있어야 한다.

예문

농부의 발등은 단순히 햇빛에 그을러서만 그런 것이 아니라 못 먹고 속만 끓인 탓인지 묵은 소나무 뿌리가 억세게 솟구쳐 오른 것 같은 힘줄이 거멓게 돋아 있었다.

"그 소는 그렇게 다 잡아다가 대관절 머엇에다 쓴당가요?"

"내가 알어? 왜놈 군대 맥일라고 괴기국 낄이고, 까죽은 벳게서 그놈덜 구둔가 장환가 맨들어 신는다고 허대"

"천벌을 받을 놈들, 차라리 산사람 살가죽을 벳게다가 신짝을 신어 신고, 이 말라붙은 살뎅이를 비어서 삶어 처묵제. 그러면 이 한 많은 노무 시상 이꼴 저꼴 안 보고 저승 길이나 어서 가제"

두 내외는 넋을 홀린 듯 앉아서 밥 때가 되었는지 지났는 지를 모르고 하염 없는 탄식에 사로잡혀 있었다.

그들의 눈앞에서 자식 같이 애중한 황소가 뒷발굽으로 마당을 차며 안 가려고 안 가려고 버티면서 움메에에, 끌려가던 그 모습이 숨넘어가게 떠올랐다.

아아, 그 황소 한 마리의 목숨이 어떤 것이었던가?

– 최명희, 〈혼불〉에서 –

이렇게 소설에서 대화와 묘사는 극적 장면의 구성에, 서술은 사건의 요약적 설명에 기여한다.

3. 소설의 구조

1) 構成(구성)

(1) 스토리와 플롯의 개념

스토리는 '시간의 순서(과거, 현재, 미래)대로 배열하는 사건의 진술'이며, '배열된 사건의 순서로 이야기가 전개되는 것'이 플롯의 구성이다.

행동소설은 플롯이 없이 스토리만 전개되는 것을 본다. 三国志(삼국지)나 水滸伝(수호전), 그리고 洪吉童伝(홍길동전)을 읽으면서 느끼는 것과 같다. 이들 행동소설의 매력은 활발한 사건을 자유롭게 즐기는데 있다. 그러기에 성격묘사나 심리묘사보다 사건을 위주로 한다. 한 가지 사건의 실마리가 풀리면, 그것이 예기치 않은 다른 결과로 발전하고, 그 결과가 또 커져서 다른 결과로 그물과 같이 복잡한 사건으로 얽혀간다. 그러다가 마지막엔 어떠한 사소한 모멘트로 그 복잡한 사건들이 풀리어나간다. 그래서 독자의 호기심과 흥미는 끝없이 일어나게 된다. 이것이 행동소설의 매력이다.

하지만 소설은 호기심과 흥미만으로 이루어지는 것이 아니다. 보다 많은 사건들을 통합시키고 이어나가기 위해서는 그것을 연결해 주는 장치가 필요하다. 그것이 바로 플롯이다.

플롯은 소설의 모든 사건들을 통합시켜 이어나가기 위한 하나의 체계적인 질서이다. 곧 인물이 전개하는 '행동의 체계적인 구조'이다. 소설의 행동성은 인물이 지닌 목적의식인 행위이며 확고한 인과 관계를 전제로 하는 연속성을 지닌 것이다. 소설의 사건과 행위는 필연적이어야 한다. 그러므로 소설의 플롯이란 '행동의 인과 관계로 엮어진 연결 고리'이다.

예를 들면 '까마귀가 날아가고, 배가 떨어졌다' 하면 시간의 순서에 따른 사건 서술로서 스토리가 된다. 하지만 '까마귀가 날자 배가 떨어졌다'고 하면 시간의 순서는 스토리와 같지만 因果(인과)의 관계가 부여된 것으로서 플롯이 된다. 곧 까마귀가 날았기 때문에 배가 떨어졌다는 것이다. 플롯의 형성에서도 인과관계로서 스토리가 이어지고 전개되는 것을 볼 수 있다.

(2) 플롯의 전개

플롯은 우리말로 구성, 짜임새, 줄거리, 형태이며, 이 중 구성이 대표적인 용어이다. 플롯을 좀 더 구체적으로 말한다면 '스토리의 분석으로 이루어지는 형태의 구조'이다. 어떤 사건이 시간, 공간의 제약에 의하여 어떤 사람과 유기적 관계로 펼쳐지는 과정과 결말의 질서이다. 플롯의 사건 구성은 두 가지 원리 곧 시간과 공간의 구성이다. 그러므로 플롯의 전개 방법은 因果(인과)의 관계, 시간적 순서 공간적 순서 체계적이고 논리적인 진행에 의하여 서술한다.

① 직선적 플롯

하나의 사건이 일어나면 그 결과가 또 다음의 원인이 되고 그 결과가 또 새로운 원인이 되어 논리적으로 일선(一線) 上(상)의 체계 위에서 연쇄적으로 진행되는 방법이다. 인과의 관계가 계속되는 것으로 가장 명확하고 투명한 플롯으로, 단순, 평면성이 특징이다.

예문

퇴근 시간에 비가 억수로 쏟아졌다. '하필 이 때 비가 온담!.'속으로 K는 중얼거렸다. 구내 매점에서 우산을 샀다. 택시를 타려니 주머니가 모자랐다. 질척거리는 거리를 걸어서 지하철까지 왔다. 지하철에 내려서도 10여분을 걸어서 집에 도착했다. 대문이 열려 있었다. 항상 집안에 들어서면 맞아주던 방울이가 보이지 않았다. 아내도 보이지 않았다. 한 시간이 넘도록 지하철에서 길에서 시달려서 K는 지쳐버렸다. 순간 오한이 났다. 두통까지 밀려왔다. 그래도 아내를 찾아 대문을 다시 나섰다. 버스 정류장으로 향했다. 한편 아내는 걱정이 되어 우산을 들고 버스 정류장에서 몇 시간이나 초조하게 기다리고 있었던 것이다. 간신히 만난 부부는 집에 도착했다. 방울이가 없어졌음을 부부는 알았다. 부부는 불안감에 싸여 다시 방울이를 찾아 대문 밖을 나섰다.

– 이은지, 〈13일 금요일 어느 날〉에서 –

② 단속적 플롯(교차적 플롯)

因果(인과)를 무시하고 하나의 삽화가 진행 중에 그 사건의 결과는 보류한 채, 다른 삽화가 끼어 들면서 앞의 삽화를 일단 단절하는 방법으로 장편소설에서 볼 수 있다. 그러나 그 단절은 다시 처음의 삽화와 결합 통일되어 반복적인 과정을 밟는 형식이다. 이것의 특질은 많은 질서 체계의 시간적 순행을 가로막아 에피소드가 서로 얽히고 찢기고 이어지며 긴장시켜 변화가 많아서 리얼리디의 상황적 반영으로서의 효과가 크다. 그러나 에피소드의 연속 방법이 부족하면 지루해지기 쉽고 혼란해질 수 있는 위험성이 있다.

예문

대실에서 소식 없는 강모를 기다리고 있을 때는 그래도 지금처럼 막막하지는 않았다.

"나이어린 탓이리라. 아직도 제기차고 뛰어놀 나이 아니냐. 조금도 마음을 무겁게 갖지 마라. 다 때가 있는 법이다 봄이 오면 꽃이 피지 않더냐?"

정씨부인은 효원에게 지나가는 말처럼 일렀다.

효원이 너무 범연한 낯빛이었음으로 공연한 말을 시작하여 혹 그 마음에 덧이 날까 염려한 때문이었다. 그리고 오직 모든 핑계를 강모의 어린 나이에 밀어 두었다.

그러나 매안으로 신행을 온 그 날부터 효원의 심정은 달라지고 있었다. 그것을 어떻게 설명할 수 있으리오. 효원은 이러한 생각들을 진정시키기라도 하려는 듯 밀어놓은 반짇고리를 다시 끌어당긴다. 오동나무 바탕에 화각을 입힌 화려한 반짇고리다.……

– 최명희, 〈혼불〉에서 –

③ 並列(병렬)적 플롯(피카레스크, picaresque)

피카레스크의 어원은 스페인어에서 보면 picaro(rogue, 悪漢: 악한)이란 뜻이다. 이 플롯의 유래는 18세기 영국 소설에서 구성한 하나의 유형이다. 그 소설의 성격은 전통적이었던 騎士(기사)이야기(Romance)를 벗어난 윤리적, 인도적인 행위의 질서를 파괴하고 모험 낭만의 행동 소설적인 면을 강조한 리얼리티의 솔직한 笑劇(소극)이다. 구성 방법은 여러 개로 분리된 독립적인 스토리를 종합하여 연결시킨 하나의 큰 플롯 위에 나란히 연결시켜 배열한다.

④ 散漫(산만)적 플롯

거의 플롯이 없는 소설이다. 작가의 계획적인 종결이 없이 진행되는 이야기가 목적이 된다. 어떤 인물의 생애를 다룬 자서전의 사건이 내용이 된다. 객관적 현실의 반영보다 작가의 뚜렷한 사상 인생 철학 관조 해학이 흥미의 중심내용이다. 여기에는 감상적인 인생관이 흐르고, 해학적인 인간 비판도 서술된다. 주인공의 탄생이 작품의 후미에서 서술되는 등 상당히 회화적인 문장으로 의식의 흐름을 그려내기도 한다.

(3) 플롯의 段階(단계)

논리적 전개의 양식에 따라 일반적으로 다음 4단계로 나눈다.

① 発端(발단)

발단은 소설의 형태에 있어서의 序頭(서두)이며 이야기의 起点(기점)이 되면서 앞으로 전개되어질 내용에 대한 시사적 상징적인 방법으로 등장인물의 소개와 배경의 실정이나 사건의 실마리에 복선을 깔면서 제시하는 첫 부분이다. 에드거 포오(Poe, Edgar Allan)는 "맨 첫 줄부터 소기의 효과가 나타나지 않는 작품은 졸작이다"라고 발단의 중요성을 강조했다. 하밀턴(Hamilton)은 〈Poe의 연구〉에서 발단을 다음과 같은 성격으로 분류한다.

㉠ 장면 중심적인 작품 -. 묘사로 시작된다.

예문

배경적 환경 소개에서 장면 중심적인 서술이 나타난다.

"여름장이란 애시 당초에 글러서, 해는 아직 중천에 있건만 장판은 벌써 쓸쓸하고 더운 햇발이 벌려 놓은 전 휘장 밑으로 등줄기를 훅훅 볶는다. 마을 사람들은 거지반 돌아간 뒤요, 팔리지 못한 나무꾼 패가 길거리에 궁싯거리고 있으나 ……"

– 이효석, 〈메밀꽃 필 무렵〉의 발단 부분 –

㉡ 성격 중심적인 작품 -. 인물에 대한 서술로 시작한다.

예문

음식을 먹는 상황에서 인물의 성격이 나타난다.

"그 김치 말구, 이거 먹어 봐."

"아무거나, 이건 왜 어때서요?"

출근 시간도 바쁘기는 하지만 귀성 아버지는 멀뚱한 콩나물 국물에 말은 밥 위에 우거지가 진 김치를 얹어서 볼이 메지게 급히 퍼 넣으면서 대꾸를 한다.

"그게 어디 김치냐, 그래도 이만은 해야 사람의 입에 들어가지."

완식이는 自嘲(자조)하는 語気(어기)로 비쭉 웃어 보이며 천천히 밥술을 떠 넣는다.

– 염상섭의 〈쌀〉의 발단 부분 –

㉢ 행동 중심적인 작품 -. 앞으로 있을 사건의 암시로 시작된다.

예문

앞으로 있을 사건을 암시하는 행동을 서술한다.

"격분한 삼 백 명의 노동자들은 중정대리를 끌고 경찰서에 쇄도하였다.

보안계, 위생계의 넓은 사무실 안에 있는 사람이란 사람들은 급사들까지 모조리 나와서 눈들을 동그래가지고 마당에 겹겹이 들어서서 살기가 등등하여 날뛰는 군중을 둘러본다."

② 展開(전개)

소설에서 갈등, 분규가 되어지는 부분이며, 인물의 성격, 욕망, 행위 등이 서로 다른 목적을 갖고 대조로서 대립, 대결하는 투쟁을 벌이게 된다. 행동성의 제시, 성격의 형성, 사건의 발발을 일으키는 것으로 스토리에 주어진 특별한 상황에서 문제가 발전되어 나가는 사건과 성격이 상호 작용하는 과정이다. 여기에서 갈등과 분규가 일어나며 伏線(복선, under plot)과 생략과 서스펜스(suspense)의 기교적인 방법이 나타나고, 스토리의 가장 효과적인 강조법인 중단, 대조, 반복, 초조심이 일어나게 된다.

주제를 강조하기 위해서 상반되는 대상물을 등장시킴은 작품의 효과를 노리기 위함이다. 인간이나 환경 상황과의 갈등은 外的(외적) 葛藤(갈등)이고, 善惡(선악), 正邪(정사)의 투쟁 같은 정신 내부의 갈등은 內的(내적) 葛藤(갈등)이다. 갈등관계를 전개하는 데는 다음과 같은 방법으로 한다.

㉠ 연대순(시간적 순서)에 따라 사건을 평행적으로 이야기하는 경우.

㉡ 비연대적으로 배열하는 경우. 전 후 사건을 입체적으로 만들어 갈등이 빚어지는 결정적 순간을 통합하여 치밀히 구성한다.

㉢ 반복적 플롯의 분규로서 강조하기 위한 사건이나 표현 및 인물의 성격 변화를 반복적 으로 표현함으로써 갈등과 분규를 전개해 간다.

③ 絕頂(절정)

절정(clinax)은 갈등의 최고 정점이다. 극적인 사건이 가장 확대 강화되는 부분이다. 소설 전편의 내용에 대한 확실한 의미를 암시하는 근본적인 계기가 되는 동시에 계시의 순간이 되어진다. 예를 들면 김동리의 〈감자〉에서 복녀가 왕서방을 죽이려다가 오히려 살해되어지는 장면이나 현진건의 〈B사감과 러브레터〉에서 깊은 밤중 B사감이 러브레터를 음독하는 장면이다. 전자에서는 복녀의 좌절된 인간상의 표상으로 나타나 극적 사건의 강조가 되고, 후자에서는 노처녀의 히스테리가 자신에 대한 좌절로 나타나 극한 상태에 이른 장면이다.

④ 大団圓(대단원)

결말, 해결의 마지막 부분이다. 주인공의 운명이 성패의 어느 한편으로 결정되며 사건과 행동이 최후의 의미를 나타내는 부분이다. 주인공을 비롯한 모든 인물들은 여기에서 작품에서의 위치와 성격이 확인된다. 그러므로 주의할 점은 너무 의도적인 결말은 삼가 해야 한다. 강력한 여운이 상실되거나 강화가 줄어든다.

모든 소설이 이 단계를 거치는 것은 아니다. 인생의 단면도를 제시하는 리얼리즘적인 단편은 대개 이 형식이며, 심리주의 작품이나 내면의식을 다루는 소설, 및 행동주의소설은 이 단계를 등한시하는 경향이다.

2) 인물

(1) 캐릭터(Character)의 개념.

캐릭터란 소설의 작중인물 및 그 성격의 총칭이다. 즉 소설에 등장하는 모든 인물 하나하나와 그들의 사상 감정 욕망 이념 개성을 총괄할 수 있는 성격을 뜻한다. 곧 누가, 언제, 어디서, 무엇을 어떻게 한다는 주체이다. 이 인물의 캐릭터는 주제와 플롯과 묘사에 의하여 구체적으로 형상화된다.

① 개성적 인물과 전형적 인물

근대소설 속의 인물들은 개성이 강하게 나타난다. 개성이란 개인이 지닌 고유의 특성이다. 타인과 구별되는 용모, 의복, 행위, 언어, 기질, 감정 등 그 인물의 내 외적인 면의 특징으로 표현된다. 더욱이 감정과 본능에서 아주 다르다. 개성은 자체의 통일성을 갖고 있다. 곧 '자아'라 하겠다.

典型(전형)이란 어떤 성격의 同質(동질) 同樣(동양)적인 보편성이다. 곧 농민, 학생, 군인, 실업인 등에서 말하듯 각 직업인에게 또 각 유형의 인물들에게 공통적으로 나타나는 보편적 성격이다. 소설속에 나타난 전형적인 유형을 살펴보면 〈Hamlet〉은 회의적, 이상적인 전형이고, 〈Don Quixote〉는 실천적, 이상적, 낙천적인 인물의 전형이고, 「죄와 벌」의 〈스코리나코프〉는 우울한 시대의 고민하는 지성의 가난한 청년의 전형이고, 〈춘향〉은 정절의 여인의 전형으로, 〈심청〉은 효녀의 전형으로 표상된다.

② 평면적 인물과 입체적 인물

평면적 인물은 언제든지 등장하기만 하면 정서적으로 쉽게 알아볼 수 있고, 환경의 변화에 별 영향을 받지 않는 인물로서 독자로 하여금 편안함을 준다. 입체적 인물은 그 반대형이라 하겠다. 예를 들면 황순원의 「카인의 후예」에서 〈오작녀〉는 전자에 속하고, 그 아버지 〈도섭영감〉은 후자에 속한다. 전자의 특징은 溫和(온화), 柔軟(유연), 안일, 평화를 추구하는 주체라면, 후자는 부단한 자아혁명으로 현실에 대항 도전하면서 이상적, 발전적인 행위를 서슴없이 할 수 있는 진보성이다.

③ 실존인물과 작중인물의 차이

행동의 주체이고, 생활의 주체인 인간은 현실성을 떠나 소설의 작중인물이 될 수 있으나 그것은 실존인물이 아니고 어디까지나 가공의 인물이다. 일치점도 있고 불일치점도 있어야 작중 인물이 되어지기 때문이다. 작중 인물은 작가가 마련한 상상 속의 범주 내에서 추상적이고 전형적이며 관습적인 언행으로만 플롯이 짜여진다. 이렇게 소설은 현실과 아주 다른 새 생활 질서와 인생의 진실을 구체화한 세계이다. 그러므로 작가가 염원하는 세계라 할 수 있다.

3) 인물설정 및 성격창조

소설에서 인물 설정은 암시적인 세계를 창조하는 것이다. 인물을 표상 하는 성격의 창조는 보통 항상성과 복합성과 개별성의 요건을 갖추어야 한다. 항상성은 인물이 고정적으로 지속하여 나가는 관습적인 성질이다. 복합성은 경험 교육 환경 심리의 작용으로 항상성이 발전되면서 달라진 변이의 표현이다. 개별성이란 복합성으로 인하여 오랫동안 기억에 남는 것이다. 이런 성격의 창조는 직접 방법도 있고, 인물의 행위, 대화, 사상, 감정과 신체의 세부적인 묘사를 통하여 표현된다. 여기에는 분석적 방법과 극적 방법이 있다.

(1) 극적 방법의 장점과 단점

장점 –. ㉠ 인물을 생기 있게 그릴 수 있다.
㉡ 과거의 현재 시제화로 직접 호소가 가능하다.

단점 –. ㉠ 표현에 한계가 있다.(작가의 의견이나 견해 등)
㉡ 극의 소재는 모두 소설이 될 수 있지만 소설은 소재 전부가 극화 될 수는 없다.

(2) 분석적 방법의 장점과 단점

장점 –. ㉠ 등장인물의 심리를 세밀히 분석하여 똑똑히 설명해 준다.
㉡ 심리 동향을 독자에게 정확히 제시할 수 있다.

단점 –. ㉠ 사건 진행에 방해가 되기 쉽다.
㉡ 추상화되기 쉽다.

* 극적 방법은 구체적 인물의 묘사지만 분석적 방법은 개괄적이므로 두 가지 혼용이 좋다.

예문 극적 방법의 대화로서 인물의 성격을 표현한다.

"영감님! 오늘은 방셀 주셔야지요?"

"시방 내 몸이 아파 죽겠소."

"글쎄 죽는 거는 죽는 거고 방세는 방세가 아니오. 영감님 죽기로서니 어째 내 방세를 못 받는단 말이오!"

– 김유정의 〈따라지〉에서 –

예문 정신분석학적인 표현으로 인물의 성격을 이해시킨다.

그녀의 눈에는 때때로 모든 것이 귀신으로만 비친다는 것이었다. 그것은 사람뿐 아니다. 돼지, 고양이, 개구리, 나비, 감나무, 부지깽이, 항아리, 짚신, 구름, 바람, 숟가락 호롱불 …… 이러한 모든 것이 그녀와 서로 보고, 부르고, 말하고, 미워하고, 시기하고, 성내고 할 수 있는 이웃사람 같이 생각되곤 했다. 그리하여 그 모든 것을〈님〉이라 불렀다.

– 김동리의 〈巫女図(무녀도)〉에서 –

(3) 근대 인물의 허구성

오늘의 소설은 작가의 기교에 의한 형상화의 차이에 의하여 인물의 典型性(전형성)이 달라진다. 문예부흥에서 인간은 자아를 각성하였고, 중세 기독교 사상의 신본주의의 절대적인 복종에서 해방되자 인간 중심 문학 곧 인간성 회복과, 인간 존중을 위한, 인간을 위한 문학이 나왔다.

(4) 에필레이션(appellation)

작중 인물의 성명을 만들어 붙이는 것으로 성격창조와 긴밀한 관련성을 지닌다. 작중인물은 그 이름만으로도 성격을 암시하며 유추시킬 수 있다. 바위, 유다, 복녀 등의 이미지에서 그 성격을 유추할 수 있다.

4) 주제

(1) 주제의 개념

주제(theme)는 스토리나 소설의 줄거리를 간추린 요령인 동시에 의미가 된다. 뿐만 아니라 주제는 모든 예술의 중심관점이 된다. 소설의 주제는 작가가 작품을 쓰게 되는 목적의식의 근저가 된다. 그러므로 테마는 소설의 시초요 전체다. 테마에 의하지 않는 소설은 그 형태를 이룰 수 없다.

(2) 주제와 현실적 인생관의 설정

주제는 시대와 사회를 반영하는 구체화된 인생의 의미이다. 작자가 소재에서 처음 느끼는 충격의 동기가 구체화된 것이다. 인생의 의미는 곧 작가의 인생관이다.

(3) 動機(동기)의 구체화

소설의 주제는 작가가 어떤 인생에 대하여 처음 느낀 충격적 감격으로 이루어진다. '충격적 감격' 그것이 곧 '동기'이다. 주제의 완성은 이 동기의 구체화이다. 동기의 구체화는 작품을 구체적으로 형상화하는 근본적인 과정이다. 김동리는 〈황토기〉의 주제를 설정한 동기의 구체적 과정을 다음과 같이 말했다.

> "내가 경상남도 사천군 多率寺(다솔사)에 묵고 있을 때였다. 절을 에워싸고 있는 수풀이 신록으로 파랗게 물들어 올 무렵이었다. 법당 앞뜰에는 햇볕이 쨍하게 밝아있고, 뒷곁 불당에서는 목탁 소리가 졸리웁게 들려오는 어느 오전이었다. 나와 '만허선사'는 석란대에서 한담을 하고 있었다. 그때 만헌선사는 문득 다음과 같은 이야기를 했다.
> '…… 옛날 어느 산골짜기에 늙은 두 장수가 살고 있었다. 그들은 둘이 다 보통 사람과는 비교할 수 없는 힘을 가지고 있었다. 그런데, 그들은 하는 일 없이 서로 싸우기를 잘 했다. 왜 싸우는지는 아무도 몰랐다고 한다. 그렇게 그들은 까닭 모를 싸움질을 하다가 그대로 늙어 죽었다.'
> 나는 이 이야기를 듣고 어떤 충격을 받았다. 왠지 모르게 가슴이 뭉클 했던 것이다. '왠지 모르게 가슴이 뭉클했던', '어떤 충격' 이것이 곧 動機(동기, 모티브)이다."라고 술회했다.

5) 배경

(1) 배경의 개념

소설이 현실 생활의 반영이라면 배경은 인간 생활의 환경으로서 인물과 사건의 장소가 되는 공간적인 영역, 기후, 소도구 등으로 구성된다. 이것은 소설의 무대이며 인물의 환경이다. 배경은 ① 인물과 그가 표상하는 행동의 진실성을 농후하게 한다.② 소설의 일반적인 추상적인 의미를 구체화시키는 직접적인 행동 장소이다. ③ 분위기의 효과를 넘어서 내용의 분명한 의도를 실천시킨다. 이렇게 배경은 환경으로서 등장인물들의 생활과 사건의 원인이 되며 그 구체적인 효과를 나타낸다. 아래 〈예문①〉은 〈죄와 벌〉에서 사건을 고조시키는 배경이 되는 환경적 요인 서술을 살펴보자.

예문 · 1

"거리는 무서울 만큼 찌는 더위다. 숨이 막히고, 오가는 사람의 무리들을 보아도 석회, 건축장 발판, 기왓장, 먼지, 별장을 빌릴 수 있는 여유가 없는 페테르부르크의 주민은 누구나 잘 알고 있는 저 일종 독특한 여름의 악취 -그런 것이 뭉쳐, 그렇지 않아도 약간 돌아간 청년의 신경을 이것저것으로 불쾌하게 자극하는 것이었다. 시내인 이 지역에서는 더욱 많은 술집에서 풍겨 나오는 견딜 수 없는 냄새, 게다가 일을 할 시간인데도 대낮부터 곤드레 만드레 된 모습들이 이러한 화면의 가슴 아프게 하는 구슬픈 색조를 짙게 하고 있었다."

– 도스토예프스키의 〈죄와 벌〉에서 –

이 장면은 주인공 라스코리니코프가 악질적인 고리대금 노파에게 살의를 품고 첫발을 내딛는 7월 초순의 무덥고도 우중충한 거리의 풍경이다.

같은 작가의 〈백야〉의 서두를 보자.

예문 · 2

"신나는 밤이었다. 그것은 사랑하는 독자 여러분, 마치 우리의 청춘시절에만 있음직한 그런 밤이었다. 가득히 별을 뿌린 밝은 별빛 하늘은 쳐다보면 어느덧 나의 가슴에 이런 의문을 던지지 않고서는 배겨낼 수 없다. '이처럼 아름다운 하늘 밑에 여러 가지 화를 내는 사람이나 변덕스런 인간이 정말 살고 있을까? ……"

– 도스토예프스키의 〈白夜(백야)〉에서 –

예문 · 3 푸른 희망을 상징하는 환경 설정

"좋은 일기이다. 좋은 일기라도 하늘에 구름 한 점 없는 - 우리 사람으로서는 감히 접근치 못할 위엄을 가지고 높이 서 우리 조그만 사람을 비웃는 듯이 내려다보는 그런 교만한 하늘은 아니고 가장 우리 사람의 이해자인 듯이, 낮게 뭉글뭉글 엉키는 분홍빛 구름으로서, 우리와 서로 손목을 잡자는 그런 하늘이다. 사랑의 하늘이다. 나는 잠시도 멎지 않고 푸른 물을 황해로 부어내리는 대동강을 향한 모란봉 기슭, 새파랗게 돋아나는 풀 위에 뒹굴고 있었다. 이 날은 삼월 삼진, 대동강에 첫 뱃놀이하는 날이다.

– 김동인의 〈배따라기〉 서두 –

예문 · 4 복녀의 생활환경 묘사로 주제를 암시

싸움, 간통, 살인, 도둑, 징역, 이 세상의 모든 비극과 활극의 근원지인 칠성문밖 빈민굴로 오기 전까지는 복녀의 부처는 사농공상의 제이위에 드는 농민이었다.

– 김동인의 〈감자〉 서두 –

예문 · 5 침울한 날씨와 쓸쓸한 농촌 마을의 분위기로 주제를 상징

"음산한 검은 구름이 하늘에 뭉게뭉게 모여 드는 것이 금시라도 비 한 줄기 할 듯 하면서도 여전히 짓궂은 햇발은 겹겹 산 속에 묻힌 외진 마을을 통채로 자실 듯이 달구고 있었다. 이따금 생각나는 듯 살매 들린 바람은 논밭간의 나무들을 뒤흔들며 미쳐 날뛰었다. 뫼밖으로 농군들을 멀리 품앗으로 내보낸 안말의 공기는 쓸쓸하였다. 다만 맷맷한 미루나무 숲에서 거칠어 가는 농촌을 읊는 듯 매미의 애끓는 노래 ……"

– 김유정의 〈소나기〉 서두 –

* 단편 소설은 첫줄부터 내용을 상징하는 것이 원칙이며, 배경을 통한 기교는 많이 쓰이고 있다. 더욱 지방색이 짙은 소설의 주제들은 풍속이나 전통 유적을 묘사하는 예가 많다.

(2) 배경의 유형

소설의 배경은 자연적, 정신적, 심리적, 상황적 배경으로 나눠진다.

예문 · 1 자연적 배경

"흙빛에서 초록으로 - 이 기막힌 신비에 다시 한 번 놀라볼 필요가 없을까. 땅은 어디서 어느 때 그렇게 많은 물감을 먹었길래 봄이 되면 한꺼번에 그것을 이렇게 지천으로 뱉어 놓을까.
바닷물을 고래같이 들이켰던가, 하늘의 푸른 정기를 모르는 결에 함박 마셔 두었다가 그것을 빗물에 풀어 시절이 되면 땅 위로 솟쳐 보내는 것일까. 그러나 한 포기의 풀을 뽑아 볼 때 잎새만이 푸를 뿐이지 뿌리와 흙에는 아무 물든 자취도 없음은 웬일일까.…… 우주의 비밀의 약품…… 그 푸른 잎이 돋는 조화의 동기는 옳게 말하는 이 없는 듯 하다."

– 이효석의 〈들〉에서 –

예문 · 2 정신적 배경

"내 몸과 마음에 옷처럼 잘 맞는 방 속에서 뒹굴면서, 축쳐져 있는 것은 행복이니 불행이니 하는 그런 세속적인 계산을 떠난, 가장 편리하고 안일한, 말하자면 절대

적인 상태인 것이다. 나는 이런 상태가 좋았다.

이 절대적인 내 방은 대문간에서 세어서 꼭 일곱째 칸이다. 럭키 세븐의 뜻이 없지 않다. 나는 이 일곱이라는 숫자를 훈장처럼 사랑하였다. 이런 이 방이 가운데 장지로 말미암아 두 칸으로 나뉘어 있었다는 그것이 내 운명의 상징이었다는 것을 누가알랴?"

– 이상의 〈날개〉에서 –

* '방'이라는 공간이 이상의 절대적인 상태이며 운명의 상징으로서 자의식의 과잉 상태에서 방황하는 지식인의 정신적 분열 상황을 환기시키는 내포적 의미를 함축시킨다.

예문 · 3 심리적 배경

"정신을 바짝 차리지 않으면 안되겠어. 왜냐면, 나에게서 나의 행동이 물러가 버린다는 것은, 내가 내 행동에서 떨어져 나간다는 것은, 틀림없이 나의 피가 사라져 버리는 것이니까. 예전에 내가 아무 것도 하지 않고 있었을 땐 나의 생활이 무엇에 대하여 값이 있는가를 가끔 의심해 본 일이 있었지. 그런데 지금의 나는 그렇게 생각하지는 않아. 나의 생활쪽이 거의 딴 인간들의 것보다 가치가 있다는 것을 알고 있거든."

– 앙드레 말로의 〈정복자〉중에서 –

예문 · 4 상황적 배경

"산다는 것은 부조리를 살리는 일이다. 부조리를 살린다는 것은 무엇보다도 먼저 그것을 바라보는 일이다.…… 시종일관한 유일한 철학적 입장은 그런 까닭에 반항이다. 그것은 인간과 그 자신의 어둠과의 끊임없는 대화이다.

– 까뮤의 〈시지프스의 신화〉에서 –

4. 소설의 기법

소설은 개념적인 분야와 기술적인 분야로 나누어진다. 개념의 분야는 허구적 가공 인물과 플롯과 주제와 배경 등의 요소이며, 기술적 분야는 이 요소들을 결합시켜 소설의 형태를 이루는 과정이다. 그러므로 소설의 기법은 소설의 요소를 잘 어울러서 하나의 완성된 작품을 만드는 기술이고 과정이다.

다음에서 알아보자.

1) 視点(시점)

(1) 視点(시점)의 개념

시점(point of view)은 觀点(관점)이라고도 한다. 소설을 서술하는 위치로서의 초점이다. 즉, 소설의 재료가 어떤 각도에서 보여졌으며, 작자나 인물의 위치가 어떤 방향에서 다루었느냐는 시각적인 서술의 초점이다. 작품은 시점의 각도에 따라서 사건과 성격이 달리 보인다. 곧 이야기하는 주체가 누구이냐 하는 문제이다.

(2) 시점의 유형

① 일인칭 視点(시점, first person narration)

소설의 주인공 자신이 '나'라는 입장에서 자기의 이야기를 해나가는 방법이다. 그 특징은 인물의 성격과 서술에서 서로 초점이 같다는 것이다. 이것은 인물의 형상성과 이야기의 내용이 일치됨으로써 독자로 하여금 신빙성을 갖게 한다. 물론 소설에서의 화자는 비실존인물로서 어디까지나 허구화된 '나'이지만 독자에게는 환상 속의 실재 인물이 된다. 그러므로 주관적이며 심리적인 효과가 있다. 이 시점에서 유의할 점은 '나'라는 주관적인 서술형식이 자신의 신변기인 사소설화 되어서는 안 된다는 것이다. 그러므로 자신의 주관적인 울타리를 벗어나 객관적인 관찰로 나아가야 한다.

예문 · 1

> "나는 또 오탁의 거리를 내려다보았다. 거기서는 피곤한 생활이 똑 금붕어처럼 흐늑흐늑 허우적거렸다. 눈에 보이지 않는 끈적끈적한 줄에 얽혀서 헤어나지를 못한다. 나는 피로와 공복 때문에 무너져 들어가는 몸뚱이를 끌고 그 오탁의 거리 속으로 섞여 가지 않을 수도 없다 생각하였다.
>
> – 이상의 〈날개〉에서 –

② 일인칭 관찰자 視点(시점, first person observer narration)

주인공의 성격의 초점을 말하는 것은 등장한 副人物(부인물, minor character)이다. 주인공에 대한 증인의 역할을 한다. 또 1인칭 서술자로서 자기의 주인공이나 타인물의 시점에서 대신 말할 수도 있어 객관적 입장의 종합적인 효력을 발휘할 수 있는 장점이 있다. 반면에 주인공의 정신 상태나 심리적인 내면에는 깊이 관여하지 못하고, 다만 관찰자로서의 접근 능력을 넘지 못하는 한계가 있다.

예문 · 2

"아내는 낮에 보다도 밤에 더 좋고 깨끗한 옷을 입는다. 그리고 낮에도 외출하고 밤에도 외출하였다. 아내에게 직업이 있었던가? 나는 아내의 직업이 무엇인지 알 수 없다. 만일 아내에게 직업이 있었다면 같이 직업이 없는 나처럼 외출할 필요가 생기지 않을 것인데 … 아내는 외출한다.

– 이상의 〈날개〉에서 –

③ 3인칭 관찰자 視点(시점, author observer narration)

작가 관찰자 시점으로서 작가가 주인공이나 기타 인물을 관찰하는 자리에서 이야기하는 제3인칭의 시점이다. 주관의 경험이 전혀 없는 객관적인 묘사가 특징이다. 현대인의 다양성을 그리는 리얼리즘의 범주로서 가장 적합하다. 중립적인 입장에서 바라보는 전지적인 시점으로 묘사해야 한다. 그러므로 직접적인 심리묘사나 감정의 경향 및 작가 자신의 사상이나 감정이 깃들 수 없다는 단점이 있다.

예문 · 3

"소녀가 조용히 일어나 비탈진 곳으로 간다. 뒷걸음을 쳐 기어 내려간다. 꽃송이가 많이 달린 줄기를 잡고 끊기 시작한다. 좀처럼 끊어지지 않는다. 안간힘을 쓰다가 그만 미끄러지고 만다. 칡덩굴을 쥐어 잡았다. 소년이 놀라 달려갔다. 소녀가 손을 내밀었다. 손을 잡아 이끌어 올리며, 소년은 제가 꺾어다 줄 것을 잘못했다고 뉘우친다.

– 황순원의 〈소나기〉에서 –

④ 全知的(전지적) 작가 視点(시점, omniscient author narration)

olympus적 시점이라 한다. 올림푸스神(신)의 전지전능한 능력처럼 작가 자신이 모든 인물의 행위, 심리의 동기나 상태, 사상, 감정 욕망 등을 분석하면서 자유롭게 서술하는 수법이다. 인물들의 견문과 나타나지 않은 사건까지도 묘사하는 초인적인 작가의 시점으로서 장편소설에 많이 사용한다.

전지적 작가 시점의 유리한 점은 작가가 피력하고 싶은 인생관이나 생활태도나 윤리, 도덕 등 작가가 의도하는 바를 작품 속에 침투시킴으로서 자신의 면모를 마음껏 표출시킬 수 있다.

(3) 시점의 距離(거리, distance)

거리는 시점과 밀접한 관계에 있다. 시점의 시각적 원근성을 내포한다. 인물을 바라볼 수 있는 피관찰자와의 분리되어진 공간적 위치라 하겠다. 시점이 카메라에서 피사체를 향한 렌즈의 공간적 각도라면 거리는 피사체와 렌즈 사이의 평면상의 원근이다. 이러한 작가와 인물과의 거리를 미적 거리 또는 심리적 거리라고 한다. 이 원근은 주제, 인물, 플롯의 구성으로 적당히 선택하며, 작가와 인물, 인물과 독자, 작가와 독자의 관계에서 시점이 이루어진다.

2) 패턴(Pattern)

패턴은 예술에서 미학적인 기능을 나타내는 것으로 음악에서는 리듬같은 반복을 의미하며 소설에서 어떤 부분을 되풀이함으로써 인상을 깊게 하고, 어떤 사실과 사건, 심리를 상징 강조할 수 있다.

〈보기〉 까치 소리는 아들을 못 잊는 어머니의 기다림의 상징으로 나타남.

"이때 까치가 울었던 것이다. 까작 까작 까작 까작 하는 어머니가 가장 모진 기침을 터뜨리기 마련인 그 저녁 까치 소리였던 것이다. 그리고 이와 동시에 나의 팔다리와 가슴속과 머리끝까지 새로운 전류 같은 것이 흘러들기 시작했던 것이다.

– 김동리의 〈까치소리〉에서 –

3) 伏線(복선, Under plot)

어떤 사건의 우발적인 인상을 방지하려고 미리 그 사건의 가능성을 암시 또는 터치해 두는 것이다. 우연은 원인을 밝히지 않고 결과만을 쓸 때 생기는 것이므로 원인은 결과를 예측할 수 없을 만큼 멀리 이전에 서술해 둔다. 원인을 길게 서술치 않고, 암시나 아주 짧은 말로 터치해 두면 그 소설이 신비적인 것이 될 수 있다. 오 헨리의 〈마지막잎새〉나 〈20년 후〉, 〈목걸이〉 등이다.

4) 우연성(accident)과 필연성(certainty)

우연성은 작품의 흥미와 논리적인 인과를 잃게 되어 소설의 본질을 망치게 된다. 우연성을 막고, 필연성을 살리려면 과학적 사고로 진실을 표현하고, 인과 관계를 분명히 해야 한다.

5. 소설의 요소

인물 사건 배경을 소설의 3대 요소라 한다. 이 3대 요소를 잘 구성하여 표현하는 것이 소설의 기법이다. 이상의 논제들은 3) 소설의 구조와 4) 소설의 기법에서 이미 기술되었음으로 여기서는 재론하지 않기로 한다.

제 3 장

시의 이론과 실제

Ⅰ. 시의 세계와 탄생

1. 시의 발생

시는 언제부터 생겼을까? 시는 어떻게 해서 생겼을까? 시의 발생부터 알아보자.

시는 인류의 시작과 더불어 자연적으로 발생했다. 아득한 옛날, 원시시대부터 노래와 춤과 그 노랫말이 있었다. 그들은 동물을 잡기 위해 산 속으로 갔다. 그들은 동물의 움직임을 감지하기 위해서 가만히 귀를 기울인다. 움직임을 따라 바람과 함께 기류가 흐른다. 바람소리가 은은히 들려온다. 그 소리를 흉내 내면서 흥얼거리며 부르던 것이 노래의 시작이다.

그러면 춤은 어떻게 해서 이루어졌을까?

바람이 나부끼는 나무의 율동에서 시작되었다. 나뭇잎이 나부끼고 가지가 흔들리는 것을 보고 그들은 두 손을 옆으로 흔들기도 하고 위로 높이 치켜들고 흔들면서 율동을 하기 시작했다. 원시인들은 노래를 부르고, 율동을 하면서 거기에 알맞은 노랫말을 찾았다. 그렇게 한 것이 '詩(시)'의 시초이다. 오늘날도 아프리카를 비롯해 오지에 살고 있는 여러 부족들과 원주민들의 축제 모습을 보면 알 수 있다. 종합 예술로서의 기능을 다하고 있음을 본다.

이렇게 발생한 노랫말은 집단가요에서 개인가요로 발전했다. 우리의 고전 시가 중 〈구지가〉는 집단 가요로서 행해졌고, 〈황조가〉와 〈공무도하가〉는 개인 가요로 불리어졌다. 〈구지가〉는 가야국(김해)의 시조 김수로왕의 탄생설화와 함께 전해진다.

삼국사기 駕洛國記(가락국기)에 의하면 禊浴日(계욕일: 액을 없앤다는 의미로 목욕하는 날)에 그곳 북쪽 龜旨峯(구지봉)에서 수상한 소리가 났다. 이상히 여겨 많은 사람들이 모였다. 형상은 보이지 않고 소리만 들렸다. "여기에 사람이 있느냐?" 구간들이 이에 답했다. "우리들이 여기 있습니다.", "여기가 어디냐?", "구지라 합니다." 이어 말하기를 "천황이 나에게 命(명)하기를 이곳에 와서 나라를 새롭게 하여 임금이 되라 하였으니 너희들은 마땅히 구지봉 위에서 흙을 파면서 '거북아, 거북아 네 머리를 내어 놓아라 네 머리를 내어놓지 않으면 구워 먹으리라' 하고 노래하며 춤을 추라" 하였다. 그곳에 모인 모든 사람들이 그렇게 하였다. 곧 하늘에서 자색 줄이 내려와 땅에 닿았다. 줄 끝을 찾아보니 붉은 폭에 금합이 싸여 있었다. 열어보니 해와 같이 둥근 여섯 개의 황금 알이 있었다. 모두 기뻐하며 절을 하였다. 다시 싸서 구간 중의 한사람인 我刀(아도)의 집으로 돌아와 탑 위에 두고 각자 집으로 갔다.

12일(浹辰협진)이 지나 다음날 해가 돋을 무렵 많은 사람들이 다시 모였다. 금합을 열어 보았다. 여섯 알이 변하여 童子(동자)가 되어 있었다. 용모가 매우 뛰어났다. 나날이 자라 10여일이 지나니 신장이 9척이나 되어 은나라의 천을과 같았고, 얼굴은 용과 같아서 한나라의 고조와 같았고, 八彩(팔채) 눈썹은 唐(당)의 高(고)와 같았다. 눈동자가 두 개 있음은 虞(우)의 舜(순)과 같았다고 하여 그 용모가 범상하지 않음을 말해 주고 있다. 그리고 그 달 보름에 즉위하였다고 되어 있다. 처음으로 나타났다고 하여 이름을 首露(수로)라 하였고, 나라 이름은 대가야 혹은 가락국으로 육가야의 하나이다. 김해 김씨의 시조이기도 하다. 알에서 나온 나머지 다섯 사람도 각각 五伽耶(오가야)의 주인이 되었다.

이 때 부른 노래 곧 수로왕을 맞이하기 위해서 부른 〈구지가〉가 황조가와 함께 전해지는 가장 오래된 가요 중의 하나이다. 노래의 가사를 다시 찬찬히 읽어보면 〈거북아, 거북아 네 머리를 내어 놓아라 네 머리를 내어놓지 않으면 구워먹으리라〉 매우 위협적인 가사이다. '네 머리를 내어 놓아라'는 게 무엇이겠는가? 머리는 생명이고 주권이고 영토이다. 지금까지 너희들이 다스리던 그 자리를, 그 영토를, 그 주권을 '나에게 내어 놓아라'는 것이다. 새로운 체제로 나라를 다스릴 새 임금이 내려가니 맞이할 준비 태세를 갖추라는 것이다. '내어놓지 않으면 구워 먹겠다니?' 이것은 무엇을 말하겠는가? '그렇게 하지 않으면 죽이겠다.'는 것이다. 거북은 물론 구지봉을 끼고 있는 김해 땅을 가리킨다. 구지봉은 그 형상이 거북형상을 닮았다 하여 이렇게 불리어졌다.

이렇게 옛 노래 속에는 그 노래의 배경 설화가 있어서 독자가 이해하기도 쉽고 그 설화로 인해서 그 노래 가사에 재미를 더해준다.

2. 최초의 시집

최초의 시집은 동양에서는 공자(BC 552-BC 478) 오경 중의 하나인 詩経(시경)이고 서양에서는 성경에 있는 시편이다. 시경은 공자가 그 때까지 각처에 흩어져 전하여 내려온 민요를 모두 수집하여 그 중에서 305편만 택하여 편집한 것이다. 그 내용은 백성들 사이에 널리 불려진 민요인 風(풍)과 천자의 궁중에서 잔치에 연주되던 음악인 雅(아)와 천자의 종묘에서 제사 지낼 때 연주하던 음악인 頌(송)으로 이루어졌다. 이 가운데 風(풍)이 전체에서 반을 차지한다.

그 소재는 하늘과 神(신), 인간사에 이르는 여러 가지 내용들로서 경천사상이 있고, 유미적이고 낭만적인 아름다움과 사랑이 있고, 제왕의 이야기에서부터 일반 서민에 이르는 매우 인간적이고도 현실적인 아픔과 환희가 담겨져 있다.

반면에 서양의 최초의 시집인 시편은 총 150편의 시들이 다섯 권의 책으로 구분되어 있다. 이것은 모세의 율법이 5권으로 나뉘어 있는 것과 관련이 있는 것으로 학자들은 보고 있다.

저자는 다윗왕의 시가 73편으로 가장 많고 고라 자손의 시가 11편, 아삽의 시가 12편, 솔로몬의 시가 2편, 에단의 시가 1편, 모세의 시가 1편, 등 100편의 시는 그 작자가 뚜렷하게 나타나 있고 나머지 50편은 작자가 나타나 있지 않다.

시편은 네 가지 유형으로 구분되어 있는데 첫째 신앙 공동체의 시, 둘째 개인적인 신앙고백의 시, 셋째 찬양의 시, 넷째 왕의 시 등이다.

시편의 핵심어는 '찬양'과 '신뢰'이다. 곧 선민 이스라엘 민족의 유일신으로 믿는 하나님에 대한 신뢰와 찬양으로서 하나님의 위대한 성품과 그분이 행하신 일들과 앞으로 되어질 일들을 노래했다. 또 자기의 백성을 보호하시고, 사랑하시며 구원하시는 하나님을 온전히 신뢰하는 노래들로 가득 차 있다.

동·서양의 최초의 시집을 한 마디로 나타낸다면 시경은 '인간의 사랑'이야기이고 시편은 '하나님 찬양' 이야기이다.

예를 들면 다음과 같다.

예문 · 1

노래하는 한 쌍의 물수리
황하의 물가에 노는구나
얌전하고 조용한 아가씨는
덕 높은 군자의 좋은 짝이어라

– 시경, 관저 첫 연 –

周(주)나라 문왕이 요조숙녀인 太姒(태사)를 배필로 맞아들여 궁중 사람들이 정숙한 태사의 婦德(부덕)을 보고 이 시를 지었다고 전한다. 그러므로 작자는 알 수 없다. 이 시에서 군자는 문왕을 가리킨다.

예문 · 2

남쪽에 우뚝 솟은 저 소나무
그늘이 있어야 쉬어가지
한 수가에 노는 저 아가씨
만날 수 있어야 사랑하지
한수는 넓고 넓어
헤엄 칠 수도 없구요
강수는 길고 길어
뗏목 타고 갈 수도 없네

–시경, 한광(漢広)첫연 –

당시 중국은 풍기가 문란하였다. 그래서 문왕이 교화에 힘써 그로 인해 남녀가 품행이 단정하여지고 서로가 사모하고 기다릴 줄 아는 풍토가 조성되었다. 이 노래도 그를 증명하듯이 남성이 여성을 그리워하며 때를 기다릴 줄 아는 정서를 노래한 것이다.

예문 · 3

복 있는 사람은
악인의 꾀를 좇지 아니하며
죄인의 길에 서지 아니하며
오만한 자의 자리에 앉지 아니하고
오직 여호와의 율법을 즐거이 하여
그 율법을 주야로 묵상하는 자로다
저는 시냇가에 심은 나무가
시절을 좇아 과실을 맺으며

그 잎사귀가 마르지 아니함 같으니
그 행사가 다 형통하리로다

-시편, 1편 1-3 -

시편 전체의 서론에 해당하는 부분으로 악인의 길과 의인의 길을 밝히고, 의인의 행복과 악인의 패망을 대조시켜서 인생의 나아갈 길을 제시하고 있다.

예문 · 4

여호와는 나의 목자시니
내가 부족함이 없으리로다
그가 나를 푸른 초장에 누이시며
쉴만한 물가로 인도하시는도다
내 영혼을 소생시키시고
자기 이름을 위하여
의의 길로 인도하시는도다
내가 사망의 음침한 골짜기로
다닐지라도
해를 두려워하지 않음은
주께서 나와 함께 하심이라
주의 지팡이와 막대기가
나를 안위하시나이다.
……
나의 평생에 선하심과
인자하심이 정녕 나를 따르리니
내가 여호와의 집에
영원히 거하리로다.

-시편 23편 다윗의 시 -

하나님과 성도의 관계를 목자와 양의 관계로 비유하고 있다. 이 시에서 다윗은 택함 받은 성도가 구원에 이르는 과정을 생생하게 묘사하고 있다.

3. 시의 정의

'詩'라는 글자는 言과 寺가 합쳐진 회의(會意)문자이다. 詩의 경우는 言이 의미기호, 寺가 소리기호이다. 중국인들이 寺와 詩를 거의 비슷하게 발음하고 있는 것으로 이해하면 참고가 될 수 있다. 그러니까 시는 言, 즉 언어가 의미내용의 핵심을 이루는 이름이라 할 수 있다.

일명 ≪상서(尙書)≫라고도 불리는 ≪서경(書經)≫의 순전(舜典)에는 이러한 사실의 뒷받침이 될 수 있는 구절이 나온다. '시언지(詩言志)'라는 기술이 그것이다. 우리말로는 '언어로 나타낸 뜻이 곧 시'라고 풀이될 수 있는 이 구절은 詩라는 글자의 의미기호가 언어라는 사실을 재확인시켜 준다. '언어로 나타낸 뜻이 곧 시'라는 말은 우리가 글자풀이에서 얻어낸 詩=言의 등식을 서술체로 명제화한 문장이다.

실제로 모든 시는 언어로 되어 있다. 그러나 인간이 사용하는 언어 전부를 시라고 할 수는 없다. 시가 되는 언어와 되지 않는 언어가 엄연히 구분되고 있는 것이다. 그러므로 우리는 시를 '시'라고 이름 지은 고대의 중국인들이 그러한 구분의 기준을 어디에 두었는지 알아볼 필요가 있다.

공자(孔子, BC 552-BC 479)에 의하면 ≪시경≫에 수록된 '시 305편'은 '사무사(思無邪)'라 하여 시란 곧 '생각에 사특함이 없는' 그것이 시(詩)라는 뜻임을 밝혔다. '사무사'라는 공자의 시에 대한 규정도 실은 ≪시경≫에 수록된 작품들을 간략하게 포괄적으로 논평한 발언이다. 그러므로 '사무사'의 언어의 구체적 실례인 ≪시경≫에 수록된 작품을 검토해 보자.

꾸룩꾸룩 물수리는
모래톱에서 우는데
아리따운 아가씨는
군자의 좋은 짝.

올망졸망 마름풀을
이리저리 찾으면서
아리따운 아가씨
자나 깨나 그리네.

찾아도 찾지 못해
자나 깨나 그 생각
시름은 그지없어
잠 못 자고 뒤척이네.

올망졸망 마름풀
이리저리 뜯으면서
아리따운 아가씨

거문고 뜯으며 벗하리.
올망졸망 마름풀
이리저리 고르고
아리따운 아가씨
풍악 울리며 즐기리.

이것은 ≪시경≫[28]의 권두에 실려 있는 「관저(關雎)」이다, 그래서 ≪시경≫의 대표작이라는 말을 듣기도 한다. 공자는 이 시에 대해 '즐겁되 지나치지 않고 애달프되 사람의 마음을 상하게 하지 않는다(樂而不淫, 哀而不傷)'고 말했다. 즐거움과 애달픔은 물론 이 시를 읽고 그렇게 느낀 공자 자신의 주관적 감정반응이기 때문에 객관성을 보장할 수는 없다. 하지만 이 시가 매우 솔직 소박하게 아리따운 아가씨를 그리는 화자의 감정 상태를 표현하고 있다는 사실은 보편적 승인의 대상이 될 수 있다. 그리고 그 그리움의 감정 자체가 주관적이면서도 객관성을 지니고 있다는 사실도 부인할 수 없다. 그러니까 공자의 '사무사'의 언어는 이처럼 일반적인 감정을 솔직 소박하게 표현한 언어라 할 수 있다.

「관저」는 또 그 원문이 4언 1행의 정형성을 준수하고 있다. 「관저」 이외의 다른 작품들도 거의 대부분이 그렇게 되어있다. 이러한 정형성은 운문의 특징이다. 시가 이처럼 운문으로 쓰게 된 연유에 대해서는 다음에 인용하는 모형(毛亨)[29]의 ≪시경≫ 대서(大序)의 한 구절이 좋은 참고가 될 수 있다.

'감정이 속에서 움직여 말로 나타내게 된 것'은 시이다. 모형(毛亨)은 그러한 시 속에 자연스럽게 감탄과 노래와 춤으로 이어지는 요소가 내포되어 있음을 여기서 밝히고 있다. 그렇다면 시가 리듬이 있는 운문으로 되는 것도 자연스러운 현상이라 하지 않을 수 없다. 정확한 생몰연대는 알려져 있지 않지만 모형(毛亨)은 기원전 2세기 초의 사람이다. 공자보다는 2백 50년쯤 늦지만 역시 고대인이다. 그러한 모형(毛亨)의 견해까지도 아울러 고려할 때 고대의 중국에 있어서는 운문에 의한 감정표현을 '시'라고 보았다는 말이 나올 수 있다. 오늘날의 용어로 말하면 그런 시는 서정시가 된다. 그러니까 서정시는 중국과 중국의 영향을 받은 동양 여러 나라 '시의 원형'인 셈

28) 공자 오경(五經)의 하나. 중국 최고(最古)의 시집으로 공자가 편찬하였다. 주나라 초부터 춘추 시대까지의 시 311편을 풍(風)·아(雅)·송(頌)의 세 부문으로 나누어 수록하였다. 오늘날 전하는 것은 305편이며 한나라 모형(毛亨)이 전하였다고 하여 '모시'라고도 한다.
29) 중국 한나라 초기의 학자(?~?). ≪시경≫을 전한 4가(家)의 하나로 ≪시경≫을 연구하여 ≪시고훈전(詩詁訓傳)≫을 지어 모장(毛萇)에게 주었는데, 이것이 ≪모시(毛詩)≫이며, 나머지 3가에 전해진 것은 유실되었기 때문에 그대로 오늘날의 ≪시경≫이 되었다.

이다. 그리고 중국에 있어서는 이 서정시가 또 고대로부터 중세에 이르기까지 문학을 압도적으로 지배한 것이다.

그러면 서양은 어떨까? 다음에서 알아보자.

서양에서는 시 일반을 poetry라고 한다. 서양에서 가장 오래된 시의 이론서인 아리스토텔레스(Aristotle, BC 384-BC 322)의 ≪시학≫에 의하면 그 주제가 작시술(作詩術)이다. 곧 시의 창작방법을 밝히고 있다. '좋은 시는 그 플롯이 어떻게 구성되어야 하는가'라는 대목이 가장 큰 비중을 갖게 된다. 그것은 좋은 시를 쓰는 방법론의 핵심이 '플롯의 구성'에 있다는 진술인 것이다. 그리고 아리스토텔레스는 ≪시학≫의 제6장에서 그 플롯을 '행동의 모방'이며 '행하여진 사건들의 결합'이라고 규정하고 있다.[30]

그러나 ≪시경≫으로 대표되는 고대 동양의 시에는 그러한 플롯에 대한 고려가 전혀 없다. 그것은 감정표현을 본령으로 하는 서정시는 배열해야할 만큼 복잡한 사건들을 가질 필요가 없기 때문이다. 만일 그런 사건들이 있다면 그것을 배열하는 플롯 만들기에 주력하다보면 도리어 본말을 잊어버릴 수도 있다. 게다가 또 플롯을 만들 때의 구성을 위한 계산의식은 '사무사'의 정신에 정면으로 배치되는 요소이기도 하다. 그러므로 아리스토텔레스가 말하는 시와 동양의 시, 즉 서정시는 성질을 달리하는 것이라 할 수 있다.

실제로 ≪시학≫에는 서정시에 대한 언급이 없다. 아리스토텔레스가 거기서 논의하고 있는 것은 서사시와 비극과 희극의 3가지뿐이다. 그것들은 사건들의 배열인 플롯을 그 내용의 골격으로 하고 있다. 사건들의 배열은 필연적으로 이야기를 형성한다. 그러니까 ≪시학≫에서 논의하고 있는 시는 감정이 아니라 이야기를 펼치는 서사문학인 것이다.

아리스토텔레스가 시를 '운문에 의한 모방'이라 한 것만 보아도 시경의 의미와는 판이하다. 아리스토텔레스의 모방은 '행동의 모방'이다. 행동은 연속성을 갖는다는 사실, 그리고 그 연속되는 일련의 행동이 이야기를 만든다는 사실을 생각하면 그가 시를 서사문학으로 인지하였다는 것을 알 수 있다. 모방은 본질적으로 허구이다. 플라톤은 이점을 들어 모방자인 시인을 그의 『공화국』에서 추방했다. 하지만 아리스토텔레스는 도리어 시를 옹호하는 근거로 삼고 있다. 역사가는 실제로 일어난 일을 말하고 시인은 '개연성과 필연성의 법칙'에 따라 일어날 수도 있는 일을 말하기 때문

30) 아리스토텔레스, 천병희 역, ≪시학≫, 문예출판사, 1991, pp. 47-53 참조.

에 시는 '역사보다 더 철학적이고 중요하다'고 한 ≪시학≫ 제9장의 기술은 그러한 시의 옹호론이다. '일어날 수도 있는 일'은 실제로 일어난 일이 아니니까 허구일 수밖에 없다.

허구는 상상력의 소유자인 오직 인간만이 만들어낼 수 있다. 전지전능(全知全能)하고 무소불위(無所不爲)한 신(God, 神)도 사실의 세계만을 만들 뿐 허구의 세계는 만들지 않았다. 그러니 사실의 세계가 신(God, 神)의 창작물이라면 허구의 세계는 인간의 창작물인 셈이다. 그러한 의미에서 아리스토텔레스가 말한 모방을 통해 만들어진 시의 세계 곧 그 허구의 세계는 창작이라는 결론이다.

Poetry(시)의 어원인 희랍어 포이에시스(poiesis)가 '만들기(제작)'라는 뜻이고, Poet(시인)는 어원적 의미가 '만드는 사람(제작자)'이다. 그렇다면 시인이 만드는 것은 시이다. 그래서 시인은 역사보다도 더 철학적이고 중요한 '허구의 세계를 창작하는 사람'인 것이다.

이러한 창작은 장르를 초월한 문학 일반의 본질적 속성이다. 그러므로 시라고 번역하는 Poetry는 서정시만을 뜻하지 않고 창작 성격을 갖는 문학을 총칭하게 된다. 아리스토텔레스의 ≪시학≫은 그것을 실제로 입증하고 있는 자료이다. 다만 그는 그 창작의 핵심적 과제를 '행동의 모방'으로 보고 있다. 그리고 그는 그런 모방을 가장 잘 수행한 시로서 비극을 들고 있다. 그래서 그는 ≪시학≫에서 감정표현의 시, 즉 서정시를 도외시한 것이다. 그것은 그가 비극을 문학의 최고봉으로 인정했기 때문이다 아리스토텔레스가 살았던 고대 희랍이 비극의 황금시대였음도 이에 기인하는 바가 크다.

하지만 감정체험의 문학적 표현이 없을 수는 없다. 서정시라고 번역해 쓰고 있는 영어의 리릭(lyric)이 고대 희랍의 현악기의 일종인 라이어(lyre)라는 사실을 상기해보면 그것을 뒷받침하고 있다. ≪시학≫ 속에 몇 번 이름만 등장하는 Dithyrambos나 송시는 디오니소스신에 대한 찬양의 합창가와 아폴로신을 찬미하는 독창가였다. 그러니 그 가사는 서정시의 일종이었음을 짐작할 수 있다.

그럼에도 불구하고 아리스토텔레스가 서정시에 대해 관심을 갖지 않았던 까닭은 그와 또 그에 의해 대표되는 고대 서양의 시에 대한 인식이 표현의 기술을 중시했기 때문이라 할 수 있다. 그가 비극의 '목적'이며 '제일원리'라고까지 말한 플롯은 실상 표현의 기술에 속하는 문제이다. ≪시학≫의 20장부터 22장까지가 언어와 비유를 세밀하게 분석, 설명하고 있는 것도 역시 표현에 대한 관심이 그만큼 컸다는 사실을 말해주고 있다.

『춘추설제사春秋說題辭』에 의하면 '시라는 것은 천지의 정수를 모은 것이며 성신을 헤아리고 사람의 마음을 쥐는 것이다. 일에 임하여 시가 되고, 시로 표현하기 전에는 심정속의 뜻으로 고요하고 담담하게 마음을 가지고, 깊이 생각하여서 뜻을 삼음으로, 시는 志(뜻)를 말하는 것이다.[31]'라고 하였다. 그래서 시란 곧 시인이 가진 마음의 풍경을 미적으로 형상화하여 표출한 것이다. 왜냐면 시인의 체험도 정서도 감정도 사상도 인생관도 삶의 모습도 다 마음속에 간직되어 있기 때문이다.

기타 시에 대한 단편적인 이해와 견해를 옮기며 시의 정의를 마친다.

- 詩三百 一言而蔽之曰思無邪(시 3백편은 한마디로 말하면 생각함에 사특함이 없다.) → 孔子
- 詩言志(시는 뜻을 서술하는 것이다) → 서경(書經)
- 시는 운율적 언어에 의한 모방이다. → Aristoteles
- 시는 힘찬 감정이 자유롭게 분출된 것이다. → W. Wordsworth
- 시는 체험이다. → R.M.Rilke
- 시는 미의 운율적 창조이다. → E.A.Poe
- 시는 사상적 정서의 등가물이다. → T.S.Eliot
- 시는 영원한 진실 속에 표현된 삶의 이미지이다. → P.B.Shelly
- 시는 기본적으로 인생에 대한 비평이다. → Matthew

4. 시의 세계와 그 내용

시는 가슴으로 느끼는 세계이다. 전하고자하는 시적인 메시지까지도 정서를 유발시켜 감동적으로 환기하려는 신선한 세계이다. 이성(理性)에 의한 냉철한 사유와 비평이 아니라 감성(感性)에 의한 뜨거운 사랑과 느낌의 세계이다.

시는 시인의 마음의 풍경이기도 하다. 시의 세계는 곧 시인의 마음이다. 시는 시인의 상상과 정서의 산물로 극히 주관적인 세계이다. 그것은 정서가 지성적인 사고를 요구하는 지적인 두뇌의 세계가 아니라 감동과 열정으로 느끼는 가슴의 세계이기 때문이다.

31) 春秋說題辭曰: "詩者, 天地之精, 星辰之度, 人心之操也. 在事爲詩, 未發爲謀, 恬淡爲心, 思慮爲志, 故詩之爲言志也."

시의 세계는 시인의 마음의 풍경만큼이나 독창적이고도 개성적이다. 그리고 인간 삶의 모습만큼이나 시의 세계는 개별적이고도 다양하다. 왜냐면 시에 투사되는 개인의 가치관과 세계관과 인생관이 각양가색이기 때문이다. 다음에서 밝혀보자.

1) 정서 감정의 구체적 표현

시는 주관적 인식의 표출이다. 어떠한 대상이라도 시인의 눈에 들어와 관조의 대상으로 포착되어 미적으로 형상화하여 표출하였다면 이는 일반적인 하나의 대상에서 문자화된 시예술로 승화한 것이다. 시인은 통상어를 활용하되 개인적인 시어로 구사하고 묘사한다. 그래서 시는 주관적인 인식의 표출이되 그 정서 감정을 구체적으로 표현한다. 이것이 같은 대상을 두고도 시인마다 각기 다른 이미지를 표출하는 이유이기도 하다. 이렇게 시인마다 느끼는 바가 다르기에 같은 대상을 두고도 수많은 시들이 탄생되었고 앞으로도 무수히 탄생될 것이다. 아래에 예시한 '은행잎'을 주제로 한 두 편의 시조를 비교 감상해 보자.

제 깃털 죄다 뽑아
서리아침
짜낸 방석
그것이 마지막이어도
장식은 아름다워
이 세상
미련다하는 날
그런 원광(圓光)
엮고 싶다

-이상범, 은행잎 금빛방석-

위 시의 배경을 살펴보자. 서리가 하얗게 내린 아침이다. 샛노랗게 물든 고운 은행잎이 밤사이 떨어져 방석처럼 포도 위에 깔려 있다. 이를 시인은 겨울철 추위를 막아주는 따뜻한 깃털로 인식한다. 그래서 '제 깃털 죄다 뽑아/서리아침/ 짜낸 방석'으로 표현 했다. 깃털을 죄다 뽑아내었으니 마지막이 될 수밖에 없다. 그러나 그것이 설령 마지막이라 해도 이렇게 아름다움으로 장식할 수만 있다면 얼마나 좋은가. 그래서 시인은 '이 세상 미련다하는 날 그런 원광을 엮고 싶은 것'이다. 인생도 이렇게 마지막을 장식하고 싶은 것이 모두의 바람이고 소원일 것이다. 아래 시를 또 하나 보자.

자연의 순리대로
피어나고 뻗어나고
마지막 순간까지
눈부시게 장식하다
떨어도
땅에 누워도
아름다운 삶이여.

-이정자, 은행잎 -

이 시의 배경을 옮겨 본다.

"어느 날 은행나무를 보다가 "아! 어쩜 저렇게도 아름다울까?" 자신도 모르게 탄성을 울렸습니다. 우리 집 앞마당에 있는 은행나무가 샛노랗게 물들어 그 아름다운 자태를 드러내고 있었습니다. …… 중략 ……

가을이면 빨간 단풍잎과 샛노란 은행잎의 향연이 달밤의 귀뚜라미 울음소리와 함께 마음을 적셔주기도 합니다.

이 가을 드높은 파란 하늘을 이고 찬란하게 빛나는 샛노란 단풍잎을 보며 유년의 나를 부르기도 했습니다. 은행잎은 하늘하늘 손짓을 하더니 노란 나비가 되어 사뿐히 땅에 눕기도 했습니다. 떨어진 은행잎도 아름다웠습니다. 책갈피에 끼웁니다. 은행잎을 바라보며 시상을 떠올리기도 했습니다. 그리고 위의 시를 탄생시켰습니다.

사실 나는 이 때 그 찬란하게 눈부셔오는 은행잎을 보고 탄성과 함께 우리 인생을 생각해 보았습니다. '우리 인생도 저렇게 살 수 있다면 얼마나 좋을까'하고 말입니다. 마지막 순간까지 아름다울 수 있다면 … 또 생을 마감하고 땅에 누워도 아름다울 수 있다면… 그 날 나는 은행잎을 바라보며 많은 것을 생각했습니다.

'일몰하는 태양이 노을빛으로 피어나
서녘 하늘을 아름답게 장식하듯,
한 해의 마감을 준비하는 단풍잎이
아름답게 물들어가듯,
수확을 기다리는 열매가 아름다운 색깔로 익어가듯,
내 인생의 마지막 모습도 아름답게 피었으면...... 하고, 기도했습니다.

-이정자의 『당신의 인생도 업그레이드 해보라』에서-

이렇게 시는 주관적인 인식의 표출이되 그 정서 감정을 구체적으로 표현하기에 하나의 대상을 관조하여 읊어내는 데도 각기 다른 느낌으로 형상화된다. 때로는 비슷한 느낌을 가지면서도 각기 다른 표현으로 나타난다. 위의 두 시에서도 종장에서 마지막을 생각하고 아름다운 삶을 꿈꾼 것은 두 시인의 자의식이 유사하다 그러면서도 그 정서 감정의 구체적 표현은 각각 다르게 표출되었다.

2) 감성적 인식의 표현

이성과 감성의 문제도 현대의학에서는 뇌 기능의 생리적 작용에 의한 것으로 증명되어지고 있다. 전통적이고도 일반적인 설명에 의하면 객관적 인식은 이성적 사고 능력이고 주관적 인식태도는 감성적 사고로 구분하여 말한다. 이성적 사고는 어떤 대상에 대한 설명 하나에도 그 의미를 논리적으로 체계화시켜 이를 추상화하고 객관화하는 사변적 기능을 한다. 이에 반해 감성적 사고는 감정의 다양한 속성 곧 희(喜), 노(怒), 애(哀), 구(懼), 애(愛), 오(惡), 욕(慾)의 일곱 가지 감정을 구체적으로 표현함으로써 대상의 의미를 개별화하고 주관화하는 사유기능이다. 시는 바로 이러한 사유기능에서 표출되는 시인의 감성이며 감정이다.

눈 덮인 오두막집
등불처럼 외로운 밤

탄맥 찾아 유영하는
태백산 긴 줄기 속

누눅한
인생을 캐며
동발처럼 괴던 청춘

자연(紫煙)속 피어나던
깃털보다 가벼운 꿈

고생대의 고비처럼
퇴적되며 연명해온

탄광촌
희노애락도
은유처럼 깊었네.

–김민정, 탄광촌의 밤–

「탄광촌의 밤」은 제목에서부터 어둠이 깔려 있다. 밝은 이미지는 아니다. 그래도

'눈 덮인 오두막집'과 '등불'이 주는 시각적인 이미지가 어둡고 외로운 밤을 밝게 하면서 한 폭의 동양화를 연상케 한다. '눈 덮인 오두막집 /등불처럼 외로운 밤'은 외등 하나가 오두막으로 가는 어두운 길을 비춰주나 보다. 그래서 오두막집도 외롭고 그 길 또한 춥고 외로운 밤이다. '탄맥 찾아 유영하는/태백산 긴 줄기 속'으로 보아 탄광촌은 태백산 깊은 곳에 자리하고 있다. 그러니 문명의 언저리에서도 멀어진 삶이다. 그래서 '눅눅한/ 인생을 캐며/통발처럼 괴던 청춘'으로 생각한다. 깊은 막장에서 눅눅한 석탄을 캐는 시적자아의 모습이고 통발처럼 괴며 버티어 온 청춘이다. 그래서 "자연(紫煙)속 피어나던/깃털보다 가벼운 꿈//고생대의 고비처럼/퇴적되며 연명해 온//탄광촌/희로애락도/은유처럼 깊었네."했다. 깃털처럼 가벼운 꿈도 펼칠 수 없는 탄광촌의 열악한 환경이다. 그래서 그 꿈도 고생대의 고비처럼 쌓여만 가고 그렇게 탄광촌 희로애락도 깊어만 갔다.

탄광촌의 애절한 사연을 한 편의 시로 형상화한 작품이다. 이렇게 시인은 직접 경험은 없지만 간접경험을 통하여 곧 듣고 느끼고 사유한 바를 구체적으로 표현함으로써 대상의 의미를 보다 개별화하고 주관화한다. 이러한 시작(詩作)의 과정에서도 시인은 자아의식 내지 자기 정서를 대상에 투사하고 동일시하는데서 구체화된다는 사실이다. 위의 시 또한 이러한 사유기능에서 표출된 시적 대상에 대한 시인의 감성이며 감정이다.

과학적 실험에 의하면 이러한 이성과 감성의 기능은 두뇌의 작용 곧 좌뇌와 우뇌의 실제적인 작용임을 말한다. 곧 좌뇌의 특성은 논리적인 기능으로 언어학습에 유리하다. 그래서 논리적인 생각과 사고로 문제를 해결하고, 추리를 하며, 수학에 유리하다. 이것은 또 이성적이고 사실적이며 현실적인 것을 선호한다. 그래서 귀납적이고 논리적이며 능동적이고 공격적인 경향이 있다. 이에 반해 우뇌의 특성은 음악과 그림 등 이미지를 떠올리는 기능을 한다. 그리고 비언어적이며 활동적인 학습에 유리하다. 뿐만 아니라 직관적 판단으로 문제를 해결하고, 공간적 시각적 과정을 통한 학습에도 유리하다. 이것은 또 새로운 것을 선호하며 연역적이고 창의적이며 직관적·신비적이며 예술적인 경향이 있다. 그래서 시작은 우뇌의 활동이다.

3) 감정과 정서의 표현

시는 감정과 정서의 표현이다. 유가에 의하면 정(情)은 인간의 본성이 외물에 감응하여 발현한 결과 또는 결과로서의 상태를 가리킨다. 또 정(情)은 외물의 자극이나 조건에 심기(心氣)가 성(性)을 근거로 하여 구체적으로 발현한 것이라고 한다. 곧 우리의 감정은 외부조건에 가장 영향을 많이 받는다는 것을 말한다. 그래서 우리의 감정은 갈대 같고 구름 같아 그 변화 또한 헤아릴 수 없다. 감정은 신체적 반응에서 올 수도 있고 심리적 변화에서 올 수도 있다. 이러한 반응과 변화가 없다면 목석이다. 그래서 우리는 감각기관을 통하여 끊임없이 경험하고 인식하고 반응한다. 여기서 시가 탄생한다.

강물이 너무 깊어
네게 갈 수 없다면야

마음의 옹이 잘라
잇고 싶은 징검다리

그 한끝
기도로 놓으면
하늘 문에 닿을까.

– 홍오선, 징검다리 –

그 간 곳이 어디인지 짐작이 간다. 강물이 너무 깊어 갈 수 없다면 마음에 심어진 옹이를 잘라서라도 징검다리를 놓고 싶고 그 한 끝은 기도로 놓아 하늘 문에 닿고 싶은 간절한 그리움이다. 이렇게 인생경험도 감각을 통하여 인식하고 느끼고 이에 반응하여 그 감정을 형상화하고 기호화하여 한 편의 시가 탄생한다. 이렇게 시는 시인 자신의 경험이고 인생이다. 그래서 시는 진실하다.

시가 산문과 달리 독자를 감동시키고 정서적인 환기를 일으키는 것은 시의 요소로 나타나는 시의 의미와 함께 시적 리듬이 있고 이미지가 있기 때문이다. 전자(리듬)는 청각적으로 감각을 자극하고 후자(이미지)는 감각적으로 자극하되 감정적으로 미묘한 반응을 일으킨다. 위의 시에서도 '강물', '마음의 옹이', '징검다리', '하늘 문'이 주는 이미지는 구체적으로 말하지 않아도 이미 마음에 와 닿는다. 행간에서 펼쳐지는 사연과 안타까움과 그리움이 기도로 정화(淨化, 카타르시스)되어 하늘 문에 닿으리라.

인간이 꿈꾸는 낙원이란 이성적이 아니고 감성적인 것이다. 행복이 물질적 풍요로움에 있는 것이 아니라 마음의 만족에 있듯이 말이다. 인간은 어떠한 자극을 받는가에 따라 신체의 각 기관마다 다양하게 반응한다.

주희(朱熹, 1130-1200)에 의하면 사단(四端) 곧 인·의·예·지는 성(性:본성)이고 이 사단(四端)이 밖으로 표현되면 정(情:감정)이고 성(性)과 정(情)이 통합하는 것이 마음(心)이다. 인간의 칠정(七情)이 여기서 나온다. 칠정이란 예기(禮記)에 의하면 희(喜), 노(怒), 애(哀), 구(懼), 애(愛), 오(惡), 욕(慾)의 일곱 가지 정(情)을 가리킨다. 이 칠정은 의미상 인간의 정을 총칭한 것이다.

감정의 기복이 심하면 인체에 부작용을 유발한다. 기복이 없을 때 인체의 오장육부(五臟六腑)[32]가 제 기능을 하고 최적의 조건이 된다. 그러나 일시적이나마 큰 감정의 변화를 갖게 되면 각 감정에 해당하는 오장에 영향을 미친다. 감정의 편향된 기운이 오장의 기운을 혼란시키면 정상적인 생리활동은 무너진다. 그것이 스트레스로 나타난다. 이를 푸는 방법도 시인은 시로 표출한다. 시가 카타르시스의 역할을 하기 때문이다.

할배가 명장골서 다-랑논 갈던 때에
꾀꼴새 앞-내에서
뒷뫼서도 쑥국쑥국
춘사월 보릿고개에 풋바심이 힘겨워.
해산달 뱃속아기 불편하다 요동한다
내리내 낳은 딸년
또 내리 딸 낳을까
산기를 말할 수 없어 돌리는 배 부여안고.
저녁거리 마련타가 쉴-참이 늦었어라
칭얼대는 아이 두고
참 이고 가는 터에
에미는 동산 숲에서 쑥국새가 되었단다.

-김승규, 쑥국새의 푸념 -

위 시를 읽으면 마음이 아려온다. 60·70년대까지도 우리나라는 어려웠던 것으로 기억한다. 80년도에 들어서고 88올림픽 전후부터 IMF 이전까지가 아마 우리경제의 황금기가 아니었나 싶다. 위 시의 시적 배경은 아마 50년대쯤으로 보인다. 어려운 시절의 옛이야기가 향수처럼 다가오는 건 그 시절을 조금은 이해하기 때문일 것이다. 지금은 딸이 더 좋다는 시대이기도 하다. 그래서 '딸딸'을 가진 부모는 비행기를 타고 아들만 가진 부모는 쪽방신세라는 말도 나오니 여자의 힘이 센 건지, 남자가 부족한 건지 모를 일이다. 딸 가진 사람은 좋을 테고, 아들 가진 사람은 걱정스러운 얘기다.

지금은 아들이든 딸이든 하늘이 준 선물로 생각하고 귀하게 기른다.

32) 내장기관을 총칭하는 한의학 용어로 오장은 간(肝)·심(心)·비(脾)·폐(肺)·신(腎)을 말하고 육부는 담(膽)·위(胃)·대장(大腸)·소장(小腸)·방광(膀胱)·삼초(三焦)를 말한다.

그런데 수 십 년 전만 해도 그렇지 않은 것으로 보인다. 그것이 여인 탓만은 아니건만 왜 그리 어미는 혼자 그 짐을 지고 갈려고 했을까. 또 딸을 낳을까 두려워 누구에게도 산기(産氣)를 말하지 못하는 어미의 안타까운 심정을 보듬어 줄 겨를도 없이, 구원자도 없이, 그 고통을 부여안고 그대로 저녁거리를 마련한다. 그러다가 참이 늦을까 걱정이 되어 칭얼대는 아이조차 떼어 놓고 새참을 이고 나간다. 아마 명장골에서 다랑-논을 가는 할배의 새참인가 보다. 그런데 그 어미가 결국 동산 숲에서 서러운 쑥국새가 되어 울고 있다는 전설 같은 이야기이다. 이렇게 시 한 편에도 설화 같은 이야기를 실을 수 있다. 그것이 시의 의미이며 시의 메시지이다. 이 메시지에는 여러 가지를 유추할 수 있다. 그것을 행간에서 읽어내는 것은 독자의 몫이다.

첫 수에서는 보릿고개에 풋바심[33]이 나오고 둘째 수에서는 뱃속의 아기도 힘이 들어 요동을 해도 내리 낳은 딸딸이라 행여 또 딸일까 말 못하는 가엾은 어미가 나오고 셋째 수에서는 그 고통도 부여안고 저녁거리 준비하다 말고 참이 늦을세라 칭얼대는 아이도 놔두고 새참을 이고 명장골로 향하는 어미의 거동이 나온다. 그리고 어미는 명장골로 가는 동산 숲에서 쑥국새가 되어 '쑥국 쑥쑥국'하고 서럽게도 울고 있다.

김승규 시인은 시집의 표제이기도 한 「쑥국세의 푸념」에서 어머니에 대한 시가 여러 편 나온다. 〈어머니〉, 〈가을밤의 晩歌〉, 〈달그림자〉, 〈첫눈〉등 10여 편이 된다. 어머니에 대한 추억과 그리움이다. 이렇게 시인은 자기의 경험을 시로 형상화하여 자기 정화와 자의식을 표출한다. 그래서 시는 곧 카타르시스의 역할을 한다.

시는 가슴으로 느끼는 세계이다. 전하고자하는 시적인 메시지까지도 정서를 유발시켜 감동적으로 환기하려는 신선한 세계이다. 이성(理性)에 의한 냉철한 사유와 비평이 아니라 감성(感性)에 의한 뜨거운 사랑과 느낌의 세계이다. 뜨거운 사랑과 느낌이 없다면 풀꽃 하나를 향한 관조의 세계가 있을 수 없으며 그것이 없다면 자연을 향한 시 한 편이 나올 수 없다. 정서는 지성적인 사고를 요구하는 지적인 두뇌의 세계가 아니라 감동과 열정으로 느끼는 가슴의 세계이다.

칼바람
휘어감아
허공도
잔잔하다

33) 곡식이 다 익기 전에(보릿고개에) 미리 베어서 떨거나 훑는 일.

비정의
살얼음판
입술 지긋
깨물었다.

또 한 철
흐드러질 봄
다스려갈
선구자.

-진성열, 매화 -

매화는 사군자의 하나로서 2월이면 눈꽃 속에서도 피어나는 선비의 기상이고 아름다운 덕의 표상이다. 그 기상으로 칼바람도 휘어잡아 허공이 잔잔하다. 하지만 실상은 비정한 살얼음판이라 입술을 깨물며 인내한다. 그렇게 선비의 기상을 지켜 새봄에 피어날 꽃들의 선구자로서 아름다운 덕을 펼치는 매화의 표상은 곧 시인의 자의식이며 시인의 소망이다. 이렇게 시인은 대상을 관조함에 그 자신을 대상에 투사하여 그 감동과 열정으로 느끼는 바를 한 편의 시로 형상화하여 표출한다.

논어에 의하면 공자는 인간계도(啓導)의 첫 단계로 시를 중요시했다. 공자는 그 때까지 전국에 흩어져 있는 시를 모아 그 중에서 305편을 선정하여 시경을 펴냈다. 그것이 동양에서의 첫 시집이며 공자 오경(五經)의 하나이다. 공자는 이를 일러 '詩三百 一言以蔽之 日 思無邪'라 했다. '思無邪' 이 세 글자는 바로 공자의 시관(詩觀)이다. 생각함에 사특(邪慝)함이 없다는 말은 곧 시는 '진실한 감정의 유로(流露)'란 것이다. 공자와 자사, 곧 부자간의 시에 대한 대화가 논어에 전한다. "애야! 詩를 배웠느냐", "배우지 않았습니다.", "시를 모르면 저 담벼락에 얼굴을 붙인 것과 같아 한 발자국도 나아갈 수가 없는 것처럼 앞으로 세상을 살아갈 수가 없느니라." 하였다. 그리고 또 제자들에게는 "너희들은 왜 시를 배우지 않느뇨? 시는 그것으로 감흥을 일으킬 수 있고 그것으로 살필 수 있고 그것으로 여럿이 모일 수 있고 그것으로 원망할 수 있다"[34]고 하여 시를 모르면 더불어 말할 수가 없다고 했다.

영국의 수필가이며 비평가인 드 퀸시(De Quincey, Thomas, 1785-1859)는 시는 힘의 문학[35]으로서 뜨거운 가슴으로 모든 것을 품으며 감정에 호소하여 세상을 바꾸고 인

34) "小子何莫學夫詩 詩可以興 可以觀 可以群 可以怨"
35) 가르치는 것은 지식의 문학으로서 논리적으로 따지며 유용성을 살핀디고 했다.

생을 바꾸는 기적을 낳는다고 했다. 공자의 말이나 드 퀸시의 말은 모두 시의 중요성을 갈파한 증언들이다.

시인은 보다 풍부한 정서의 소유자이다. 그러기에 경험하는 어떤 대상에 자극을 받으면 내면에 가라앉은 정서가 분출하여 밖으로 나온다. 그것이 글이 되고 시가 된다. 그래서 『詩經』에 의하면 시는 뜻이 가는 바를 표현한 것으로 마음속에 있으면 뜻이 되고 말로 표현하면 시가 된다.(詩者 志之所之也 在心爲志 發言爲詩)했으며 서거정의 동인시화에 의하면 '시는 마음에서 발하는 것이다'(詩者 心之發) 했다.[36)]

정서(情緖,emotion)란 우리가 느끼는 감정이나 마음과는 다르다. 우리가 느끼는 감정 중에서도 보다 구체적인 심리현상이다. 외부로부터 자극을 받게 되면 자극의 정도에 따라 신체적 변화와 강한 감정이 현저하게 일어난다. 그것이 일정한 상태에서 유지되거나 아님 소상(昭詳)상태에서 정지되거나 아니면 또 다른 감정으로 옮아가는 의식의 흐름을 정서라고 한다.

정서에 대한 현대 심리학에서의 실험법은 1850년 이후이다. 개척자는 독일의 심리학자 빌헬름 분트(Wilhelm Wundt, 1832-1920)이다. 그는 책을 가장 많이 쓴(53.735쪽) 사람으로도 유명하다. 그는 피험자들로부터 자극에 대한 반응을 여러 가지 실험을 통하여 실시했다. 그 후 진화론의 선구자로 19세기 이후 인류의 자연 및 정신문명에 커다란 변화를 가져오게 한 영국의 생물학자 다윈(Charles Robert Darwin, 1809-1882)은 정서에 대한 탐구에 초점을 맞춘 이론을 제안했다. 이와 더불어 미국의 실용주의 사상가이며 심리학자인 윌리암 제임스(William James, 1842-1910)와 내과의사 카를 게오르크 랑게는 초기 정서이론을 각각 제안하기도 했다

정서를 탐구하는 또 다른 연구가들은 정서란 강력한 동기화 상태 혹은 추동(推動)상태에 불과하다고 한다. 동기화 상태란 유기체로 하여금 어떤 치료행위를 하도록 고무하는 내적 불균형 상태를 말한다. 이렇게 정서란 그 연구에서부터 정의 또한 복잡하듯이 우리의 정서란 간단하지 않다. 복잡 미묘한 것이다. 그런가하면 현대의 연구자들은 정서를 생리적·표현적·경험적 구성요소로 본다. 이 3가지 요소는 모두 구조와 기능적 측면에서의 연구이기는 하지만 이 연구 결과 또한 정서를 밝히는 긍정적인 내용임을 알 수 있다. 이러한 복잡 미묘한 정서의 감정을 표출해 내는 그릇 또한 문학이고 시의 세계이다.

36) 『詩經』, 「大序」(詩者 志之所之也 在心爲志 發言爲詩), (詩者 心之發)

붓끝에 출렁이는
철학은 별이 되어

신비의 섬광으로
화실을 둘러치고

화백은 물감을 풀어
푸른 성을 쌓는다

불가사의 환상을
화필 끝에 고루 찍어

열정을 태우는 촛불
구순의 화혼이여

신화는 이제부턴가
하늘색이 푸르다.

-김기석, 신비의 화백-

위 시는 '하반영 화백의 신비에 부쳐-'란 부제가 붙은 시이다. 화백의 나이 아흔인가 보다. 그런데도 열정을 태우는 화혼을 보며 시인은 그 감동과 감격을 한 편의 시 작품으로 형상화했다. '붓끝에 출렁이는/ 철학은 별이 되어// 신비의 섬광으로/ 화실을 둘러치고 //화백은 물감을 풀어/ 푸른성을 쌓는다'가 첫 수이다. 곧 화백의 철학이 화실을 밝혀 푸른성을 쌓는다. '출렁이는', '별이 되어', '섬광', '푸른성' 등의 시어는 젊고 생동감이 있고 활기차고 희망차다. 시인은 구순 된 화백의 열정을 보고 감동에 젖어 자신 속에 내재되어 있던 젊음의 시어들이 저절로 분출되어 나온 것이다. 화백의 푸른 성 쌓기는 곧 시인의 푸른성 쌓기를 바라는 마음이다.

둘째 수에서도 '불가사의 환상을/ 화필 끝에 고루 찍어//, 열정을 태우는 촛불 /구순의 화혼이여// 신화는 이제부턴가/ 하늘색이 푸르다.'에서 '환상', '열정', '촛불', '하늘색', '푸르다' 등의 시어도 젊고 열정적이고 희망적이다. 종장에서 '신화는 이제부턴가 /하늘색이 푸르다'는 구순의 나이는 그야말로 숫자에 불과할 뿐이다. 건강하고 마음이 젊고 열정만 있으면 못 할 것이 무엇이 있겠는가. 구순의 화백에 필자 또한 경의를 표하며 힘을 실어 드린다.

시인은 어떤 대상에 자극을 받으면 내면에 가라앉은 정서가 분출한다. 이를 문자라는 기호로 형상화하여 표출한다. 위의 시 또한 구순의 화백에 접하여 시인이 받은 정서적 표출이다. 그래서 시는 뜻이 가는 바를 표현한 것으로 마음속에 있으면 뜻이 되고 말로 표현하면 시가 된다고 한다.

4) 사물의 구체적 표현

과학이나 일반 학문은 사물의 본질을 이성적으로 일반화하고 추상화하여 설명한다. 그러나 시의 세계는 사물의 현상을 감성적으로 구체화한다. 추상적인 서술은 감동이 없다. 예를 들면 '아침에 본 목련꽃이 참 아름답다'하면 별 감동이 없다 그러나 '아침 이슬을 머금은 하얀 목련꽃이 햇살을 받아 반짝이는 그 모습이 짧게 살다간 어느 여인처럼 참으로 아름답다'로 구체적으로 표현한다면 보다 감동적이다. 이렇게 사물을 보다 구체적으로 표현하여야 느낌이 오고 감동이 되고 감격하기도 하고 충격을 받기도 한다. 그것은 또 선행을 바라본 기자의 기사와 소설가가 바라본 감동어린 구체적인 글과의 차이이다. 사물을 구체화한다는 것은 그 사물의 존재를 확실하게 하는 것이다. 그것은 위의 목련꽃 설명에서 보듯이 시간(아침)과 공간적(정원)인 유대 속에서 서로 긴밀성을 갖고 나타나기도 한다.

선이 고와서
더욱 깊은 그대의 눈

마음이 가난한자
나눌수록 맑아지네

비수도 녹아들겠네
그대의 마음결엔

– 홍오선, 물 –

시어는 어디까지나 개인적인 언어이다. 사전적인 언어는 감동이 없다. 물의 사전적인 설명은 '무색 무취 산소와 수소의 결합' 등이다. 시어로 서술되는 시의 내용 또한 추상적이 아니라 구체적이다. 물에 접하여 시인은 '고운 선', '깊은 눈', '맑은 마음', '고운 마음결' 등으로 표현했다. 이는 '물'을 관조의 대상으로 하여 시심이 불러낸 시인의 마음이다. 곧 물에 접한 시인의 자의식이다. 물에는 선도 없고 눈도 없다. 하지만 시인은 느낀다. 고운 선이 보이고 깊숙한 눈이 보인다. 성경에 의하면 '마음이 가난한 자는 하나님을 볼 것이요'라 했다. 마음이 가난하면 영혼이 맑아진다. 그 맑은 영혼을 지닌 마음결은 비수도 녹일 만큼 사랑도 풍성하리라.

사물에 대한 구체적인 표현은 시·공과의 긴밀한 관계에서 이루어지는 만큼 그것은 시의 원근법과도 관계된다. 사물을 관조하되 그 대상의 존재성을 종합하거나 분석하여 마치 그림을 그리듯이 원근법을 살려서 표출하는 시작 방법이다. 그래서 이런 시는 회화의 기법을 보듯이 동양화의 한 폭을 상상하기도 한다.

> 누군가 창문틀을 조심스레 두들긴다.
> 찾아온 손님인가 커튼을 걷어본다
> 인적은 기미가 없고 찬바람만 휑분다.
>
> 눈 들어 하늘 보니 찬란한 빛 한 줄기
> 추위에 떨던 별이 마침 운명하는 걸까.
> 외로운 유성하나가 내 품안에 잠든다.
>
> – 오세영, 유성 –

찬바람에 창문틀이 들썩인다. 누가 왔나 커튼을 걷어본다. 아무도 없다. 바람 때문이다. 시인은 눈을 들어 하늘을 바라본다. 빛 한 줄기 쏟아진다. 유성이다. 저 하늘 높이 멀리 있는 별도 추위에 떨다 지상으로 내려오는 걸까. 외로운 별이다. 품어준다. 그리고 잠이 든다. 이 과정을 상상하면서 이 시를 감상해 보면 영상을 보듯 그림이 그려진다. 별이 빛나는 차가운 겨울밤이다. 가까이는 내 방에서부터 시선은 저 멀리 우주 공간으로 향한다. 그리고 다시 내 품으로 유성을 품으면서 가까이 다가온다. 시간과 공간, 근경과 원경이 교차되는 시의 세계이다. 이는 곧 시인의 자의식의 흐름이다. 유성이 떨어진다는 것은 우주 편에서 보면 죽음이고 지구 편에서 보면 새로운 생명의 탄생을 의미한다. 그리고 길조(吉兆)이다. 그러니 시인에게는 좋은 밤을 맞이한 셈이다.

이상에서 밝혀보았듯이 시는 감성을 통한 주관적이고도 구체적인 세계를 그것도 지극히 개인적인 언어로 표현하는 언어예술이다. 그래서 시는 과학적이고도 추상적인 관념의 세계를 벗어나 감성적인 세계를 추구하되 시인의 경험과 인생관과 철학관에서 각기 다른 색깔과 모습으로 표출된 시인의 마음이다.

5) 시대적 감성과 열정을 표현

워즈워드(William Wordsworth, 1770-1850)는 시를 가리켜 '강력한 감정의 자발적인 유료(the spontaneous overflow of powerful feelings)'라 했고, 서양문화의 철학적

기조를 마련한 플라톤(Platon, BC 428-BC 348)은 '시가 유발하는 정서 감정은 이성적이고 도덕적인 생활을 와해시키는 것'이라 하여 이성주의적 윤리학을 최고의 지선으로 따랐다. 이에 반해 플라톤과 함께 그리스 최고의 사상가로 꼽히는 아리스토텔레스(Aristoteles, BC 384-BC 322)는 오히려 '시는 공포와 연민을 통하여 카타르시스를 행한다.'고 하여 정서적 특성을 강조하였다.

시는 앞에서도 서술했지만 이성(理性)의 문제가 아니라 감성(感性)의 문제이다. 결국 시는 정서와 감정의 표출이다. 특히 이것이 강조된 것은 낭만주의 시대이다. 낭만주의(浪漫主義, Romanticism)는 18세기말부터 19세기 중엽까지의 서구 문명에서 문학작품·그림·음악·건축·비평·역사편찬의 특징을 이룬 정신적 자세나 지적 동향을 이른다.

고전주의 일반과 18세기말 신고전주의에 대한 거부로 이해할 수 있다. 한편으로 계몽주의와 18세기의 합리주의 및 물질적 유물론 일반에 대한 반발이기도 하다. 낭만주의는 개성적이고 주관적이며 비합리성·상상력·개인·감성·환상·초월성 등을 강조했다.

영국 문학에서 낭만주의는 윌리엄 워즈워스(William Wordsworth, 1770년-1850)가 〈서정민요집〉 제2판(1800)에 붙인 서문에서 시를 "강렬한 감정의 자연스러운 충일"(the spontaneous overflow of powerful feelings)로 정의하였다. 이것이 영국 낭만주의 시운동의 선언이 되었다. 한편 독일 낭만주의 문학은 내용과 문어체 모두에 걸쳐 일어난 혁신과 신비적인 것, 잠재의식, 초자연적인 것에 대한 탐닉이 그 특징이다.

1805년경부터 1830년대까지 지속된 낭만주의는 고유의 민담, 민요풍의 발라드와 시, 민속춤과 음악, 심지어 그때까지 무시되어온 중세와 르네상스 시대의 작품들을 수집하고 모방한 것에서도 알 수 있듯이, 문화적 민족주의가 되살아나고 민족의 기원에 새로운 관심을 기울이게 된 것이 특징이다. 역사에 대한 평가가 되살아나자 역사소설의 창시자인 스콧(Scott, Sir Walter, 1st Baronet, 1771-1832)은 이를 풍부한 상상력과 함께 글로 옮겨, 역사소설을 개척했다. 이즈음에 영국의 낭만주의 시는 키츠(John Keats, 1795-1821)와 바이런(George Gordon, Lord Byron, 1788-1824), 및 셸리(Percy Bysshe. shelley, 1792-1822) 의 작품을 통해서 그 황금기를 이루었다. 1820년대에 이르자 낭만주의는 유럽의 거의 모든 나라에 널리 퍼졌다.

한국문학에 있어서 낭만주의가 대두된 것은 1920년대 초이다. 이것은 개인의 자유와 창조적 가능성에 관심을 기울이며 전통적 도덕과 인습에 거세게 반발하였다. 그

뿐 아니라 현실에 대한 극단적인 부정과 현실에서 도피하려는 절망적 색채를 짙게 드러내기도 했다. 그래서 흔히들 1920년대 낭만주의를 병적·감상적 낭만주의라고 부르는 것도 이러한 이유에서이다. 이러한 경향은 동인지「백조」를 중심으로 나타났다. 홍사용·박종화·나도향·이상화 등이 이에 속한다. 박영희의 〈환영(幻影)의 황금탑〉(백조, 1922.1)·〈월광(月光)으로 짠 병실〉(백조, 1923.9), 박종화의 〈사(死)의 예찬〉(백조, 1923.9), 이상화의 〈나의 침실로〉(백조, 1923.9) 등과 같이 그 제목에서도 느낄 수 있듯이 1920년대 낭만주의자들이 추구했던 행위는 낭만적 정열이라기보다는 낭만적 허무이고 감상에 탐닉한 비도덕적인 절망적 몸짓이라는 비평을 받기도 한다.

1920년대 초기에 감상 및 퇴폐적 성격을 띠었던 이러한 낭만주의 문학은 사실주의 또는 프로 문학에 주도권을 넘겨주게 되었다. 여기에 자극을 받아 우리 것을 지키고 순수문학을 지향하고자 하는 지각 있는 이들의 모임이 형성되었다. 그것이 바로 국민문학파이다.

이것은 1926-27년경 프로 문학의 계급주의에 대항하여 민족주의 계열의 문인들에 의해 제창된 문학운동이다. '국민문학'이라는 용어는 최남선의 〈조선국민문학으로의 시조〉(조선문단, 1926.5)에서 비롯되었다. 곧 최남선에 의해 불이 지펴진 셈이다. 이들은

첫째 민족개량론을 바탕으로 한 점진주의 또는 보수주의

둘째 전통계승론과 혈통론을 바탕으로 한 민족통합주의

셋째 문학의 예술성 등 세 가지 명제를 들고 나왔다.

이 3가지의 문학적 성취가 국민문학이다. 그러나 이들은 외형적으로 일정한 조직체를 가진 것은 아니다. 다만 민족주의를 지향하는 하나의 유파적(流派的) 성격을 띠고 있었다. 그래서 이들 유파를 '국민문학파' 또는 '민족주의 문학파'라고 부른다. 이들은 무엇보다 우리의 옛 시 형식 중에서 가장 풍부한 전통 양식인 시조를 현대적으로 되살리자는 움직임이 일어났다. 이 움직임은 한편으로는 일제의 지배 아래 점차 쇠퇴하여 가는 전통적 문화를 재인식하고 되살리자는 문화 운동의 일부분이었고 다른 한편으로는 카프 계열의 문학인들이 주창한 계급 문학에 대하여 민족 문학의 방향을 내세우고자 한 움직임이었다.

그 중심인물은 최남선·이광수·염상섭·이병기·이은상·주요한·정인보 등이다. 이들은 '조선심' 또는 '조선주의'를 내세워 민족의식을 고취하면서 시조부흥운동, 국토순례와 예찬, 역사소설의 창작 등을 실천적으로 전개했다. 또 한글에도 많은 관심

을 쏟아 한글 연구에 힘쓰는 한편, 한글날(가갸날)을 제정하기도 했다.

이들의 시조부흥운동은 시조혁신론으로까지 나아가 현대 시조를 확립하는 밑바탕을 이룬 셈이다. 곧 이들에 의해 시조 부흥의 길이 열린 것이다. 시조부흥에 최초의 불을 지핀 이는 앞에서도 언급되었듯이 육당 최남선이다. 그것은 1926년 5월호 『조선문단』에 발표한 논문 〈조선국민문학으로의 시조〉가 그것이다. 이때의 작품을 살펴보자.

가만히 오는 비가 낙수 져서 소리하니,
오마지 않는 이가 일도 없이 기다려져,
열릴 듯 닫힌 문으로 눈이 자주 가더라.

– 최남선, 혼자 앉아서(1926) –

추적추적 비가 오는 날 혼자 적적하게 앉아서 약속도 하지 않았어도 괜히 누구라도 올 것만 같아 밖을 내다보며 사람을 기다리는 마음과 그 모습이 환하게 영상으로 다가온다. 최남선은 외세 문화가 물밀듯이 들어올 때 그것을 받아들이면서도 민족혼을 지키고 키우는데 앞장선 선구자이다.

우리의 고전시가만큼 시대에 따라 새로운 문학 장르가 발생하고 기존의 것들은 변모하거나 소멸된 것도 드물 것이다. 우리 문학사에서 시가(詩歌) 장르는 고대 가요로부터 향가, 고려가요, 경기체가, 가사 등 여러 가지 시형(詩形)들이 나타났다 사라져갔다. 그러나 유일하게 생명력을 잃지 않고 고시조에서 현대시조로 맥을 이어온 것이 시조이다. 시조는 민족 고유의 정형시로서 한국어의 언어구조로 이루어져 소리글자인 한글에 담을 수 있는 문예 미학이다.

다른 시가 장르와는 달리 시조가 이렇게 지속적으로 창작될 수 있었던 것은 바로 육당(六堂) 최남선(崔南善)에게서 찾을 수 있다. 육당은 신체시 「海에게서 소년에게」로 근대시의 첫 문을 열어 놓은 것으로 잘 알려져 있다. 하지만 그에 못지않게 시조와 가사, 민요 등 민족시를 부흥시켜 서양문화의 세력권으로부터 우리의 것을 보호하고자 한 그의 뜻 또한 깊었다. 그래서 시조의 부흥운동은 최남선을 필두로 하여 근대 초기 개화의 바람이 불 때 민족적 각성에 의해 비롯되었다. 그것은 일부 서구 지향적 지식인들에게는 시조를 별 것 아닌 구시대의 유물로만 생각했었고, 시조가 사대부들에 의한 음풍영월(吟風詠月)적인 여가의 산물로 여겼기 때문이다. 또 그때까지 시조창(唱)과 분리되지 않은 채 창주사종(唱主詞從)에 의지하고 있었기에 낡고 구태의연한 것으로 여겨져 근대사회의 이념과는 동떨어진 것으로 간주되었다. 이러한 논제를 펴는 것은 그 당시 급진적인 지식인이었던 벽초 홍명희(洪命憙)가 육당의 시조집 『백팔번뇌』 발문에서 밝힌 시조에 대한 인식에서도 잘 드러나고 있다.

> 육당 최남선(1890－1957)은 근래에 드문 시조작가이다. '개소리쇠소리하노매라' 작가들과 동일하야 말하지 못할 작가이다. 시조라는 조선고유시형을 다시 살리다시피 한 것이 말하자면 육당의 노력이다. 육당은 시조를 우리의 것이라 하여 매우 숭상하나 시형으로 보아서는 그다지 숭상할 가치가 있을 것이 아니다. ……

라 하여 시조의 형식이나 그에 담긴 내용을 비하하였음을 알 수 있다. 이는 곧 훈민정음을 반포하였을 때 최만리가 '한자같이 훌륭한 글자가 있는데 왜 이 조잡한 글자를 만들었느냐'고 한 것과 같은 발상이다. 이에 담긴 내용들이 "개소리쇠소리하노매라" 정도의 가치 없는 것들로, 보았으니 홍명희는 평시조에 담긴 명구나 역사성은 알지도 못하고 조선말 〈만횡청류〉류에 속하는 작자미상의 사설시조의 일부만을 본 모양이다. 그리고 정형시로서 음수율의 지배를 받는 시조 형식의 '악착'함이 숭상할 만한 가치가 있는 것이 아니라고 보고 있는데 홍명희는 한시의 오언 절구도 그렇게 말할 수 있는지 그가 지금 이 시대에 살고 있다면 묻고 싶다. 이러한 사고방식은 1910년 이후 상징주의와 낭만주의 문예사조가 도입되면서 한국시를 세계시 속으로 진입시키기 위해 서구의 자유시를 적극적으로 수용하고자 하는 풍조와도 맞물려있다고 할 수 있다.

이러한 문예사적 혼돈 속에서도 시조는 최남선에 의해 문학적 생명력을 보존할 수 있었다. 그 당시 많은 사람들이 민족시 부흥을 위해 시조와 가사를 지어 발표했지만 안타깝게도 가사는 끝내 사멸되고 말았다, 육당이 시조에 미친 영향력이 어떠한 것이었는지 미루어 짐작할 수 있을 것이다.

육당은 자신이 발간하는 잡지에 시조를 직접 창작하여 싣기도 하고 현상공모하여 신인 발굴에도 힘썼으며, 자신이 지은 시조 108편을 묶어 최초의 개인 시조집인 『백팔번뇌(百八煩惱)』(1926)를 상재했다. 그리고 시조 이론인 「조선 국민문학으로서의 시조」(1926) 등을 발표했으며, 고시조 선집인 『시조유취(時調類聚)』(1928)를 편찬하기도 했다. 이러한 육당의 일련의 작업들이 시조사(時調史)에 있어 매우 소중한 위치를 점거하고 있음은 당연한 일이다. 『가곡원류(歌曲源流)』(1875)를 편찬한 박효관(朴孝寬)과 안민영(安玟英) 이후의 빈 공백을 메우며 단절될 뻔한 시조의 명맥을 그가 이어주고 있다. 육당이 있었기에 조운(曺雲), 가람(嘉藍, 이병기), 노산(鷺山, 이은상) 등 뛰어난 시조작가들이 뒤이어 탄생할 수 있었던 것이다.

육당의 『백팔번뇌』에 수록된 작품들은 근대시조의 모습을 갖추었다. 『백팔번뇌』는 제1부 동천나무 그늘(부제: 님 때문에 끊긴 애를 읊은)에 36수, 제2부 구름 지난 자리(부제: 조선국토 순례의 축문으로 쓴)에 36수, 제3부 날아드는 잘새(부제: 案頭三尺에 제가 저를 잊어버리던)에 36수씩 모두 108수의 작품이 실려 있다.

『백팔번뇌』는 총 108편에 이르지만 연시조의 형태를 띠고 있는 것이 대부분이다. 고시조부터 개화기 당시까지 주로 단형시조가 대부분이었던 반면 육당은 자신의 사상을 담아 내기 위한 그릇으로 연시조를 선호했다. 『백팔번뇌』 서문에서 육당은 "다만 시조를 한문자 유희의 구렁에서 건져내어서 엄숙한 사상의 한 용기(容器)를 만들어 보려고" 시조 형식을 선택했다고 한다. 그는 국문 표기를 통해 한자문화로부터 탈피한 모습을 보여줌으로써 근대적 사고방식을 심어주려 했다. 그러한 자신의 역량을 단시조에 담아 표출하기에는 부족하여 연시조를 택한 것으로 본다.

이러한 육당의 의도는 배행 방식에서도 두드러지게 나타나고 있다. 『청구영언』, 『해동가요』, 『가곡원류』 등 '고시조집'에서의 표기방식은 띄어쓰기를 하지 않는 줄글 형태로 되어 있으며, 3장을 구분하거나 구분하지 않거나 아니면 3장을 5개로 나누어 표기하고 있다. 그러나 위의 시조에서 보는 바와 같이 육당은 2음보를 한 행으로 처리하여 각 장을 두 행씩 배열하고, 다시 각 장은 연으로 구분하고 있다. 이것은 고시조의 형태와는 완전히 다르다. 바로 근대시로 이행되는 시조의 모습을 보여주고 있다. 육당은 또한 "한문자 유희의 굴레에서 건져내고자" 우리말로 시조를 쓴다고 했다. 그러면서 그 뜻을 행 옆에 붙여 놓아, 한문어투에 익숙한 사람들에게 이해를 돕고자 했다.

만해 한용운이 그랬듯이 六堂에게도 '님'이 있다. 애틋하게 사랑하는 '님'이 있다. 12~3세 때 사랑의 싹이 돋은 뒤로부터 나이 들면 들수록 더욱이 연연(戀戀)하여 차마 잊지 못하는 '님'이 있다. 그것은 바로 조국 '조선'이다. 육당은 선각자로서 조선을 사랑했고 조선 백성을 사랑했다. 무지에서 깨우쳐 주려고 계몽운동을 널리 펼쳐 나갔다. 여기에서 '님'이 '조선'이라면 '겨울'은 나라를 빼앗긴 암울한 현실을 상징하고 있다. 현실은 일제의 압박이 한겨울처럼 차고 매서워도 사랑하는 조국이 있기에 그에겐 절망이 있을 수 없다.

아무리 삶이 고단하고 어려워도, 아무리 '응달' 같은 삶이어도, 어디엔가 해처럼 밝게 마음을 비춰 주는 사랑하는 조국이 있기에 기댈 수 있다. 춘원(春園) 이광수(李光洙)는 이러한 육당의 시조에 대해 '외형은 연애시인 듯한데 또 보면 애국시인인 것도 같고 또 보면 인도의 종교시인인 것도 같고…'라며 평한 바 있다.

『백팔번뇌』에 나타난 제목들을 보면 「떠나서」, 「어쩔까」, 「한강을 흘리저어」, 「혼자 앉아서」, 「새해에 어린 동무에게」, 「깨진 벼루의 명(銘)」 등 현대시의 제목들과 비교해서도 크게 손색이 없다.

앞에서도 진술되었듯이 육당은 배행 방식에서도 2음보를 한 행으로 처리하여 각 장을 두 행씩 배열하고, 다시 각 장은 연으로 구분하고 있다. 이것은 고시조의 형태와는 완전히 다르다. 바로 근대시로 이행되는 시조의 모습을 보여주고 있다. 이러한 육당의 시는 고시조와는 확연히 다르고 명확히 경계를 긋고 있다.

정서의 움직임은 어떤 계기가 주어질 때 갑자기 변화하는 경우가 있을 수도 있지만 대개의 경우 지속적으로 대상을 향해 관심과 애정을 갖고 관찰하고 투사하는 가운데 이루어진다. 언제나 어두운 감정일 수도 없고 언제나 밝은 감정일 수만은 없다. 어두운 시대일 때도 좋은 일이 생기면 밝은 감정이 있을 때도 있을 것이고 밝은 시대일 때도 나쁜 일이 생기면 어두운 감정이 생길 수도 있다. 이처럼 정서는 시대에 따라서 또는 개인에 따라서 또는 상황에 따라서 지향하는 바가 다를 수 있고 또 변할 수 있는 것이다. 그래서 똑 같은 시대의 작품이라도 어떤 입장에서 보고 느끼느냐에 따라 다르게 나타난다. 이를 고시조에서 찾아보자. 흔히 인용되는 「하여가」와 「단심가」이다.

이런들 어떠하며 저런들 어떠하리
만수산(萬壽山) 드렁칡이 얽혀진들 어떠하리.
우리도 이같이 얽혀 백년까지 누리리라.

– 이방원, 하여가 –

이방원은 조선조 제3대 임금인 태종으로 태조 이성계의 다섯 번째 아들이다. 이방원은 역성혁명에 동조하지 않는 반대파들을 하나하나 제거 했다. 이성계는 정몽주만은 자기들 편으로 만들어 보라고 했다. 그래서 마침 정몽주가 이성계의 병문안을 오게 된 것을 빌미로 주안상을 마련했다. 이런 저런 이야기 끝에 이방원(李芳遠)은 정몽주의 마음을 한 번 떠보려고 위의 시조 「하여가」를 읊었다. "이렇게 살면 어떻고, 저렇게 산들 어떠랴. 만수산 칡덩굴이 이리저리 얽혀서 뻗어나가듯. 우리도 그렇게 얽혀서 100년까지 잘 살아보세"라 하여 고려왕조를 고집하지 말고 뜻을 같이 하여 새 왕조를 세워보자는 회유시(懷柔詩)를 읊었다. 표현상 직설적인 말은 내 비치지 않았지만 자기의 의도를 우회적으로 표출했다. 이에 대한 화답시가 다음의 「단심가」이다.

이 몸이 죽고 죽어 일백 번 고쳐 죽어
백골이 진토 되어 넋이라도 있고 없고
임 향한 일편단심이야 가실 줄이 있으랴.

– 정몽주, 단심가 –

정몽주(1337~1392)는 호가 포은(圃隱)이다. 여말삼은(麗末三隱) 중의 한 사람이다. 당시의 최신 학문인 성리학을 깊이 공부 했다. 혁명파에 반대하던 정몽주는 결국 선죽교에서 피살 되었다. 그가 죽자 혁명 세력은 곧 바로 조선을 건국 하였다. 이 「하여가」와 「단심가」는 함께 읽히며 역사를 논하기도 한다. 서로 얽혀서 무성한 드렁칡의 모습과 앙상한 백골의 모습이 그들의 삶을 대변해 주기도 하는 작품이다.

이러면 어떻고 저러면 어떠냐는 이방원의 물음에 정몽주는 고려조를 지키겠다는 일편단심을 내비쳤다. 정몽주는 공양왕 옹립에는 정도전(鄭道傳)·이성계 같은 역성혁명파와 뜻을 같이했지만, 고려왕조를 부정하고 새로운 왕조를 세우는 데는 반대했다. 그리하여 기회를 보아 도리어 역성혁명파를 제거하고자 했다. 마침 명나라에서 돌아오는 세자 석(奭)을 배웅하러 나갔던 이성계가 말에서 떨어져 병석에 눕게 되자 이 기회를 이용하여 조준(趙浚) 등 역성혁명파를 제거하고자 했다. 그러나 이를 눈치 챈 이방원(李芳遠)이 이성계를 급히 개성에 돌아오게 함으로써 모의가 실패로 돌아갔다. 정몽주는 다시 정세를 엿보기 위해 사실은 이성계를 문병한 것이다. 거기서 이방원의 대접을 받고 시로서 주거니 받거니 하며 서로의 마음을 알아본 것이다. 얼마나 풍미하고 고차원적인 대화술인가.

이방원은 정몽주가 자기들에게로 돌아올 수 없는 인물이라는 것을 알고 정몽주를 죽이기로 작정했다. 이성계의 집에서 나오던 그 날 저녁, 정몽주의 말이 선죽교(善竹橋)에 들어서자마자 이방원의 심복 조영규에 의해 살해되었다. 지금도 선죽교에는 그 때 흘린 정몽주의 피 흔적이라며 불그스레하게 남아 있다. 이렇게 한 편의 시는 그 시대를 대변하며 시적자아의 자의식을 표출하기도 한다.

영국의 비평가이며 시인인 헌트(Hunt James Henry Leigh, 1784-1859)에 의하면 "시란 진리와 미와 힘에 대한 열정(passion)의 표상"이라고 했다. 하기야 무엇을 하든 열정이 없으면 아무 것도 이룰 수가 없다. 하물며 창작에 대한 열정이 없다면 어찌 인생을 말하고 세상을 말하며 자연에 대한 아름다움을 말 할 수 있겠는가. 그래서 시인은 자연과 우주에 대한 열정이 있어야 하고 역사와 시대와 인간에 대한 뜨거운 사랑이 있어야 한다. 곧 대상을 향한 이러한 사랑과 열정으로 형상화되어 표출되는 것이 시이다.

행여나 다칠세라 너를 안고 줄 고르면
떨리는 열 손가락 마디마디 애인 사랑
손닿자 애절히 우는 서러운 내 가얏고여.

둥기둥 줄이 울면 초가삼간 달이 뜨고
흐느껴 목 메이면 꽃잎도 떨리는데
푸른 물 흐르는 정에 눈물 비친 흰 옷자락.

통곡도 다 못하여 하늘은 멍들어도
피맺힌 열두 줄은 구비 구비 애정인데
청산아 왜 말이 없이 학(鶴)처럼만 여위느냐.

– 정완영, 조국 –

이 시조는 1962년 조선일보 신춘문예에 당선된 정완영 시인의 작품으로 조국을 가얏고에 빗대어 읊은 시이다. 이 시를 읽으면 조국의 현실이 너무 슬프고 마음이 저려온다. 말에는 주술성이 있다고 한다. 더구나 시어로 형상화된 한 편의 시는 기호화된 언어 예술로서의 가치와 함께 그 시대와 그 시인의 감정과 정서가 표출된다.

이 시가 제작되던 시대적 배경을 유추해 본다. 발표는 1962년이지만 시대적 배경은 일제강점기말기쯤이나 6.25 직후 폐허가 된 산야를 바라보며 읊은 시가 아닌가 생각한다.

시에 운용된 시어를 살펴보자. 첫째 수에서는 '마디마디 애인 사랑', '애절히 우는', '서러운'이고 둘째 수에서는 '울면', '목 메이면', '눈물비친', '흰옷자락' 등의 시어이며, 셋째 수에서는 '통곡', '멍들어도', '피맺힌', '여위느냐'이다. 하나 같이 어둡고 한이 서린 시어들이다.

가야금(伽倻琴)은 우리나라 악기 중 가장 대표적인 악기로 12줄의 현악기이다. 〈삼국사기〉에 의하면 가야국의 가실왕이 당의 악기를 보고 만들었다고 전한다. 신라 진흥왕 때의 가야금 명인 우륵은 가야국이 망하자 신라로 망명하여 신라왕으로부터 악사대접을 받았다. 우륵에 의해 가야금은 신라 음악에 있어 귀중한 현악기로 자리 잡게 되었다. 그의 12곡[37]은 제자인 만덕·계고·법지에 의해 아정(雅正)한 음악으로 개작되었다. 통일신라 때에는 일본에 전해져 신라금이라 불렸으며, 지금도 일본 정창원(正倉院)에 보존되어 있다. 이러한 긴 역사를 지닌 우리의 악기 가야금은 우리 민족의 혼과 얼이 함께 살아 숨쉰다. 그래서 시인은 그 많은 악기 중에서 가야금을 조국에

37) 12곡, 〈상가라도〉·〈하가라도〉·〈보기〉·〈물혜〉·〈사물〉·〈달기〉·〈하기물〉·〈사자기〉·〈거열〉·〈사팔혜〉·〈이사〉·〈상기물〉

비유한 것으로 본다.

시어에서 보듯이 너무 처절한 조국의 모습이다. 마지막 종장쯤에선 그래도 희망적인 조국의 모습을 바라거나 그려보았으면 하는 아쉬움도 있다. 그래서 현재의 조국의 모습도 시인이 한 편의 시로 형상화하여 표출해 주었으면 하는 바람도 있다. 긍정적이고 희망적인 조국의 좋은 모습을 말이다.

말에는 주술성이 있고 많이 애송되는 시일수록 그 주술성이 나타나기 때문이다. 그래서 말이 씨가 된다고 한다. 우리 고전 문학에도 '평강공주와 바보온달' 이야기가 있고 '선화공주와 서동' 이야기가 있다. 이것은 모두 말의 주술성을 입증해 주는 것이기도 하다. 그래서 문학에서는 '말에는 주술성이 있다'고 한다. 이에 종교적인 의미를 부여한 것이 결국 '기도'인 셈이다.

위의 시 「조국」은 가야금이란 긴 역사를 지닌 조국의 대표적 악기에 시적자아의 자의식을 투사시킨 것이다. 곧 가얏고의 소리와 음률과 울림에다 조국을 바라보는 시인의 정서와 감정과 자의식을 이입시켜 표출한 시이다. 그래서 시인은 자연과 우주에 대한 열정과 함께 역사와 시대와 인간에 대한 뜨거운 사랑이 있어야 한다. 이렇게 조국이란 대상을 향한 아프도록 뜨거운 사랑과 서러운 목 메임과 통곡으로 얼룩진 피맺힌 애정과 열정에서 표출된 것이 바로 본시 「조국」이다.

6) 감성과 지성의 조화를 표현

시는 이성에 의한 사실 전달이 아니라 감성에 의한 정서적 환기를 도모하는 언어예술이라고 앞에서 말했다. 그렇다고 시인이 격앙된 분위기에서 흥분된 어조로 정서적 환기를 도모해서는 안 된다. 독자의 감성에 자극되는 감각적 언어로 환기되는 것임을 명심해야 한다. 시는 형용사나 부사 등 수식어로 꾸미는 것이 아니라 이미지와 리듬으로 새롭게 창조하는 것이다. 이는 감정을 지적으로 절제한다는 말이기도 하다. 시가 감정세계를 표현한다 하더라도 지나친 감정 표출을 절제하기 위해서 어느 정도 지성의 통제가 필요하다. 곧 감정과 지성이 적절히 조화를 이뤄 표현하는 것이 좋다.

긴장한 대현(大絃)이 '쩡'하고 끊어지니
'쩍'하며 갈라서는 그대 그리고 나
마음 밭 깊은 곳에서 금 하나를 긋는 소리.

–심응문, 이별의 전조음 –

위 시조는 거문고를 타다가 대현(거문고의 현 중에서 제일 굵은 줄)이 끊어진 상황을 겪으면서 시인이 느낀 미묘한 감정의 표출이다. '찡'과 '찍'이라는 소리 이미지가 생동감 있게 전해오며 이별의 전조음이 귀를 울린다. '그대와 나', '마음 밭 깊은 곳에서 금 하나를 긋는 소리'가 굉음으로 들려온다. 하지만 시인은 침착하다. 감정의 노출이 절제되어 있다.

아끼던 물건이 상처를 입어도 '앗'하고 놀라는 것이 인지상정이라면 인지상정일 것이다. 대현이 끊어졌으니 얼마나 놀랐을까. 그리고 얼마나 마음이 아팠을까. 그러니 마음 깊은 곳에서 금 하나를 긋는 소리가 울려왔겠지. 시인은 감정은 절제하여 행간에 숨기고, 다만 '찡', '찍'이라는 의성어와 상상력을 통한 이미지 곧 '마음 밭 깊은 곳에서 금 하나를 긋는 소리'로 표출했을 뿐이다. 그래서 「이별의 전조음」은 행간에 숨겨진 고도의 감정 절제와 시인의 상상력에 의한 이미지로 표출된 감성과 지성의 조화로 형상화된 언어 예술이다.

7) 시인의 인식과 과학자의 인식

시란 시인의 눈에 비친 세상이나 사물이나 자연이나 내면의 세계를 언어기호를 빌려 시 형식으로 표현하는 미적 행위이다. 곧 시인의 눈에 비친 대상에 대한 인식을 '시'라는 그릇으로 형상화한 것이다. 일반적으로 시인은 '과학자의 눈을 가져라'란 말을 한다. 물론 이 말은 시인은 어떤 사물이든 그냥 지나치지 말고 과학자처럼 관찰력이 있어야 한다는 의미이다.

하지만 그 관찰력은 시인과 과학자가 같을 수는 없다. 또 같아서도 안 된다. 예를 들면 여름날 청량하게 피어있는 연꽃을 감상하는 데에 있어서도 과학자는 식물학적 관점에서 인식하고 서술하게 될 것이고 시인은 연꽃을 관조의 대상으로 바라보며 연꽃이 주는 의미와 느낌을 중요시 하고 이를 미적으로 형상화할 것이다. 그러니 그 인식과 표현의 차이는 크고 다르게 나타난다.

저만치 세상 걱정
근심을 멀리하고

흐린 하늘 올려다보는
자애의 눈길 속에

진흙탕
오욕칠정도
끌어안는 고운 태

-성효, 蓮3-

⋆과학적 서술

연녹색을 띠는 둥근 형태의 잎은 지름이 40㎝ 정도이고 뿌리줄기에서 나와 물 위를 향해 1m 정도 높이 솟는데, 물에 젖지 않는다. 잎맥은 방사상으로 뻗어 있다. 연한 분홍색 또는 흰색의 꽃은 7-8월경 꽃대 1개에 1송이씩 핀다. 꽃받침은 녹색이고, 해면질의 꽃받기[花托]는 원추를 뒤집은 모양으로 길이와 높이가 각각 10㎝ 정도로 크며 윗면은 편평하다.

위의 시조 「연3」은 시인의 주관적인 견해와 느낌을 시조의 틀을 빌려 언어기호로 형상화한 것이고 「⋆과학적 서술」은 연꽃에 대한 사실을 객관적으로 서술한 사전적인 글이다. 「연3」에서 시인은 '저만치 물러 앉아 세상 근심 걱정을 멀리하고 흐린 하늘(세상)도 자애의 눈길로 바라보며 진흙탕 같은 오욕칠정도 끌어안는 자비로운 부처의 고운 자태'를 지닌 연꽃의 모습을 형상화 했다. 이는 곧 대자대비한 부처의 모습이고 스님으로서의 시적자아의 자의식이기도 하다. 과학적인 입장에서는 말도 되지 않는 황당한 얘기이다. 이것이 시인과 과학자의 차이이다. 시의 표현은 어디까지나 시인의 정서이고 시인의 상상력에 의한 주관적인 표현이다.

이렇게 객관적인 언어와 주관적인 언어의 문제는 사회적 존재로서의 자아와 개인적 존재로서의 자아의 문제이다. 과학자는 객관적인 언어로 서술하고 시인은 주관적인 언어를 사용한다. 주관적인 언어란 생명력이 있는 살아있는 언어이다. 그것은 시를 읽으며 감동을 받는다거나 시를 감상하며 느낄 수 있는 것과 같은 것이다. 그래서 시인의 주관적인 언어는 시인이 상상해낸 살아있는 언어이다. 내면적이고 주관적인 시의 세계는 독자에게 꿈을 주고 상상의 날개를 달아준다. 그리고 삶을 윤택하게 한다. 이는 신화의 세계를 믿고 동화의 세계를 꿈꾸는 것과 같다. 그래서 시인은 행복하다.

시인이 바라보는 하나의 대상은 어떤 것이든 간에 똑 같이 바라보되 똑 같이 느끼지는 않는다. 거기서 서로 다른 시가 탄생하고 수 없이 다른 내용과 형식으로 표출된다. 그것은 주관적 언어로 표출하기 때문이다. 이는 백일장에서 똑 같은 제목을 주어도 각기 다른 작품이 나오는 것을 보아도 알 수 있다.

객관적인 언어는 사전적인 언어이고 보편적인 언어이다. 이는 거의 대동소이하게 표현되거나 하나로 서술된다. 과학만이 진실이 아니다. 과학적으로 증명할 수 없다고 없는 것도 아니고 못 믿을 것도 아니다. 과학 이전에 종교가 있었고 시가 있었다. 과학은 현대 문명이 낳은 학문이다. 그런데도 현대를 사는 과학적인 사람들은 과학적으로 증명할 수 없는 것은 그 존재와 진실마저 부정하고 부인하려 한다. 분명히 알아야할 것은 종교와 시는 과학이전에 탄생한 것이다. 과학이 우주의 신비를 하나하나 밝히듯이 종교적인 신비를 하나하나 밝히는데 과학이 존재한다는 사실이다. 시의 세계를 하나하나 설명하고 밝히는 것이 평론가인 것과 같다.

5. 상상의 세계와 시의 탄생

1) 상상의 세계

시의 세계는 상상의 세계이다. 이성적 현실의 세계가 아니라 현실을 초월한 무한한 꿈의 세계이다. 우리는 자면서 꿈을 꾼다. 꿈에서는 하늘을 날기도 하고 바다 위를, 강 위를 훨훨 날아서 건너가기도 한다. 현실에서 듣지도 보지도 못한 동화의 세계를 가기도 한다. 그런가 하면 돌아가신 분들을 만나기도 한다. 얼마나 좋은가. 간절히 바라고 잠이 들면 그것을 꿈에서 볼 수 있으니 말이다. 이것이 꿈의 세계이고 상상의 세계이다. 아름다운 꿈을 꾸듯 상상의 세계도 아름다움으로 채우면 행복하다.

산야를 헤엄치는
요술쟁이 가을바람
물감을 둘러메고
나무마다 물들이다
노을에
취한 하늘에
제가 먼저 놀라네.

– 이정자, 가을바람 –

'산야를 헤엄치고', '요술쟁이', '물감을 둘러메고', '나무마다 물들이고', '놀라고' 하는 것이 가을바람이라고 시인은 말한다. 이러한 가을바람에 대한 묘사와 서술은 어디까지나 시인의 주관적인 견해고 상상력의 발산이다. 시인이 아니고서 누가 이렇게 말하랴. 가을바람은 물감을 둘러맨 요술쟁이가 맞다. 가을바람이 불면 고운 단풍이 드니까. 그리고 가을바람은 산과 들을 제 맘대로 휘 젖고 다니니 허공을 헤엄치는 요술쟁이이다. 부지런히 하루를 헤매고 다니다가 노을에 물든 하늘을 보고 가을바람이 놀란다는 것이다. 이는 곧 시적 화자의 심상이다. 아름다운 노을에 취하여 놀란 것은 시인 자신이다. 이렇게 시는 시인의 상상력에 의한 창조적 언어 예술이다.

상상의 세계는 인간만이 누릴 수 있는 특권이고 행복의 공간이다. 상상의 세계는 내가 꿈꾸는 미래로 연결해 주고 추억이 깃든 과거로의 여행도 가능케 하고 내가 꿈꾸는 세계로 인도하기도 한다. 이를 비현실적이고 비과학적이라 말하며 부정한다면 그 사람은 꿈이 없는 삭막한 감정의 소유자이다.

신화는 비현실적이다. 종교도 비현실적이고 비과학적이다. 그러나 확실히 믿고 존재한다. 신화나 종교는 과학이전의 산물이기 때문이다. 신화나 종교는 믿지 않는 사람에게는 아무 의미가 없다. 그러니 꿈도 없다. 하지만 믿는 사람에게는 신화나 종교는 꿈이요, 행복이고, 미래이고, 삶의 확장이다.

상상에는 연상적 상상과 창조적 상상이 있다. 전자는 일상적 경험에서 쉽게 이해할 수 있는 유사성에 근거하여 어떤 사물이나 관념을 보다 분명하게 표현하기 위한 것이고 후자는 과거에 경험한 이미지들을 연상하는 과정에서 시인의 직관에 의해서 전혀 유사하지 않는 것들을 서로 연결하는 것을 말한다.

쟁기로 갈아엎어 이랑마다 뿌린 씨앗
어젯밤 내린 비로 파란 싹이 돋아났다
원고지 촘촘한 칸을 가득 메운 그 문장.

잡초도 뽑아내고 벌레도 잡아내고
한 여름 부산해야 가을에 걷는 수확
교정지 오자투성이를 한자 한자 고친다.

– 오세영, 퇴고 –

원고지 한 칸 한 칸 행간을 메워가는 문장 구성을 이랑에 뿌린 씨앗에 시인은 비유했다. 뿌릴 때는 씨앗만 뿌렸는데 잡초도 나고 벌레도 붙는다. 이것들을 뽑고 잡아내듯이 문장도 퇴고가 필요하다. 쓸 때는 씨를 뿌리듯 정신없이 써내려갔지만 뒤에 다시 읽어보면 오자도 있고 탈자도 있고 문장이 매끈하지 못한 곳도 있다. 그래서 퇴고는 필요하고 또 하게 마련이다. 시작(詩作)도 마찬가지이다 퇴고에 퇴고를 거듭하게 된다.

특히 시조는 더욱 그렇다. 시조는 자수에 제약을 받기 때문에 같은 의미이면서도 보다 압축하고 절제하여 함축적이며 세련된 시어를 찾아 써야하기 때문이다. 그렇지 못할 경우 보폭이 늘어나고 자유시를 연상케 된다.

위 시에서 원고지를 이랑으로 비유한 것은 시인의 이랑에 대한 경험이 있기 때문에 가능한 것이다. 요즈음 도시에서 자란 젊은 시인에게서는 이런 시어가 나올 수가 없고 이런 이미지를 감히 흉내 낼 수도 없다. 그러니 결국 시인이 활용하고 운용하는 시어나 이미지조차도 경험에 의해 저장된 기억의 정신활동으로 분출된 창조적 상상력의 소산임을 알 수 있다.

2) 사물과 관념의 세계

시는 시인이 꿈꾸고 보고 듣고 느끼고 바라는 그 모든 것에 대해 상상을 통하여 새로운 세계를 창조하는 언어행위이다. 시를 통하여 시인은 그가 의식하고 인식하고 관심한 것에 대해 그 의미를 표현하고 표출한다.

존재의 차원인 물질의 세계를 상상을 통하여 표현한 것이 사물시 또는 물질시이고, 반면에 존재에 대한 가치를 말하는 의미의 차원은 관념 내지 정신적 세계를 상상적으로 표현 할 때 이를 관념시라 한다.

사물 또는 물질의 존재성을 추구하고자하는 시인은 그가 발견한 사물의 진정한 이미지, 대상을 향한 미학적 세계를 형상화할 것이다. 미국의 시인이며·비평가인 랜섬(Ransom John Crowe, 1888-1974.)은 이를 물질시(physical poetry)라고 명명했다. 이러한 물질시(사물시)는 사물의 존재가치만을 표현할 뿐 관념적인 의미나 그 해석은 하지 않는다. 그래서 이를 순수시라고도 일컫는다.

순수시(純粹詩, pure poetry)

발레리(Paul Valéry, 1871-1945)가 제창한 것으로 모든 예술이 음악의 상태를 동경한다는 전제 아래, 시를 온전히 음악화하여 순수시의 이념을 세우려고 하였다. 순수한 소리의 음악적 암시적 효과만이 있는 시(詩)이자 산문성을 배제하는 시로서 작품에서 의미를 전하는 산문적 요소를 없애고 순수하게 감동을 일으키는 정서적 요소만을 추구하는 시라고도 할 수 있다.

우리나라에서는 1930년대에 시문학파가 등장하면서 순수시가 시작되었다. 대표적인 시인으로서는 박용철, 김영랑, 정지용 등이 있다. 또한 〈구인회(九人會)〉도 시가 목적적이 되가는 것에 반하여 예술성과 형식미를 중시했다. 순수시는 언어미가 있어야 하며 세련된 기교가 사용되었다. 언어의 선택이 매우 엄격하였다. 공감각적 기법을 사용하여 시의 미적 가치를 높이고 있다. 순수시는 시인의 감정이나 사상을 전달하려하지 않고 음과 박자가 있는 시적언어가 시 속에서 조화로운 세계를 만든다.

순수시를 지향하는 순수시파는 1920년대 중반 이후 프로문학과 민족주의 문학의 대립으로 인한 이념적 문학풍토에 반발하여 발생했다. 시문학파라고 불리는 이들은 자율적인 존재로서의 시의 본질을 추구하고 시가 언어예술임을 의식하여 언어의 조탁과 음악성에 중점을 둔다. 그리고 이런 문학적 예술성을 추구하는 시의 경향이 모더니즘 시파, 즉 주지주의시파로 옮겨간다. 이들은 시를 한 폭의 그림처럼 생각하고 회화성을 중요시했으며 지성과 논리를 중시하였다.

> 돌담에 속삭이는 햇발같이
> 풀 아래 웃음 짓는 샘물같이
> 내 마음 고요히 고운 봄길 위에
> 오늘 하루 하늘을 우러르고 싶다
>
> 새악시 볼에 떠오는 부끄럼같이
> 시(詩)의 가슴에 살포시 젖는 물결같이
> 보드레한 에메랄드 얇게 흐르는
> 실비단 하늘을 바라보고 싶다

– 김영랑, 돌담에 속삭이는 햇발같이 –

시의 표현이 예쁘고 아름답다. 두운과 각운, 3·4·4, 혹은 7·5조에 가까운 3보격으로 표출되어 가락과 리듬이 규칙적이다. 그래서 발레리가 제창한 순수시의 이념을 그대로 밟은 셈이다.

이 시의 내용과 형식은 매우 단순하다. 4행씩 두 개의 연으로 되어 있다. 각 연 제1,2행은 모두 '-같이'로, 마지막 행은 '-고 싶다'로 끝난다. 직유를 통해 소망을 되풀이하고 있다. 이 시가 창작된 일제강점기(1930년대)의 시대적 상황을 상기한다면 '하늘을 우러르고 싶다'는 소망은 이 땅의 현실이 불행한 것임을 암시한다. 그러나 그는 그것을 직설적으로 말하지는 않는다.

불행한 이 땅의 현실 속에서 그가 지닌 그늘진 마음은 도리어 역설적으로 밝고 평화로운 세계를 그리고 있다. 그러한 세계에 대한 지향이 '햇발', '샘물', '물결' 같은 맑고 밝은 이미지이다. 영랑의 시는 자신이 겪은 체험의 내용을 극도로 단순화시키면서 그것을 '내' 안으로 끌고 들어간다. 영랑의 시세계는 시적자아의 '마음의 세계'이다. 영랑은 잘 조탁된 언어로 섬세하고 영롱한 서정을 노래했다. 그래서 그는 순수서정시의 경지를 개척하였다.

마한의 옛터이라 살기 좋은 고장이네
왜구들 침입 막아 토성 쌓은 이백 여년

그 토성
석성(石城)으로 중수하여
이름 남긴 임경업

산마루에 푸른 숲은 맑은 물 흘려놓고
서슬 푸른 관아도 백성들을 보듬었네

옛 초가
박 넝쿨 올려
이끼 푸른 돌담길

– 김해석, 낙안 민속마을 –

위의 시는 낙안 민속마을에 가서 시인이 보고, 느끼고 생각한 바를 표출한 것이다. '마한의 옛터로 살기 좋은 고장'이란 것과 '왜구들 침입을 막기 위해 이백 여년 간 쌓은 토성'을 임경업 장군이 석성으로 중수하였다는 역사적 사실을 본대로 들은 대로 서술하고, 둘째 수에서는 현재의 풍광을 보이는 그대로 사실적으로 표현했다. 숲이 우거진 산마루와 그 곳을 흘러내리는 맑은 개울물이며 그 옛날 서슬 퍼랬던 관아도 지금은 백성을 품고 보듬은 듯 평온하기만 하다. 그 옛날 초가엔 박 넝쿨까지 올려 고향의 푸근함까지 불러주고 있다. 또 더하여 이끼 푸른 돌담길에서 옛 정취를 느끼게 하니 더 없이 아름다운 민속마을이다.

이는 민속마을을 찾은 시인이 민속마을이라는 대상에 접하여 그 존재성을 발견하고 추구하여 시인이 발견한 민속마을의 진정한 이미지를 역사적인 사건·사실과 오늘날의 현재성을 결부시켜 시인의 상상을 통하여 언어예술로 창조되고 형상화된 한 편의 시세계이다.

관념시(ideological poetry)

이에 반하여 관념시는 시인이 접하는 대상에 대한 의미세계를 이미지를 통하여 표현한다. 시는 이 의미의 세계를 가시적이고 감각적인 이미지로 표현한다. 이러한 의미의 세계, 관념의 세계, 추상적인 세계를 이미지로 표현하는 것이 시의 본질이며 시의 예술성이기도 하다. 앞에서도 진술했듯이 의미의 세계를 논리적 혹은 추상적으로 서술한다면 그것은 과학이나 철학이나 학문이다. 왜냐면 논리적이거나 추상적인 서술은 사물을 구체적이고도 사실적으로 드러내지 못하기 때문에 감동을 주지 못한다. 그래서 사물이든 관념이든 대상(사물)의 실존적이고도 사실성을 표출하기 위해서는 구체적인 사물이미지로 표현해야만 한다. 그래서 사실을 있는 그대로 드러내려는 사물시와 달리 시적자아의 의지나 관념을 강하게 전달하려는 시를 관념시라 한다.

의지와 무관하게 다가선 운명으로
토막 난 지렁이로 바늘 끝에 매달려서
험난한 파도 속으로 떠밀렸던 반도여

모스코바 삼상회의, 얄타와 포츠담이
한 갑자 맞다보니 다시 한 번 고개 드네
6자라 이름만 바꾸고 계속되는 회의. 회의.

당사자 둘만 빼면 넷 밖에 안 되는데
분명히 요 넷들은 이해관계가 아니던가
간명한 이치이렸다 이들만 빼버리면.

—심응문, 의지 속으로—

제목부터가 관념적인 의미가 짙다. 연일 또는 때때로 매스컴을 오르내리는 남북관계에 대한 예민한 문제를 다룬 작품이니 만큼 관념적이 될 수밖에 없다. 첫 수에서는 지난 세월의 아픈 역사다. 당사자의 의지와는 무관하게 어쩌다 운명의 늪으로 빠지게 되었었지. 우물 안 개구리 시절 바깥세상을 볼 수 없었던 무지의 소치라 돌리자. 비록 외세에 의해서 찾은 나라지만 그래도 선각자들의 의지와 피로써 일궈낸 결과라 본다. 맹자에 의하면 하늘에 순응하는 사람은 살고 하늘을 거스르는 자는 망한다(順天者存 逆天者亡)했으니 넷 중에 둘만 남으면 답은 바로 나오는 것이 아닌가. 어느 쪽이 순천자이고 역천자인 것은 하늘이 알고 땅이 알고 백성이 알 테니까 말이다.

형이상의 시(metaphysical poetry)

이것은 앞의 두 시의 유형을 초월하는 시적세계로 조금은 놀랍고도 신선한 의미를 지닌 창조의 세계이다. 이러한 의미에서 랜섬은 형이상의 시(metaphysical poetry)를 말한다. 형식을 떠난 무형식인 것을 의미하기도 하고 이성적 사유나 독특한 직관에 의해서만 인식될 수 있는 초자연적인 것이고 초월적인 것을 의미하기도 한다. 곧 절대적인 존재자를 의미하기도 한다. 이는 천상적인 것 정신적인 것, 우주적 진실이나 영원성, 신의 절대성 등 경건한 세계로 승화된 대상을 추구하는 시이다. 예를 들면 단테의 『신곡』과 루크레티우스(Lucretius, 정식 이름은 Titus Lucretius Carus.)의 『사물의 본성에 관하여 De rerum natura』가 이에 속한다. 이 시는 그리스의 철학자 에피쿠로스(Epicouros, BC 341-BC 270)[38]의 자연학을 가장 완벽하게 보존하고 있는 작품으로 에피쿠로스의 윤리학설과 논리설에 대해서도 언급하고 있다.

루크레티우스의 '시의 논변'에 의하면 '무에서 나오거나 무로 돌아가는 것은 아무것도 없으며, 영혼은 극히 섬세한 원자로 이루어져 서로 연결된 두 부분으로 되어 있으며 신들은 존재하지만, 세상을 만들거나 조종하지는 않으며 인간은 감각적 지각을 통해 지식을 얻고 특정한 규칙에 따라 이성을 통해 논증한다는 등 인간 존재에 대한 철학적이고 현학적인 이론을 폈다.

사랑의 형이상적 시인 존 던(Donne John, 1573-1631)의 〈A Hymn to God the Father〉이나 T.S.엘리엇(Thomas Stearns Eliot, 1888-1965)의 〈from The Waste Land〉이 이에 속한다. 이들은 상상력에 의하여 형이상적 세계 인식을 시적 형식으로 표현했다. 이러한 형이상시는 내용만이 아니라 그 표현에 있어서도 놀라운 상상적 이미지를 동원하고 있다. 사상으로 치우친 명상시나 감정으로 치우친 낭만주의 시를 극복하기 위하여 사물을 총체적으로 보는 힘을 강조했다. 이것은 곧 엘리엇의 말처럼 사상의 감각적 파악이란 말로써 사상과 감각이 통합된 감수성을 말한다.

허술히 보내었던
아슬한 내 전생이

정갈히 소복하고
가을 빛깔로 내려와

38) 소박한 즐거움, 우정, 은둔 등에 관한 윤리철학의 창시자로서, BC 4세기-AD 4세기에 있었던 철학 학원들을 창설했다.

가만히
하늘 바라고
날 기다리고 있었습니다.

당신의 깊은 속을
알지 못한 나였기에

빈 가슴 채우듯이
채우고 또 채워보지만

끝없이
허기진 가슴은
늘 배가 고팠습니다.

욕심은 언제까지나
넘치듯 모자란 듯

어느 날 거품이 지듯
한꺼번에 다 스러지면

내게는
남은 게 없어
지난 세월만 담았습니다.

– 홍오선, 항아리 1 –

위 시는 항아리로 표출된 이미지가 시인의 전생이며 시인의 분신인 동시에 어머니의 분신이며 어머니의 하늘이며 시인 자신의 하늘이기도 하다. 그래서 시란 곧 사물과 관념에 시인의 상상적인 이미지를 결합한 것이다 여기서 상상적인 이미지란 시인의 경험에서 유추되는 관념과 그 본질을 바탕으로 하여 표출되는 이미지이다.

첫 수에서는 또 하나의 나의 분신인 전생이 정갈하게 소복하고 가을빛깔로 내려와 하늘바라고 시인을 기다리고 있었다는 것이다. 항아리로 표출된 이미지는 〈항아리2〉에서 보면 어머니의 하늘로, 어머니의 분신으로 결국 시인의 완전한 하늘이기도 하다. 시인이 말한 전생은 불교의 윤회전생을 일깨우는 불교적인 관념에서 온 말이다. 둘째 수에서는 당신의 깊은 속 곧 항아리로 표출된 어머니의 깊은 속을 알 지 못하여 빈 가슴 채우듯 채우고 또 채워보지만 어머니의 깊은 속을 알기에는 역부족이다. 그래서 허기진 가슴이다. 셋째 수에서는 욕심껏 담고 또 담아보지만 넘침도 모자람도 가름

할 수 없어 거품 사라지듯 다 소멸되어 없어져버리는 날엔 오직 남는 것은 지나온 세월뿐이다.

시인에게는 세월만이 남은 것이 아니다. 사실은 항아리에 담고도 남을 흔적들이 넘친다. 이렇게 자신을 반추하며 넘치는 듯 모자라는 듯 살아가는 삶이기에 더욱 그의 항아리는 채울 수도 있고 비울 수도 있다. 그래서 도리어 풍성한 삶을 살 수가 있다. 가득 채워만 둔다면 새로운 것을 담을 자리가 없다 넘치는 듯 모자라는 듯해야 비우고 또 채운다. 이것이 인생을 엮어가고 읽어가는 시인의 삶이기도 하다. 그래서 위 시 또한 시인의 상상력에 의하여 과거와 현재를 이어가면서 항아리라는 이미지 속에 시인의 삶을 반추하는 형이상적 세계인식을 시적 형식으로 표출했다.

이상에서 살펴보았듯이 상상이란 과거에 체험하고 경험했던 사건이나 사물의 이미지가 어떤 외부적 조건이 주어지면 저장된 기억에 의한 정신활동으로 재구성되는 것이다. 하지만 그것을 시인에 의하여 시라는 언어형식으로 구체화되고 형상화되어 표출되는 경우 세 가지 유형으로 표현된다.

첫째 사물의 존재성을 이미지로 드러내는 사물시

둘째 일상적인 관념들을 이미지와 결합하여 표출하는 관념시

세째 관념과 사물의 본질을 이미지와 결합하여 보다 이상적으로 표출하려는 형이상시

여기서 형이상시는 넓은 의미의 관념시에 속한다. 이렇게 보면 시란 곧 사물과 관념에 시인의 상상적인 이미지를 결합한 것이다. 그리고 이 상상은 곧 이미지나 비유, 상징 신화 등으로 확장되어 표출된다.

3) 공존과 조화의 세계

시인은 우주와 자연 속에서 방황하고 있는 존재와 영혼들의 구체적인 문제에 관심을 갖는다. 이러한 구체적인 문제까지도 시적 상상력을 통하여 정서적으로 표출하고 형상화하여 새롭게 창조하고 새롭게 발견한다. 이것이 바로 시 정신의 핵심이다.

시인은 자연을 사랑하고 아끼며 친구가 된다. 그리고 자연을 인격체로 육화시킴으로 물아일체가 되고 동일시가 된다. 뿐만 아니라 시인은 인간 이 외의 모든 사물이나 대상을 인격화하여 대화를 나누고 함께 어울리며 공동체를 이룬다. 이는 과학 이전의 시대인 원시시대부터 종합예술의 모태를 보는 것과 같다.

시인은 자연이나 사물에 생명을 부여하고 감정을 이입시켜 대상을 인격화시켜 표

출한다. 이것이 자연과 더불어 인간이 공존하고자하는 시적 구원의 몸짓이다. 이렇게 자연과 공존하고 조화를 이루고자 하는 것이 시정신의 본질이기도 하다. 그래서 시인은 끊임없이 대상을 자기화하고 세계를 자기화하려는 동일시의 어법으로 대상과 세계 또한 인격화한다. 세계와 대상과의 화해 또 자신과의 화해를 통하여 보다 아름다운 세계, 꿈을 갖고 상상의 나래를 펼칠 수 있는 세계를 만드는 것도 시인의 특권이면서 의무이기도 하다. 가시적인 것만이 아니라 추상적인 관념의 세계까지 인격화하는 것이 시의 세계이다.

시적인 조화의 세계는 사물과 대상을 인간화하고 인격화할 뿐 아니라 직유 은유, 상징, 신화 등을 원용하여 시인의 상상력에 의하여 새로운 창조물로 전이(轉移)하기도 하여 이미지를 변용시킬 수도 있다.

어느 날 예고 없이 아무도 눈치 못채게
사뿐한 버선발로 물방앗간 샛길 돌아
서로가 얼싸안도록 총총 빨리 오소서

대숲의 흐느낌 속 걸음소리 숨기고서
달빛도 잠든 날에 환한 웃음 머금고서
우리들 벌거숭이로 엉엉 울게 하소서

잠자리 날갯짓으로 잽싸게 날아올라
백두산 영봉 위에 우리를 서게 하여
누구도 어찌할 수 없게 통일이여 오소서.

-심응문, 그렇게 오소서-

위 작품은 '통일'이라는 추상명사를 의인화한 작품이다. 첫째 수에서는 물방앗간에서 남몰래 만나는 연인들처럼 아무도 눈치 못 채게 빨리 오라고 한다. 헤어진 가족들도, 보고 싶은 얼굴들도 만나 서로 얼싸 안으며 좋아하리라. 둘째 수에서는 대숲을 울리는 바람소리에 걸음 소리를 숨기고 아무도 보지 못하게 달빛도 없는 날에 환한 웃음 머금고 오란다. 너무 반갑고 고마워 부끄러움도 없이 순수한 마음 그대로 소리내어 엉엉 울리라. 셋째 수에서는 날갯짓으로 잽싸게 백두산 영봉에 올라 통일의 깃발을 꽂고 싶은 시인의 마음을 표출했다.

첫째 둘째 수에서는 연인간의 만남의 비밀스러움과 설레는 마음과 만남의 기쁨으로 통일을 대비시켜 표출했고, 셋째 수에서는 우리국민 모두가 백두산 영봉에 올라 버티고 서게 하여 그 누구도 감히 막을 수 없게 하여 통일을 이루자는 의지로 표출되었다.

이렇게 시인은 상상력에 의하여 '통일'이라는 추상적인 대상을 의인화 시켜 하나의 인격체로서 새로운 창조물 곧 연인의 관계로 이미지를 전이(轉移)시켜 한 편의 시조로 형상화하였다. 셋째 수에서 '잠자리의 날갯짓'이 약한 이미지라 조금은 아쉽다. '독수리의 날갯짓'이면 보다 힘찬 기백이 아닐까 싶기도 하다.

인간은 근원적으로 불완전한 존재이기에 스스로는 만족하지 못한다. 무엇인가를 추구하고 채워야 하는 욕망의 존재이다. 이것이 없다면 죽은 생명과도 같은 것이다. 그래서 이 욕망을 이룰 수 없고 꺾기면 삶의 의욕을 상실한다. 시인이 시를 쓴다는 것, 글을 쓴다는 것도 결국은 자기 욕망을 채우고 그가 추구하는 삶과 그가 그리는 세계를 표출하는 것이다.

인간을 소우주라 한다. 자아를 우주라는 전제 속에서 파악하고 이를 의식하는 상태에서 '나'라는 주체는 '우주'라는 객체 속에서 하나가 되는 세계야 말로 인간 회복의 세계이며 시적 구원의 세계이다. 이는 곧 시정신의 근본이 되는 세계로서 행복의 공간을 꿈꾸는 '에덴의 동산'이다. 여기에 이르기까지 인간은 끊임없이 추구하고 채워야 하는 욕망의 존재로 살아간다. 이를 풀어가고 좁혀가고 조정해가고 회복해 가고자 하는 것이 종교이며 시인의 상상력으로 이루어지는 시의 세계이다.

4) 만남의 세계

인간은 혼자는 살 수 없는 사회적 동물이다. 우리의 삶은 끊임없이 이어지는 만남의 삶이다. 너와 나 우리의 관계가 그래서 이루어진다. 우리 주위를 둘러싼 모든 존재와의 만남이다. 식물이든 동물이든 사물이든 대상이든 더불어 살게 마련이다. 그러한 존재와의 관계 속에서 성실하고도 진실하게 최선의 삶을 사는 것이 행복이다.

꽃과 얘기하고 사슴과 대화를 나누는 동화의 세계, 원초적인 모습으로 회귀하는 세계 그것이 시의 세계이고 시인의 마음이다. 그런데 세월의 흐름과 함께 존재간의 무수한 변화 속에서 서로 간에 명명되고 명명되어지는 인습과 관습으로 인하여 원초의 모습은 각질 속에 가려져 있다. 기존의 통속적인 명명으로 가리어진 껍데기를 벗기고 존재의 실체를 찾아 나서는 것이 시인의 길이다. 곧 통속적인 갑옷 속에 감춰져 망각되어진 참된 존재의 모습을 시인의 상상력으로 찾아 환원시키는 것이 시인의 역할이고 '시'이다.

인간의 역사는 끊임없는 발견과 발명으로 발전한다. 과학은 물질적인 존재의 발전에 공헌하고 철학은 우주와 인생의 존재에 대하여 공헌한다. 그런가 하면 종교는 절대자 신과 인간의 관계와 내세에 대한 소망으로 인간을 보다 참되게 인도 한다. 절대적 존재의 세계나 초월적인 세계는 인간의 의식이나 지식을 초월한 피안의 세계의 것이므로 육안으로나 육신의 그 어떤 능력으로도 파악할 수 없는 곳이고 도달할 수 없는 세계이다. 거기에 육신을 지닌 인간의 한계점이 있다. 그래서 종교에서는 득도니, 성령을 말한다. 이것이 피안의 세계인 저세상과 신과의 소통의 길이기 때문이다. 그러나 시인은 상상의 나래를 펼쳐 득도의 세계도 성령의 세계도 피안의 세계까지도 예시하고 조절하기도하고 초월하기도 하여 그의 작품세계에 표출하는 능력의 소유자이기도 하다.

이렇게 시인은 사물 뿐 아니라 그가 접하고 관심하는 대상에 대한 기존의 유폐된 개념에서 벽을 깨고 나와 그가 바라는 참된 의미의 가치를 찾아 삶의 넓이와 깊이를 확대시킨다. 이것이 시인의 상상력의 확대이며 시적인 해방이고 구원이며 참된 존재와의 만남이다.

> 봄비 눈물 머금고 목련꽃이 벙근다
> 여러 송이 송이가 흐드러져 웃는 서슬
> 우리도 지나다얼려 덩달아서 웃었다.
>
> 한 사흘 신나게 피는 목련만도 못한 인생
> 평생을 다 살아도 한 번 피지 못한 인생
> 통틀어 단 하루라도 활짝 피다 말 것을.
>
> 우리들 보란 듯이 우줄우줄 춤을 춘다.
> 부끄럼 잊은 듯이 속살 더러 드러내고
> 기쁨이 땅에 차고도 남아 저 하늘에 뻗었다.
>
> 우리들 더도 말고 목련처럼 피고지라
> 탐스런 환한 얼굴 살결도 참 고운 지고
> 으늑한 가슴을 열고 마구 쏟는 정이여.

– 박병순, 목련꽃과 얼려서 –

첫 수에서 시적 자아는 봄비 머금고 벙그는 목련꽃에 취하여 덩달아 웃는다고 했고 둘째 수에서는 잠간이나마 신나게 피다지는 목련꽃에 아쉬움보다 단하루라도 그렇게 피다 가는 인생이기를 바란다. 셋째 수에서는 속살까지 드러내며 보란 듯이 춤을 추는 그 모습이 천지에 뻗어나감을 노래했고 마지막 수에서는 더도 덜도 말고 목련처럼만 되고자 하는 소망을 표출했다.

대상에 접한 시인의 정서 감정은 개개인마다 다르다. 그래서 같은 제목과 같은 소재에서도 각기 다른 작품이 나오기 마련이다. 이는 시인의 인생과 사상과 감정이 다르기 때문이다.

본시에서의 시적자아는 목련의 순수한 모습, 눈부시게 활짝 피었다 지는 장렬한 모습, 속살까지 드러내 춤을 추며 뻗어가는 자신감, 고운 살결(꽃결)과 탐스런 얼굴(모양) 등 목련의 자태에 물아가 한 테 얼려 으늑한 가슴을 열고 마구 정을 쏟고 있다. 제목에서 보듯 목련꽃과 어울려서 한 판 신나게 벌어지는 시적자아와 목련이 펼치는 굿판을 보는 듯하다. 정을 쏟는 것은 목련인 동시에 시적자아이다.

이렇게 시인은 사물과의 만남에서도 예지를 가지고 마음의 눈을 집중시켜서 시적대상에 대한 숨겨진 비밀을 캐내어 그 의미를 드러나게 한다. '한 개의 모래알도 똑 같지 않을 정도로 정확하게 묘사하라.'고 한 프로벨로의 말처럼 목련꽃에 숨겨진 각기 다른 의미를 시인은 마음의 눈과 상상력을 통하여 한 편의 시로 형상화하여 표출했다.

오월의 숲에 서면 새생명이 솟아난다
초록빛 풀내음과 싱그러운 나무향에
텁텁한 가슴속까지 말끔하게 씻긴다.

보듬어 품고 앉은 먼저 누운 영혼까지
향기로 다가오는 대지의 흙내음에
마지막 누울 자리가 여기인가 싶어라.

잊은 듯 서 있다가 하늘을 바라보니
풀향은 푸릇푸릇 온 하늘에 적셔 있고
조그만 마음하나에 온 우주를 담는다.

– 이정자, 오월 숲에서 –

위 시는 필자가 고향의 선산에 계신 부모님 산소를 찾아갔을 때의 심상을 시로 형상화한 것이다. 싱그러운 오월의 숲은 바라만 보아도 마음까지 푸르다. 오월의 숲에 서면 그 싱그러움에 새 생명이 내 몸속으로 유입됨을 느낀다. 초록빛 풀냄새며 나무향기에 도시에서의 텁텁함이 말끔히 씻겨 상쾌해진다. 나는 부모님이 계신 이 곳을 찾을 때마다 기분이 좋다. 앞이 탁 트인 산소의 위치는 양쪽에 좌청룡, 우백호를 거느리고 있으며 저 멀리 읍(왜관)까지 바라보이는 명당이다. 그 산 제일 위엔 한 번도 뵙지도 못했지만 내게 할아버지 할머니 산소가 있고 그 윗대 할아버지가 계시다.

이곳에 오면 마음이 평온하고 아늑하다. 언제가 될지는 모르지만 나도 여기 한자리 갖고 싶어진다. 내 산(우백호)과 자리는 아버지께서 정하여 주셨지만 나는 앞이 탁 트인 아버지께서 계신 이 산이 더 마음에 든다. 아래는 동네가 있고 동네 건너편엔 왜관에서 성주로 가는 국도가 있다. 이곳에 오면 내 마음은 온 우주를 담은 듯 넉넉해진다. 이러한 내 마음을 시로 표출해 본 것이다. 이 시로 2006년도 시조문학 작품상을 받게 되었다. 그래서 이 시는 더 의미가 있는 것이기도 하다.

Buffon(1707~1780)이 '文은 그 자신'이라 하였듯이 존재하는 모든 만물의 상(像)은 인간의 사고(思考) 내에서 잉태하고 존재하는 산물이 된다. 보는 이의 관점에 따라 다르다. 특히 자연을 관조함에 있어서는 관조자의 인격과 그의 사상과 그의 철학에 따라 그 이입되는 가치관이 달라진다. 그러므로 대상에 생명을 이입시키는 이에 따라 그것에 내재하는 미적 가치가 서로 다르게 나타난다.

더구나 시인은 그가 접하는 일상에서의 시적세계뿐 아니라 사물과 대자연에 접해서도 기존의 미적 개념을 초월하여 시적자아가 바라는 참된 의미의 가치를 찾아 삶의 넓이와 깊이를 확대시킨다. 이것이 시인의 상상력의 확대이며 시적인 해방이고 구원이며 참된 존재와의 만남이다.

5) 시의 탄생

그러면 상상력은 어디서 올까? 그 근원이 되는 고향은 어디일까? 미국의 심리학자 제임스(James William, 1842-1910)는 '상상은 과거에 보고 듣고 느꼈던 물체의 이미지를 재생하는 능력'이라고 하였다. 곧 과거의 기억 속에 남겨진 이미지가 어떤 계기가 마련되면 다시 살아난다는 것이다. 이것은 영국의 철학자 로크(John Locke, 1632-1704)의 '기억은 단 하나의 단순개념도 스스로 기억할 수 없다'는 말을 뒷받침한다. 곧 우리의 상상의 세계나 상상력은 아무 것도 없는 백지상태에서는 떠오르지도 않고 아무 생각도 할 수 없다는 것이다. 곧 이것은 '무'에서는 '유'가 나지 않는다는 것이다. 그러니 시인의 상상력은 그의 삶에서 직접이든 간접이든 그가 체험한 어떤 이미지 혹은 소재에서 새로운 시적 세계를 창출해 낸다는 것이다. 그래서 시는 시인의 창작물이다.

하지만 이러한 상상력이 르네상스 이전까지는 합리적 사고를 방해하는 이상심리로 간주되어 펼치지 못했다. 그러던 것이 독일 철학자 칸트(Kant Immanuel, 1724-1804)에 의해 상상력의 중요성을 인정받았다. 그 후 영국의 가장 독창적인 천재시인 브레이크(Blake William, 1757-1827)는 신고전주의와 낭만주의의 과도기적 시인으로서 자연의 세계를 자유로운 필치로 펼쳐나갔다. 그는 18세기 신고전주의 시대의 억압적인 형식과 틀에서 과감히 벗어나 마음껏 그의 정신세계를 그려 나간 Pre-Romantist이다. Blake는 어렸을 때 창문 밖으로 천사를 보았다는 환상가이자 신비가이다. 화가로서도 뛰어났다. 자신의 작품집에 풍부한 상상력에 기반을 둔 환상적인 소재에 바탕을 둔 삽화를 그려 넣을 정도였다.

상상력도 결국은 기억 속에서 이루어지는 정신활동이다. 앞에서 '무'에서 '유'가 안 나온다고 했듯이 아무 것도 경험하지 않고 체험되지 않은 백지상태에서는 아무 것도 기억도 없을 테고 아무 것도 없는 텅 빈 상태의 머리나 정신 상태에서는 상상력도 없기 때문이다. 그래서 상상력은 기억이라는 의식의 큰 바다로부터 건져 올린 이미지라고 할 수 있다. 이러한 이미지에서 시는 탄생한다.

꿈속이듯 그린정성
차마 밟기 어려워

한 마리 궁노루로
설원을 바라본다

허물을 감싸고 보니
지상도 순결했다

밤도와 설경그린
신선은 어디 가고

댓잎에 투두둑
눈 털리는 소리

천지가 반사된 채로
화폭만 남아 있다.

– 이차남, 서설이 내린 날 –

위의 시에서 '한 마리 궁노루로 설원을 바라본다'든지 '밤도와 설경 그린 신선'은 시인의 상상력의 소산이다. '밤사이 하얗게 내린 눈은 순백의 순결 그 자체이다. 어찌 감히 발자국을 내어 더럽힐 수 있을까. 차마 그럴 수가 없어 한 마리의 궁노루처럼 그저 바라보기만 한다. 지상의 모든 더러운 허물을 백설로 다 덮고 보니 지상도 순결 그 자체이다. 한 폭의 순수한 동양화이다. 밤사이 이 순결한 그림을 그린 것은 신선일 게다. 신선이 아니고서야 어찌 이런 순수한 그림을 그릴 수 있을까. 그런데 그림만 남겨두고 신선은 보이지 않는다. 어디로 갔을까.

이렇게 시인은 상상 속에서 궁노루가 되기도 하고 신선의 그림을 상상하기도 하고 신선이 그리는 그림을 감상하기도 한다. 이러한 시인의 상상력은 시인의 경험 속에서 저장된 기억이라는 의식의 큰 바다로부터 건져 올린 이미지이다. 그것은 기억이라는 정신 활동도 결국은 과거의 모든 경험에서부터 오기 때문이다. 이러한 경험을 통한 기억 속에서 상상도 하고 이미지를 창출하기도 하여 시인은 시를 탄생시킨다.

6. 시의 관점과 가치기준

1) 모방론적 관점

시를 현실과 인생의 모방으로 보는 관점이다. 세계와 인생을 인식하는 두 가지 관점에 따르면 인생을 일상생활의 특별한 체험이나 있는 그대로의 인생을 인식하는 경우 곧 일상적 진실과, 현실에는 없더라도 있어야 하는 인생 곧 당위적 진실 내지 이상적 진실이 있다. 전자는 현실이나 현상을 사실적으로 그려진 작품이고 후자는 상상으로 그려진 모방이다.

새 아침
열어놓고
마음에 새길 심서

적막은 선지(宣紙)를 적셔
묵향 속에 흐르는데

획마다
어려운 산고
반야경을 옮긴다.

한 글자
한 구절에
무에서 유를 보는

숨은 뜻 어진 말씀
진리의 높은 뜻은
열릴 듯
열리지 않는
안개 빛 나의 창살.

– 박두익, 정초에 –

위의 시는 정초에 시적자아가 겪은 현상을 사실적으로 그려내어 형상화한 한 편의 시작품이다. 첫째 수에서는 새해 새 아침에 마음에 새길 글을 화선지에 묵향으로 옮기는데 그것이 얼마나 어려운지 산고를 겪는 듯하다. 둘째 수에서는 한자 한 구절 옮기는 그 말씀이 무에서 유를 보듯 높은 그 진리의 말씀이 열리는 듯 알 듯도 하고 열리지 않아 안개에 가려진 창살이다. 산고를 겪고도 얻을 수 없는 것이 진리의 말씀이니 그 진리의 말씀을 깨닫기 위해 출가도 하고 산사도 찾는 것이 아니겠는가 싶다.

"달마는 동쪽으로"
푸른 연을 얽은 자리

참선길 머언 념(念)은
나비 꿈을 사뤄 놓고

목탁은
새벽을 열어
법수레를 돌린다.

조각달 야릇한 정이
산마루를 어루던 밤

'空'자의 회의를 물고
깊은 늪 헤매다가

심금을
울리고 가는
경소리에 귀를 연다.

–박두익, '空'자 懷疑 –

첫 째 수 초·중장은 시적자아의 상상으로 일궈진 구이다. '달마가 동쪽으로' 간 것도 상상이고 '푸른 연을 얽은 자리'도 상상력의 소산이다. 종장에서 '목탁이 새벽을 열어 법수레를 돌리는 것'도 상상과 현실의 결합이다. 둘째 수에서 조각달 야릇한 정이 산마루를 어르는 것도 시적자아의 마음이고 정서이다. 그러니 불교의 공사상에 회의를 품고 깊은 늪을 헤맬 수도 있다. 그러다 심금을 울리는 경소리에 귀가 번쩍 열리는 모습이다.

위 시는 일상적 생활에서나 현실에서는 못 느끼더라도 어떤 순간이나 어떤 상황 곧 산사의 밤에서는 느낄 수 있는 상황이다. 그래서 시는 상황과 시인의 상상력에 의해서 그려지는 당위적 진실 내지 이상적 진실에서 형상화되어 표출된 언어예술이기도 하다.

2) 표현론적 관점

시를 시인 자신과 관련시켜 보는 관점이다. 시를 감정의 유로로 보거나 작가의 지각, 사상, 감정에 작용하는 상상력의 산물로 본다. 시는 마음과 감정에서 울어난 순수한 표현이다.

한시에서 성정론과 기상론은 표현론적 관점으로 본 시론이다.

『서경(書經)』「순전」에 의하면 '시는 뜻을 말로 표현한 것'이고 '노래는 말을 가락에 맞춘 것'(詩言志 歌永言)이라 했고 『詩經』「大序」에서는 '시는 뜻이 가는 바를 표현한 것'으로 '마음속에 있으면 뜻'이 되고 '말로 표현하면 시'가 된다.(詩者 志之所之也 在心爲志 發言爲詩) 또 서거정의 동인시화에 의하면 '시는 마음에서 발하는 것'(詩者 心之發)이다. 곧 성정론에 의하면 시는 개인의 정서이며 그 정서를 한 편의 시로 형상화하여 표출하는 것이다.

이규보는 『백운소설』에서 '무릇 시란 뜻을 위주로 하는데 …… 기(氣)의 우열로 말미암아 의(意)가 깊고 옅음이 생긴다. 그러나 기는 원래 하늘에서 타고난 것이므로 배워서 얻을 수 없다.(夫詩 以意爲主 …… 由氣之優劣 乃有深淺耳 然氣本乎天 不可學得)라 하여 기천부론(氣天賦論)을 펼쳤으며. 최자는 『보한집』에서 '시문은 기(氣)를 위주로 하는데 기는 성(性)에서 발하고 의(意)는 기에 의거하며 말은 정(情)에서 나오는데 정은 곧 의(意)'.(詩文以氣爲主 氣發於性 意憑於氣 言出於情 情卽意也) 라 하여 시를 기(氣)의 발로로 본 기상론(氣象論)을 폈다. 여기서 기는 타고난 성품을 말하며 어떠한 것에도 제한을 받지 않고 자유로운 시인의 정신적 활력을 의미한다. 이는 곧 이규보의 기천부설(氣天賦說)과 부합하는 것이기도 하다. 이러한 견해는 개성적이고도 주관적인 상상력에 의한 개인의 자연스러운 감성과 환상 및 초월성 등을 강조한 낭만주의 시관과도 통한다. 그러니 사람의 기질이나 시인의 기질은 결국 동·서양이 함께 함을 볼 수 있다.

천지간
하얀 말씀
소곤대며 하강한다.

순백의
진실들이
화선지에 눈을 뜬다.

온갖 것
더러움 묻고
강물 되는 목숨들.

- 오영호, 눈 오는 날 -

시인은 눈을 하늘과 땅 사이를 소곤대며 내려오는 하얀 말씀으로 이미지화했다. 하늘과 땅을 잇는 하얀 말씀은 종교적인 의미를 상징할 수 있다. 이것은 중장에서 순백의 진실로 표현되어 나타난다. 종장에서는 지상에서의 모든 거짓되고 더러운 것들을 다 묻어버리고 강물로 흐르는 순수함이다. '문은 곧 그 자신'이라 한다. 글은 곧 그 사람과 같다는 말이다. 무심히 쓴 한 줄의 글속에도 이미 그의 인생관이 드러나 있어, 글을 보면 그 사람을 알 수 있다. 말이 씨가 되고 한 번 뱉은 말은 사라지지 않고 우주 공간 어딘가에 살아 있다가 어느 순간 어느 때가 되면 돌아온다고 한다. 그래서 말은 아무렇게나 내뱉어서도 안 되고 부정적인 말과 안 좋은 말은 삼가 하라고 옛 어른 들은 일러준다. 말을 언어기호로 나타낸 것이 글이다. 그러니 말이나 글은 같은 효력을 갖고 나타난다.

위의 시는 아름다운 심성을 지닌 고운 마음에서 우러나온 아름다운 시이다. 누구나 또 언제나 이런 고운 마음만 지닐 수 있다면 이 세상은 보다 평화롭고 아름다운 세상이 될 것이다.

신고전주의와 낭만주의의 과도기적 시인으로서 "詩는 강력한 감정의 자연 발생적인 흐름"이라고 정의한 워즈워드(William Wordsworth, 1770-1850)나 이 보다 한 발 앞서 자연의 세계를 자유로운 필치로 펼쳐나간 영국의 가장 독창적인 천재시인 브레이크(Blake William, 1757-1827)처럼 작가의 지각과 사상과 감정에 작용하는 상상력의 산물로 보거나 간에 위 시 또한 시인의 상상력에 의해 표출된 아름다운 한 편의 시이다.

3) 효용론적 관점

문학작품이 독자에게 미치는 영향과 작품이 왜 읽혀지는가를 탐구하는 것이 효용론적 관점이다. 여기에는 쾌락적 기능을 중시하는 관점과 교훈적 기능을 중요시하는 관점이 있다. 효용론적 입장에서 고려되어야 할 것은 작품이 독자에게 미치는 영향이다. 문학작품이 독자에게 어떤 영향을 미치며 왜 문학작품이 읽혀지는지를 탐구하는 것이 효용론이다. 이 관점은 그리스의 철학자 플라톤과 아리스토텔레스의 문학 논의에서 출발하였다.

플라톤은 시가 인간에게 나쁜 감정을 조장하므로 철인에 의해 지배되는 이상국에서 시인은 추방되어야 한다고 주장하였다. 반면에 제자인 아리스토텔레스는 카타르시스의 이론을 이야기하면서 비극은 인간의 두 가지 근본정서인 연민과 공포의 감정을 환기하여 감정을 정화한다고 했다. 이 환기된 정서가 비극과 질서에 의하여 평형상태로 나감으로써 마침내 순화된 정서의 체험을 맛보게 된다는 것이다. 이러한 문학의 효용론적 관점은 교훈적 기능과 쾌락적 기능으로 나뉘는데, 이 두 기능은 호라티우스(Quintus Horatius Flaccus, BC 65-BC 8)에 의하여 제시되었고, '문학 이론'에서 대립적 명제에 의한 변증법으로 설명된다.

칸트(Kant Immanuel, 1724-1804)는 예술이 지닌 향유로서의 측면을 강조하여 미를 목적 없는 합목적성에서 찾았으며 아도르노(Adorno Theodor Wiesengrund, 1903-1969)는 미에 사회비판적인 의미를 부여하여 문학의 교시적 기능과 쾌락적 기능이 변증법적으로 통일되어야 한다는 것을 주장했다.

문학이 쾌락이라는 것은 시가 교훈적이어야 한다는 견해가 전제된다. 이것은 감미로우면서도 유익해야 한다는 것이다. 문학이 성공적으로 기능을 발휘한다는 것은 이 두 기능의 우위를 논하는 것이 아니라 실질적으로 아름답고 진실해야 한다는 것이다.

'교양은 독서'라 한 아놀드(Matthew Arnold)는 「The Study of Poetry」[39]에서 시의 교시적 기능을 말했다. 그 외도 엘리자베스 시대의 궁정신하이면서 시인인 시드

39) Matthew Arnold: THE FUTURE 1 of poetry is immense, because in poetry, where it is worthy of its high destinies, our race, as time goes on, will find an ever surer and surer stay. There is not a creed which is not shaken, not an accredited dogma which is not shown to be questionable, not a received tradition which does not threaten to dissolve. Our religion has materialized itself in the fact, in the supposed fact; it has attached its emotion to the fact, and now the fact is failing it. But for poetry the idea is everything; the rest is a world of illusion, of divine illusion. Poetry attaches its emotion to the idea; the idea is the fact. The strongest part of our religion to-day is its unconscious poetry.'Let me be permitted to quote these words of my own, as uttering the thought which should, in my opinion, go with us and govern us in all our study of poetry. In the present work it is the course of one great contributory stream to the world-river of poetry that we are invited to foil.

니(Sidney Sir Philip, 1554-1586)는 그의 시 「아스트로펠과 스텔라(Astrophel and Stella)」[40]에서, 동시대의 스펜서(Edmund Spenser, 1552-1599)는 「아모레티」[41]에서 효용론적 관점에서 시의 정의를 내렸음을 볼 수 있다.

동양시론에서는 보다 구체적으로 다가간다. 공자는 시경에 있는 시 305편에는 '생각에 사특함이 없다(詩三百 一言而蔽之曰 思無邪)'고 말했다. 또 '시는 감흥을 일으키며 사물을 관찰하게 하며 무리를 짓게도 하며 사리에 어긋나는 것은 원망도 하며 가까이는 부모도 섬기며 멀리는 임금을 섬기며 새나 짐승 초목의 이름을 많이 알게도 한다(詩 可以興 可以觀 可以群 可以怨 邇之事父 遠之事君 多識於鳥獸草木之名)'고 하여 시의 효용성을 일러준다. 그런가 하면 '관저의 시는 즐겁되 지나치지 아니하고 슬프되 감상에 흐르지 않는다'고 하여 시가 정서 감정과의 조절로서의 역할까지 함을 나타내 시의 효용성을 명시했다. 또 유몽인(柳夢寅, 1559-1623)은 『於于野談』에서 '시는 풍교와 관련이 있는 것으로써 단지 사물이나 경색만을 읊어서는 안된다'(詩觀風教 非直咏賑物色耳)고 하여 시를 인격 수양의 수단이나 교화의 수단으로 보는 재도적 풍교론(載道的 風教論)이 지배적이었다.

어머니 주신 은혜 소중히 지닌 목숨
맥없이 사는 것도 보람이라 하더이까
산굽이 물굽이 돌아 황혼녘에 섰습니다.

쓰러지는 꿈들을 세워도 보았지만
모진 바람 몰려들어 보람도 흩어놓고
서산에 노을빛으로 빈 하늘을 채웁니다.

갈망하던 별빛들이 하나 둘 떠난 자리
세월 강 수경 속에 기억을 수장하고
허공을 쥐고 가야할 길 하나를 봅니다.

- 김기석, 황혼녘 -

40) 엘리자베스 시대의 전형적인 소네트는 페트라르카 형식으로 된 연작 연애시였다. 이 연작시의 각 소네트는 일부는 상투적인 내용과 일부는 개인적인 감정을 담은 독립된 시들이지만, 연작이라는 형식을 통해 무엇인가 이야기가 전개 되어가는 듯한 흥미로움을 더해주었다. 필립 시드니 경의 시 『아스트로펠과 스텔라』는 에드 먼드 스펜서(Edmund Spenser, 1552-1599)의 『아모레티』와 함께 엘리자베스 시대의 연작 소네트 가운데 대표적인 것으로 시의 효용성을 말해 주기도 한다.

41) 〈아모레티〉는 사랑의 바람과 절망, 그리고 성취의 기쁨을 노래한 89편의 소네트와 그에 덧붙여진 9연(stanza)의 시로 구성되어 있으며, 같은 판본으로 출간된 결혼식 축가와 함께 스펜서가 자신의 두 번째 부인인 엘리자베스 보일(Elizabeth Boyle)을 대상으로 쓴 작품으로 알려져 있다.

『효경(孝經)』에 의하면 '내 몸과 피부와 터럭(머리털)은 부모에게서 받은 것이니, 감히 헐어 상하지 않게 하는 것이 효의 시작'[42]이라 했으니 어버이 주신 은혜를 소중히 보전한 것도 효이다. 옛날에는 머리털도 부모에게서 물려받은 것으로 자르지 않았다. 그래서 갑오경장 후 단발령이 내렸을 때 부모님께 불효라 하여 선비들은 통곡을 하였다.

시적자아는 첫 수에서 '부모님이 주신 목숨을 그래도 소중히 여겨 뜻대로 보람되게는 못살았지만 산굽이 물굽이 같은 어려운 고비를 돌고 돌아 이제 황혼녘에 들어섰음을 술회한다. 둘째 수에서는 누구에게나 소망하는 꿈은 있기 마련이다. 시적자아도 그 꿈을 펼쳐보려고 무진 애를 쓰면서 도전하고 또 도전해 보았지만 모진 세파에 밀려 그 꿈도 보람도 흩어져 이제 다만 서산마루에 걸린 노을빛으로 빈 하늘만 채운다고 하여 황혼녘의 허전함을 표출한다. 셋째 수에서는 그렇게 갈망하던 별빛 같던 꿈도 다 떠난 자리에서 이제는 지나온 세월 속에 모든 것을 묻어버리고 어차피 빈손으로 가야할 길 하나를 본다.' 하여 공허함과 숙연함을 더해 준다. 인생을 어떻게 살았던 마지막 길을 생각하면 누구나 지난 세월에 대한 아쉬움과 부족함과 후회도 있기 마련 일게다. 한 평생을 만족스럽게 보낸 인생이 어디 그리 쉬울까 싶다.

주석 39 작품

Loving in truth, and fain in verse my love to show,
That the dear she might take some pleasure of my pain,
Pleasure might cause her read, reading might make her know,
Knowledge might pity win, and pity grace obtain,
I sought fit words to paint the blackest face of woe:
Studying inventions fine, her wits to entertain,
Oft turning others' leaves, to see if thence would flow
Some fresh and fruitful showers upon my sunburnt brain.
But words came halting forth, wanting Invention's stay;
Invention, Nature's child, fled stepdame Study's blows;
And others' feet still seemed but strangers in my way.
Thus, great with child to speak, and helpless in my throes,
Biting my truant pen, beating myself for spite:
"Fool," said my Muse to me, "look in thy heart, and write!"

– Sir Philip Sidney, Astrophel and Stella, No.1 –

42) 身體髮膚 受之父母, 不敢毁傷 孝之始也

주석 40 작품

Of this worlds Theatre in which we stay,
My love like the Spectator ydly(*idly) sits
Beholding me that all the pageants play,
Disguysing(*Disguising) diversely my troubled wits.
Sometimes I joy when glad occasion fits,
And mask in myrth(*mirth) lyke(*like) to a Comedy:
Soone after when my joy to sorrow flits,
I waile and make my woes a Tragedy.
Yet she beholding me with constant eye,
Delights not in my merth nor rues my smart:
But when I laugh she mocks, and when I cry
She laughs and hardens evermore her heart.
What then can move her? if nor mone,
She is no woman, but a sencelesse(*senseless) stone.

– Edmund Spenser, Amoretti, No.54 –

* 표시는 옮긴이가 현대어로 고침

4) 구조론적 관점

시 그 자체를 바라보는 관점이다. 곧 시를 하나의 독립된 유기체라고 보고 있다. 앞에서 진술된 모방론이나 효용론과 표현론은 각각 시를 모방의 대상이나 독자나 시인 같은 외부적 요소와 관련시켜 해명하고 있다. 그러나 구조론적 관점에 의하면 시는 그러한 외부적 요소의 지배를 받지 않고 독자적으로 존재하는 자기 충족적 실체라고 인식한다. 따라서 시는 외부적 관련사항이 아니라 그 자체의 내부적 조건 즉 그 구조의 복합적인 상호관계를 분석하고 종합하는 방법을 통해서만 제대로 해명될 수 있다는 것이다. 20세기 초반에 등장한 러시아 형식주의자들과 영미의 신비평가들에 의해 그 이론적 체계가 세워졌다. 그러나 그 뿌리는 멀리 아리스토텔레스에게로 거슬러 올라간다. 그것은 시의 내용에서 부분간의 유기적 결합이 중요한 요건임을 그가 강조했기 때문이다.

구조론자들은 종래의 비평에서의 오류를 비판하였다. 이들은 전통적인 비평가들이 작가의 의도에 따라 표현론적 관점에서 작품을 분석 평가한 것을 의도적 오류라 비판하고, 작품이 독자에게 끼친 심리적 도덕적 영향에 따라 효용론적 관점에서 분석 평가한 것을 감상적 오류라 하여 이를 배격하는 경향을 나타냈다. 이렇게 문학 외적인 조건 곧 시가 생산된 시기의 역사적 사회적 조건과 작자나 독자의 심리적 반응 등과의 관계 속에서 연구되는 것에 반대했다.

그들은 작품의 본질적 조건 곧 언어, 리듬, 이미지, 비유, 상징, 어조 등 내적 조건에 의하여 연구되어야 한다고 주장했다. 어디까지나 시의 내적 조건에 충실한 것이 구조론적 관점이다. 구조론적 관점에서 내린 시의 정의를 살펴보아도 그들의 뜻을 알 수 있다. 곧 '시는 모든 발화(發話)의 완전한 형식이다'라 한 리차즈(L. A Lichards)나 '시는 아름다운 운율적 창조'라고 한 포우(E. poe)나 '시를 구성하는 2개의 중요한 원리는 어조와 은유다'라 한 웰렉(R. Wellek) 등은 모두 시의 구조에 관한 정의이다. '시의 정의의 역사는 오류의 역사다'라고 한 엘리엇(Eliot)의 말처럼 시의 개념을 포괄하는 정의를 하나로 내리기는 어렵다. 그래서 시인들이 내린 단편적의 시의 정의를 포괄하여 이해하는 것이 좋다. 그 단편적인 정의를 한데 묶으면 시의 정의를 포괄할 수 있기 때문이다.

원하든 원치 않든
수많은 갈림길에
아직도 남아 있는
선택의 틈새에서
어설픈 이삭이나마 횡재인 듯 반가워라.

뒤엉킨 실수와
인연이 화필 되어
순간과 찰라로
그려낸 자화상
쭉정이 더 많다지만 알곡인들 없겠는가.

– 강규인, 행복 이삭줍기 –

'시는 발화되는 모든 내용 중 가장 완전한 형식'이라 한 리차즈(L. A. Lichards)의 말이나 '시는 아름다운 운율을 가진 창조물이다'라 한 에드카 포우(E. Poe)의 말이나 '시를 구성하는 두 개의 중요한 원리는 어조와 은유'라는 웰렉(R. Wellek)의 말은 모두 작품의 내적 조건에 입각한 시의 정의들이다. 이러한 시론에 입각해 위의 자품을 감상하고 분석한다면 모두 합격점이다. 그 위에 뭣보다 시적자아의 긍정적인 삶이 아름답다. 원하든 원치 아니하든 그간 시적자아는 수많은 갈림길을 걸어왔고 아직도 그의 앞에는 선택의 길이 놓여 있다. 그 인생길을 가면서 그래도 좋은 일이 생기면 그것이 설령 적은 것이라도 큰 것을 얻은 듯 기뻐하는 그 마음이 아름답다. 적은 것에도 감사할 줄 아는 사람에게는 더 큰 행운도 살아가면서 따라오리라. 살면서 실수가 없는 사람이 어디 있겠는가. 그러면서 배우고 깨우치고 성장하고 발전하는 것이 또한 인생이리라.

구조론적 관점은 20세기 이 후 서양에서 가장 지배적인 시관이 되어 왔으나 동양에서는 그 전부터 형식보다 내용을 중시하는 시관이 지배적이었다.

이상에서 보듯이 시는 여러 관점에서 논의되어 왔다. 그래서 이러한 시의 다양한 정의를 두고 '시 정의의 역사는 오류의 역사'라고 엘리엇(T. S. Eliot)은 말했다. 곧 완벽하고 고정된 시의 정의는 없다는 것이다. 각자가 자기의 경험과 견해에 따라 내린 것이기 때문이다. 그러니 시를 어떻게 정의하고 어떻게 보느냐는 시인의 체험과 학자의 견해에 따라 다르다. 그것은 곧 정석이 없다는 것이다. 하지만 이상의 관점과 가치기준을 중심으로 시를 이해하고 분석하고 감상한다면 시에 대한 올바른 비평능력도 생길 것이라 본다.

Ⅱ. 시창작의 이론과 실제

1. 시의 소재: 시의 내용

시의 소재는 나를 중심으로 보고 느끼고 생각하고 관계되는 모든 것이 된다. 눈을 뜨고 보거나 눈을 감고 생각하는 그 모든 것에 시혼이 닿고 시상이 모아지면 시는 물이 흐르듯 저절로 흘러나오는 것이다. 그리고 다듬고 다듬어 예쁜 집을 지어내듯 한 편의 작품을 만드는 것이다. 다음에서 구체적으로 살펴보자.

1) 마음을 표현

인간의 마음이란 감정을 생성해 내는 원천이며 사물을 비추는 거울이다. 똑 같은 사물도 그 느낌은 다르다. 그것은 개개인의 마음이 다르기 때문이다. 그러므로 시는 시인의 상상력에 의해 이루어진 극히 주관적인 '언어 예술'이다.

조선 초기 학자인 서거정(1420-1488)은 '시는 마음에서 말하는 것'이라 했고, 고려조 문인인 이인로(1152-1220)는 '시는 마음에서 울어난다'고 했다. 그런가 하면 영국의 시인 워즈워드(william wordsworth, 1770-1850)는 '시는 강한 감정의 자연적인 발로'라고도 했다. 그러므로 시는 마음에서 울어나고 감정으로 표출되는 언어 예술이다.

노을

홍 오 선

못 다 부른 이름 있어
붉어지는 눈시울이여

더는 참지 못해
왈칵 터진 울음이

홍건히
하늘에 떠돈다.
한 순간 꽃이 진다.

- 호오선 시조집, 『사랑니, 뽑다』에서 -

위의 시는 노을을 시적 상관물로 한 시적자아의 마음의 표상이다. 불러도 불러도 부르고 싶은 그 이름. 그 이름이 못내 그리워 눈시울이 붉어진다. 그러다 더는 참지 못해 터져버리는 울음 그 눈물이 흥건히 하늘을 떠돌며 노을과 만나 꽃처럼 붉게 물든다. 붉어지는 눈시울과 울음을 노을에 매치시켜 간절한 그리움을 붉게 타는 노을로 형상화한 작품이다. 이는 '시는 강한 감정의 자연적인 발로'라는 워즈워드의 말을 연상케 한다. 다음의 자유시도 한 편 살펴보자.

청노루

박 목 월

머언산 청운사
낡은 기와집
산은 자하산
봄눈 녹으면

느릅나무
속잎 피어가는 열 두 구비를

청노루
맑은
눈에
도는 구름

이 시는 오직 관념 속에서 상상의 날개를 펼치고 이루어진 의식의 흐름이며 마음의 표출이다. 청운사도 자하산도 청노루도 청노루눈 속에서 도는 구름도 실재는 볼 수 없는 시적자아의 상상 속에서 존재하는 시의 세계이다. 이 또한 상상으로 이루어진 마음의 표출이다.

2) 사물과 세계를 표현

사물을 바라봄에 있어 육안으로 뿐 아니라 마음의 눈을 가지고 바라볼 때 그 이면의 세계를 발견하게 된다. 시인은 마음의 눈을 가지고 대상을 관조하고 새롭게 발견한나. 사물에 대힌 틀에 박힌 고정관념을 깨고 숨겨진 의미와 모습을 시인의 눈으로 재창조하여 표출한다.

시창작이란 대상에 대하여 오감을 통하여 보고, 느끼고, 생각하고, 발견하고, 인식한 바를 언어의 기호로써 미적으로 형상화하는 작업이다. 영국의 이미지즘 시 운동을 불러일으킨 흄(Hulme, Thomas Ernest, 1883-1917)이 '시는 사물을 있는 그대로 보는 것이다.'라고 표현한 이 말은 시인의 마음의 눈 영혼의 눈을 통하여 사물이 갖고 있는 그 내면적인 모든 것을 다 밝혀내는 것이다.

대상을 바라보는 태도에 있어서도 똑 같은 사물이라도 보는 이의 관점에 따라 엄청난 차이를 가지고 있다. 외적인 미(美)만 보는 경우와 그 내면을 보는 경우가 있나 하면 꽃을 바라보더라도 그 빛깔에 취하는 사람이 있고, 그 향기에 취하는 사람도 있다. 그런가 하면 이파리와 줄기를 포함한 그 전체적인 모습에 매료되기도 한다. 또는 연인의 모습을 떠올리는 경우도 있고 아름다움에 대한 그 본질까지 생각하는 사람이 있다.

다음에서 시적 대상의 인식과정을 살펴보자.[43)]

1 단순히 대상 그 자체로만 본다.
2 대상의 종류와 모양을 본다.
3 외물(바람)에 의한 대상의 흔들림을 본다.
4 외물에 의한 움직임(동요)을 세밀하게 관찰한다.
5 대상에 내재 또는 승화된 생명력을 본다.
6 대상의 생명력과 외물과의 상관관계에서 생기는 사상과 정서를 본다.
7 대상을 흔들고 있는 외물(바람) 그 자체를 생각해 본다.
8 대상을 매개로 하여 그 이면의 세계와 초월의 세계를 상상해 본다.

1에서 4는 눈에 보이는 것만을 보는 초보단계로 피상적인 것만을 본다.
5에서 6은 눈에 안 보이는 부분까지 생각하는 중급단계이다.
7은 관계 맺고 있는 다른 대상에까지 인식을 확대하는 고급단계이다.
8은 다른 세계를 새롭게 발견하거나 창조하는 초월적인 단계이다.

시의 세계는 5에서 8까지의 세계를 상상하고 구사하고 묘사하여 형상화할 수 있는 시인의 능력을 요구한다.

43) 케이치의 나무를 보는 인식 과정을 시적 대상으로 환치했다.

대(竹)

김교한

청아한 바람소리 푸르게 물들이며
어둔 밤 빈 낮에도 갖은 유혹 뿌리쳤다
미덥다 층층한 봉서 누설 않는 한 평생

– 한국시조시인협회 연간집(2004)에서 –

위의 시조는 절의를 상징하는 대나무의 속성을 내밀하게 관조하여 형상화한 작품이다. 대나무는 속이 비어 허하되 외피가 단단하고 강직할 뿐더러 사시사철 푸름을 간직하여 무욕의 절의를 상징한다. 이러한 대나무의 속성에서 시적자아는 '맑은 바람소리로 푸르게 물들이며 세상사 갖은 유혹을 다 뿌리쳤다'고 하여 대나무의 속성인 절의를 표출했다. 그리고 종장에서 '미덥다 층층한 봉서(층층이 품은 봉서)'라 하여 대나무 속의 마디마디마다의 얇은 층을 표현함에 누설 않는 한 평생이라 하여 대나무의 내면까지 묘사하여 대나무의 속성에 따른 푸른 절의와 대의 강인함과 신의를 형상화하였다. 이는 곧 대나무를 객관적 상관물로 내세워 그 속성을 이미지화한 것으로 시적 자아의 자의식의 표출이다.

국화 옆에서

서정주

한 송이 국화꽃을 피우기 위해
봄부터 소쩍새는
그렇게 울었나보다

한송이의 국화꽃을 피우기 위해
천둥은 먹구름 속에서
또 그렇게 울었나 보다

그립고 아쉬움에 가슴 조이던
머언 먼 젊음의 뒤안길에서
인제는 돌아와 거울 앞에 선
내 누님같이 생긴 꽃이여

노오란 네 꽃잎이 피려고
간밤엔 무서리가 저리 내리고
내게는 잠도 오지 않았나보다.

위의 시는 오상고절에 고고하게 피어난 한 송이 국화꽃을 보고 시집살이의 인고를 이겨내고 친정나들이를 한 성숙한 누님에 비유하여 국화꽃의 이미지를 승화시켰다. 국화꽃을 보고 느끼는 감정은 개개인에 따라 다르다. 그것을 시적자아는 고단한 시집살이를 하고 친정에 돌아와 편안하게 거울 앞에 선 누님으로 형상화 했다. 봄부터 소쩍새가 울고, 여름엔 천둥이 먹구름 속에서 또 그렇게 울고 무서리가 내린 것 등은 누님으로 표출된 국화, 국화로 표출된 누님의 시집살이의 고달픔을 형상화한 것이라 볼 수 있다. 그리고 그 누님을 기다리며 그리워하는 마음에 잠도 설친 것이다. 이러한 시적자아의 심상을 오상고절에 핀 국화에 빗대어 한 편의 시로 표출한 것이다.

이렇게 시인은 마음의 눈을 통하여 대상의 보이지 않는 내면까지 훤하게 꿰뚫어 보며 통찰한다. 이로 인해 사물의 숨겨진 의미와 세계를 만나고, 이를 통해서 삶의 깊이와 넓이를 확대시켜 나간다. 뿐만 아니라 대상과의 심리적 거리에 있어서도 저마다 처한 환경과 위치에 따라서 대상을 인식하고 감상하고 느끼는 상태가 다르다. 예를 들면 한 저명인사의 죽음을 바라보는 눈은 그 처한 위치에 따라서 다르게 인식 된다. 곧 아내에게는 사건의 일부가 되어 그녀의 인격과 일치하고, 의사에겐 직업적 양심에서 감동을 갖고 생명을 부여하며, 신문기자에겐 다 같은 직업적 의식은 의사처럼 갖고 있지만 사건의 개입이 아니라 관찰자의 입장에서 독자에게 감동을 줄 명문을 생각한다. 그런가 하면 화가에겐 단지 외재적인 빛과 그림자, 색채에만 주목하고 이를 표현한다.

이렇게 한 사건을 두고 그의 위치에 따라 심리적 거리가 달라진다. 이것을 시인은 대상 속에서 시적자아가 처한 위치에서 이를 인식하고 감상하고 느낀 것을 표출하는 연금술사이다. 시인의 심리적 거리가 대상의 미적 형상화에 필수적 조건이다. 곧 중용의 태도를 이른다. 지나치게 감정적이지도 않고 그렇다고 무덤덤하지도 않은 감정의 절제이다.

3) 시대와 현실을 표현(참여시)

모든 창작물은 그 시대의 산물이다.

미국 태생의 영국시인인 엘리엇(T. S. Eliot, 1885-1965)은 "The great poet, in writing himself, writes her time"이라 하여 시인은 그의 작품에서 그 자신과 함께 그 시대를 표현한다고 했고, 독일의 실존 철학자인 하이데거(Martin Heidegger, 1889-1976)는 '시는 역사를 지탱해 주는 밑바탕'이라 했다. 그러므로 시창작은 시대와 현실을 직시하고 참여하는 행동으로부터도 시작한다.

중국의 근대 문학의 아버지라 불리는 노신(魯迅, 1881-1936)은 국비로 일본 유학을 했다. 아버지의 죽음에 충격을 받고 의학 공부를 하던 중 영화에서 '러일전쟁에 승리한 일본군을 묘사하면서 간첩으로 몰린 중국군의 참사를 목격했다. 이에 충격을 받아 문학으로 전향했다. 그래서 그는 펜을 무기 삼아 시대와 현실을 생생하게 표현하여 중국 근대사를 세계에 알리는 훌륭한 작품을 남겼다.

소련의 반체제 인사로 당국으로부터 추방당하여 미국에서 거주한 알렉산드르 솔제니친(Aleksandr Isayevich Solzhenitsyn, 1918-2008) 또한 '한 나라가 위대한 작가를 가진다는 것은 제2의 정부를 가지는 것과 같이 위험하다'고 하여 펜의 강함을 말해주고 있다. 세기의 영웅 나포레옹(1769-1821)은 역시 '펜은 칼보다 강하다'하여 문학의 힘을 대변해 주고 있다. 이 모두는 언어의 힘, 글의 힘, 문학의 힘을 역설한 말들이다. 우리의 현대시사에도 일제 강점기 때의 시인에게서 강하게 나타남을 볼 수 있다. 윤동주, 한용운, 이육사, 이상화… 등의 작품을 보면 살아있는 민족혼을 느낀다.

혈죽가

대구여사

협실에 솟은 대는 충정공 혈적이라
우로를 불식하고 방 중에 푸른 뜻은
지금의 위국충심을 진각세계.

충정의 굳은 절개 피를 맺어 대가 되어
누상에 홀로 솟아 만민을 경동키는
인생의 비여 잡초키로 독야청청.

충정공 곧은 절개 포은 선생 우희로다
석교에 솟은 대도 선죽이라 유전커든
하물며 방 중에 난 대야 일러 무삼.

'혈죽가'는 일제에 항거하여 자결한 충정공 민영환(1861-1905)의 충정을 그린 것이다. 민충정공이 자결한 방에서 피 묻는 대나무가 솟아나 뭇 사람의 귀감이 되었으며 충정공의 절개는 정몽주보다 높다는 게 '혈죽가'의 내용이다. 이 후 〈혈죽가 拾絕〉등 애국충정과 나라 잃은 통한의 심경, 국토회복을 위한 호소, 왜적에 대한 궐기 촉구, 친일 매국노에 대한 비판, 국민들에 대한 경각심 고취 등의 내용들을 주제로 한 시조가 꾸준히 발표되었다.

끝구가 생략된 것은 이 시기 시조창을 의식한 것으로 본다. 시조창은 끝구를 생략하기 때문이다. 고시조의 마지막을 장식한 이세보의 시조에서도 종구가 생략된 것이 많다. 그래서 대구여사도 그 영향을 받은 것으로 본다. 이 후 개화시조가 거의 끝구가 생략된 것으로 나타난다. 이러한 현상도 이 시기 시조형태의 변형이며 흐름인 것으로 본다. 이 시기 발표된 몇 작품을 살펴보자.

> 삼천리 돌아보니 천부금탕(天府金湯) 이 아닌가
> 편편옥토(片片沃土) 우리강산 어이차고 남줄손가
> 차라리 이천만중(二千萬衆) 다 죽어도 이 강토(疆土)를.
>
> (작자미상, 자강력: 대한매일신보 · 제965호 1908.4.24)

> 꽤 많은 송사리 흐응 병어 준치 흥
> 日長을 갈희여 회쳐 먹을까 아
> 어리화 좋다 흐응 지화자 좋구나 흥.
>
> (不知者:대한매일신보.제1034호.1909.2.15)

> 날더워 오니 흐응 회냄새 난다 흥
> 썩어진 일지회(壹進會) 불수산(佛水散) 먹여라 아
> 어리화 좋다 흐응 良民이 되여라 흥.
>
> (해산약(解散藥).대한매일신보 · 제1029호 1909.2.21)

> 왜 나왔나 왜 나왔나 다 죽으러 왜 나왔나
> 범 모르는 너의 종자 뉘 덕으로 살아나리
> 영전에 미리 알아 예방할 줄 왜 모르나
>
> (보통생, 「왜 나왔나」.대한매일신보.1909.4.24)

> 이 몸이 죽자하니 국가사를 누 맛기며
> 이 몸이 사쟈하니 저 꼴들을 엇찌볼까
> 하리라 이 몸이 사생간에 국가사만
>
> (영은생(瀛隱生), 「하리라」, 대한매일신보 제1368호.4.23.)

요즈음 얼굴 없는 네치즌들 못지않은 현실비판이고 인신공격이다. '이천만이 다 죽어도 이 강토를 지켜야 한다'고 호소하기도 하고, 일진회를 통렬히 비난하며 그 중심에선 송병준을 송사리 병어 준치로 비유하며 회를 쳐서 먹자고 한 것 등은 비록 익명으로 발표하긴 했지만 민중의 정서를 표출하여 신문에 실릴 수 있었고 당시 여론을 표명할 수 있었다는 것에 경이롭고 치하할 만하다. 그러한 참여시가 창작되어 발표되었다는 사실만으로도 민중의식을 대변할 수 있었다. 그러한 정신이 투철했기에 그 후 독립운동도 가능했고 면면히 이어졌다고 본다.

청포도

이육사

내 고장 칠월은
청포도가 익어 가는 시절

이 마을 전설이 주저리주저리 열리고
먼데 하늘이 꿈꾸며 알알이 들어와 박혀

하늘 밑 푸른 바다가 가슴을 열고
흰 돛 단 배가 곱게 밀려서 오면
내가 바라는 손님은 고달픈 몸으로
청포를 입고 찾아온다고 했으니

내 그를 맞아, 이 포도를 따 먹으면
두 손은 함뿍 적셔도 좋으련

아이야, 우리 식탁엔 은쟁반에
하이얀 모시 수건을 마련해 두렴.

작자가 꿈꾸는 이상향이기도 하고 실재 고향 마을의 풍경일 수도 있다. 그러나 시대적 배경을 염두에 둔다면 작자가 꾸꾸는 이상향이 더 가깝다. 얼마나 평화로운 고향마을의 전경인가. 포도가 알알이 익어가듯이 마을의 아름다운 전설도 함께 익어가고, 꿈꾸며 기다리는 청포 입은 손님을 맞아 마음껏 평화를 누리고 싶은 시이다. 여기서 청포 입은 손님은 평화를 상징하는 말로 '해방의 기쁨' 또는 '그 소식을 안고 올 선견자'일 수도 있다.

빼앗긴 들에도 봄은 오는가

이상화

지금은 남의 땅- 빼앗긴 들에도 봄은 오는가.
나는 온 몸에 햇살을 받고

푸른 하늘 푸른 들이 맞붙은 곳으로
가르마 같은 논길을 따라 꿈속을 가듯 걸어만 간다.
입술을 다문 하늘아 들아
네가 들었느냐 누가 부르더냐
답답해라 말을 해다오
바람은 내 귀에 속삭이며
한자욱도 섰지마라 옷자락을 흔들고
종다리는 울타리 넘어 아가씨 같이 구름 뒤에서 반갑다 웃네
고맙게 잘 자란 보리밭이
간 밤 자정이 넘어 내리던 고운 비로
너는 삼단 같은 머리털을 감았구나
내 머리조차 가쁜하다
혼자라도 기쁘게 나가자.
마른 논을 안고 도는 착한 도랑이 먹이 달래는 노래를 하고
저 혼자 어깨춤을 추고 가네
나비 제비야 깝치지 마라
맨드라미들과 꽃에도 인사를 해야지
아주까리 기름을 바른이가 지심 매든 그 들이라
다 보고 싶다.
내 손에 호미를 쥐어다오
살찐 젓가슴과 같은 부드러운 이 흙을 발목이 시도록 밟아도 보고
좋은 땀조차 흘리고 싶다.
강가에 나온 아이와 같이
짬도 모르고 끝도 없이 닿는 내 魂아
무엇을 찾느냐 어디로 가느냐 우스웁다 말을 하려므나
나는 온 몸에 풋내를 띠고
푸른 웃음 푸른 설움이 어울어진 사이로
다리를 절며 하루를 걷는다
아마도 봄 신명이 잡혔나 보다
그러나 지금은 들은 빼앗겨 봄조차 빼앗기겠네

4) 인생의 진실, 그 내면의 세계를 표현

공자는 '시를 배우지 않으면 할 말이 없다. 마치 담을 맞대고 서 있는 것과 같다'고 하여 인생에서 시의 필요성을 말했다. 사실 공자는 음악과 함께 시를 사랑했다. 그러기에 그는 그 때까지 전국에 흩어져 있던 시를 모아 그 중에서 305편을 선택하여 〈시경〉을 편집한 것이다. 그것이 최초의 동양의 시집이기도 하다.

인생의 본질이나 진실은 다양한 현상 속에 가려져 있어 실체를 잘 모른다. 그러므로 마음의 눈, 영혼의 눈을 떠야 시를 쓴다. 시적 공간은 시인의 상상력에 의해서 형성되며 그 허구적 공간으로부터 진실을 끌어내야 한다.

그루터기(情)

이인자

세월을 얹고 있는 머리카락 사이로
남겨진 분신처럼 눈 같은 사랑이여
굽은 뼈 마디마디에 빈 바람을 품었네.

고명딸 육남매 중 말없이 품에 안고
하늘 별 풀꽃이름 하나하나 불러주며
나직이 노래하시던 고운 눈빛 닮고파

잔가지 부러질까 허리 굽은 나무처럼
저승꽃 핀 얼굴로 눈물감춘 애틋한 맘
후미진 골목길에서 돌아보고 또 보고.

– 한국시조시인협회 연간집(2004)에서 –

위의 시는 자식을 향한 어버이의 애틋한 사랑이 그 자식에게 다시 애틋하게 다가오는 작품이다. 육남매 중 고명딸이니 얼마나 귀여울까. 말없이 품에 안고 별자리 이름이며 풀꽃 이름을 하나하나 불러주시며 나직이 노래해 주시던 그 고운 눈빛을 어찌 잊을 수 있으리. 닮고 싶은 그 사랑스러운 눈길을-. 곁에 두지 못하고 출가시킨 그 고명딸이 못내 걱정이 되고 안쓰럽기만 하여 다녀가는 그 골목길에서 돌아보고 또 돌아보는 어버이의 마음을 시적자아 또한 어버이 못지않게 안타까이 돌아보고 또 돌아보며 발길을 옮기는 모습이 행간에서 맴돈다.

눈물

김현승

더러는
옥토에 떨어지는 작은 생명이고저…
험도 티도

금가지 않은
나의 전체는 오직 이뿐!
더욱 값진 것으로
드리라 하올 때
나의 가장 나아종 지닌 것도 오직 이뿐
아름다운 나무의 꽃이
시듦을 보시고
열매를 맺게 하신 당신은
나의 웃음을 만드신 후에
새로이 나의 눈물을 지어 주시다.

오로지 깊고 진실한 믿음 안에서만 나올 수 있는 '눈물'의 의미이다. 시적자아의 마음의 눈, 영혼의 눈으로 표출한 '눈물의 의미'는 진리를 깨달아 나아가는 신실한 신앙인의 모습이다. 눈물의 의미조차도 만물을 창조하신 창조주께 그 의미를 돌리는 고귀한 믿음이다. '아름다운 나무의 꽃이 시듦을 보시고 열매를 맺게 하신' 자애로운 그 분은 다시 '웃음을 만드신 후에' 새로이 '눈물의 의미'를 알게 하신 분이다. 그것은 웃음보다 눈물이 더 귀하기 때문이다. 웃음보다 눈물이 진실로 순수하고 귀한 마음의 표출이기 때문이다.

2. 창작의 길

1) 다양한 문학 체험

시, 소설, 수필, 수상록 등등 작자의 체험, 사고, 감정, 인격 사상 등의 총체적인 것과의 만남으로 새로운 세계를 접할 수 있다. 인생을 우리가 실재적으로 많은 것을 체험할 수 없기 때문에 우리는 문학 속에서 간접경험을 통하여 많은 것을 배우고 익히고 체험한다. 시를 쓴다고 해서 시집만 읽으면서 시작을 한다면 사고의 폭이 좁아진다. 소설을 읽으면서 또 다른 인생을 체험하고, 상상의 날개를 펼치고, 수필이나 수상록을 읽으면서 저자의 인격과 사상을 배우며, 어휘를 넓히고 다듬어진 문장 표현을 닮을 수 있다.

좋은 시를 쓰기 위한 기초로서 독서체험을 풍부하게 가져야 하는 것은 시 창작의 필수조건이다. 독서체험은 실제의 체험에 못지않게 중요한 의미를 지닌다. 그것은 단순히 다른 사람의 글을 읽는 행위가 아니다. 그것은 글쓴이의 체험, 사고, 감정, 인격, 사상 등의 총체적인 것과의 만남이다. 거기서 새로운 세계를 접해 볼 수 있는 계기가 된다. 실제로 한 개인이 경험하고 부딪치는 세계의 폭은 좁고 한정되어 있다. 이를 뛰어 넘을 수 있는 길은 독서이다. 독서는 개인의 정신세계를 살찌우고 삶을 풍요롭게 한다. 또 그것은 사물을 보는 방법이나 시각을 다양하게 만들고 사고를 깊게 한다. 동시에 그것은 개인이 가진 기존의 체험을 새롭게 인식할 수 있는 계기를 마련해주기도 한다. 거기서 창작의 싹이 트기도 한다.

특히 문학경험은 시 창작에 있어 매우 중요하다. 어떤 소설이나 시를 읽고 감동을 받았을 때 자신도 그와 같은 작품을 쓰고 싶다는 강한 충동을 느낀다. 이러한 충동이 창작의 씨앗을 만들기도 한다. 타인의 작품을 읽는 동안 자기의 내면에 감추어져 있거나 잊혀졌던 무수한 생각과 감정들이 분출되기도 하여 막혔던 창작의 길을 트기도 한다. 또 무수한 작품을 접해 봄으로써 훌륭한 작품을 볼 줄 아는 안목을 기르고 자기 작품에 대한 객관적인 평가도 가능해진다.

2) 깊고 풍부한 사고

우리는 살아가면서 많은 것을 경험한다. 일상적인 사람들과의 접촉에서부터 책을 통하여, 여행을 통하여 기타 여러 가지 인생 경험을 통하여 많은 것을 알고 생각하게 된다. 그러면서 사고의 힘은 길러진다. 인생관이 밝아지고 철학관이 열리며 인생과 세상과 우주를 바라보는 안목도 생긴다. 이러한 깊고 풍부한 사고(思考)는 창작의 바탕이며 밑천이다. 창조성과 개성의 근원은 사고에서 나온다. 자기만의 고유한 생각이 개성을 만들어 내고, 창조적인 글쓰기의 핵심을 형성한다. 그러므로 글은 그 사람의 인격을 반영하고, 사물에 대한 새로운 깨달음과 진실을 발견한다.

열매 몇 개

고 은

지난여름 내
땡볕 불볕 놀아 밤에는 어둠 놀아
여기 새빨간 찔레 열매 몇 개 이룩함이여.
옳거니! 새벽까지 시린 귀뚜라미 울음소리
들으며 여물었나니.

작고 보잘 것 없는 한 생명체의 탄생에서 성숙까지의 과정을 통해 시인은 그것이 환기(喚起)하는 모든 생명체들에 대한 경이로움과 소중함을 느낀다. 거기서 우리의 삶 또한 이와 다를 바 없다는 자연의 섭리까지 깨닫게 한다. 그것은 객체마다 지닌 진실함과 그 내적 아름다움과 가치를 찾아내어 사물을 넓고 깊게 보는 사고의 깊이에서 출발한다.

빛

이정자

빈 땅에 줄을 그어 새길 열어 나아가고
구름을 걷어내고 하늘 길도 가득 채워
조용히 등 뒤로 와서 길을 가라 비추지.

어느 땐 소리 없이 앞 서 가며 길을 열어
멈췄던 길도 다시 돌아보며 생각타가
하늘을 지렛대 삼아 좇아가는 길이 있지

위의 시 '빛'은 중의적인 시어이다. '빛'과 '인도자'의 역할을 지닌 의미로 운용되었다. 빛의 무한성과 길의 다양성을 생각할 수 있다. 빛은 어디든 비춘다. 해의 길을 따라 음지가 양지 되고 양지가 음지도 된다. 직접 비추지 않더라도 빛의 영향력은 매우 크다. 밤과 낮의 차이이다. 빛은 물과 함께 생명의 근원이 되고 그 생명을 키워 나간다. 그 빛이 등 뒤로 조용히 와서 길을 비추며 인도자의 역할을 한다. 이때의 빛은 마음까지 비추는 길의 안내자로 믿음의 대상이기도 하다. 그 안내자는 때로는 앞에서 길을 열어주기도 한다. 인생길을 가다가 멈추어 설 때도 있다. 그리고 뒤돌아 볼 때도 있다. 그럴 때 믿음(하늘)은 지렛대가 되어 앞으로 나아가게 하는 원동력이 되기도 한다.

이렇게 사고는 창작의 보고이고 근원이 된다. 사고를 통한 시인의 고유한 생각이 개성을 만들어 내고, 시창작의 핵심을 이룬다. 그러므로 시는 그 사람의 인격을 반영하고, 시인의 인생과 철학까지도 나타난다. 시인은 시 창작을 통하여 사물에 대한 새로운 깨달음과 진실을 발견하기도 하여 시인의 마음은 언제나 풍성하다.

'사고'는 창작의 바탕이며 밑천이다. 시 창작은 어떠한 것보다도 자신을 표현하는 일이며, 개성과 독창성을 발휘하는 창조적인 예술이다. 똑같은 사물을 보더라도 각자가 느끼는 것이 다른 것은 그 품고 있는 생각이 다르기 때문이다. 이렇게 각자가 구별되는 자기만의 고유한 생각이 한 인간의 개성을 만들어 내고 창조적인 글의 핵심을 형성해 내는 것이다. 그래서 뷔퐁(buffon, georges-louis de, 1707-1788)은 “글은 곧 그 사람이다”라고 했다. 이것은 곧 글은 작자의 정신과 인격 등의 총체적인 모습을 드러나게 해준다는 것이다.

이러한 사실은 시 창작에서도 마찬가지다. 시의 차이는 ‘사고’의 차이에 따라서 결정된다. 사물과 세계에 대한 통찰이 달라지고 시의 성패가 좌우된다. 시 창작에서 사고란 어떤 심오하고 거창한 사상을 의미하는 것은 아니다. 다만 그것은 자기 삶과 주변의 사물들에 애정을 갖고 거기에서 새로운 깨달음과 진실을 발견하도록 하는 생각의 힘을 의미하는 것이다.

3) 반복되는 습작

시는 철저한 연습을 통한 언어와의 싸움이며 문장과의 갈등이다. 워즈워드가 ‘최상의 언어를 최상의 순서로 늘어놓은 것이 ‘시’라고 했듯이 준엄하고 치열한 언어 의식을 갖고서 시 창작에 임해야 한다. ‘위대한 작가는 태어나는 것이 아니라 만들어 진다’는 것은 그만큼 습작의 수련이 요구된다는 말이다. 끊임없이 쓰고 또 쓰고, 고치고 또 고치는 퇴고의 과정을 거치면서 한 편의 시가 창작되는 것이다. 퇴고의 유래를 갖게 한 賈島(가도)가 글자 한자 곧 推(퇴)로 할 것인가 敲(고)로 할 것인 가를 두고 고민했듯이 말이다.

위에서 밝혔듯이 워즈워드는 “최상의 언어를 최상의 순서로 늘어놓은 것이 시”이라 했다. 시는 어떠한 장르보다도 준엄하고 치열한 언어의식을 요구한다. 부단한 노력 없이는 제대로 된 표현을 할 수 없다. 이러한 노력은 비단 시 창작에만 국한되는 것은 물론 아니다. 어떠한 분야이든 거기에서 프로가 되려면 자기와의 싸움과 수련은 필수적인 것이다. 누구나 한 가지 재주를 갖고 태어난다고 한다. 그러니 저마다 타고난 재능이 있다는 말이다. 그러나 그 능력을 계발하지 않으면 스스로 솟아나지는 않는다. 그냥 묻혀 버리고 만다.

‘천재는 99%의 노력’이라고 한 에디슨의 말이 있듯이 어느 분야든 각고의 노력과 수련을 통해서만 자기만의 재능과 독창성도 발견할 수 있다. 실제로 위대한 예술적 성취를 이루고 이름을 빛낸 사람들이 남다른 자기 노력을 기울인 일화들을 쉽게 찾아볼 수 있다.

물독과 연못에 얽힌 일화를 남긴 왕희지(王羲之)라든지 습작시절에 버린 파지가 자기키를 넘었다는 일화가 전하는 에밀 졸라라든지 소동파가 적벽부를 지으며 버린 파지가 수레에 넘친다는 일화 등은 그들의 위치가 되기까지 각고의 노력과 수련이 있었다는 이야기이다. 어느 분야든 피나는 노력을 한 사람만이 승리하기 마련이다. 좋은 시를 창작하는 것도 마찬가지이다. 오직 쓰고 또 쓰는 습작에 의한 수련만이 있을 뿐이다.

4) 과학자의 눈

사물을 관찰하는 예지를 가져야 한다. 상투적인 인식에서 벗어나 마음의 눈을 집중시켜서 사물에 대한 숨겨진 비밀을 캐내어 그 의미를 드러나게 한다. 플로베르는 '한 개의 모래알도 똑 같지 않을 정도로 정확하게 묘사하라.'고 했다. 그만큼 관찰력을 가지라는 의미이다.

우리는 평범한 사물이나 현상도 애정을 갖고 관찰을 해보면 전에는 알지도 느끼지도 못했던 뜻밖의 사실이나 모습을 발견하는 경우가 있다. 적어도 시인은 자기 주변의 현상들을 주의 깊게 볼 줄 아는 애정 어린 관찰의 눈을 갖고 있어야한다.

플로베르(Flaubert, Gustave, 1821-1880)는 관찰의 중요성을 강조했다. 그가 '한 개의 모래알도 똑같지 않을 정도로 묘사하라'는 것은 그만큼 사물을 정확하게 관찰하라는 말이다. 이런 플로베르를 스승으로 모시고 글쓰기를 배운 사람이 바로 모파상(Maupassant, Guy de, 1850-1893)이다.

이들 스승과 제자에 얽힌 일화 또한 관찰의 중요성을 일깨워 주는 이야기이다. 모파상은 자신의 표현력에 부족함을 느끼고 플로베르에게 표현의 비법을 물었다. 그러자 그는 "날마다 자네 집 앞을 지나가는 마차를 관찰하고 기록해 보게나. 글쓰기에 가장 좋은 연습이 될걸세." 했다. 모파상은 스승의 말에 따라 마차를 관찰해 보았지만 별다른 변화도 흥미도 없었다. 단조롭고 따분해서 관찰할 필요조차 느끼지 못했다. 그래서 스승에게 가서 자기의 생각을 말했다. 그 때 플로베르는 모파상에게 다음과 같이 지적하였다.

"관찰이야말로 훌륭한 글쓰기의 연습인데 어째서 쓸모없다고 생각하는가? 자세히 살펴보게나. 개인 날에는 마차가 어떻게 가며 비오는 날에는 어떻게 가며 어떤 모습인가를 살펴보게나. 또 오르막길을 오를 때는 어떻고, 마부의 표정도 살펴보게나. 일기의 변화에 따라 어떻게 변화하는지도 살펴보게나. 결코 단조로운 것이 아닐걸세."

그 후 플로베르는 모파상이 원고를 가지고 올 때마다 더욱더 관찰하는 눈을 갖출 것을 요구하고 모파상은 끊임없는 글쓰기를 연습함으로써 후에 명작을 남길 수가 있었다는 이야기이다.

중국의 유명한 서예가 왕희지 또한 새로운 운필법을 창안 할 수 있었던 것은 그의 관찰력에서 온 것이라는 것도 잘 알려진 이야기이다. 과학자의 이야기는 차치하고라도 관찰이야말로 새로운 것을 발견할 수 있는 가장 좋은 방법이다. 개성과 독창성을 중시하고 새로움을 창조해 내는 것을 생명으로 하는 시 창작에서는 아무리 이것을 강조해도 지나침이 없을 것이다.

소 금

조주환

푸르게 살아 끓던 피와 살은 다 빠지고
조각난 유리 같은 저 투명한 물의 뼈가
마지막 지상에 남아
혼의 불로 타고 있다.

물에도 뼈가 있을까? 바닷물은 뼈가 있다. 소금의 결정체가 바로 바닷물의 뼈인 셈이다. 가장 오래도록 남아있는 것이 뼈이다. 수백 년이 지나도 남아있는 부처님 사리(舍利)도 뼈의 결정체이다. 성경에 의하면 육체는 흙으로 만들어져 죽으면 흙으로 돌아가고 영은 하나님의 기를 불어 넣어 생영이 되었음으로 영은 본향인 하늘나라로 간다. 육체가 흙으로 돌아가도 가장 오래도록 지상에 남아 있는 것은 역시 뼈이다. 그래서 가문을 따질 때 조상의 이름과 함께 뼈대 있는 집안 이란 말이 나온다.

시인은 소금을 보는 데도 그냥 짠맛을 내는 조미료로 보지 않았다. 보통 지나쳐 버릴 수도 있는 일상에서 아침저녁으로 먹고 보는 이 '소금'에 접해서도 이를 관조의 대상으로 삼아 소금의 일생을 더듬어 본다. 소금은 넓고 넓은 푸르른 바다에서 형체도 없이 다만 맛으로만 그 존재를 확인하며 어디 걸릴 것 없이 자유로이 살았다. 그러다 해풍에 의해 염전으로 유입되어 염부의 손을 거쳐 따가운 햇볕을 받으며 온몸을 수없이 닦고 또 닦으며 굴리고 또 굴리는 과정을 겪는다. 이러한 인고의 시간을 보낸 후 티 없이 곱고 깨끗한 하얀 결정체로 태어난다. 이러한 과정까지를 새기고 관찰하여 시적자아는 '푸르게 살아 끓던 피와 살은 다 빠지고/조각난 유리 같은 저 투명한 물의 뼈가/마지막 지상에 남아/혼의 불로 타고 있다.'란 한 편의 시예술로 승화시켰다.

이러한 소금도 만들어지는 여건에 따라 그 모양과 색상 맛이 다양하다. 곧 기후와 바닷물의 깊이와 색깔, 햇볕의 양, 계절에 따라 그 가치가 결정된다. 일반적으로 소금은 검은색 바닥의 염전에서 바람이 없는 맑은 봄날에 만든 것을 좋은 것으로 간주한다. 이때 만들어진 소금은 은백색으로 물기가 적으며 알갱이가 큰 형태이다. 이러한 소금은 중금속과 노폐물을 산화시키고 혈관속의 각종 세균들을 소독해주는 역할을 한다. 또한 응고된 피를 풀어주고 혈액순환을 돕기 때문에 머리가 맑아진다. 이러한 귀한 소금이니 충분히 시의 대상이 되어 언어예술로 승화하여 길이길이 기릴만하다.

풍 장

황동규

땅에 떨어진
아무렇지도 않은 물방울
사진으로 잡으면 얼마나 황홀한가?
(마음으로 잡으면)
순간 튀어 올라
왕관을 만들기도 하고
꽃밭에 물안개로 흩어져
꽃 호흡기의 목마름이 되기도 한다.
땅에 닿는 순간
내려온 것은 황홀하다

익은 사과는 낙하하여
무아경으로 한 번 튀었다가
천천히 굴러 평안히 눕는다.

땅에 떨어진 물방울을 보고 이렇게 황홀한 생각을 할 수 있을까? 이렇게 다양한 모양을 만들 수 있을까? 떨어지는 사과를 보고 무아경을 느끼고 평안히 눕는 작자의 평화로운 마음을 읽는다. 이렇게 시인은 사물을 보되 마음으로 읽고, 마음으로 보고, 마음으로 상상하여 언어로 승화시킨다. 작은 사물 속에 깃들인 큰 세계, 큰 의미들을 놓치지 않고 끄집어내어 그것을 시어로 표출해 내는 힘이다. 주변을 한번 둘러보자. 마음의 눈으로 사물들을 찬찬히 들여다보면 거기에는 평소에는 보지도 느끼지도 못한 무엇인가가 숨어있는 것을 발견하게 될 것이다.

풀잎 끝 파란 하늘이

박 종 대

풀잎 끝
파란 하늘이
갑자기 파르르 떨었다

웬일인가
구름 한 점이
주위를 살피는데

풀잎 끝
개미 한 마리
슬그머니 내려온다.

– 박종대 시집『눈 맞추기 놀이』에서

시인의 대단한 관찰력이다. 그냥 지나쳐 버릴 수 있는 미세한 부분을 시인이 발견한 것이다. 바로 과학자의 눈이다.

어린 시절 어머니 심부름으로 아침 찬거리를 위해 가지랑 고추를 따러 텃밭에 가면 이슬이 발을 적시곤 했다. 그 때 풀잎 끝에 맺힌 이슬방울 속에는 하늘이 있고 구름도 있었다. 이슬에 젖은 개미도 있었다. 위 시를 읽으면서 바로 그 때가 떠올랐다.

풀잎 끝 파란 하늘이 갑자기 파르르 떨고 있다. 왜일까? 주위를 살펴본다. 풀잎 끝에서 개미 한 마리가 내려오고 있다. 바로 '너였구나'하고 시인은 말했으리라.

5) 대상을 향한 포용력

시인은 어머니의 가슴으로 세상과 사물을 넉넉하고 깊게 포용할 줄 알아야 한다. 생명이 지닌 상처들을 감싸 안고 포용하는 푸근한 마음을 갖는다. 그래서 시를 쓰는 사람은 악한 사람이 없다고 한다.

대지에
발을 꽂고 생명의 근원 찾아
겸손히 몸 낮추며 길을 열고 헤쳐나가
든든한 집을 만들어
연의 가지 엮어간다.

그 가지
새잎 나서 풍성하게 옷을 입고
가을 날 채색하여 바람 따라 떠나가도
나무는 버티고 서서
하늘아래 넉넉하다.

한 평생
사는 동안 뻗어가고 뜻을 펼쳐
잔가지 잎새 내고 풍성하게 이어가서
한 그루 넉넉한 나무로
꿈을 주고 싶어라.

– 이정자, 한 그루 넉넉한 나무로 –

첫 수는 나무의 생태를 형상화하였다. 곧 대지에 뿌리를 내리고 생명의 근원인 물길을 찾아 든든한 한 그루의 나무로 자라나는 모습이다. 둘째 수에서는 든든한 가지가 뻗어나가 새잎을 내어 여름동안 풍성한 그늘을 주다가 가을날 단풍이 들어 낙엽으로 떨어지더라도 그 나무는 그 자리에 버티고 서서 또 다시 피어날 꿈을 안고 새봄을 준비하고 기다리는 나무의 모습을 형상화 했다. 이러한 나무의 생태에서 시적자아는 인생의 꿈을 새긴다. 한 평생 사는 동안 나무가 뻗어가고 잎도 내고 열매를 내듯이 시적자아도 뻗어가고 뜻을 펼쳐 꿈을 나누어 주고자 하는 소망을 담아 한 편의 시로 표출했다.

이렇게 시인은 세상과 사물을 바라보며 그 생명이 지닌 생태까지도 어머니의 마음으로 감싸 안고 포용하는 푸근한 마음을 갖는다. 위의 시(詩)도 어머니(부모)가 한 가정을 이루고 자식을 길러 떠나보내는(결혼) 마음과 떠나보내어도 부모는 그 자리에서 자식을 바라보며 풍성한 꿈을 주고 싶은 마음이 담겨 있다. 또 이는 제자를 향한 스승의 마음이기도 하다.

다음의 시 한 편을 더 보자.

어린 것

나 희 덕

어디서 나왔을까 깊은 산길
갓 태어난 듯한 다람쥐새끼
물끄러미 나를 바라보고 있다

그 맑은 눈빛 앞에서
나는 아무 것도 고집할 수가 없다
세상의 모든 어린것들은
내 앞에서 눈부신 꼬리를 쳐들고
나를 어미라 부른다
괜히 가슴이 저릿저릿한 게
핑그르르 굳었던 젖이 돈다
젖이 차올라 겨드랑이까지 찡해오면
지금쯤 내 어린 것은
얼마나 젖이 그리울까
울면서 젖을 짜 버리던 생각이 문득 난다
도망갈 생각조차 하지 않는
난만한 그 눈동자,
너를 떠나서는 아무데도 갈 수 없다고
갈 수도 없다고
나는 오르던 산길을 내려오고 만다
하, 물웅덩이에는 무사한 송사리떼

다람쥐 새끼를 보고도 젖이 도는 시적자아의 모성애는 생명을 향한 특히 어린 것에 대한 뜨겁고도 깊은 사랑이다. 직장인이라면 한 번 쯤 경험함직한 언술들이다. 아기가 생각나 눈시울을 적시면서 양호실에서 남 몰래 젖을 짜버리던 생각, 어미를 찾는 저 어린 생명, 다람쥐가 나의 어린 것으로 다가온다. 그 맑은 눈빛 앞에서 무엇을 어떻게 하랴. 순수 무구 그 자체로 돌아가게 마련이다. 이것이 생명을 향하고 자연을 향한 시인의 마음이다. 이러한 따뜻한 가슴으로 모든 사물을 바라보고 안아 보는 영원한 모성이 시인의 마음이다.

6) 자연은 보고(寶庫)

자연은 생명의 근원이며 원형이며 모태이다. 자연 속에서 우리는 많은 것을 배우고 익힌다. 자연은 심성을 순화시키고, 감성을 풍부하게 하여 인생을 윤택하게 하는 보고(寶庫)인 동시에 시의 자료를 제공하는 보고(寶庫)이기도 하다.

알렉스 프레밍거는 『시학사전』에서 '자연이야말로 문학의 진실성을 가늠하는 기준이며 시학의 개념'이라했다. 시는 생명의 노래이며, 생명의 발현이고 소망이다. 조지훈은 시를 가리켜 '시인이 창조한 제2의 자연'이라고도 했다. 그래서 예로부터 시인들은 자연의 아름다움을 노래하고 그 아름다움 속에서 인생을 말하고, 인생을 노래하기도 한다.

오우가

윤선도

내벗이 몇이나 하니 수석과 송죽이라
동산에 달오르니 긔더욱 반갑고야
두어라 이 다섯밖에 또 더하여 무엇하리

「오우가」는 산중신곡(山中新曲)의 마지막에 있는 작품으로 고산 56세 때의 작품이다. 이것은 영덕 유배지로부터 귀향하여 금쇄동에서 자연을 즐기며 생활하던 때에 창작된 것이다.

위 시조는 오우가의 서수이다. 서수는 오우의 소개와 이에 만족감을 나타내었다. 시적 자아의 벗은 '물과 돌, 소나무와 대나무, 그리고 동산에 떠오르는 달'이다. 이 다섯이면 벗으로서 족하지 않는가. 또 더 누구를 벗으로 구하겠는가. 이 다섯이면 벗으로서 충분하고 만족하다고 했다. 이렇게 서수는 자연 속에 살고 있는 시적자아의 자연애와 관조의 표백이다. 세속을 떠나 오직 산수간에서 자연을 벗하여 자연을 사랑하고 자연과 더불어 생활하는 시인의 심경을 담아냈다. 이렇게 시인은 자연의 아름다움을 노래하고 그 아름다움 속에서 자연을 상탄하되 그 가운데 인생을 말하고, 인생을 노래한다.

고산이 말한 다섯 벗은 지면에서의 물과 바위 지상에 서 있는 소나무와 대나무 그리고 천상의 달이다. 곧 천지간에 있는 대자연이다. 물은 그치지 않아서 좋고, 바위는 풍우설상에서 굳건히 견뎌내어 변치 않아서 좋고, 소나무는 사철 푸르러 좋고, 대나무는 사철 푸르면서도 속이 비어 절개와 욕심이 없어 좋다. 마지막으로 달은 밤중에 일어나는 모든 것을 보고도 말을 하지 않아서 더욱 좋다. 곧 부단(不斷)의 성격을 가진 물과 불변의 성격을 가진 바위와, 불굴의 성격을 가진 소나무와 불욕의 성격을 가진 대나무, 그리고 무언의 인격자로 표출된 달의 이미지는 곧 시적자아가 벗으로 삼고자 하는 인간상이다.

이 부단(不斷) 불변(不變) 불굴(不屈) 불욕(不欲) 불언(不言)으로서의 수·석·송·죽·월(水石松竹月)의 고유 가치는 동(動)을 부정한 정(靜)적인 존재로 시적자아가 벗으로 삼고자 하는 인간상이다. 다음에서 모두 감상해보자.

구름빛이 좋다하나 검기를 자주한다
바람소리 맑다하나 그칠 적이 하노매라
좋고도 그칠때 없기는 물 뿐인가 하노라

꽃은 무슨일로 피면서 쉬이지고
풀은 어이하여 푸르다가 누르는가
아마도 변치 않을 손 바위 뿐인가 하노라

더우면 꽃이 피고 추우면 잎이 지거늘
솔아 너는 어이하여 눈서리를 모르느냐
구천에 뿌리 곧은 줄 그로하여 아노라

나무도 아닌 것이 풀도 아닌 것이
곱기는 뉘 시키며 속은 어이 비었는가
저러고 사시에 푸르니 그를 좋아 하노라

작은 것이 높이 떠서 만물을 다 비추니
밤중의 광명이 너만 한 이 또 있으랴
보고도 말 아니하니 내 벗인가 하노라.

이렇게 자연은 시인의 관조의 대상이 되어 자연미에서 예술미로 창조되고 승화된다. 다음은 현대시조 한 편을 감상해보자.

달맞이꽃

우숙자

텅 비인 가슴 안이 몇 만 리 꿈이 더냐
신부의 수줍음을 진종일 늙히다가
달빛이 고이는 소리 분명해진 약속이여.

위 시는 달맞이꽃에 얽힌 유래와 꽃말을 시적자아의 정서와 매치시켜 형상화한 작품이다. 달맞이꽃(Oenothera odorata)은 남아메리카의 칠레가 원산지인 귀화식물이다. 꽃이 아침부터 저녁까지는 오므라들었다가 밤이 되면 노란꽃잎들이 활짝 피어나기 때문에 밤에 달을 맞이하는 꽃이라 해서 '달맞이꽃'이란 이름이 붙여졌다. 여름이면 냇가나 들녘에서 군락을 이루며 피어있는 것을 본다.

달맞이꽃에 얽힌 유래와 꽃말을 이해하면 위의 시는 자연스레 풀어진다.

그리스에 달을 사랑하는 님프(요정)가 있었다. 다른 님프들은 별을 사랑했는데 달을 사랑하는 님프는 별이 뜨지 않는 밤에 달과 사랑을 속삭이고자 했다. 달을 사랑하는 님프의 마음을 알아챈 다른 님프들이 제우스신에게 이 사실을 알렸다. 제우스신은 화가 나서 이 님프를 달도 없고 별도 없는 먼 곳으로 쫓아 버렸다. 이 사실을 전해들은 달의 신 아데미스는 쫓겨난 님프를 불쌍히 여겨 밤이면 높이 떠올라 그 님프를 찾아보았다. 하지만 이마저 싫어한 제우스신은 구름과 비로 하늘을 가려 달의 신이 님프를 찾을 수 없도록 방해하였다. 결국 달을 볼 수 없게 된 님프는 점점 여위어 끝내 병들어 죽고 말았다.

달의 신이 님프를 찾아냈을 때는 이미 님프는 숨을 거두었다. 님프가 숨을 거둔 그 자리에는 꽃 한 송이가 곱게 피어났다. 이 꽃이 바로 달맞이꽃이다. 애절한 마음으로 달을 따라 피는 꽃, 그래서 달맞이꽃의 꽃말은 '기다림'이다. 이러한 달맞이꽃에 얽힌 유래와 꽃말을 시적자아의 정서와 아울러서 표출해낸 작품이다. 이렇게 시인은 대상에 접하여 그 외피의 아름다움이나 속성뿐 아니라 그 대상에 얽힌 이야기나 내면에 숨겨진 의미까지도 찾아내어 거기에 시적자아의 서정을 더하여 한 편의 언어예술로 형상화하여 표출해 낸다. 그래서 시인은 언어의 집을 짓는 언어의 연금술사이다.

다음에는 자유시를 만나보자

나비

박 혜 숙

소금강 계곡에서 만난
나비 한 마리

여름은 저물어 가고
영글은 태양이
햇바람에 잘 빗질되어
검은 나비의 날개를
셀로판지처럼 반짝이니
나비의 날개 위에
한가로운 구름이 떠가고 있다.

오후의 한 순간

나비는 이름 모를 산꽃에 앉아
꿈을 꾸는 듯 미동도 없는데
아아, 莊子의 胡蝶夢이 이것일까.

나비가 나인양
내가 나비인양
거기 섰는 나도 숨을 죽이는데
알지 못할 풀벌레 소리 번쩍이며 쏟아져
어느 틈엔가
계곡의 차가운 물 속으로 숨어버린다.

위 시에서 독자는 자연에 몰입되어 있는 시인의 모습을 볼 수 있다. 소금강, 계곡, 나비, 햇바람, 구름, 풀벌레 등 시의 제재만 보아도 마음이 맑아지고 싱그러운 맛이 난다. 그 자연 속에서 꿈꾸는 양 미동도 하지 않는 나비의 모습은 곧 시인의 모습이 되고, 시인은 莊子의 호접몽에 잠겨 자연에 몰입된다. 운용된 시어 또한 모두가 자연 그대로이다. 이렇게 자연은 심성을 순화시키고, 감성을 풍부하게 하여 인생을 윤택하게 하는 宝庫(보고)인 동시에 시의 자료를 제공하는 곳간이기도 하다.

3. 시의 요소와 구성

1) 시의 요소

(1) 의미적 요소

① 말 뜻

사상과 정서가 담긴 말뜻(의미, 주제)이 있어야 한다. 사실을 보고하기 위한 말이 보통의 언어(통상어)라면, 느낌이나 태도, 해석을 나타내는 말을 시적인 언어, 곧 '미적 언어'라고 할 수 있다. 시의 언어는 사전에 기록된 객관적이고 개념적인 과학의 언어와는 다르다. 시의 언어는 함축적이고, 간접적이고 개인적이다.

시가 보통의 언어처럼 운용되었다하더라도 시에 있어서는 리듬과 이미지와 어조에 따라 그 의미가 보나 비약직이고 조직적이다. 그러므로 시의 언어는 언제나 리듬과 이미지와 어조가 유기적으로 관련됨으로써만 그 의미가 상승된다. 이것은 시를 줄글로 늘어놓으면 별 의미가 부여되지 않는 것을 보아도 알 수 있다. 관념시나 철학적인 시에서 중시한다.

노을에 서서

이정원

사위는 노을 자락
눈시울에 내려놓고
고갯마루 넘어가는
내 무게는 얼마일까
세월이
오두마니 앉아
지켜보는 저울 눈.

삶이란 꽃잎 같아
떨궈야만 여문다기
샘물처럼 솟는 생각
핏줄마다 채웠는데
이렇듯
빈 수레구나
꿈쩍 않는 저 눈금.

나이가 더해갈수록 노을을 바라보면 생각이 많을 것이다. 이제는 정계에서 물러나 있지만 그 분이 한 말이 생각난다. '지는 해가 서쪽 하늘을 황홀하게 물들이듯 인생의 마지막 시기를 그렇게 할 뜻'을 비친 내용을 신문에서 보았다.

위 시에서 시적자아는 노을에 서서 자신을 반추해 본다. 황혼의 고갯마루에서 내 무게를 재어보고, 꿈쩍 않는 저울눈에 실망을 한다. 하지만 그렇지 않다. 지나온 세월 동안 '샘물처럼 솟는 생각들을 핏줄마다 채웠으니' 차고 넘친 삶이다. 눈금이 기울지 않고 꿈쩍도 하지 않았으니 차고 넘친 무게이다. 성공한 삶이다.

귀천

천상병

나 하늘로 돌아가리라
새벽빛 와 닿으면 스러지는

이슬 더불어 손에 손을 잡고,
나 하늘로 돌아가리라
노을 빛 함께 단 둘이서
기슭에서 놀다가 구름 손짓하면은,
나 하늘로 돌아가리라
아름다운 이 세상 소풍 끝내는 날
가서, 아름다웠더라고 말하리라……

무소유, 무욕의 삶을 산 시인의 삶에 대한 달관과 죽음에 대한 새로운 의미를 부여하고 있다. 이 세상을 잠깐 살다가는 소풍 나온 나그네 인생으로 인식하는 시인의 모습에서 무소유의 삶을 살다간 시인을 이해할 수 있고 결국은 본토로 가는 삶이니 죽음도 기꺼이 맞이할 수 있는 것이다. 힘들게 살다간 이 세상 삶이었지만 그래도 '가서, 아름다웠더라고 말하리라……'는 아름다운 마음 그 순수함에 고개를 숙인다.

먼 훗날

김소월

먼 훗날 당신이 찾으시면
그때의 내 말이 잊었노라

당신이 속으로 나무라면
무척 그리다가 잊었노라

그래도 당신이 나무라면
믿기지 않아서 잊었노라

오늘도 어제도 아니 잊고
먼 훗날 그 때에 잊었노라

실제와 반대로 표현하는 것을 역설적 표현이라 한다. 역설적 상황은 가정적 표현으로 나타난다. 실제로는 먼 훗날이 오더라도 당신이 찾지 않으리라는 것을 알면서도 가정을 해 보는 데서 현실과는 괴리(乖離)가 있는 상황이 설정된다. 어떤 문제에 부딪혀 그 문제 자체를 해결할 수 없을 경우, 인간은 그것을 심리적으로라도 해결하려고 한다. 이 때 택하게 되는 길이 역설적 표현이다. 곧 가정을 설정해 보는 것이다. '만약에…'란 표현을 한다. 소월에게는 이러한 역설적인 표현이 시로 형상화되어 나타난다. 그것이 곧 「먼훗날」, 「진달래 꽃」 등이다.

진달래꽃

김소월

나보기가 역겨워
가실 때에는
말없이 고이 보내 드리우리다.

영변에 약산
진달래꽃
아름 따다 가실 길에 뿌리오리다.

가시는 걸음걸음
놓인 그 꽃을
사뿐히 지려 밟고 가시옵소서.

나보기가 역겨워
가실 때에는
죽어도 아니 눈물 흘리오리다

② 운율(rhythm)

운율이란 시문(詩文)에 나타난 음성적 형식으로 외형율과 내재율이 있으며 리듬이라고도 한다. 이것은 언어의 특수한 특징 곧 음성적 특징이 일정한 범위 내에서 일정한 유형에 따라 되풀이되어 나타나는 현상으로 일정한 박자와 반복 및 형태를 지닌다. 자유시는 내재율이 있고 정형시는 외재율이 있다. 곧 자유시는 밖으로 그 운율이 드러나지는 않지만 읽어보면 리듬이 나온다. 시조를 포함한 민요시나 민요조를 갖춘 시에서는 그 운율이 밖으로도 뚜렷이 드러난다. 곧 같은 음절의 반복이나 3·4 음절, 혹은 3·4·5(7·5)음절, 2·5·5(7·5)음절 등의 음절이 반복되어 읽으면 리듬이 저절로 나온다. 자유시는 외형적으로는 드러나지 않지만 읽으면 내적인 리듬감각을 탄다. 이러한 음악성은 특히 순수시에서 중요시 한다.

하여가

이방원

이런들 /어떠하며 //저런들/ 어떠하리
만수산 /드렁칡이 //얽혀진들 어떠하리
우리도 /이 같이 얽혀서 //백년까지 누리고져.

위의 시조에서 보듯이 빗금을 중심으로 3·4·3·4(7·7), 3·4·4·4(7·8), 3·5·4·4(8·8) 이렇게 같은 음절의 반복이 리듬을 타면서 율조를 이룬다.

청노루

박목월

머언 산 청운사
낡은 기와집

산은 자하산
봄눈 녹으면

느릅나무
속잎 피는 열 두 구비를

청노루
맑은 눈에
도는
구름

위 시는 2·3·4·5음절의 시어들로 구성되어 있다. 자유시이지만 리듬을 타면서 미적 감각이 다가온다.

③ 이미지

이미지(심상)가 있어야 한다. 일반적인 시어로서 나타내기 어려운 마음의 상태나 사물의 성질도 이미지를 사용하면 효과적으로 표현할 수 있다. 이미지 사용에는 直喩(직유, simile)보다는 隱喩(은유, metaphor)가 좋다. 이외에 象徵(상징, symbol)과 寓喩(우유, allegory)를 활용하기도 한다.

내마음

김동명

내 마음은 호수요
그대 노 저어 오오
나는 그대의 흰 그림자를 안고, 옥같이
그대의 뱃전에 부서지리라

내 마음은 촛불이오
그대 저 문을 닫아 주오
나는 그대의 비단 옷자락에 떨며, 고요히
최후의 한 방울도 남김없이 타오리다

내 마음은 나그네요
그대 피리를 불러주오
나는 달 아래에 귀를 기울이며, 호젓이
나의 밤을 새이오리다.

내 마음은 낙엽이오
잠깐 그대의 품에 머무르게 하오.
이제 바람이 일면 나는 또 나그네 같이, 외로이
그대를 떠나리다.

내 마음을 호수, 촛불, 나그네, 낙엽에 비유하여, 비유된 사물의 특성을 살려 이미지의 효과를 최대로 활용하여 시적자아의 마음의 상태를 아주 효과적으로 표현하였다.

④ 어조(말투)

시적 화자에 따라 시의 분이기가 달라진다. 곧 여성 화자냐? 남성화자냐? 직업이 무엇이며 어디에 사느냐? 에 따라 나타나는 시의 몸짓이라 보면 된다. 김소월과 한용운의 시의 여성화자는 여성의 가냘픔과 애절함을 나타내고, 김동환과 유치환의 시에서는 남성적인 강열함을 읽을 수 있는 것과 같은 것이다.

어조(語調)는 말 자체가 갖는 분위기도 있다. 침착한 어조가 있는가 하면 그렇지 못한 어조가 있다. 일본어 어조가 있고 중국어의 어조가 있으며 한국어의 어조도 있다. 그런가하면 경상도 어조가 있고 전라도 어조가 있으며 서울 어조가 있다. 외국어를 배울 때 들은 얘기다. "사랑을 속삭일 때는 불어가 부드러워 좋고, 무역을 거래할 때는 영어가 좋으며 싸움을 할 때는 약간 거칠게 들리는 독일어를 쓰는 것이 좋다"고 한다. 중국 여행을 하면 중국인은 시끄럽고 자기들끼리 꼭 싸우는 것 같이 말하는 것을 듣게 된다. 그런가 하면 우리나라 말도 경상도 사람들은 꼭 싸우는 것 같이 시끄럽다는 말을 듣는다.

이렇게 어조는 다양하게 나타난다. 하지만 이것은 발음상으로 나타난 것이므로 글에서나 시에서는 구별이 어렵다. 그래서 시에서의 어조는 시적 화자에 따라 나타나는 시의 몸짓이라 본다. 곧 시적화자가 여성 화자냐? 남성화자냐? 직업이 무엇이며 어디에 사느냐? 에 따라 나타나는 시의 몸짓이라 보면 된다.

상사몽

박효관

님 그린 상사몽이 귀뚜라미 넋이 되어
가을밤 깊은 밤에 님의 방에 들었다가
날 잊고 깊이 든 잠을 깨워볼까 하노라.

진달래꽃

김소월

나 보기가 역겨워
가실 때에는
말없이 고이 보내 드리우리다

영변에 약산
진달래꽃
아름 따다 가실 길에 뿌리우리다

가시는 걸음걸음
놓인 그 꽃을
사뿐히 즈려밟고 가시옵소서

나 보기가 역겨워
가실 때에는
죽어도 아니 눈물 흘리우리다

위 시조와 시는 시적화자가 여성성을 띈다. 옛시조에서나 현대시에 있어서도 시적화자가 여성인 것이 많다. 김소월의 시는 초기시가 거의 여성화자로 나타나 전체시의 33%가 여성화자이고 한용운의 시집 『님의 침묵』은 약 90%(89%)가 여성화자이다. 이는 남자의 마음속에도 여성성이 있다는 증거이다. 이를 융(Jung, Carl Gustav, 1875-1961)은 〈아니마〉[44]라 명명했다.

남으로 창을 내겠소

김상용

남으로 창을 내겠소
밭이 한참갈이
괭이로 파고
호미론 풀을 매지요.
구름이 꼬인다 갈 리 있소
새 노래는 공으로 들어라오
강냉이가 익걸랑
함께 와 자셔도 좋소

왜 사냐건
웃지요.

위의 시는 소박하고 겸손하고 인심 좋은 순수한 시골살이의 단면을 보여 준다. 화려한 도시 생활이 주는 어떠한 유혹에도 흔들리지 않고 자연을 벗하고 자연을 가꾸며 전원생활을 즐기는 시인의 모습이 달관의 삶 그 자체이다.

(2) 내용적 요소

① 주제(主題)

시에 담긴 중심 사상이다. 시는 진술이 아니라 표현이다. 시인이 시를 통해서 나타내고자하는 중심 생각 곧 사상, 정신, 의지 등을 작품 속에 암시적으로 표현한다. 관념이나 감각을 통해 느낀 것을 비유나, 상징. 이미지 등을 통해 구체적으로 표출하여 한 편의 자품으로 형상화한다. 거기에는 그가 살던 시대정신과 사회의 모습을 비춰주기도 한다.

44) 이정자, 한국시가의 아니마 연구, 백문사, 1996

② 제재(題材)

가장 중심 되는 소재이다. 시의 제재를 선택하는 데 있어서 어떤 기준이 있는 것은 아니다. 시인이 접하는 모든 것들 곧 인간사나 자연의 사물 또는 관념에 이르기까지 모든 것들이 제재가 될 수 있다. 하지만 자신이 다루기 힘든 관념이나 소재를 선택할 경우, 자칫하면 그 제재를 제대로 다루지 못해 시가 난해성에 빠질 수 있다. 그래서 자신이 잘 알고, 쉽게 다룰 수 있는 제재를 선택하는 것이 좋다. 제재를 통해 독특한 세계를 형성하는 것이 아니라 그것을 통해 자신만의 세계를 만들어 내는 것이 필요하다. 그러므로 제재는 단적으로 말해 어떤 한계가 있는 것은 아니다. 어떤 면에서는 우리가 손쉽게 접할 수 있는 일상사나 자연 사물 등이 오히려 더 훌륭한 제재가 될 수 있다.

③ 소재(素材)

시의 내용을 이루는 중요한 재료이다. 시의 소재란 무궁무진하다. 우리가 보는 것, 듣는 것, 느끼는 것이 모두 다 시의 소재가 될 수 있다. 우리 주위의 작은 돌맹이나 풀잎 하나부터 우주 삼라만상까지는 물론이요, 오늘의 일상의 문제에서부터, 지나간 날들이나 다가 올 미래의 문제까지가 모두 시의 소재가 된다.

우리나라를 포함한 동양에서는 특히 시의 소재를 자연에서 많이 찾고 있는데 이는 자연을 정복의 대상으로 보는 서구사상과는 달리 인간도 자연의 일부로 생각하고 자연에 순응하며 살아가는 동양사상에서 온 것이다. 노자는 [도덕경]에서 '사람은 땅을 본받고, 땅은 하늘을 본받으며, 하늘은 도를 본받고, 도는 자연을 본받는다.' 고 했다. 그래서 동양에서의 자연은 선비의 도도한 정신이었고, 정신적 표상이 되기도 하였다. 자연은 삶의 자원을 무한히 공급해 주며 정신적으로 평안과 위안과 기쁨을 준다. 그래서 자연은 예술의 보고이다.

④ 이미지(心象)

시를 읽거나 들을 때, 마음속에 떠오르는 감각적 인상이다. 이미지(Image)는 원래 영화에서 나온 말로 영상·심상·사상(映像·心象·寫像)등의 여러 가지 말로써 표현된다. 시의 언어는 음악성과 회화성을 갖고 있는데 회화성을 이미지라고 한다. '야수는 죽어야 한다'의 작가 니콜라스 블레이크의 본명이기도 한 영국의 계관시인 루이스(Lewis, Cecil Day)도 이미지를 가리켜 '시어에 의한 회화적 표상'이라고 했다. 뿐만 아니라 '시적 이미지는 문맥 속에서 정서를 어느 정도 은유적인 언어로 운용한 다소의 감각적인 회화'라고 정의하기도 했다.

시에서 간주되는 것은 어디까지나 개성이요 독창성이다. 따라서 시는 객관적 대상을 이미지에 의하여 재현하는 것, 흉내 내는 것, 복사하는 것을 의미한다. 이미지를 감각, 혹은 지각적 체험을 지적으로 재생하는 인식수단으로 보는 웰렉과 워렌(Wellek & Warren)은 이미지의 유형을 다음과 같이 나누고 있다.

시각적 이미지·청각적 이미지·미각적 이미지·후각적 이미지·근육감각적 이미지·색채적 이미지·역동적 이미지·공감각적 이미지 등으로 구분했다.

이 밖에도 프라이(Frye, Northmp)는 예시적 이미지와 악마적 이미지 그리고 유추적 이미지 등으로 구분하고 있다. 하지만 일반적으로 편의상 이미지라는 용어를 통일해서 쓰기도 한다. 이미지에는 대체로 세 가지 유형으로 나누는 경우가 있다.

① 정신적 이미지 ② 비유적 이미지 ③ 상징적 이미지 등이다. 정신적 이미지는 시를 대할 때, 오로지 독자의 정신에 야기되는 감각적 경험만을 강조한다. 표현에 있어서도 축어적 방법이나 비유적 방법인가를 분별하지 않으며 때로는 축어적으로, 때로는 비유적으로 그리고 더러는 두 가지 개념이 동시에 사용된다. 정신적 이미지를 많은 심리학자들은 몇 가지 유형으로 다시 분류하고 있다. 그 내용은 앞에서 말한 웰렉과 웨렌(Wellek & Warren)의 유형과 거의 비슷하다. 곧 ① 시각적 ② 청각적 ③ 후각적 ④ 미각적 ⑤ 촉각적 ⑥ 기관적 ⑦ 근육감각적 이미지 등이다.

2) 시어 선택

시어란? 시를 구성하고 있는 모든 언어 즉 시적 성질과, 음악적 요소 및 미적 요소를 지녔다고 생각되는 모든 언어를 일컫는다. 또 시어는 문맥 간의 연결 고리에 따라 그 지시 대상과 의미의 진폭이 서로 다른 정서를 낳게 된다. 그래서 시어는 복합적인 의미를 창출하기도 하고 상징과 압축과 리듬감을 지닌다.

과거에는 시어라 하면 특별히 구별된 것으로 생각하고 아름다운 언어만을 시어로 택하려고 했다. 예를 들면 애끈한, 조매(嘲罵)로운, 놀이, 은실, 금실, 마음실, 고요로운,.등으로 표현했다. 그러나 오늘날은 모든 언어를 시어로 활용한다. 곧 일상용어를 보다 아름답게 詩語化(시어화) 하는 것이다. 그래서 시인은 미화한 자기 시어를 2000 단어는 간직해야 한다고 한다.

오늘날의 다양화된 정서 감정과 현대의 세계를 표출하기 위해서는 새로운 조어와 순수 우리말도 찾아서 많이 활용하여야 한다. 그런 의미에서 시인은 언어의 생성자이기도 하다. 그래서 시인은 토속어를 찾아 쓰기도 하고 그 지방 특유의 방언을 동원하기도 하고 일상에서 잘 쓰지 않고 사라진 순수 우리말을 찾아 운용하기도 한다.

순수 우리말

- 가라사니: 사물을 판단할 수 있는 지각이나 실마리.
- 가납사니: ① 쓸데없는 말을 잘하는 사람. ② 말다툼을 잘하는 사람.
- 가년스럽다: 몹시 궁상스러워 보이다. cf) 가린스럽다 : 몹시 인색하다.
- 가탈: ① 억지트집을 잡아 까다롭게 구는 일.
  ② 일이 순탄하게 진행되지 못하게 방해하는 일.
- 난든집: 손에 익은 재주.
- 남새: 무 · 배추 따위와 같이 심어서 가꾸는 채소.
- 남우세: 남에게서 비웃음이나 조롱을 받게 됨
- 높새: 뱃사람들이 북동풍(北東風)을 이르는 말.
- 톺다: 가파른 곳을 더듬어 오르다.
- 살피: 두 땅의 경계
- 틀수하다: 성질이 넓고 깊다
- 드팀전: 온갖 피륙을 파는 가게
- 드레드레: 물건이 매달려 흔들리는 모양
- 울가망하다: 마음이 편하지 못하다

......

온새미로

최봉희

온마음
생긴대로
가르고 나눔 없는

붓으로
그린 마음
문향(文香)은 그윽하다

도타운
우리네 인정
온새미로 보으세

* 온새미로 -. 가르거나 쪼개지 않고 있는 그대로.

3) 시구와 조어(造語)의 수련

시구 수련은 타인의 시집을 읽으면서 특이한 표현이나 새로운 어구나 잘 다듬어진 시구를 수집한다. 선택한 詩句(시구)들 뿐만 아니라 소설 수필 등을 읽을 때에도 시어활용을 염두에 두고 뛰어난 묘사나 표현은 발췌하여 시어화 한다.

조어란 시어를 아름답게 만들어 보는 일과 시어를 자기화 한 것에 자기만의 독특한 의미를 부여하여 나타나게 하는 것을 말한다.

시구 수련

귀뚜리 울어대는 가을 →귀뚜리는 고요를 깨고
고이는 푸름 속에 → 쪽빛 같은 푸르름 속에
숲엔 맑은 바람 → 숲엔 해맑은 바람 소리
오월의 훈풍을 맞으며 → 초록 빛 대지를 타고 오는 숨결을 느끼며

造語(조어) 수련

본래어 – 고요히, 마음, 냄새, 살짝 밟고, 가을 밭에, 마음이 가늘다, 노을
조 어 – 고요로운, 맘, 내음, 즈려밟고, 갈밭에, 마음실, 가냘픈 놀, 헤슬피 우는
한글과 한자조어 –. 별밭: 성전(星田), 마음밭:심전(心田),
산속–:심(山心), 돌밑:석심, 돌같은 사람–: 상, 깊은 밤:경.

봄비를 기다리며

김보영

곡우에 가뭄 들면 석자(尺)나 탄다는데
상춘객 나들이에 밭고랑 서성이는
농부의 마른 가슴은 열자(尺)보다 깊어라

먹구름 살짝 덮자 바람이 몰고 간다
오실 이 기다리며 창밖을 자주 보는
그린비* 사랑의 노래 단미*의 맘 아닐까

* 그린비 -. 그리운 선비
* 단미 -. 사랑스런 여자

4) 행과 연

시의 형태에서 가장 외형적으로 드러나는 것이 행과 연이다. 산문에서의 하나의 단문이 시에서는 여러 개의 행으로 나타난다. 산문은 이야기 문장이기 때문에 문장의 연속성이 생명이다. 그래서 산문에서는 여러 개의 문장이 이어져서 하나의 문단을 이룬다. 하지만 시에서는 마디마디가 리듬감을 나타내고 호흡을 조절하는 구실을 하기 때문에 각 문장마다 행이 있고 연이 있다. 이것은 리듬을 동반한 음악성과 외형적으로 드러나는 회화성을 함께 요구하는 시의 특성상 그렇다. 이것이 등장성 내지 등가성을 나타내는 기준이 되기도 한다.

1행 혹은 몇 개의 행이 모여 연을 이루고 그 연이 이어지면서 한 편의 시가 탄생한다. 하지만 꼭 연을 필요로 하지는 않는다. 무연시도 많이 있다. 그런가하면 산문의 형태를 빌린 산문시도 많이 있다. 이러한 형태는 시조에 있어서도 유사하다. 단시조 정격은 교과서적으로 쓰고 있지만 변격이나 파격에 이르면 평시조와 엇시조는 자유시에 가깝고 사설시조는 산문시에 가깝게 나타난다. 다만 종장의 자수율은 거의 지키고 있는 것을 본다. 다음에서 보다 구체적으로 살펴보자.

(1) 행과 연의 원리

줄글로 쓰는 산문시도 엄연히 존재하지만, 시는 산문과는 달리 행과 연을 가르는 것이 정석이다. 큰 문장도 부분적인 작은 문장들이 모여서 이루어지듯이 시 또한 언어행위이므로 몇 개의 의미나 감정들이 모여서 한 편의 작품을 만든다. 시의 언어는 의사 전달의 도구로만 사용되는 것도 아니다. 그렇다고 시인의 인생관이나 철학을 그대로 전달하는 것도 아니다. 뿐만 아니라 시의 언어는 사고를 나타내는 단순한 언어기호도 아니다.

시의 언어는 시각성이나 청각성을 통하여 감정을 환기하는 기능도 하고, 생각을 구체물로 형상화하여 나타내기도 한다. 그래서 같은 언어일지라도 산문의 언어와 시의 언어는 다르다. 산문은 낱말이나 단문을 연속적으로 연결하지만 시에서는 연과 행으로 갈라서 독립시킨다. 이것이 시의 기본틀이자 외형적 제도이다.

산문은 이야기 문장이기 때문에 연속성이 생명이다. 이에 비해 시는 마디마디로 느낌을 토해내는 감성적인 문장이다. 때문에 시는 리듬이 있고 호흡이 있고 행마다 연미다 독립된 단절이 있다. 이것은 '시'가 음악성(리듬감)과 회화성(이미지)을 함께하는 언어예술이기 때문이다.

행과 연에는 시인의 내적인 규칙이 있다. 전통적인 우리시가의 행은 민요조의 3음보와 시조와 가사의 4음보가 있다. 이것은 규칙적인 반복으로 읊조릴 때 시간의 등장성을 단위로 한다.

이에 대하여 현대시는 행과 연 구분이 주관적이고 창조적인 등가성으로 이루어진다. 곧 시의 행이 한 단어, 한 음절, 여러 개의 낱말로 이루어지는 경우를 본다. 이는 어디까지나 작자의 몫으로 돌린다. 연의 경우도 한 행에서 몇 행까지 다양하게 구분 된다. 그래서 현대시의 모든 행과 연은 비등가성임을 알 수 있다. 그래서 현대시는 내재율과 함께 내면적인 의미는 행과 연의 나눔이 작자에게는 동일한 무게의 의미로 해석한다.

빈자리

이정자

채워진 자리마다
푸근하고 뿌듯하고
아무리 일궈내도
다함없는 知의 세계
날마다
보태어 담아도
갈증 나는
빈
자
리.

위의 시조를 보면 행의 경우 1음절에서 8음절까지 불규칙하게 배행을 했다. 음보로 나누면 2음보씩 4행, 1음보씩 3행, 종장 종구는 한 음절씩 3행으로 나누었다. 외형적인 리듬이나 의미로 보면 행 나눔이 동일한 반복이 아니다. 하지만 시인의 입장에서 보면 창작 의도나 독자가 느끼는 시각적 감동이나 정서적 환기성으로 미루어 각 행이 지니는 내면적 비중은 동일하다고 본다. 물론 여기서의 비중이란 시인의 주관적이고 내면적인 인식의 결과이다. 곧 두 음보나 한 음보로 이루어진 행이나 한 음절로 이루어진 행의 의미가 시적자아에게는 같은 무게로 느껴진다는 것이다

산문과 달리 시는 행과 연의 일정한 반복을 통하여 음악적인 리듬감을 갖게 하여 정서적 환기를 불러일으킨다. 그래서 고대시가에서는 행이 의미의 단위일 뿐 아니라 율격의 단위가 되었으며 낱말의 수나 음운의 규칙을 정하여 시를 창작하도록 하는

정형시의 형태를 갖추었다. 현대에서는 외형적인 정형의 규칙을 파기하고 있지만 시행이 지니는 음악적 리듬의 원칙은 고수하고 있다. 그래서 현대시의 주관적이고 내면적인 리듬을 내재율이라 한다.

우리의 전통시가 형식을 보자

이화에 월백하고

이조년

이화에 월백하고 은한이 삼경인 제
일지춘심(一枝春心)을 자규야 알냐마난
다정(多情)도 병인 양하여 잠 못 들어 하노라

매 행마다 4음보로 읽혀지고 행은 일정한 의미를 포함하고 있다. 그래서 행은 의미의 작은 단위이며 동시에 리듬의 작은 단위가 된다. 현대시조에서의 리듬은 자수율보다 음보율로 본다. 음보는 시간의 등장성을 단위로 한다고 앞에서 피력했다. 등장성이란 글자 수는 비록 2-5, 6, 7까지 가더라도 읊조리는 시간적 길이는 같다는 말이다.

(2) 행 만들기

시의 형태를 만들어 주는 기본 골격이다. 행은 작은 마디의 가락으로 의미나 이미지, 리듬, 시각적인 효과, 회화적인 느낌, 강조를 중심으로 이루어진다. 산문에서의 하나의 단문이 시에서는 행으로 나타난다. 현대시에 있어서의 시행은 과거와 달리 어떤 틀에 제약을 받는 것이 아니라 어디까지나 시인 자신의 몫으로 돌린다. 한 편의 시를 예술적으로 형상화하기 위해서 시인은 온 마음으로 적절한 시어를 찾고 시적 상상력에 따라 의미를 부여하고 리듬과 감각을 살려 행과 연을 적절히 구분하기도 하고 산문시에서 보듯이 아예 이를 무시하기도 한다. 다음에서 산문적 표현과 시적 표현을 보자.

- 산문적 표현: 나보기가 역겨워 가실 때에는 말없이 고이 보내 드리오리다.
- 시적 표현: 나보기가 역겨워
  가실 때에는
  말없이 고이 보내
  드리오리다.

도라지꽃

이광녕

보랏빛 고운 미소
그리움 수를 놓고

산내음 날로 먹고
퉁기면 서러울 듯

행여나
그냥 가시나
되 붙잡는 그 손길.

섬

고두석

나 가끔 섬이 된다
망망대해 섬이 된다

강남역 압구정동
신촌이나 명동에서

인파에
떠다니다가
섬이 되어 나를 본다.

(3) 연 만들기

연은 큰 마디의 가락으로 이 것 역시 행을 만들 때와 마찬가지로 의미나 이미지, 리듬 시각적 효과, 회화성과 강조를 중심으로 이루어진다. 연과 행은 시에 있어서 의미간의 긴밀성과 필연성을 동반한다. 연을 두지 않고 행만으로도 무방하다. 시의 형식이 객관적인 논리성을 요구하는 산문의 구성방식과 동일할 수는 없지만 시도 일차적으로는 의미나 메시지가 독자에게 전달되어야 하는 언어 행위인 것임은 틀림없는 사실이다.

그러므로 그 일차적인 의미 위에 작자의 정서적 환기나 시학적 미학이 시인의 시적 창조성과 함께 표출되는 것인 만큼 한 편의 작품을 형상화하는 것 또한 시인 개개인의 주관적인 몫이며 개인의 깜냥이다. 특히 현대시에서는 상상이나 정서를 통한 시정신을 중요시하기 때문에 이를 형상화하는 데는 기존의 인습적 언어나 양식에 구속되는 것을 싫어한다. 그러기에 시의 행이나 연을 구분함에 있어서도 외형적인 것 보다 내면적인 의미나 이미지, 또는 정서에 바탕을 둔다. 뿐만 아니라 더 나아가 시인의 창조적 개성에 따라 자유로운 상상의 나래를 펴고 행과 연을 구분하거나 열거하는 것도 다양화된 현대시의 한 방법이다.

못잊어

김소월

못 잊어 생각이 나겠지요.
그런 대로 한 세상 지내시구려
사노라면 잊힐 날 있으리라

못잊어 생각이 나겠지요
그런대로 세월만 가라시구려
못잊어도 더러는 잊히리로다

그러나 또 한 끝 이렇지요
그리워 살뜰히 못 잊는데
어쩌면 생각이 떠지나요.

금잔디

김소월

잔디
잔디
금잔디
深深山川(심심산천)에 붓는 불은
가신님 무덤가에 금잔디
봄이 왔네 봄빛이 왔네
버드나무 끝에도 실가지에
봄빛이 왔네 봄날이 왔네.
심심산천에도 금잔디에.

4. 시 창작의 단계

1) 시작(詩作)의 단계

영국의 시인이자 시론가인 루이스(Lewis, Percy Wyndham, 1882-1957)에 의하면 시를 쓰는 단계를 3단계로 구분하여 설명하고 있다. 첫 번째는 '시의 종자'를 얻는 단계이고, 두 번째는 이 종자가 시인의 정신세계에서 성장하는 단계이고. 세 번째는 소재와 시어를 택하여 구체적인 표현을 부여하는 단계 이다. 이를 바꾸어 말하면 1. 발상 2. 구상 3. 표현이라 할 수 있다. 여기에 필자는 4. 퇴고를 더하여 설명하고자 한다.

(1) 발상의 단계

이를 루이스는 '시의 종자'를 얻는 단계라 했다. 어떤 대상에 접했을 때 시상이 떠오르는 단계이다. 곧 길을 가다가, 책을 읽다가, 때로는 신문이나 잡지 또는 TV를 보다가도 어떤 영상이나 글이 마음에 닿아 감동을 주거나 특별한 느낌이 떠오른다. 이를 그때그때 메모를 한다. 이것이 바로 '시의 종자심기'이고 '시의 발상'이다. 이 때 메모를 해 두지 않으면 잊어버리게 된다. 순간순간 떠오르는 생각의 덩어리인 사고(思考)는 성운(星雲)과 같아서 언제나 그 자리에 머무는 것이 아니다. 밤하늘의 별도 여명과 함께 사라지고 아름답게 피어나던 뭉게구름도 어느새 바람과 함께 흩어져 사라지듯이 사고(思考)는 별과 같고 구름과 같아서 시간이 지나면 사라진다. 그래서 '메모'는 '시의 종자 심기'의 터전이며 저장고이다.

(2) 구상의 단계

루이스의 말을 빌리면 종자의 성장과 시적 사고를 하는 단계이다. 곧 메모해 둔 것을 보면 발상의 단계가 생각나고 이를 바탕으로 그 때의 이미지를 떠올리면서 시적 상상력을 펼쳐 구상해 본다. 이 구상의 단계는 일정하지 않다. 발상과 함께 바로 한 편의 시가 구성될 수도 있고 때로는 수개월이 지난 후에 구상이 제대로 되는 것도 있다. 그래서 시인마다 몇 개월 또는 몇 년이 걸린 작품이 나오기도 한다. 조운의 「구룡폭포」가 그렇고 조지훈의 「승무」가 그렇다. 조운은 그가 '구룡폭포'를 다녀온 3년 후이고, 조지훈이 「승무」를 구상하여 지은 것도 19살에 착상하여 11개월 지나서이다.

(3) 표현의 단계

구체적이고도 아름다운 시어를 찾아 표현하는 단계이다. 한 편의 시로 형상화하기 위해서 정신을 집중하지 않으면 안 된다. 〈국화 옆에서〉를 쓴 서정주의 말을 빌리면 '몇 시간 동안 누었다, 앉았다 하며 비교적 쉽게 1-2연을 썼고, 마지막 연은 좀처럼 생각이 안 나서 잠 자버리고 며칠 동안 그대로 묵혀두었다가 완성했다'고 한다. 이는 서정주뿐만이 아니다. 대부분의 시인들은 두고두고 마무리를 한다. 그리고도 또 퇴고의 과정을 거친다.

(4) 퇴고의 단계

퇴고는 필수적인 과정이다. 시인에 따라 퇴고의 과정도 다르다. 초고를 1주일 정도 지나서 읽으면 객관적으로 바라볼 수 있다. 그 때 다시 검토하면 '시어'라든지 '시의' 까지도 고칠 부분이 보인다. 그래서 보다 적절한 시어로 완성된 작품을 쓸 수 있다. 그래서 퇴고의 단계는 몇 번을 거치면서 길수록 좋다고 한다.

장지성에 의하면 "삼단논법이 절실히 요구되는 시조의 특성상 초장, 중장, 종장의 연결고리가 유연하여야 하며 가장 압축되고 정제되고 농축된 것이 정형의 생명이라 할 때 한편의 시조가 세상(지면)에 빛을 볼 때까지 후속 기간을 얼마나 거쳤는지에 그 작품의 완성도가 높아질 것이다."라 하면서 퇴고 기간을 과일주에 비유했다. 곧 초고(草稿)는 담글 때이고, 개고(改稿)는 발효기간을, 탈고(脫稿)는 숙성기간을, 그리고 후속 기간은 마지막 점검으로 비유하기도 했다.

2) 창작의 단계

일찍이 서정주는 시에는 세 가지 단계가 있다고 했다.[45] 그 세 단계는 감각과 정서, 사고의 깊이와 유관한 것으로 본다. 다음에서 보다 구체적으로 살펴보자

(1) 감각의 단계

대상에 대한 참신한 감각의 능력과 표현의 능력은 시인에게는 기본적인 조건이다. 먼저 사물에 접하여 관심을 갖게 되고 어떠한 느낌이 다가와야 한다. 느낌이 있으면 이것은 어떻게 생겼을까? 왜 그렇게 되었을까?…… 생각하고 느끼고 깨닫는 관계가

45) "시의 감각과 정서와 예지" 시창작법, 예지각, 1990. pp.61-67 참조

이루어진다. 그리고 관조의 세계로 몰입하게 된다. 이 감각의 단계는 시인에게 가장 초보적인 단계이면서도 가장 기본적으로 요구되는 표현 능력이다. 그것은 인간은 이성의 동물인 동시에 감각의 동물이기 때문에 정서(情緖)도 예지(叡智)도 사고(思考)도 감각으로부터 시작되기 때문이다.

고추잠자리

장지성

발돋움 삼엽국화 앞마당 꽃밭 위로
슬며시 찾아온 가을 섶이 엿보이고
조금씩 높아지는 하늘을 잠자리 떼 당기네.

가을 정취가 가득하다. 국화, 드높아진 하늘, 고추잠자리 이만하면 풍성한 가을이다. 더 무엇을 덧붙이랴. 감각을 통하여 다가온 대상을 향한 느낌을 가을 풍경을 그려내듯이 정갈하게 형상화하여 표출한 한 편의 작품이다.

삼엽국화는 보통국화보다 키도 크고 피는 시기도 이르다. 키가 약 1~2m 이상이다. 그러니 다른 꽃 사이에서 발돋움을 한 듯 우뚝 솟아 보일게다. 그 위로 고추잠자리 떼가 파란 하늘을 배경으로 원을 그리며 하늘 높이 날고, 마루 끝에 걸터앉아 이를 바라보며 관조하는 시적자아의 모습이 그려지는 작품이다.

달

정지용

선뜻! 뜨인 눈에 하나 차는 영창
달이 이제 밀물처럼 밀려오다.

미욱한 잠과 베개를 벗어나
부르는 이 없이 불려나가다

한밤에 홀로 보는 나의 마당은
호수같이 둥그시 차고 넘치노나.

쪼그리고 앉은 한 옆에 흰돌도
이마가 유달리 함초롬 고와라.

연연턴 녹음, 수묵색으로 짙은데

한참때 곤한 잠인양 숨소리 설키도다.

비둘기는 무엇이 궁거워 구구 우느뇨
오동나무 꽃이야 못견디게 향그럽다.

한 가지 사물에 대해서도 그 대상을 바라보고, 관조하여 표출되는 시의 내용은 시인마다 다르다. 밤의 정서를 또 이렇게 섬세한 감각으로 표출할 수 있다니 역시 정지용 특유의 감각이고 표현인 듯 하다. 첫 행부터 예사롭지 않다. 또 3연 역시 우주를 담은 광활한 마음이다. 감각을 통하여 펼쳐지는 밤의 정경이 사실적으로 나타나 있다.

(2) 정서의 단계

감각이 초보적이라면 정서는 그 우위로서 마음에 오래도록 자리 잡고 지속성을 갖는다. 그리하여 어쩔 수 없이 표출하는 시의 세계이다. 그래서 시를 가리켜 '정서의 표현', '정서의 극화'라는 이유도 여기에 있다. 이러한 시적 정서는 갑자기 솟아나는 것은 아니다. 오랜 시간 시인의 인생 경험이 축적되고 집중되어 걸러지고 순화되어 이루어진 결정체로서 독자들의 가슴속에 잔잔한 울림을 만들어 공감대를 확산시킨다. 그 좋은 〈예시〉가 많은 사람들이 애송하는 소월의 「진달래꽃」을 위시해서 많은 시인들의 작품이 이에 속한다. 다음 작품을 감상해 본다.

청(靑)

한분순

여름은
내 곁에
아직 무성(茂盛)히 있네

깊숙한 골짜기에서
한잠 자고
이내를 건너

더러는
빠뜨리고 더러는
또 손에도 들었네.

청(靑)은 푸름이다. 푸름은 곧 젊음이다. 그 푸르름이 아직도 곁에 무성하게 있으니 뭐든 자신 있게 할 수 있는 의욕이 넘칠 만도 하다. 이러한 패기만 있으면 무엇을 못하랴. 뭐든 마음먹기에 달렸고 마음이 가는대로 행동은 따라오기 마련이다. 그래서 젊음도 마음이 중요하다. 이러한 정서는 오랜 세월 지속적으로 시적자아의 마음에 자리 잡은 정서의 결정체로 독자들의 가슴속에 잔잔한 울림을 더해주며 공감대를 형성하는 싱싱하고 푸른 작품이다.

(3) 예지의 단계

시가 궁극적으로 지향하는 세계이다. 끊임없는 노력에 의하여 성취할 수 있다. 어떠한 일에서 깨달음을 얻을 때 그 속에서 삶의 보편적인 모습은 물론 대자연의 창조의 모습을 이해하고 자연과 대우주의 섭리 및 인생을 이해하고 바라보는 눈의 높이와 깊이 넓이 그리고 혜안을 얻게 된다. 정완영의 〈조국〉 한용운의 〈알 수 없어요〉, 김현승의 〈눈물〉이 이에 속한다. 여기서는 다른 작품과 함께 〈눈물〉을 감상해 보자.

낙화

- 눈 내리는 국군묘지에서 -

이태극

뜨겁게 목숨을 사르고
사모침은 돌로 섰네.

겨레와 더불어 푸르를
이 증언의 언덕 위에

감감히
하늘을 덮어
쌓이는 꽃잎,
꽃잎.

청춘은 꽃이다. 그 꽃이 활짝 피어 열매를 맺지 못하고 떨어져 돌 하나로 흔적을 남기고 서 있다. 조국을 지키기 위해 조국의 부름을 받고 산화한 그들의 죽음은 겨레와 더불어 영원하리라. 그들의 넋을 기리기 위해 나라는 이 증언의 언덕을 마련했으니 그 푸르른 넋이여 편히 쉴지어다.

시적자아는 눈이 내리는 국군묘지에서 산화한 국군장병들의 모습을 휘날리는 눈발에 비유하여 감감히 온 하늘을 덮으며 쌓이는 꽃잎으로 이미지화 하여 표출했다.

눈물

김현승

더러는
옥토에 떨어지는 작은 생명이고저 …
흠도 티도
금가지 않는
나의 전체는 오직 이뿐!

더욱 값진 것으로
드리라 하올제, 나의 가장 나아종 지니인 것도 오직 이뿐!

아름다운 나무의 꽃이 시듬을 보시고
열매를 맺게 하신 당신은,
나의 웃음을 만드신 후에
새로이 나의 눈물을 지어 주시다.

눈물을 소재로 한 시가 더러 있지만, 그 표현에는 많은 차이가 있다. 김현승의 〈눈물〉은 '눈물'을 가장 귀하고 값진 조물주의 독특한 선물로 표현했다. 그것은 온전하고 순수한 것으로 기쁨 후에 주신 진실함이다.

직소포에 들다

천양희

폭포소리가 산을 깨운다. 산꿩이 놀라 뛰어오르고
솔방울이 툭, 떨어진다. 다람쥐가 꼬리를 쳐드는데
오솔길이 몰래 환해진다.

와! 귀에 익은 명창의 판소리 완창이로구나.

관음산 정상이 바로 눈앞인데
이곳이 정상이란 생각이 든다.

피안이 이렇게 가깝다.
백색 淨土! 나는 늘 꿈꾸어 왔다.

무소유로 날아간 무소새들
직소포의 하얀 물방울들, 환한 水宮을.

폭포소리가 계곡을 일으킨다. 천둥소리 같은 우레 같은
기립박수소리 같은 — 바위들이 몰래 흔들한다.
하늘이 바로 눈앞인데
이곳이 무한천공이란 생각이 든다.

여기 와서 보니
피안이 이렇게 좋다.
나는 다시 배운다.
絕唱의 한 대목, 그의 완창을.

위의 시는 6연으로 구성된 19행의 자유시이다. 폭포에 접한 시적자아의 감각적이고도 정서적인 세계가 시인의 인생 경험 속에서 걸러지고 순화되어 이루어진 결정체로서 독자들의 가슴속에 잔잔한 울림을 더해준다. 이는 시가 궁극적으로 지향하는 세계이다. 시적 자아는 '직소포'에서 깨달음을 얻고 대자연의 창조의 모습을 이해하고 자연과 대우주의 섭리 및 인생을 바라보는 눈의 높이와 깊이 넓이 그리고 혜안을 얻은 셈이다.

"여기 와서 보니
피안이 이렇게 좋다.
나는 다시 배운다.
絕唱의 한 대목, 그의 완창을."

독자들은 계곡을 일으키고 바위들이 몰래 흔들리는 그 피안의 무한 천공을 맘속에 그려보리라. 그리고 절창의 한 대목도 상상해 보리라.

5. 창작 정신

시는 언어 예술이다. 수사적 기교나 표현 방법도 중요하지만 이와 더불어 창작에 몰두하는 정신과 마음의 자세가 중요하다. 옥토로 가꾸어진 마음의 밭에서 싹튼 시의 씨앗이어야 생명력이 건실하다. 그러기 위해서는 고운 감성에서 우러나와야 하고 열정적이고 순수한 장인 정신이 필요하다. 그 위에 몰입하는 창작정신이 있어야 하고 상상력이 풍부해야 한다. 이를 다음에서 보다 구체적으로 살펴보자

1) 깨끗하고 고운 감성에서 표출

인간은 이성의 동물이면서 감성의 동물이다. 감성은 시창작의 바탕이 된다. 깨끗하게 드리워진 투명한 감성이 사물에 닿아서 시인의 가슴에 구체적인 감정과 느낌을 생생하게 불러일으킬 때 시인은 시심을 낳는다. 그리고 대상을 관조하여 시의를 형상화하여 표출한다.

겨울 동양화

경규희

강원도 첩첩 산골
다 벗은 나무들이
주님의 십자가 지듯 촛불 밝힌 침묵 속에
칼바람 눈보라 쓰고 백일기도 올린다.

길 아닌 길 상처자국
흠집이며 못 볼 것을
말씀의 지우개로 다 지우고 덮어주시며
사람이 사람 속에 살면 사람다운 삶이라네.

크신 님 그 손길로
펼치신 화선지에
길 잃은 짐승이며 파묻힌 얼굴 찾아 그린
덧칠도 안한 그림에 햇살 펼쳐 찍은 낙관

겨울 동양화를 바라보는 마음은 순결하다. 다 벗은 나무들이 칼바람을 맞으면서도 눈보라 속에서 백일기도를 올린다. 이는 시적자아의 모습이다. 인적이 드문 깊은 산속에서 마음의 촛불을 밝히고 백설이 덮인 깨끗한 자연 속에서 추위도 아랑곳없이 믿음의 대상을 향해 기도를 올린다. 지나온 모든 허물. 상처자국은 믿음의 말씀으로 다 지워지고 덮어지는 기도의 정화(카타르시스)가 이루어진다. 사람이 사람과 어울리

며 살면 그것이 사람의 삶이란 응답을 얻고 마음은 편안하다. 신이 창조한 자연 그대로의 모습, 대자연의 모습에서 믿음의 대상을 진정으로 발견하고 의지하고 기도하는 가운데 자기 정화를 얻어 한 폭의 겨울 동양화를 그려냈다. 이는 대자연과 시적자아의 종교와 현실이 어우러진 한 폭의 겨울 동양화로 시적 자아의 깨끗하고 고운 감성에서 출발한 자의식의 표출이다.

푸른나무 1

김용택

막 잎 피어나는
푸른 나무 아래 지나면
왜 이렇게 그대가 보고 싶고
그리운지
작은 실가지에 바람이라도 불면
왜 이렇게 나는
그대에게 가 닿고 싶은 마음이
간절해지는지
생각해서 돌아서면
다시 생각나고
암만 그대 떠올려도
목이 마르는
이 푸르러지는 나무아래

호젓한 오솔길을 걸으면 그리운 사람이 생각난다. 시적자아는 푸른 나무 아래에서 추억을 되새긴다. 연인을 그리워하고, 사랑하고 보고 싶은 마음을 사실적으로 표출했다. 이는 시적자아의 순수한 소년 같은 깨끗하고 고운 감성에서 출발한 것으로 사랑의 메시지를 형상화하여 표출한 '사랑시'이다. 곧 시적자아의 깨끗하게 드리워진 사랑의 감성이 '푸른 나무'라는 대상에 닿으면서 사랑의 구체적인 감정과 느낌을 생생하게 불러일으킨 것이다. 그리고 그 대상을 관조하여 시의를 형상화하여 표출했다.

2) 열정적이고 순수한 장인(匠人)정신

열정이 없다면 무엇을 이루랴. 시는 인간의 삶을 바탕으로 형상화한 미적인 언어 예술이다. 그러기에 시인은 시에 대한 열정이 없다면 한 편도 제대로 쓸 수가 없다. 화려하게 등단했다가도 제대로 시집 하나 못내는 시인들이 많다. 시 하나를 향한 열정으로 불태워야 한 권의 시집을 낼 수 있다. 시는 시인의 마음과 정신 속에서 순수하게 타오르는 불꽃같은 열정에서 이루어진다.

모초

이일향

세우면 한 폭 깃발
눕히면 푸른 강물

생각은 가뭇없이
하늘 밖에 저무는데

慕情(모정)은 열 두 폭 치마
심고 섰는 파초여라.

대상을 향한 관조의 정서는 시인마다 다를 것이다. 그러기에 똑같은 대상을 두고도 각기 다른 정서와 내용의 시가 창작되는 것이다. 파초를 대상으로 관조에의 정서를 펼친 시적자아의 시심 또한 남다르다. 펼쳐진 파초 잎에서 깃발을 보고 강물을 연상한 시의나 이미지가 뛰어나다. 파초의 이미지는 시적자아의 모습이다. 파초는 세우면 깃발이 되고 눕히면 푸른 강물이 된다. 물론 이는 시적자아의 생각이고 마음이다. 그리고 시적자아의 이미지이다. 그러한 파초는 하늘가에 머문다. 그리고 열 두 폭 치마를 드리우고 간절히 간절히 그리워하는 대상을 향해 서 있는 파초는 바로 시적자아의 모습이다.

위의 시 모초(慕蕉)는 파초를 관조의 대상으로 하여 시적자아의 삶을 바탕으로 형상화된 작품으로 시인의 마음과 정신 속에서 순수하게 타오르는 시인의 불꽃같은 열정에서 이루어진 한편의 언어예술이다.

(3) 몰입정신

시인의 집중력은 특수한 방식으로 초점을 맞추어 그가 가진 사상을 함축하고 발전시켜 시어로 표출한다. 이 집중력은 주위의 어떤 소리나 냄새도 감각하지 못할 정도로 자기 영혼(정신)에 몰입하는 상태이다. 여기에는 모차르트형과 베토벤형이 있다. 전자는 머리 속에서 구상하여 완전한 형태를 표출하는 곧 순간의 굉장한 노력으로 자기의 체험 중에서 가장 깊은 체험에 돌입하는 경우이고, 후자는 테마의 단편을 적어 놓았다가 몇 해를 두고 퇴고하는 경우로서 자기가 의식적으로 한층 한 층씩 보다 깊숙이 파고드는 것이다. 이러한 집중력은 식물의 줄기는 빛을 향하고, 뿌리는 물이 있는 곳을 찾아 땅을 향하는 것과도 같다. 고시조에서 윤선도의 〈오우가〉도 물아일체의 몰입정신에서 표출된 작품이다

연꽃 탑돌이

이수용

산사에 누운 연못
연꽃 도는 잉어 스님
번뇌의 비늘지고
무명을 벗어려나
새빨간
동자승까지
흉내 내는 저 발원

산사에 들면 믿음의 대상을 떠나서도 누구나 숙연해진다. 적막한 산사의 분위기가 그렇고 입구에 들어설 때부터의 4천왕의 모습이 기를 꺾는다. 그리고 대웅전의 위용과 짙은 향내를 풍기는 부처님 전이 그렇다. 그 위에 깊숙한 연못이 있고 연꽃이 곱게 피어있다면 더 없이 마음이 잠겨질 수 있는 산사의 분위기다

산사에 누운 연못에는 연꽃이 곱게 피어 있고 잉어가 연못 속에서 대 가족을 이루어 살고 있다. 그 잉어들은 어린 새끼들을 거느리고 연꽃 주위를 맴돌고 있다. 산사를 찾은 시인은 물끄러미 이를 완상하고 있다. 연꽃 주위를 맴도는 잉어가족들, 그 맴도는 모습이 꼭 탑돌이를 하는 불자를 연상케 한다. 시인의 시심이 자연적으로 발동한다. 시인은 이 광경을 관조의 대상으로 삼는다. 그리고 시적자아는 잉어의 세계로 몰입한다. '번뇌의 비늘 지고 무명을 벗어려나'는 시적자아의 마음이고 그가 구하고 벗어나고자 하는 속세에서의 번뇌이고 무명(無明)이다.

위 시는 시적 대상을 관조하고 형상화하여 표출함에 있어서 시적자아는 잉어가 되고 잉어의 연꽃탑돌이가 시적자아의 탑돌이가 되는 물아일체의 몰입정신에서 표출된 작품이다.

4) 상상을 통한 창조 정신

상상력은 현재의 위치에서 앞으로 있어야 할 것에 대한 그 무엇을 꿈꾸고 갈망하고 바라면서 새로운 것을 발견하고 창조해 내는 힘이다. 프랑스의 비평가이자 시인인 보들레르(Charles Pierre Baudelaire 1821-1867)는 상상력은 인간이 지닌 능력의 여왕이며, 세계가 그 힘에 의해서 만들어졌다고 했다.

장님이었던 호머가 세계 최대의 훌륭한 서사시 『일리아드와 오딧세이』를 남긴 것이나 지체부자유자이던 손자가 『손자병법』을 쓸 수 있었던 것이나 청각장애자가 된 베토벤이 위대한 교향곡을 작곡한 것은 모두가 상상력에 의한 대작(大作)이다 그 뿐 아니라 뉴턴의 〈만유인력〉이나 아인슈타인의 〈상대성이론〉이나 미술 음악 연극 등 모든 예술은 다 상상력의 결과이다

찻잔 4

김정희

솔바람 불어오는 그윽한 골짜구니
산 여울 물소리도 안개로 실려 오고
자연은 숨결로 다가와 입술 가에 맴돈다.

찻잔을 앞에 두고 차향을 음미하며 상상의 날개를 펼쳐본다. 솔바람이 불어오는 그윽한 골짜기에 차밭이 펀더기로 펼쳐져 있다. 보성차밭이 그렇고 황주의 차밭이 그런 것을 보았다. 산여울 물소리가 계곡의 안개에 실려 온다. 찻잔에 실려 온 자연의 숨결을 찻잔을 앞에 두고 그대로 느낀다. 차 한 잔을 그대로 훌쩍 마시면 멋이 없다. 적어도 향기를 음미하며 조금씩 홀짝이며 마셔야 제 멋이고 제 맛이다.

차는 청정한 골짜기에서 솔바람도 먹고 고운 햇살도 먹고 산새소리 여울소리 들으며 자연의 숨결을 마시며 싱싱하게 자란 새잎이기에 건강에도 좋고 향기도 좋다. 그 위에 수고하는 이들의 손길도 그 향기 속에서 느낀다면 차 한 잔에도 감사하는 마음으로 행복할 것이다. 시적자아는 차 한 잔을 앞에 두고 적어도 이 모든 과정을 생각하며 '자연은 숨결로 다가와 입술 가에 맴돈다.'했을 것이다. 자연의 숨결이 바로 우리의 숨결이다. 자연이 건강해야 우리도 건강하다. 인간은 자연의 일부이기 때문이다.

시인의 상상력은 이렇게 차 한 잔을 앞에 두고도 이를 관조하고 상상의 날개를 펼쳐 꿈을 꾸기도 하고 갈망하고 바라면서 새로운 것을 발견하고 창조해 내는 힘을 가

진다. 그래서 상상력은 시인이 지닌 능력의 여왕이며, 시의 세계는 그 힘에 의해서 창조되는 것이다.

노을

오세영

은하에 홍수 일어 강물이 범람했나
하늘 한 모서리가 황톳물에 젖어 있다
견우의 모내기 논도 큰 수해를 입었겠다.

상상력이 뛰어나다. 노을을 보고 은하의 홍수를 상상하고 범람한 강물을 상상한다. 노을을 황톳물에 비유한 것은 처음이다. 그 위에 또 견우의 모내기 논이 큰 수해를 보았단다. 시인의 상상력은 우주를 뛰어 넘는다. 인간에게 상상력이 없다면 예술작품은 창작되지 못할 것이다. 신화를 포함한 모든 문학작품과 그림과 음악을 아우르는 모든 예술작품은 상상력의 소산이다. 상상력이 없다면 무엇을 이룰 수 있으랴. 상상력은 인간이 지닌 가장 큰 능력이면서 무기이기도 하다. 그것은 고대로부터 내려온 인류문화유산이 과학이전부터 존재한 상상력의 산물인 것을 보아도 그렇다.

시적자아는 서산에 드리워진 노을을 본다. 노을 또한 보는 이의 관점에 따라 다르게 표출된다. 커-텐을 드리운 아름다운 황궁으로 보일 수도 있고, 환하게 횃불을 밝힌 바닷길로 보일 수도 있고, 떠나는 이를 위해 드리워진 한 폭의 노란 손수건일 수도 있다. 상상의 날개를 맘껏 펼쳐 꿈꾸는 세계는 각자의 몫이다.

위의 시에서 시적자아는 노을을 관조의 대상으로 하여 이를 바라보고 감상하는 가운데 이루어낸 미적 체험은 현세적인 것에서 떠난 우주를 향한 감각적 표현으로 나타난다. 곧 "은하에 홍수가 일어 강물이 범람하여 하늘 한편은 황톳물에 젖어 들고 그로 인해 견우의 모내기 논도 수해를 입는다." 이는 물론 시적자아의 상상력의 소산이다. 이러한 어불성설(語不成說)한 상상력을 하여 한 편의 시로 표출할 수 있는 것도 시인의 특권이다. 그리고 시의 세계에서는 가능하다. 그러기에 시는 꿈꾸는 자만이 향수할 수 있다.

인간은 전지전능한 신(神)의 존재 앞에서는 약하고도 보잘 것 없는 유한의 존재이다. 하지만 상상의 날개를 펼쳐 관념에 의한 추상적 양상으로는 무한의 가능성을 추구할 수 있다. 시적자아는 그것을 자연의 노을에 접하여 미적 관조에 의한 순수한 감정이입으로 노을에서 자아 감정을 형상화하여 표출했다.

소금

조주환

푸르게 살아 끓던 피와 살은 다 빠지고
조각난 유리 같은 저 투명한 물의 뼈가
마지막 지상에 남아
혼의 불로 타고 있다.

물에도 뼈가 있을까? 바닷물은 뼈가 있다. 소금의 결정체가 바로 바닷물의 뼈인 셈이다. 가장 오래도록 남아있는 것이 뼈이다. 수백 년이 지나도 남아있는 부처님 사리(舍利)도 뼈의 결정체이다. 성경에 의하면 육체는 흙으로 만들어져 죽으면 흙으로 돌아가고 영은 하나님의 기를 불어 넣어 생영이 되었음으로 영은 본향인 하늘나라로 간다. 육체가 흙으로 돌아가도 가장 오래도록 지상에 남아 있는 것은 역시 뼈이다. 그래서 가문을 따질 때 조상의 이름과 함께 뼈대 있는 집안 이란 말이 나온다.

이렇게 시인의 상상력은 그냥 지나쳐 버릴 수 있는 '소금'을 두고도 이를 관조하고 상상의 날개를 펼쳐 원초적인 소금의 모습에서 소금이 되기까지를 생각하고 이를 되새기고 바라면서 새로운 것을 발견하고 창조해 내는 힘을 가진다. 그래서 상상력은 시인이 지닌 창작의 능력이며, 이를 표출할 수 있는 것은 시인의 특권이며 시의 세계는 그 힘에 의해서 창조되는 것이다.

5) 체험을 통한 창작 정신

시가 주관성이 강한 예술적 특징을 지니는 까닭도 일체의 체험을 통해 얻게 된 주관적 인식, 체험적 인식을 하나의 구체화된 정서로 표현하고 표출하기 때문이다. 체험은 생명력이 있다. 직접 체험이 어려우면 간접체험이라도 해야 한다. 그래서 시인은 책도 많이 읽어야 하고 여행도 해야 하고 사람들과 어울려서 남이 살아가는 인생체험도 들어야 하고 남의 인생도 살펴야 한다. 그래야 시의 세계가 풍성해진다. 곧 그 깊이와 폭이 넓어진다.

마음의 무게

김숙선

잔잔한 호숫가에 누군가 돌을 던져
일렁인 파장 위에 가슴앓이 떨림으로
시이소
타는 너와 나
오고 가는 추(錐)인가

어릴 적 읽었던 이야기의 한 토막이 생각난다. '아이들은 재미삼아 연못에 돌을 던지지만 개구리들에게는 목숨이 달려있다는 그 이야기'가 생각난 것은 왜일까. 물론 위의 시의하고는 다르다. 하지만 잔잔한 호숫가에 돌을 던진 사람은 호수에 사는 여러 생명들을 먼저 생각하고 대의를 위해 과연 돌을 던졌을까? 내 개인의 명예와 욕심은 티끌만큼도 없다고 말할 수 있을까? 돌을 던진 주체는 그로 인해 일어날 파장을 얼마만큼 언제까지 감당할 수 있을까? 거센 소용돌이가 있더라도 시간이 흐르면 호수는 잔잔해지기 마련이다. 인심 또한 마찬가지다.

하지만 마음의 상처는 더 오랜 시일을 요한다. 파장을 일으키고 함께 하는 이들로 하여금 가슴앓이를 겪게 한다. 서로 힘겨루기라도 하듯 시이소 게임을 하다가 결국 추가 기우는 쪽으로 향하는 것이 인지상정이고 마음의 무게이다. 그로 인해 큰 조직이 분리되기도 한다. 호수에 산 생명들은 "고래 싸움에 새우 등 터진 격."이지만 말없이 따라가는 민초가 된다. 그래서 어떤 조직이나 사회든 국가든 지도자의 위치에 선 인물은 사(私)를 버리고 공(公)적인 위치에서 지혜롭게 처신해야 한다.

위의 시는 주관성이 강한 체험을 토대로 한 주관적 인식을 구체화한 정서의 표현이다. 체험은 생명력이 있다. 어우러져 사는 사람들 속에서 살아가는 삶이기에 돌을 던지는 사람도 있고 아우르는 사람도 있고 다독이는 사람도 있게 마련이다. 그리고 마음이 가까운 사람끼리 모이기도 한다. 그러다 일이 생기고 오해가 있고 다투기도 하고 풀기도 한다. 그 과정에서 제대로 풀리지 않을 때는 결국 갈라서기도 한다. 그 때 중간에 있는 사람들이 가장 난처하다 곧 진퇴양난이다. 가만히 그 곳을 지키기나 서 있을 수밖에 없다. 그리고 다가오는 사람을 따를 수밖에 없다. 그래서 오고가는 추의 신세가 된다.

위의 시는 단수이지만 많은 의미를 담고 있다. 그래서 행간에 숨은 이야기를 하기 위해서는 그 시속에 숨쉬고 있는 시적 배경이 필요하다. 그래서 평자나 시인은 인생체험도 들어야 하고 남의 인생도 살펴야 한다. 그래야 시의 세계가 풍성해지듯이 시평 또한 그 깊이와 폭이 넓어진다.

노송(老松)

정순량

등 굽은 시골 할미 살아온 여정처럼
산 비알 바위틈에 바람 맞서 버틴 세월
자세는 구부정해도
짙푸르른 저 당당함.

시는 체험을 통해 얻게 된 주관적 인식을 구체화한 정서적 표현이다. 그러기에 그 체험은 생명력이 있다. '등 굽은 할미의 인생여정도 산 비알 바위틈에서 풍우설상을 다 맞으며 버텨온 노송'도 어렵고도 힘든 삶을 산 것은 마찬가지이다. 그러한 어려운 삶을 굳건히 살아왔기에 무서울 것도 두려울 것도 없다. 그래서 외모는 볼품없어도 마음만은 푸르고 당당하다. 노송을 바라보며 시인은 이를 시적 대상으로 관조하는 가운데 노송의 푸르고 당당함에 자신의 모습을 이입시킨 것이다. 노송의 '짙푸르른 저 당당함'은 곧 시적자아의 자의식이고 자아 표출이다. 시적자아는 지금 할미의 인생여정 같기도 하고 산 비알에 선 노송마냥 힘든 여정을 걸어 왔기에 더욱 강건하고 푸르고 당당하다.

존재하는 모든 만물의 상(象)은 인간의 사고(思考)내에서 잉태하고 존재하는 산물이기 때문에 시적 대상은 보는 이의 관점에 따라 다르다. 특히 자연을 관조함에 있어서는 관조자의 인격과 그의 사상과 그의 철학에 따라 그 이입되는 가치관이 달라진다. 그러므로 대상에 생명을 이입시키는 이에 따라 그것에 내재하는 미적 가치가 서로 다르게 나타난다.

Buffon(1707-1780)이 "文은 그 자신"이라 하였듯이 시적자아가 '노송'에서 느낀 미의식은 '풍우설상'에도 굳건히 견뎌온 짙푸르른 당당함으로 '숭고미'를 자아내기도 한다.

원달리의 아버지

조태일

모든 소리들 죽은 듯 잠든
전남 곡성군 죽곡면 원달 1리

구산의 하나인 동리산 속
태안사의 중으로
서른다섯 나이에 열일곱 나이 처녀를 얻어

깊은 산골의 바람이나 구름
멧돼지나 노루 사슴 곰 따위
혹은 호랑이 이리 날짐승들과 함께
오손 도손 놀며 살아라고
칠남매를 낳으시고
난세를 느꼈는지 산 넘고 물 건너 마을 돌며
젊은이들 모아 야학 하시느라
처자식을 돌보지 않고

여순사건 때는
죽을 고비 수 십 번 넘기시더니
땅 뙈기 세간 고스란히 놓아둔 채
처자식 주렁주렁 달고
새벽에 고향을 버리시던 아버지.

삼십년을 떠돌다
고향 찾아드니 아버지의 모습이며 음성
동리산에 가득한 듯 하나

눈에 들어오는 것
폐허뿐이네 적막뿐이네.

위 시는 한 가정의 가족사와 그 시대상을 읽을 수 있는 한 편의 시이다.

늦은 나이에 어렵게 가정을 이루어 7남매를 줄줄이 낳아 산골에서 산 식구들과 오순도순 살아온 얘기며 난세를 만나 계몽에 눈을 돌리며 교육도 하고 여순사건에도 간여하여 고향을 떠난 얘기며 이제 그 아버지는 세상을 떠나고 시적자아는 30년이 지나 이제 고향이라고 찾았으나 눈에 들어온 건 폐허뿐이고 적막뿐인 고향의 모습을 허망하게 느끼면서도 담담하게 그리고 있다. 이 또한 시인의 직접 또는 간접 체험을 형상화한 작품으로 시가 주관성이 강한 일체의 체험을 통해 얻게 된 주관적 인식을 구체화한 정서적 표현이고 표출이라는 시정신과 맥을 같이 한다.

6) 기억을 통한 창작 정신

기억은 체험이 보존된 저장고이며 상상력을 일으키는 원동력이 되기도 한다. 상상력도 체험이나 기억 속에서 이루어진다. 시는 체험이라고 한 릴케(Rainer Maria Rilke, 1875-1926)도 '되도록 모든 체험은 빨리 잊어버리고, 그에 대한 기억이 무의식 속에서 익어 과일처럼 떨어지는 그때까지 느긋하게 기다려 시를 쓰라'고 했다. 이러한 말은 '시의 근원은 고요히 회상되는 정서'라고 한 워즈워드(William Wordsworth, 1770-1850)의 말이나 '시는 한층 온화하고 거리를 둔 기억으로부터 써야 한다.'는 실러 Schiller, Johann Christoph Friedrich von, 1759-1805)의 말과 같은 의미이다. 이러한 말들은 곧 시적 대상을 관조하면서 감정의 조절을 요하는 말이기도 하다. 조운이 〈구룡폭포〉를 쓰고 발표한 것도 그가 구룡폭포를 다녀온 3년 후이고, 조지훈이 〈승무〉를 지은 것도 19살에 착상하여 11개월 지나서이고 시작(詩作)한지 7개월 만에 완성하였다 하니 기억을 통한 창작정신이 뛰어나다 하겠다.

찔레꽃

김사균

돌무덤 움켜잡고
5월에 선 하얀 사랑
뜨거운 피 곰삭히고
속울음을 우려내고
순결은 가시로 돋아
그리움을 찌른다.

시적화자와 시인과의 관계를 바라보는 관점에 따라 시인의 개성과 몰개성이 나타난다. 곧 시적 화자가 시인 자신일 경우는 시인의 개성이 그대로 드러난다. 하지만 시적화자와 시인이 별개의 개성으로 나타날 경우 이는 몰개성이다. 이러한 경우 시적 화자는 시인이 창조한 창조된 인물이거나 허구적 인물이다. 물론 시적 대상을 관조함에 있어 그 대상에 따라 시인의 감정이 드러날 수도 있고 창조된 인물의 정서가 이입될 수도 있다. 그 어느 경우든 그것은 시인의 몫이다. 곧 시인의 기억 속에 있는 사상 감정이다.

위의 시는 몰개성으로 표출된 시인이 창조한 허구적 인물이다. 시적자아가 찔레꽃에 접해서 느낀 정서감정은 슬픈 사랑을 간직한 여인의 순결함이다. 시골 들녘을 가다 보면 논둑 양지바른 곳에 작은 돌무덤 끼고 새하얗게 피어난 찔레꽃이 은은한 향기로 꿀벌을 불러 모으며 지나는 눈길을 멈추게 하는 것을 본다. 시적자아는 이러한 경험이 있을 것이다. 그것이 시적자아에게는 돌무덤 움켜잡고 선 사랑의 화신으로 다가온다. 뜨거운 사랑의 열정은 세월과 함께 삭히고 또 삭혀 새하얗게 순결한 찔레꽃으로 승화한 것이다. 그 순결은 또 가시로 돋아 범상한 접근을 피하니 더욱 고결한 그리움이다.

그래서 기억은 체험이 보존된 저장고이며 상상력을 일으키는 원동력이 되기도 한다. 시는 체험이라고 한 릴케의 말처럼 '무(無)'에서 '유(有)'는 나오지 않는다. 찔레꽃에 대한 시적 상상력도 시인의 체험이나 기억 속에서 이루어져 형상화된 시작품이다.

마루거울

최길하

어머닌 칠흑 같은 마루를 닦으시며
세상의 모든 것이 거울이라 하시었다
여래(如來)는
한 육신이 다
빛이 되게 닦으셨다.

요즈음은 닦을수록 윤기 나는 나무 마루를 보기도 힘들다. 나 어릴 적 우리 집 대청마루가 생각난다. 대청마루에 비친 앞마당 정원이며 감나무들은 물속에 비친 풍경처럼 더 멋있게 보였다. 마루에 비친 그 전경이 어린 마음에도 좋아서 옆으로 누워서 꿈꾸듯 한참동안 바라보면서 그 속으로 들어가고 싶기도 했다. 똑 같은 전경인데도 실제로 보는 것 보다 대청마루에 비친 그 전경이 더 멋있게 보여 내 마음은 상상의 날개를 펼쳐 그 속에서 놀기도 했다. 사실을 그대로 비춰주는 거울 속의 세계보다 물속에 비치는 경치나 마루에 비치는 그 전경이 더 멋있게 다가와 꿈을 꾸게 한다. 그러한 마음이 시의 마음일 것이다.

위 시에서 시적자아는 마루거울을 보면서 어머니의 손길을 생각한다. 그리고 '세상의 모든 것은 거울'이라 하신 그 말씀을 기억한다. 세상의 모든 것이 거울이듯 마음도 닦고 닦으면 '여래(如來)'가 될 것이다. 그리고 여래(如來)는 한 생이 다하도록 어둠을 비추는 빛이 된다. 그 여래가 바로 시적자아에게는 '어머니'이다. 세상의 어머니는 다 자식 앞에서는 여래(如來)가 된다. 그 여래의 마음이 자식을 향한 빛이고 끝없는 자애이다.

이렇게 기억은 체험이 보존된 저장고이며 상상력을 일으키는 원동력이 되기도 한다. '시의 근원은 고요히 회상되는 정서'라고 한 워즈워드의 말처럼 시적자아는 나무 거울에 접해서 고요히 회상되는 어머니의 상을 여래와 접목시켜 한 편의 시로 형상화하여 자의식을 표출했다.

6. 시적 화자와 어조

만해 한용운의 「님의 침묵」을 읽거나 소월의 「진달래 꽃」을 읽으면 작자가 여성인 것 같다. 또 이육사의 「청포도」를 읽어보면 좋은 소식을 갖고 올 귀한 손님을 기다리는 고향(시골)의 선비인양 싶다. 이렇게 시에서 드러나는 시적화자의 목소리, 말씨, 말투를 '어조'라 한다. 이는 시인의 개성을 반영하고, 그 인격까지도 드러내는 것으로 시의 분위기를 좌우한다. 이렇게 시속에서 말하는 사람을 가리켜 '시의 화자'라 한다. 이들은 작품 안에서 시의 주제를 효과적으로 살리고, 시의 전반적인 분위기를 형성하고, 시인의 태도를 반영함으로써 시의 이해에 도움을 주는 역할을 한다. '시의 화자'를 '시적 자아', '서정적 자아', '상상적 자아'라고도 한다.

그런데 작품을 감상해 보면 시인의 시에 있어서 시적자아가 시인 자신이 아니라 시인이 창조한 허구적인 경우가 많다. 남자 시인이 여성의 음성으로 하는 경우는 꽤 많다. 반면에 여류시인이 남성화한 시는 별로 나타나지 않는다. 경우에 따라서 시적화자를 어린이로 둘 수도 있고, 농부, 어부, 촌부 등 다양하게 드러난다. 이러한 시적 화자의 어조에 따라 독자에게 다가가는 시의 분위기는 사뭇 달라진다. 그래서 시적 화자와 어조는 시창작에서 뜻, 이미지, 리듬과 함께 시의 4요소에 들어간다.

시적화자의 종결어미는 동일한 어조를 유지해야 한다. 동일한 어조와 리듬의 반복을 통하여 말하고자 하는 언술의 독특한 어조를 보여준다. 이를 통하여 시적 화자의 인격이 나타나며 시의 리듬감을 고조시키기도 한다.

1) 시적 화자의 역할

시적 화자는 독자들이 한 편의 시를 이해하고 공감하는 데에 직접적인 영향을 끼친다. 시의 화자는 직접 독자들을 만나고 시의 주제나 의미, 분위기, 정서, 태도, 상황

등을 친근한 목소리로 독자에게 다가감으로써 이를 통해서 독자들은 시를 이해하고 공감하고 감상하고 호감을 갖는다.

궁극적으로 문학작품을 포함하여 글이란 독자에게 뭔가를 전하고자 하는 작자의 행위이다.

당신의 편지

한용운

당신의 편지가 왔다기에 꽃밭 매던 호미를 놓고 떼어보았습니다.
그 편지는 글씨는 가늘고 글줄은 많으나 사연은 간단합니다.
만일 님이 쓰신 편지이면 글은 짧을지라도 사연은 길터인데.
당신의 편지가 왔다기에 바느질 그릇을 치워 놓고 떼어보았습니다.
그 편지는 나에게 잘 있느냐고만 묻고 언제 오신 다는 말은 조금도 없습니다.
만일 님이 쓰신 편지라면 나의 일은 묻지 않더라도 언제 오신다는
말을 먼저 썼을 터인데.
당신의 편지가 왔다기에 약을 달이다 말고 떼어 보았습니다.
그 편지는 당신의 주소는 다른 나라의 군함입니다.
만일 님이 쓰신 편지이면 남의 군함에 있는 것이 사실이라 할지라도
편지에는 군함에서 떠났다고 하였을 터인데.

이 시에서는 시적 화자가 온전히 여성적인 정서로 형상화되어 한용운의 실체는 숨겨져 있다. 작자가 남성이면서 여성화자가 되어 온전히 여성화로 표출된 시들을 〈아니마 〉의 표출로 보고 〈아니마詩〉라고 한다. 〈아니마〉란 칼·융의 심리학에서 따온 용어로 남성 속에 있는 여성적인 정조 일반을 일컫는다. 그 대표적인 예가 김소월과 한용운의 시이고 이러한 현상은 다른 시작품 속에서도 많이 나타난다. 반대로 여성 속에 있는 남성적인 정서 일반을 〈아니무스〉라고 한다.

2) 시적화자의 기능

(1) 시인의 자아와 세계를 확대시켜 준다

시인은 화자를 통하여 다양한 인물로 확대 변용될 수 있으며 경험과 실제적인 자아세계를 폭넓게 만들어 간다.

남사당

노천명

나는 얼굴에 분칠을 하고
삼단같이 머리를 땋아 내린 사나이

초립에 쾌자를 걸친 조라치들이
날라리를 부는 저녁이면
다홍치마를 두르고 나는 향단이가 된다.

이리하여 장터 어느 넓은 마당을 빌어
람프 불을 돋운 포장 속에선
내 남성이 십분 굴욕되다. …

제목이 말해 주듯이 시적화자는 남사당이다. 남사당이란 시적 화자를 통하여 시인의 자아와 세계를 확대시켜 준다. 이렇게 시인은 사적 화자를 통하여 다양한 인물로 확대 변용될 수 있으며 자아세계를 폭넓게 만들어 간다.

(2) 소설에서의 서술자처럼 어떠한 상황이나 사건을 알려주는 역할을 한다

잡초 예찬론

김보영

삼동을
버텨온 게
빙산처럼 깊이 있어

호미 끝
무는 힘은
땅 한 평을 물고 있다

잔뿌리
남기는 피의 절규
또 하나의 삶을 본다.

송두리째
뽑아내어

햇살에 펼쳐놔도

지표에
칼을 꽂고
밤이슬 기다리는

다부진
눈빛 속에서
채근담을 읽게 한다.

시적자아는 잡초의 끈질긴 생명력에서 세상살이의 처세술을 배우고 깨우친다. 그래서 잡초의 예찬론을 형상화하면서 처세 철학서인 채근담을 읽는 듯 하다. 채근담은 중국 명대(明代) 홍응명(洪應明)이 지은 삼교일치(三敎一致)의 통속적인 처세 철학서이다. 홍응명은 그의 자(字)인 자성(自誠)과 아호(雅號)인 환초도인(還初道人)이 말해 주듯 참되고 도인다운 사람이다. 그러한 심성에서 이루어진 책이기에 삶의 지침서가 되기도 한다.

이 책은 경구(警句) 풍의 단문 350여 조로 이루어져 있다. 중국 본토보다 한국과 일본에서 널리 읽힌다. 존경각문고(尊經閣文庫)에 명대 간본이 있다. 저자의 생애에 대해서는 밝지 않다. 다만 1580년(萬曆 8)에 진사가 된 우공겸(于孔兼)의 친구로서 쓰촨성[四川省] 사람으로 추정한다. 곧 처사(處士)인 셈이다. 그의 저서로 『선불기종 仙佛奇蹤』 8권이 있으며 『채근담』과 함께 《희영헌총서 喜咏軒叢書》(1926)에 실려 있다.

간 고등어 이야기

신필영

이틀과 이레 서는 안동 장날 어물전은
끌어 올린 생업의 바다 조여드는 그물 벗고
왕소금 하얗게 물며 간 고등어 환생한다.

품어야 할 가슴 없어 부드럽게 눕는 슬픔
전생의 파도 소리 등빛으로 짊어지고
서로가 서로의 짝이 되어 사바의 길 나선다.

가난 어린 저녁 밥상 도란도란 웃음이거나
어느 아비 신위 앞에 한 접시 눈물이기 위해
함거(檻車)에 실린 선비처럼 수척하다 너의 눈빛.

호남선

김준태

기차는 가고 똥개만 남아 운다
기차는 가고 식은 팥죽만 남아 식는다
기차는 가고 시커멓게 고개를 넘는
깜부기, 깜부기의 대갈통만 남아 벗겨진다
…… 중 략 ……
인정 많은 형님들만 곰보딱지처럼 남아
할아버지 아버지 어머니의 무덤을 지키며
거머리 우글거린 논바닥에 꼿꼿이 서 있다.

(3) 작품 안에서 일관된 모습과 목소리(화자의 생각, 정서, 가치관, 세계관 등)를 통해 작품에 통일성을 부여한다

풀꽃

이명식

잡초로 내몰려도 서운하단 말이 없고
짓밟고 지나가도 불만하나 않더니만
어느 새
그 열망들을
자잘하게 피웠을까

정원에서 애지중지 피운 꽃은 아니지만
그래도 나름대로 세월 빚어 놓았으니
한 번쯤
대견하다고
눈길이나 주었으면

끈질긴 핍박에도 사람들이 외면해도
저만의 성깔대로 바람따라 피운 향기
풀꽃은
그 잔정마저
가져가라 보챈다.

산·3

김명호

바람이 산정으로
불길을 몰고 간다.

맞불을 놓아 봐도
잡히지 않는 불이

구름에
덧칠을 하여
빗방울이 듣는다.

오! 아우스비츠

양계향

죄 없이 사라져 간 원혼들이 서려 있는
수용소 둘러보며 내 심장 떨고 있다
인간의 독한 마음은 어디까지 한계인가.

수용소 정문 앞의 거짓된 표어*보며
아기 옷 쌓인 안경 그 주인공 그려본다
저세상 그곳에서나마 평안함을 누리소서.

* Arbeit Macht Free

썩지 않는 슬픔

김영석

멍들거나 피흘리는 아픔은
이내 삭은 거름이 되어
단단한 삶의 옹이를 만들지만
슬픔은 결코 썩지 않는다. 옛고향집 뒤란
살구나무 밑에
썩지 않고 묻혀 있던
돌아가신 어머님의 흰고무신처럼
그것은

어두운 마음 어느 구석에
초승달로 걸려
오래 오래 흐린빛을 뿌린다.

(4) 자신의 감정이나 느낌, 속내를 솔직하게 고백함으로써 시에 진실성을 부여하고 독자와의 친밀감을 형성한다

촌부일기

김보영

시월 동동 가을 걷고 옷깃을 여밀 즈음
공연히 그믐달이 아스라이 슬프다가도
토담집
군불 지필 땐
설운 일도 따스하오.

세월을 잊고 살 듯 부질없는 이름 석자
하얗게 다가앉는 겨울 산을 그리다가
햇살에
기지개 켜는
마늘 싹이 궁금하오.

사는 지 왜 사는 지 그 마저 잊고 살다
불현 듯 떠오르는 눈물에 젓다가도
성당의
캐롤 송 들으며
새 달력을 걸게 하오.

보리베기

나태주

어머니, 서두르시지요
따가운 햇살 퍼지기 전
이슬 마르기 전
보리를 베어야지요
종일 낫질을 해보았댔자
손바닥만 부르틀 뿐
반품삯도 나오지 않는 보리베기
보리밥에 익은 부리모개들이

빳빳하게 서서 사을군요
엇슥엇슥 보리를 베다보면 보리꺼럭들은
팔이며 모가지며 얼굴을
아프게 찌르는군요
어머니, 저는 보리밭에 익은 보리들처럼
빳빳하게 서서 세상을 노려볼 수 없는 것이 슬퍼요
밑동째 잘리면서도 사람을 찌르는 보리꺼럭들처럼
세상을 아프게 찌를 수 없는 것이 답답해요
어머니, 드디어
땀방울은 흘러 눈에 들면
쓰린 소금이 되는군요.

(5) 작품 안에서 배경 묘사(시간, 계절, 공간 등)를 통하여 시의 현실감이나 사실감 등을 더욱 구체적이고 생동감 있게 표현한다

산정묘지 1

조정권

겨울 산을 오르면서 나는 본다.
가장 높은 것들은 추운 곳에서
얼음처럼 빛나고,
얼어붙은 폭포의 단호한 침묵,
가장 높은 정신은
추운 곳에서 살아 움직이며
허옇게 얼어터진 계곡과 계곡 사이
바위와 바위의 결빙을 노래한다.
간밤의 눈이 다 녹아버린 이른 아침,
산정(山頂)은
얼음을 그대로 뒤집어쓴 채
빛을 받들고 있다.

3) 시인의 개성론과 몰개성론

시적화자와 시인과의 관계를 바라보는 관점에 따라 시인의 개성과 몰개성이 나타난다. 곧 시적 화자가 시인 자신일 경우 이는 시인의 개성이 그대로 드러난 것이고, 시적화자와 시인이 별개의 개성으로 나타날 경우 이는 몰개성이다. 후자의 경우 시적화자는 창조된 인물이거나 허구적 인물이다.

향수

정지용

넓은 벌 동쪽 끝으로
옛이야기 지즐대는 실개천이 휘돌아나가고,
얼룩백이 황소가
해설피 금빛 게으른 울음을 우는 곳,
– 그 곳이 참하 꿈엔들 잊힐리야.

질화로에 재가 식어지면
비인 밭에 밤바람 소리 말을 달리고,
엷은 조름에 겨운 늙으신 아버지가
짚 벼개를 돋아 고이시는 곳,
– 그 곳이 참하 잊힐리야.

흙에서 자란 내 마음
파아란 하늘 빛이 그립어
함부로 쏜 화살을 찾으러
풀섶 이슬에 함추름 휘적시든 곳,
– 그 곳이 참하 꿈엔들 잊힐리야.

傳說(전설)바다에 춤추는 밤물결 같은
검은 귀밑머리 날리는 어린 누이와
아무렇지도 않고 여쁠 것도 없는
사철 발 벗은 안해가
따가운 햇살을 등에 지고 이삭 줏던 곳,
– 그 곳이 참하 꿈엔들 잊힐리야.

하늘에는 석근 별
알 수도 없는 모래성으로 발을 옮기고,
서리 까마귀 우지짖고 지나가는 초라한 지붕,
흐릿한 불빛에 돌아 앉어 도란도란 거리는 곳,
– 그 곳이 참하 꿈엔들 잊힐리야.

⋆ 작자에 대해서 모르면 이 시는 시적 화자가 시인 자신으로 착각하기 쉽다. 하지만 이 시는 시적 화자가 시인 자신이 아니다. 그것은 아내의 묘사가 말해준다. 정지용의 아내는 사철 발 벗고 있을 아내도 아니고 더구나 햇살을 등에 지고 이삭 주을 아내가 아니라는 것은 다 아는 사실이다. 그러므로 정지용의 〈향수〉는 자신의 고향을 묘사한 시적 분위기의 개성과 시인 자신의 일부가 드러나지 않은 몰개성이 공존하는 시이다.

7. 시와 언어

1) 언어는 존재의 집

'인간은 언어와 더불어 비로소 思惟(사유)하는 존재'라고 독일 철학자 칼 야스퍼스(Karl Jaspers, 1883-1969)는 말했다. 신이 그 많은 창조물을 내었지만 언어와 사유는 인간만이 가진 특권이다. 시인은 무형으로 내재한 사유를 유형의 문자를 통하여 형상화한다.

20세기 실존주의의 대표자로 당대의 대표적인 존재론자로 유럽 대륙 문화계의 신세대에게 커다란 영향을 끼친 하이데거(Heidegger, Martin, 1889-1976)는 횔더린의 시를 분석하면서 '언어는 존재의 집'이란 명제를 도출했다. 존재의 나타남은 언어를 통해서만 가능하다. 언어가 있는 곳에 세계가 있고 세계가 있는 곳에 역사가 있기 마련이다. 이는 언어가 세계와 사물로서의 존재임을 말한다. 이 말은 언어가 사물을 부리고 그 존재를 구현하는 주체자의 입장이라는 의미이다. 그래서 언어와 시인과의 관계에 있어서도 언어가 시인을 부려서 시를 쓴다는 것이다. 그것은 곧 인간이 말을 함으로써 언어를 활용하듯이 언어 또한 인간을 부려서 말을 함으로써 언어를 활용하여 시를 쓴다는 것이다.

시조

유 자 효

시조는 상상력이 자수율에 제약되지
그러나 제약 없는 예술이 있었던가
콩 속에 세상을 담은 옛 장인의 기예여.

– 한국시조시인협회 연간집(2005)에서 –

언어는 과연 존재의 집이다. 언어가 없다면 그 존재를 무엇으로 표현할 수 있겠는가. 손짓과 발짓 그림 등 표현할 수 있는 것은 다 동원될 것이다. 그래도 언어를 따르진 못 할 것이다. 그것은 언어를 자유로 구사할 수 있는 인간만이 고도의 문화를 창출하며 향유하는 것을 보아도 그렇다.

시조 한 수는 45자 내외이다. 짧다면 짧고 길다면 길다. 양장시조가 나오고 절장시조가 나온 것을 보면 45자가 길다고 하겠고, 사설시조나 엇시조가 나온 것을 보면 45자가 부족하다 하겠다. 평시조에서도 요즈음 현대시조에서 변격과 파격을 일삼으며 그것이 현대시조의 다양화이고 발전인양 하는 시조시인들이 많다. 이에 비한다면 현대시조의 정격을 바로 알고 지키려는 시인의 '시조짓기'의 체험을 형상화하여 표출한 작품이다. 초장에서는 자수율에 의해서 상상력이 제약을 받음을 말했다. 상상력을 맘대로 펼 칠 수 없는 것은 사실이다. 그래서 논자 또한 어찌할 수 없을 땐 자유시로 표출한다. 자유시에 가까운 어정쩡한 시조를 시조로 발표하지는 않는다. 그리고 그런 시조는 쓰지 않는다. 중장에서 '제약 없는 예술이 있었던가'에서 시조의 예술성을 귀히 여기는 시인의 심성이 표출되어 시조시인으로서의 자부심을 읽을 수 있다. 종장에서 '콩 속에 세상을 담은 옛 장인의 기예여'는 '시조 한 수'에 역사가 숨 쉬고 있는 우리 선조들의 시조를 인식하고 높이 기리고 있음을 알 수 있다. 시조의 정격을 가장 잘 표출해낸 「시조」이다. 본 시조 「시조」를 읽고 파격과 변격을 현대시조의 특권인양 내세우는 시조시인들은 한 번 쯤 되새겨 보기 바란다. '글로도 하고픈 말 다하지 못하는데/ 말로도 그 의중을 다 표현 못하는데/ 시인은 시 한 수 날려 온 우주도 담는다.'는 것이 시(詩)이고, 시조 한 수에 담는 시의 내용이다.

난 있는 방

김상옥

난(蘭)있는 방이든가, 마음귀도 밝아온다
얼마를 닦았기에 눈빛마저 심심한고
흰 장지 구만리 바깥 손 내밀듯 뵈인다.

난(蘭) 있는 방을 떠 올리면 먼저 창가 문갑위에 올려진 그윽한 난향을 기억한다. 그리고 두향이와 얽힌 퇴계 선생의 방에 있던 난을 떠올린다. 햇살이 밝게 드는 창가에 놓인 난은 그윽한 향기를 풍기며 청정하게 다가와 마음까지 밝게 한다. 세속의 티 하나 없어 눈빛마저 심심하여 한 장 백지장을 떠올리듯 하다. "흰장지 구만리 바깥 손 내밀 듯" 내뵈는 심상을 형상화하여 표출했다. 「난이 있는 방」은 같은 4군자의 하나인 죽의 심상을 연상시키는 작품이다. 단단하지만 속이 비어 무욕하고 허심한 선비의 고절을 가진다.

꽃

김춘수

내가 그의 이름을 불러주기 전에는
그는 다만
하나의 몸짓에 지나지 않았다
내가 그의 이름을 불러주었을 때
그는 나에게로 와서
꽃이 되었다.

내가 그의 이름을 불러준 것처럼
나의 이 빛깔과 향기에 알맞은
누가 나의 이름을 불러다오
그에게로 가서 나도
그의 꽃이 되고 싶다.

우리들은 모두
무엇이 되고 싶다.
나는 너에게 너는 나에게
잊혀지지 않는 하나의 의미가 되고 싶다.

모호한 상태로서의 존재를 꽃이라는 이름을 부여하였을 때 그 존재의 모습과 의미가 탄생되듯이 우리는 누구나 자기에게 적절한 이름을 갖고 하나의 의미로 남고 싶어 한다.

2) 언어의 함축성

언어의 함축성이란, 시의 언어에서 사전적 의미를 초월하여 자기만의 새로운 의미를 부여하여 새롭게 창조된 주관적 언어를 말한다. 내포적 의미의 언어라고도 한다. 함축이라는 말의 진정한 의미는 시가 다양한 해석의 여지를 갖는다는 말이다. 다양한 의미를 동시에 갖는다는 말이지 길게 말해야 할 것을 짧게 줄여서 말한다는 것은 아니다. 때문에 시는 같은 독자라 할지라도 시간과 상황에 따라서 언제나 다른 방식과 의미로 읽혀질 수 있다. 곧 이러한 함축성은 곧 내포성이라는 말과 같다. 그래서 그 내포하는 의미가 많아서 다양한 해석이 가능하다는 것이다.

이러한 함축성 때문에 시는 독자의 상상력과 사고력을 촉발하고 향상시키는 것이다. 이러한 함축성은 시적 어법이라 할 수 있는 비유, 상징, 역설, 아이러니 등의 어법을 통해서 다양한 내포적 의미를 가진다. 그래서 이러한 시의 어법 때문에 일반 독자들은 시를 어려워한다. '국화꽃'이 서정주에게는 '성숙한 누님'으로 표현되었듯이 또 김상용에게서 '구름'은 '도시의 화려한 생활'을 나타내기도 하듯이 말이다.

가면

유 휘 상

보톡스 몇 방으로
겉주름을 벗어 놓고
나이테 바퀴 풀어
봄바람을 되감을 때
탱탱한 얼굴 밖에서
매달리는 각시탈.

– 한국시조시인협회 연간집(2005)에서 –

현대의학의 발달과 함께 젊게 보이고자하는 사람들의 욕망을 〈가면〉 속에 표출했다. 젊게 보이고 젊게 살고자하는 것은 인간 모두의 욕망인 듯싶다. 어릴 때는 빨리 어른이 되어 어른들처럼 살고 싶지만 나이가 들면서 좀 더 젊게 살고 싶어 하는 것이 모두의 바람이다. 고시조에서도 '한손에 막대 들고 또 한손에 가시 들고/늙는 길 가시로 막고 오는 白髮 막대로 치렀더니 /白髮이 제 먼저 알고 지름길로 오더라. -우탁-라 읊었으니 말이다. 늙음을 한탄하며 인생의 허무를 노래한 「탄로가」로 알려져 있다.

예나 지금이나 늙는 것은 모두 이렇게 싫은가 보다. 요즈음은 백발도 주름도 늙음의 기준을 뛰어 넘는 세상이다. 얼마나 늙음이 싫으면 백발은 염색을 하고 주름은 화장술로 없애겠는가. 그것으로 만족하지 못하면 주름제거수술도 감행하는 세상이다. 나이가 들면 늙는 것이 자연현상이겠건만 이렇듯 모두 늙기를 싫어하니 진시황이 불로초를 찾기 위해 방사(方士)서복으로 하여금 선남선녀 500명을 거느리고 목숨을 건 불로초 탐사에 나서게 한 것도 이해할 만도 하다.

다음에서 자유시노 감상해 보자

남으로 창을 내겠소

김상용

남으로 창을 내겠소.
밭이 한참갈이
괭이로 파고
호미론 풀을 매지요.
구름이 꼬인다 갈리 있소

새 노래는 공으로 들어라오
강냉이가 익걸랑
함께 와 자셔도 좋소

왜 사냐건
웃지요.

남향으로 창을 내어 집을 짓고 괭이로 밭갈이를 하고 호미로 풀을 매며 농촌생활을 즐겨 한다. 아무리 좋은 말로(구름) 도시로 나가자고 꼬여도 나갈 리가 없다. 새들이 지절대는 노래를 공짜로 들으며 자연의 합창을 즐긴다. 이 좋은 자연 속에서 사는 것이 부러울 게 없다. 강냉이가 익으면 서로 나누어 먹는 후한 인심도 있다. 이 좋은 전원생활인데 왜 도시로 나가? 그래도 사람들은(친구) 도시로 가잔다. 왜 그렇게 사느냐고? 시적자아는 그저 웃어넘길 뿐이다. 도시 생활에서 떠나 소박한 전원생활을 즐기며 달관의 삶을 사는 시적자아의 인생관을 형상화한 시이다.

님의 침묵

한용운

님은 갔습니다. 아아, 사랑하는 나의님은 갔습니다.
푸른 산 빛을 깨치고 단풍나무 숲을 향하여 난 작은 길을 걸어서
차마 떨치고 갔습니다.
황금의 꽃같이 굳고 빛나던 예 맹서는 차디찬 티끌이 되어서
한숨의 미풍에 날아갔습니다.
날카로운 첫 키스의 추억은 나의 운명의 지침을 돌려놓고
뒷걸음쳐서 사라졌습니다.
나는 향기로운 님의 말소리에 귀먹고 꽃다운 님의 얼굴에

눈멀었습니다.
사랑도 사람의 일이라 만날 때에 미리 떠날 것을 염려하고
경계하지 아니한 것은 아니지만 이별은 뜻밖의 일이 되고
놀란 가슴은 새로운 슬픔에 터집니다.
그러나 이별을 쓸데없는 눈물의 원천을 만들고 마는 것은
스스로 사랑을 깨치는 것인 줄 아는 까닭에 걷잡을 수 없는
슬픔의 힘을 옮겨서 새 희망의 정수박이에 들어부었습니다.
우리는 만날 때에 떠날 것을 염려하는 것과 같이 떠날 때에
다시 만날 것을 믿습니다.
아아, 님은 갔지마는 나는 님을 보내지 아니하였습니다.
제 곡조를 못이기는 사랑의 노래는 님의 침묵을 휩싸고
돕니다.

여성어조를 띤 「님의 침묵」은 '님'이란 함축적이고도 애절한 사랑의 정감이 넘치는 노래이다. 시의 구조는 이별의 슬픔과 고통 그리고 기다림 만남의 확신을 통하여 이별 또한 보다 성숙된 만남을 전제한 조건이 되듯이 잃어버린 조국 또한 광복의 그날이 올 것을 확신하였기에 끝까지 변절하지 않고 대쪽같이 곧게 살다간 만해 한용운이다.

3) 언어의 암시성

시에서 언어의 암시성은 눈에 보이지 않는 정신적인 세계, 상상의 세계를 담아내는 역할을 한다. 지나친 암시는 난해시를 낳지만, 적절한 암시는 독자로 하여금 사고(思考)의 세계를 달리며 상상의 날개를 펼쳐 또 다른 시의 세계를 창출할 수 있는 힘을 기른다.

알 수 없어요

한용운

바람도 없는 공중에 수직의 파문을 내이며 고요히 떨어지는
오동잎은 누구의 발자취입니까?
지리한 장마 끝에 서풍에 몰려가는 무서운 검은 구름의 터진
틈으로 언뜻언뜻 보이는 푸른 하늘은 누구의 얼굴입니까?
꽃도 없는 깊은 나무에 푸른 이끼를 거쳐서 옛 탑 위의 고요한
하늘을 스치는 알 수 없는 향기는 누구의 입김입니까?

근원은 알지 못하는 곳에서 나서 돌부리를 울리고 가늘게
흐르는 작은 시내는 굽이굽이 누구의 노래입니까?
연꽃 같은 발꿈치로 가이 없는 바다를 밟고 옥 같은 손으로
끝없는 하늘을 만지면서 떨어지는 해를 곱게 단장하는 저녁놀은
누구의 詩(시)입니까?
타고남은 재가 다시 기름이 됩니다. 그칠 줄을 모르고 타는
나의 가슴은 누구의 밤을 지키는 약한 등불입니까?

자연이 보여주는 아름답고 신비한 현상을 그저 자연 자체로 보지 않고 하나의 인격체로, 절대적인 대상으로 승화시켜 자신은 나약한 존재임을 인식한다.

4) 언어의 애매성

20세기 문학비평에 많은 영향을 끼친 영국의 시인이며 평론가인 엠프슨(Empson, Sir William, 1906-1984)의 시는 존 던의 영향을 크게 받아 주석이 있어도 생략법을 사용한 까닭에 이해하기가 어렵다. 그의 〈애매성의 7가지 형태 Seven Types of Ambiguity〉 (1930, 개정판 1953)는 20세기 전반기에 가장 큰 영향을 미친 비평서로서 근본적으로 시 본문을 철저히 검토한 작품이다. 이 책을 통해 그가 문학비평에 기여한 점은 의미가 불확실하거나 중복된 단어를 쓰는 것은 잘못이 아니라, 오히려 시를 더 풍부하게 할 수 있다고 지적한다. 실제로 그는 이 책에서 그 보기를 많이 보여주고 있다. 시는 인지적 의미와 음색적 의미가 애매하고 복잡할 때 정서적 효과를 얻는다는 관점이 그의 언어 분석의 토대이다.

시어를 애매하게 표현함으로써 독자로 하여금 상상의 날개를 펼쳐보게 하고 감상하는 이에 따라 다른 시의 세계를 표현해 낼 수 있다. 그래서 언어의 애매성은 시어의 의미를 확산시키며 시 세계를 더욱 깊고 넓게 펼칠 수 있다.

엠프슨이 밝힌 〈애매성의 일곱 가지 유형〉은 다음과 같다.

(1) 하나의 낱말이나 문장이 동시에 다양한 효과를 나타내는 경우

(2) 두 개 이상의 의미가 시인이 의도한 하나의 의미로 나타나는 경우

(3) 두 개념이 문맥상 동시에 양쪽에 관계되어 하나로 나타나는 경우

(4) 둘 이상의 의미가 서로 모순 되게 결합하면서 시인의 복잡한 정신 상태를 나타내는 경우

(5) 일종의 직유로서 직유의 두 관념은 서로 어울리지 않으나, 시인의 시작 과정 중 한 관념에서 다른 관념으로 옮겨감을, 즉 불명료한 것에서 명료한 것으로 나타나 있음을 암시하는 경우
(6) 하나의 표현이 모순 되거나 아무것도 의미하지 않을 경우 독자가 그 시 속에 들어가 스스로 해석해야 할 경우
(7) 하나의 표현이 근본적으로 모순 되어 시인의 마음속에 분열을 일으키고 있음을 암시하는 경우

이 같이 애매성은 시어가 명확한 의미를 갖지 못하기 때문에 생기는 결점이 아니라 시어자체가 풍부한 의미를 가지고 있기 때문에 독자의 상상적 해석을 최대한 누리게 하는 것으로서 이것은 바로 시어가 가진 특권이며 특징이다.

산유화

김소월

산에는 꽃 피네
꽃이 피네
갈 봄 여름 없이
꽃이 피네

산에
산에
피는 꽃은
저만치 혼자서 피어있네.

산에서 우는 작은 새여
꽃이 좋아
산에서
사노라네.

산에는 꽃 지네
꽃이 지네
갈 봄 여름 없이
꽃이 지네.

산에 피는 꽃은 깨끗하고 순수하고 청초하다. 그리고 드문드문 홀로 피어있다. 그래서 외롭기도 하다. 피고 지는 윤회의 삶을 이어간다. 시인은 산유화처럼 살아가는 인생의 모습을 꽃에다 투영하여 불교의 윤회사상을 형상화하고 피안의 세계를 꿈꾼다.

5) 언어의 문맥성과 통사론

언어가 갖는 의미는 사용법에 따라 고정 불변의 객관성을 떠나서 새로운 의미를 향해 무한한 가능성을 갖는다. 또한 언어는 별개의 단어들로 따로 따로 놓여 있을 때보다 하나의 문맥 안에서 자리를 잡고 있을 때 제 기능을 다하게 된다.

우리가 일상생활에서 언어를 사용할 때 낱말 하나하나를 그 자체로 따로 떼어 사용하지 않는다. 설사 그런 경우라도 드러나지 않는 단어의 의미를 이해했기 때문에 화자와 청자의 의사소통이 가능한 것이다. 보통 지시적 언어의 사용도 이러한 문맥 속에서 제 역할을 정상적으로 해 낼 수 있듯이 언어의 내포적 의미도 문맥을 바탕으로 하여 생겨난다.

시어에 나타나는 언어의 함축적 의미는 똑 같은 언어라 하더라도 문맥에 따라서 그 의미가 다르다. 일상어로서 쉽게 예를 들어보면, 어떤 일을 하는데 '손이 모자란다'란 말이 있다 이런 경우는 사람이 부족하다는 의미로 쓰였다. 그런가 하면 위험에 처하였을 경우 '빨리 손을 써야지'라는 표현을 한다. 이런 경우는 어떤 방법이나 처방을 의미한다. 여기서 본래의 의미인 손(手)이 문맥에 따라 주변적 의미인 '사람'이나 '방법' 등으로 나타났다.

이것이 시의 경우에 있어서는 그 문맥에 따라 탄생되는 의미들이, 지시적 언어들이 보여주는 주변적인 언어 이상으로 더 자유롭다는 것이다. 그것은 더 넓게 시인의 주관적인 인식이나 통찰에 의해서 새롭고도 독창적인 모습으로 태어난다.

까마귀 싸우는 골에

정몽주 어머니

까마귀 싸우는 골에 백로야 가지마라
성낸 까마귀 흰빛을 새올세라
청강에 곱게 씻은 몸을 더럽힐까 하노라.

십자가

윤동주

쫓아오는 햇빛인데
지금 교회당 꼭대기
십자가에 걸리었습니다.
尖塔이 저렇게도 높은데
어떻게 올라갈 수 있을까요

위의 예시에서 '까마귀'나 '백로'는 사전적인 의미가 아니라는 것은 다 아는 사실이다. 이렇게 시인의 주관적인 인식으로서 문맥에 따라 독창적인 모습으로 그 의미가 태어난다.

윤동주의 '십자가'도 마찬가지이다. 십자가는 기독교의 상징으로 되어있다. 그러나 문맥에 따라 그 의미는 다양하게 해석된다. 예수님의 '고난'을 상징하기도 하고, 죄에서의 '해방과 자유'를 의미하기도 한다. 본시에서는 그 의미가 특수화 되어 있다. 여기서의 '십자가'는 그 문맥에 의하면 시인의 종교적 내지 도덕적인 목표점이라 할 수 있다.

6) 언어의 음악성

시의 특성 중의 하나로 시는 '아름다운 운율의 창조'라고도 한다. 소리 그 자체로서 느낌을 자아내게 하고 분위기를 불러일으키며 감각을 자극한다는 것이다.

시에는 곡조가 없지만 시를 읽으면 자연적으로 가락을 느낀다. 이처럼 곡조는 없어도 어떤 율격이 있어 음악성을 느끼게 한다. 이러한 현상이 바로 시의 중요한 특성이다. 이것이 또한 시를 다른 문학과 장르의 구별을 짓게 하는 핵심적 요소이다. 운율은 시가 갖는 구조나 형식, 분위기, 어조, 문장의 호흡, 음절 수, 음보, 음운의 반복 등에 의하여 형성 된다. 그런가하면 언어자체가 지닌 소리에 의해서도 생겨난다. 그러므로 의미전달을 중심으로 하는 일상 언어가 언어의 소리 부분에 대해 별로 신경을 쓰지 않는 것과는 달리 시의 언어는 소리가 빚어내는 미묘하고 섬세한 부분까지 그 음악적 효과를 살릴 수 있다. 다음과 같은 의성어나 의태어에서도 볼 수 있다.

돌돌, 졸졸, 살랑살랑, 출렁출렁, 모락모락, 우줄우줄, 철썩철썩, 사락사락, 옹알옹알, 팔랑팔랑, 설레설레, 옹기종기, 곤드레만드레, 불그락푸르락, 토실토실, 앙알앙알 덩실덩실, 꼬르륵꼬르륵, ……

돌담에 속삭이는 햇살

김영랑

돌담에 속삭이는 햇발같이
풀 아래 웃음 짓는 샘물같이

내 마음 고요히 고운 봄길 위에
오늘하루 하늘을 우러르고 싶다

새악시 볼에 떠오르는 부끄럼같이
시의 가슴살포시 젓는 물결같이

보드래한 에메랄드 얇게 흐르는
실비단 하늘을 바라보고 싶다,

나그네

박목월

강나루 건너서
밀밭길을

구름에 달 가듯이
가는 나그네

길은 외줄기
남도 삼백리

술 익는 마을마다
타는 저녁놀

구름에 달 가듯이
가는 나그네.

시조와 민요시에서는 외재율이 나타나며 음악성을 자연적으로 드러낸다. 「나그네」도 5연중 3연이 7·5 조의 민요조 이고 다른 두 연도 6·4조와 5·5조로 음악성을 그대로 유지한다.

7) 언어의 압축성과 간결성

군더더기가 없이 정제되고 압축될수록 시어가 지닌 힘은 더욱 강해진다. 그래서 '시의 완성이란 덧붙일 것이 없을 때 이루어지는 것이 아니라 버려야할 것이 아무 것도 없을 때 이루어진다'.고 한다. 그만큼 시에 있어서 시어의 압축성과 간결성을 중요시하고 있다.

청산리 벽계수야

황진이

青山裏(청산리) 碧溪水(벽계수)야 수이 감을 자랑마라
一到(일도) 滄海(창해)하면 돌아오기 어려우니
明月(명월)이 滿空山(만공산)하니 쉬어간들 어떠리

벽계수와 명월은 사전적인 의미와 개인의 雅號(아호)를 함께 하는 이중적인 의미를 갖는 함축적이면서도 압축어로서의 그 미를 더해준다.

*까치집

이근배

시인 박용래
눈이 젖어 바라보던

그 삭정이 둥지
삭정이진 슬픔

한 줌 詩
고독을 품던 새는
지금은 날아가고 없다.

* 〈까치집〉은 각 장마다 시조의 음수율에는 많이 벗어난다. 이는 시조의 기본형인 음보(3·4·5)개념으로 쓴 것이 아니라 구 개념으로 창작 된 것임을 알 수 있다. 초·중장은 소음보이고 종장은 과음보이다. 그래서 일반 독자들은 자유시로 볼 수 있다. 하지만 위의 시는 '시의 완성이란 덧붙일 것이 없을 때 이루어지는 것이 아니라 버려야할 것이 아무 것도 없을 때 이루어진다.'는 말을 상기시키는 작품이다.

8) 언어의 고유성과 정확성

시의 언어는 의미전달의 수단이 아니라 그 자체가 목적적인 존재로서 그 언어가 아니면 안 되는 필연성과 유일성으로 존재하는 것이다. 발레리는 이러한 시의 언어를 '舞踊(무용)의 언어'에 비유했다. 곧 무용은 동작 하나 하나 그 자체가 목적이요 표현이며 고유성을 갖기 때문이다. 이에 비하여 산문의 언어를 '步行(보행)의 언어'에 비유했다. 그것은 보행은 어떤 목적지에 이르기 위한 수단이기 때문이다.

진달래꽃

김소월

나보기가 역겨워
가실 때에는
말없이 고이 보내
드리오리다

영변에 약산
진달래꽃

아름 따다 가는 길에
뿌리오리다
가시는 걸음걸음
놓인 그 꽃을

사뿐히 지려밟고
가시옵소서
나보기가 역겨워
가실 때에는

죽어도 아니 눈물
흘리오리다.

시어 하나 하나의 표현이 고유성을 갖고 의미를 부여하고 있다. 특히 궁서체 시어는 최적의 언어 형식으로 氣意(기의)와 함께 氣表(기표)의 힘을 당기고 있다.

9) 언어의 그림인 이미지(心象심상)

'이미지는 시의 생명이며 극치'라고까지 한다. 이는 시의 언어가 갖는 특별한 이유 때문이다. 곧 시어는 의사 전달을 목적으로 하는 단순한 기호가 아닌 시의 세계를 형상화하는 육화된 의미를 지닌 언어라는 것이다.

'이미지는 언어의 그림'이라고도 한다. 이 말은 '그림은 말없는 시이고, 시는 말하는 그림'이라 생각하면 된다. 그림은 시각을 통하여 보고 느끼는 바를 구체적으로 표현한 것이고, 시는 마음의 눈을 통하여 보고 느끼는 바를 언어로 형상화하여 표현한 것이다. 이처럼 시의 세계를 하나의 그림으로 감상하듯 구체적인 의미로 느끼게 해 주는 것이 이미지이다.

이를 보면 다음과 같다.

이미지(언어)가 환기하는 범위와 작용에 따라 분류한 것을 보면 다양하게 나타난다. 홍문표는 1) 감각적 이미지 2) 시각적 이미지 3) 청각적 이미지 4) 근육감각 이미지로 분류했다. 이영섭은 1) 심리적 이미지 2) 비유적 이미지 3) 상징적 이미지로 나누고 있으며 홍윤기는 1) 시각적 이미지 2) 청각적 이미지 3) 촉각적 이미지 4) 운동적 이미지로 분류하고 있다. 그런가 하면 최동호는 1) 지각적 이미저리 2) 비유적 이미저리 3) 상징적 이미저리로 분류했으며 조태일은 1) 정신적 이미지 2) 비유적 이미지 3) 상징적 이미지로 나누고 있다.

정신적 이미지는 지각적 이미지나 심리적 이미지와 같은 의미로 볼 수 있어 함께 묶을 수 있고 홍문표와 홍윤기의 분류 또한 대동소이하여 모두 한 맥락에서 이름만 다른 것을 알 수 있다. 또 이들 분류는 정신적 이미지를 세분한 목록으로 다룰 수 있다. 그래서 이들을 종합하여 묶어서 서술할 것이다.

1) 정신적(지각적, 심리적)이미지

정신적 이미지는 대상에 대하여 감각적 체험의 재생을 그 목적으로 하는 것이기에 대상을 얼마만큼 효과적으로 느끼게 해주느냐에 초점이 맞추어진다. 이미지를 논할 때 가장 많이 거론되는 것이 정신적 이미지이다. 이를 다시 세분하면 시각적 이미지(명암, 선명도, 색체, 동작 등)와 청각적이미지, 후각적이미지(향기, 악취 등), 미각적이미지, 촉각적이미지(열기, 냉기, 감촉 등) 등으로 나눌 수 있으며, 이 다섯 가지 감각은 결국 오감에서 오는 정신적 이미시를 반느는 원전이다. 이 밖에도 학자에 따라서 감관적(신체조직기능 – 심장박동, 혈압, 호흡, 소화 등의 인식, 근육운동 – 근육의 긴장과 이완), 역동적(운동적), 공감각적 이미지 등으로 세분하기도 한다.

① 시각적 심상 – '타는 저녁놀', '푸른 바다' 등에서 보듯이 빛깔, 모양 등 눈을 통해 느끼는 감각적 이미지.

② 청각적 심상 – 접동새 소리, 매미소리 등 소리와 귀를 통해 느끼는 감각 이미지

③ 미각적 심상 – 짭짤한 미역 맛, 한약의 쓴 맛 등 맛과 같이 혀를 통해 느끼는 감각 이미지

④ 후각적 심상 – 밥 냄새, 향수 냄새 등 코를 통해 느끼는 감각 이미지

⑤ 촉각적 심상 – 따뜻한 햇볕, 차가운 바람 등 피부를 통해 느끼는 감각이미지

⑥ 공감각적 심상 – 어떤 감각을 다른 감각으로 표현할 때 곧 둘 이상의 감각을 나타내는 이미지로 은빛 비린내(시각+후각), 쌉쌀하면서도 향기 나는 인삼 맛 등으로 표현되는 이미지이다.

2) 비유적 이미지

비유적 이미지의 일반적 유형들은 제유(synecdoche). 환유(metonymy), 직유(simile), 은유(metaphor), 의인화(personipication), 풍유(allegory) 등 6가지로 나누며 이와 관련되지만 좀 다른 성질을 지닌 것으로 상징(symbol)이 있다. 이들 비유들은 각각 말해지고, 의미하면서 언어장치를 담게 되는데 비유이든 실체이든 아니면 둘 모두 이미지를 내포하게 마련이다.

3) 상징적 이미지

상징은 비유와 함께 시의 내용을 이미지화 시키는 가장 중요한 방법이다. 비유는 두 이미지를 결합시키는 반면 상징은 하나의 이미지만을 표면에 내 세운다. 그러나 비유적 이미지에 대한 연구는 순차적으로 상징적 이미지에 대한 연구와 중첩이 된다.

상징은 어떤 대상이 그 자체를 드러내는 것이 아니라 거기에 부합되는 다른 의미나 관념을 표상하는 것이다. 대상 그 자체를 드러내는 것을 원관념, 거기에 부합되는 다른 의미나 관념을 표상하는 것을 보조관념이라 한다. 예를 들면 비둘기가 평화를, 십자가는 기독교를 연꽃은 불교를 표상하는 것과 같다. 여기에서 비둘기, 연꽃, 십자가는 감각적, 지각적 대상이기 때문에 이미지가 되며, 이러한 이미지들이 상징으로 기능

하므로 상징적 이미지가 되는 것이다

Heart의 원 관념은 심장이고 보조관념이 사랑이다. 하트는 보조관념인 사랑을 상징한다.

상징적 이미지는 원관념을 갖고 있다는 점에서 비유와 서로 닮아 비유적 이미지와 서로 헷갈리는 면도 있다만, 상징의 특성은 어떻든 은유와 다르게 처음부터 원관념이 전제되지 않고 보조관념을 내세우기 때문에 그 의미가 정확하게 드러나지 않는 것을 알 수 있다. 따라서 이런 상징을 통해서 만들어지는 상징적 이미지는 강한 암시성을 띠게 되는 것이다.

이에 대해 김용직의 견해를 들어보기로 한다.

"한편 상징적 심상의 기본 개념의 정립을 위해서는 당연히 상징의 문제가 논의되어야 한다,(……) 그러니까 상징은 그 개념의 차원이 비유와는 근본적으로 다르다. 비유는 그 함축성이 아무리 강한 경우에도 유추가 가능하다. 그러나 상징은 대체로 그것의 실체가 잡히지 않는다. 그 동기 자체가 우리 자신의 의식의 뿌리를 내린 광막한 영역을 거느리고 있기 때문이다."라 하여 곧 비유는 두 이미지를 결합시키기 때문에 아무리 감추어도 상상력으로 그 뿌리를 찾아낼 수 있으나, 상징은 하나의 이미지만 표면에 내세우니 그 실체를 잡기가 어렵다는 것이다.

바위

유치환

내 죽으면 한 개의 바위가 되리라
아예 愛憐(애련)에 물들지 않고
喜怒(희노)에 움직이지 않고
비와 바람에 깎이는대로
億年(억년) 非情의 緘默(함묵)에
안으로 안으로 채찍질하여
드디어 생명도 망각하고
흐르는 구름
머언 遠雷(원뢰)
꿈꾸어도 노래하지 않고
두 쪽으로 깨뜨려져도
소리하지 않는 바위가 되리라.

여기에서도 의인화된 비유는 "애련에 물들지 않는" 비정함과 노여움, 성냄, 기쁨 따위의 감정에 물들지 않고 비와 바람을 맞으면서도 그저 함묵한 채 자신을 지키고 견디며 안으로 더욱 강해지는 게 바로 바위의 모습이다. 그리하여 마침내 "생명도 망각"하는 초월의 경지에 이르러 그 어떤 외부 자극에 흔들림이 없는 존재의 모습을 지니게 된 것이다. 따라서 바위는 이러한 세계를 소망하는 시인의 강한 의지나 신념, 초연함,초극의 경지, 달관의 세계를 표상한다고 볼 수 있다. 또는 일체의 생명에 대한 허무 의식을 상징하고 있다고도 볼 수 있으며, 읽는 사람의 주관적인 느낌이나 해석에 따라서 또 다른 다양한 의미들을 끄집어 낼 수도 있을 것이다.

갈대

천상병

환한 달빛 속에서
갈대와 나는
나란히 소리 없이 서 있었다.
불어오는 바람 속에서
안타까움을 달래며
서로 애터지게 바라보았다.
환한 달빛 속에서
갈대와 나는
눈물에 젖어 있었다.

시의 세계가 마음의 눈에 환하게 비쳐온다. 바람에 흔들리는 나약한 갈대와 나란히 서 있는 시인은 곧 갈대와 혼연일체가 된다. 갈대의 모습이 시인의 모습이다.

8. 시적 표현의 묘미 살리기

1) 사실적인 인식으로부터 출발

시를 쓴다는 것은 대상에 접하여 상상을 통하여 새로운 세계를 창조하는 언어 행위이다. 여기에는 시인이 말하고자하는 주제나 내용이 표현된다. 시인은 시를 통하여 그가 표출하고자 하는 의지나 대상에 대한 인식을 형상화한다. 이를 표현함에 있어

관념적이거나 현학적이고 철학적인 표현을 피하고 시인은 관조를 통해서 인식하고 느낀 그대로 사실적 풍경과 심상을 표출한다.

파로호의 전설

황정자

(6.25의 격전지)

조국의 아들들이 꽃잎처럼 떨어져 간
강심을 헤집으면 잡힐 듯이 다가서는
진혼곡 길고 긴 여운 비목처럼 먼 하늘

이끼 낀 세월 뒤로 빛바랜 초연 속에
전설로 피어나는 무명용사 붉은 넋은
통일의 초석이 되어 영원토록 푸르리니

산화한 호국영령 이제는 잠드소서
겨레의 가슴마다 새겨 넣은 비문 속에
역사의 준엄한 침묵 파로호에 잠 들 다.

시인은 6.25의 격전지인 파라호에서 그 날의 참상과 세월의 무상함과 그들의 영원함을 노래했다. 곧 시적자아는 파라호라는 대상에 접하여 이곳이 바로 6.25의 격전지임을 상기하며 그 날의 격전 상황을 상상을 통하여 그려본다. 꽃잎처럼 사라져간 젊은 영혼들, 지금도 강심을 헤집으면 다가올 듯한 그들의 영상, 하지만 먼 하늘가 비목으로 남은 존재들. 세월의 무상함을 느낀다. 그들 무명용사들이 있었기에 오늘의 조국이 있다. 그래서 그들 넋은 통일의 초석이 되어 이 곳 파라호에 영원히 잠들어 있다. 이러한 상념을 하면서 표출된 것이 위의 〈파라호의 전설〉이다.

시인이 창조하는 새로운 시의 세계에는 시인이 표출하고자 하는 의지나 대상에 대한 인식을 형상화한다. 이를 표현함에 있어 관념적이거나 현학적이고 철학적인 표현을 피한다. 위의 시 〈파라호의 전설〉처럼 대상을 향한 관조를 통해서 시적자아가 회상하고 인식하고 느낀 그대로 사실적인 풍경을 그려내듯이 그의 심상을 표출하여 한 편의 시적세계를 구축하여 형상화한 작품이다. 이는 대상을 향한 사실적인 인식으로부터 출발한 시적 표현이다.

강

오 규 원

강은 둑을 따라 천천히 흘렀다
가다가 잠깐 발을 멈추고
행락객이 모두 가버린
여인숙의 닫친 창문을 보며
밟힌 풀이 다시 허리를 펴는
순간을 보며
천천히 흘렀다.
다시 이곳을 올 수 있는 날은
어떤 강에게도 없다.
다가올 다른 세계를 기다리며
눈을 감고 생각하기도 하고
몸을 모로 눕히고
먼 산을 보기도 하며 흘렀다.

위의 시는 흐르는 강물을 바라보며 시인은 자신이 이 길을 가듯이, 이 길을 가면서 보고, 듣고, 느끼고, 생각한 것들을 강물에 이입 시켜 그대로 초연하게 표현하고 있다.

2) 개성 있는 소리로 표현

'개성 있는 소리'란 자기만이 낼 수 있는 독특한 소리이다. '무'에서 '유'가 나오지 않는다는 말을 한다. 그래서 창작도 모방에서부터 온다고 한다. 그러면 개성 있는 소리는 어떻게 해서 낼 수 있을까? 그것은 기존 시인들이 많이 활용한 상투적 표현과 관습적인 인식에서 먼저 벗어나야 한다. 그리고 새롭고도 다양한 시어와 지식을 머리에 담아야 한다. 그 가운데서 번뜩이는 지혜가 스친다. 더불어 관찰자의 눈과 마음으로 돌아가 대상을 관조하여 자기의 소리로 신선하게 표현한다.

승 무

조 지 훈

얇은 사 하이얀 고깔은
고이 접어서 나빌네라.

파르라니 깎은 머리

박사 고깔에 감추오고

두 볼에 흐르는 빛이
정작으로 고와서 서러워라.

위 시는 「승무」의 앞부분이다. 얇은 사, 나빌네라. 파르라니, 박사, 고와서 서러워라. 등은 시인의 개성 있는 소리로 신선한 시어이다. 시인은 이러한 참신한 시어를 활용하는 것이 바람직하다. 하지만 그러한 시어를 발굴하기가 그리 쉽지 않다. 그래서 시인은 다양한 문학체험을 통해서도 시어를 발굴하고 사전을 뒤지기도 한다.

위의 시는 시조보다 더 시조다운 「승무」의 앞부분으로 시조의 한 수 쯤 된다. 시조보다 더 시조답다는 말은 시조라고 발표하는 작품도 운율도 제대로 낼 수 없을 정도의 과음보가 있는데 「승무」의 앞부분은 자유시이면서도 시조의 조건을 거의 다 갖추고 있다는 뜻이다.

① 시조의 일차직 조건은 3장 6구 12음보라는 형식석 특성에 있다. 이 형식이 시조의 정체성이다. 이런 의미에서 위 시는 시조 한 수에 버금간다.

② 각 구는 2음보로 이루어지며 이것은 최소한의 의미를 가진 율격 단위이다. 이 조건에도 위 시는 꼭 들어맞는다.

③ 2구가 짝을 이루어 독립된 하나의 문장 형태를 갖추면서 1장이 된다. 곧 이 한 장은 의미의 작은 단위이며 동시에 리듬의 작은 단위가 된다. 이 조건에도 연 가림이 꼭 시조의 각 장을 나타낸다.

④ 시조 한 수는 3장이 모여 통일되고 완결된다. 곧 3 개의 장이 의미를 가지면서 한 편의 시조가 된다. 3연 6행으로 이루어진 것이 시조의 3장 6구에 해당한다. 그래서 「승무」 앞 분은 시조 한 수이다.

칠석

김소월

거기서 반짝, 별이 총총,
여기서는 반짝, 이슬이 총총,
오며 가면서는 반짝, 반딧불 총총,
강변에는 물이 흘러 그 소리가 돌돌이라.

위 시는 동시 같은 느낌을 준다. 의태어와 의성어를 조화시켜 표현한 칠석날의 정감이다. 까만 하늘에는 반짝 반짝 빛나는 총총한 별이 있고, 새까만 풀잎에는 밤이슬이 반짝반짝 빛나고, 반딧불은 반짝반짝 오고 가며, 흐르는 물소리는 돌돌이다.

3) 사물에 대한 구체적 인식을 미적으로 표현

사물을 접하되 관조의 대상으로 바라볼 때 시적인 인식이 오고 미적 감각이 살아난다. 밤하늘의 별이 아무리 반짝여도 그냥 바라만 본다면 '아! 아름답다'로 끝난다. 다시 관조의 대상으로 하여 감정을 이입시키고 생명을 부여할 때 미적 감각이 오고 언어로 표출할 때 언어 예술로서의 한 편의 시가 탄생한다.

아무리 꽃이 아름다워도 그냥 바라만 본다면 '아! 어쩜 이렇게 아름다울까?'로 끝난다. 다시 보고 감상하고 관조하는 가운데 나의 감정이 꽃에 이입되고, 생명이 부여되어 미적 감흥이 언어라는 기호로 표출될 때 자연으로서의 꽃은 언어 예술로서의 시로 승화되는 것이다. 사물을 접한 이러한 미적 인식은 작가만이 느끼는 구체적이고도 개성적인 인식이다.

두메길

이은방

삼십리 절반쯤 넘어
폐교위로 초가 한 칸

다랭이 논배미로
손 젓는 바람도 만나

저 멀리 감나무집에
마중 나온 삽살개며…

그 옛날 화전민이 살던
메밀꽃 환한 길에

시집간 가시내들
하얗게 웃던 情景

殘光도 시사철이면
서리꽃에 물이 든다.

시적자아는 시사(時祀)철을 맞이하여 고향의 두메길을 걸으면서 감회에 젖는다. 누구에게나 고향은 정다운 곳이다. 따뜻한 온기가 감도는 곳이다. 하지만 많이 변했다. 어린시절 추억이 담긴 학교도 폐교가 되었다. 세월의 무상함 격세지감을 느낀다. 과거의 모습을 떠올린다. 어린시절의 그 정다운 정경들 모두 떠나버린 자리, 그래도 이 시사철이 되어 고향에 오면 그 모습들이 잔영으로 떠오른다.

이러한 상념 속에서 시인에게는 시적인 인식이 오고 미적 감각이 살아난다. 두메길에서 보고 느끼는 대상 하나하나를 관조의 대상으로 하여 감정을 이입시키고 미적 감각적 언어로 표출하여 언어 예술로서의 한 편의 시를 형상화한 작품이다. 아무리 고향이 정답게 다가와도 그냥 바라만 본다면 '아! 역시 고향은 좋아'로 끝난다. 고향의 모든 것을 관조의 눈으로 바라보는 가운데 나의 감정이 이입되고, 미적 감흥이 언어라는 기호로 표출될 때 하나의 대상은 언어 예술로서의 시로 승화되는 것이다. 두메길을 가면서 접한 시 「두메길」에서의 미적 인식은 시적자아만이 느끼는 구체적이고도 개성적인 인식이다.

수련

이정자

오월이 오면
일감호*에는 연꽃이 만발하다
요란하지도 않고……
눈길을 멈추게 한다.
물속에 담겨진 발목을
초록빛 치맛자락으로 가리우고
다소곳이 피어있는 모습이
현숙한 여인의 자태다
아무리 주위가 시끄러워도
아무리 운동가요가
목청을 높여도
수련은 이맘때면 어김없이
그 자리에 피어난다.
진흙에서 태어나
흙탕물로 자라도
수련은 곱게도 곱게도 피어난다.

일감호는 건대 캠퍼스에 있는 호수 이름이다. 오월이면 어김없이 피어나는 분홍색의 수련은 요란하지도 않으면서 지나는 이의 걸음을 멈추게 한다. 고고한 인품에

현숙한 여인의 자태라고나 할까? 주위의 시선에도, 어떠한 주위 환경에도 아랑곳하지 않고 그 자태 그대로 피어나는 '수련'에게서 고고한 인품의 소유자를 연상한다. 시적자아는 이러한 '수련'에 접해서 관조를 통하여 자아감정을 이입시키고 고귀한 생명을 부여하여 형상화한 작품이다.

4) 감정의 노출보다 감정을 자제해서 표현

시란 감정의 단순한 표현이 아니라 세계와 사물이 숨기고 있는 모든 미적 가치를 관조하고 표출하는 예술 형식이다. 그러므로 시란 '감정의 해방이 아니고 감정으로부터의 탈출'이라고 T.S.엘리엇(Thomas Stearns Eliot, 1888-1965)은 말했다. 이 말은 곧 감정의 노출이 아니라 감정의 절제를 의미한다. 그래서 시작(詩作)을 할 때는 감정을 그대로 쏟아서는 안 되고 되새김질하고 걸러서 표출해야 한다.

바닷가에서

류 상 덕

눈물에 젖어 살던 사람 하나 그립거든
저녁놀 곱게 타는 바닷가에 앉아 보소
이 세상 험난한 시름 잊을 법도 합니다.

소식조차 끊고 살면 다가오는 파도소리
수평선에 홀로 앉은 외론 섬이 되더라도
밤이면 별 틈에 피는 그리움이 보입니다.

얼마나 부질없는 몸부림에 울었던가
모래밭에 새겨놓은 발자국보다 못한 것을
껴안고 살았던 육신 그도 잠을 청합니다.

모든 것을 훌훌 털고 바닷가에 서 보라. 그것도 겨울 바닷가에 서 보라. 위 시를 읽으면서 겨울 바다를 찾았을 때가 생각난다. 우리는 살아가면서 얼마나 많은 것들에 마음을 뺏기고 살아가는지 모른다. 지나고 나면 별 것도 아닌 것에 밤을 지새우기도 한다.

눈물에 젖어 살던 사람도, 밤이면 별 틈에 피는 그리움도, 몸부림에 울었던 그 세월도 모래밭에 새겨놓은 발자국이 파도에 휩쓸려 없어지듯이 망막한 바다를 바라보며 세차게 밀려왔다 부서지는 하얀 파도를 바라보며 드넓은 가슴으로 부질없음을 깨닫게 된다.

위의 시는 '시란 감정의 해방이 아니고 감정으로부터의 탈출'이라고 한 T.S.엘리엇의 말처럼 끝없는 수평선을 바라보며 드넓은 가슴이 되어 감정을 절제하며 되새김질하고 걸러서 시적 대상을 향한 심미적 고유 가치를 표출한 언어 예술이다.

남강가에서

박재삼

강바닥 모래알 스스로 도는
진주 남강 물 맑은 물같이는,
새로 생긴 혼이야 반짝거리는
진주 남강 물빛 밝은 물같이는,
사람은 애초부터 다 그렇게 흐를 수 없다.

진주 남강에 오면 제일 먼저 義妓(의기) 논개가 생각난다. 그렇지만 시인은 논개를 한마디로 언급하지 않았다. 하지만 가만히 읽어보면 시인은 논개를 더욱더욱 생각한다. 그 감정을 자제하며 은근히 감정을 표출했다.

5) 논리적인 언어보다 통상적인 언어로 표현

논리적 성향이 강한 전문어보다 지극히 우리와 친숙한 통상어를 시어로 택하는 것이 좋다. 통상어가 더 자연스럽고 우리 정서의 표현에도 가장 가깝다. 뿐만 아니라 완전한 시어로서의 미적 기능도 더 높인다. 언어의 기능에는 정보의 기능, 표현의 기능, 지령의 기능, 미적 기능, 친교의 기능이 있는데 시어는 미적 기능을 다한다.

아래에 제시한 시들은 지극히 통상적인 시어로 표출되었지만 시작으로서의 미적 가치를 다한다. 특별히 어려운 논리적인 시어를 선택했다거나 토속어를 내세우지도 않았고, 순수국어를 내세우지 않고 일상에서 쓰는 통상어를 시어로 운용했다. 하지만 그 내용은 시적표현의 묘미를 다 드러내고 있는 작품들이다.

농부

원용문

오늘도 밭을 간다, 가난한 농부 되어
아무리 밭을 갈아도 부자가 안 될 줄을

잘 알고 있으면서도
신께 드리는 기도여.

봄에는 씨앗 뿌리고 가을에 거둬들이고
오로지 이 일 위해 태어난 사도(使徒)처럼
묵정밭 일궈 가면서
이삭이나 줍는다.

신발끈 조여 매고서 마음의 밭을 간다
알곡은 어디로 가고 잡초만 무성한가
서산(西山)에 해는 지는데
쓸쓸한 바람 부네.

지극히 우리와 친숙한 통상어를 시어로 택하였음을 볼 수 있다. 그래서 더 자연스럽게 우리 정서에 가깝게 다가온다.

우리가 하는 일도 다 농사에 비유할 수 있다. 어느 직업이고 직장이든 개인에게는 수입을 요하는 일터로서 사업이고 농사이다. 농부가 아침 일찍 들에 나가 밭을 갈듯이 직장인들도 아침 일찍부터 서둘러 각자의 일터에서 일을 한다. 각자가 어디서든 자기의 일에 책임의식을 갖고 주인 된 입장에서 자기의 의무를 다한다면 그 일은 보람이 있을 테고 그 일은 가치가 있을 것이다. 또 결실도 있으리라. 그것의 많고 적고는 하늘의 뜻이다. 큰 부자는 하늘의 뜻이고 어지간히 사는 것은 개인의 몫이라 한다. 곧 개인의 노력 여하에 달렸다는 것이다. 그런데 위의 시를 읽어보면 어느 한 수도 희망이란 없다.

토정비결 해설서를 읽어보면 좋은 것은 아주 좋고 나쁜 것은 아주 나쁘게 표현되어 있다. 위 시의 '농부'의 신세가 아주 나쁜 신수 해설을 연상케 한다.

아무리 가난한 농부로 태어났어도 일평생 열심히 살면 잘 살 수 있다. 그런데 '아무리 밭을 갈아도 부자가 안 될 줄을/잘 알고 있다'니 그래서 마음의 자세가 문제이다. 마음부터 부자를 꿈꾸어야 한다. '꿈은 이루어진다.' 하지 않는가. 다음에 둘째 수를 보자.

'오로지 이 일 위해 태어난 사도(使徒)처럼 묵정밭도 일궈가면서 부지런히 농사를 짓는다.' 했다 그런데 왜 또 이삭이나 줍다니. 이 또한 안 될 말이다. 또 셋째 수를 보자. '신발끈'까지 조여 매면서 마음의 밭까지 가는데 어찌 또 알곡은 없고 잡초만 무성하단 말인가. 그 차에 해까지 서산에 기울고 스산한 바람까지 불어오니 독자 또한 농부에 대해 허망감을 느낀다. 희망이 멀어져 가는 형국이다.

위의 시는 이룬 것 없이 그래도 열심히 살아온 한 농부의 삶을 통하여 서산에 기울어진 인생의 허무함을 읽을 수 있다. 하기야 인생길도 생각하기 나름이다. 이룬 것 없다고 생각하면 서글프지 않는가 곰곰이 돌아보면 왜 이룬 것이 없겠는가. 바라는 것이 많아서겠지 바람의 차이이고 생각의 차이일 것이다.

아마 겸양의 마음이 지나쳐 이렇게 표현 했을 것이다. 첫수에서는 가난한 농부로서의 삶을 열심히 살아가면서도 가끔씩은 좀 더 잘살기를 바라는 소박한 소망을 신께 기도하는 극히 자연스런 농부의 모습을 표출하려 한 것일 것이고, 둘째 수에서는 봄에는 씨 뿌리고 가을에는 거둬들이는 지극히 단순한 농부의 일이기에 가난에서 벗어나지 못하는 농부의 모습을 그렸을 것이고, 셋째 수에서는 매무새를 고치고 마음의 밭까지 가는데 알곡은 없고 잡초만 무성하다 했으니 수해라도 당하여 일년 농사가 헛수고라도 된 모양이다. 그러니 농부로서의 삶이 서산에 지는 해와 쓸쓸한 바람으로 더욱 스산하게 다가온다.

한 편 이 작품은 농부에 비유했을 뿐이지 시적자아의 마음의 표출이기도 하다. 황혼녘에 들어선 시적자아가 지나온 세월을 돌아보며 그간 열심히 산다고 살아왔지만 그래도 아쉬운 것이 있고 이루지 못한 것들에 대한 회한이기도 하다.

이렇게 지극히 일상적인 언어를 시어로 택하였기에 위 시는 어렵지 않게 독자에게 더욱 친숙하게 다가온다. 그래서 이해가 빠르고 자연스럽게 독자의 정서에 가깝게 느껴진다.

아래 시들도 각자 음미하고 감상해 보자.

잠들지 않는 강

김교한

강물은 흘러가도 생명의 끈 놓지 않는다
한 시대 소용돌이친 그 흔적 애써 지우며
오늘도 숱한 허물을 헹구고 청산을 건져올린다.

유유히 천삼백 리 온 고을 갈증 풀고
굽이굽이 울음 지우며 그리운 얼굴 찾는
영원한, 동란의 방패로 번영의 노래 띄운다.

이끼 푸른 바위 풀섶 친숙하게 볼 비비며
여명이 서린 이 유역을 함부러 넘보지 않게
한시도 지친 기색 없이 초롱초롱 눈 뜨고 있다.

무명차를 마시다

백이운

한 줌 검은 숯이 무쇠 솥을 데워서
물이 끓기까지 차와 하나 되기까지
얼마나 무수한 세상이 지켜보는 것인가.
함부로 말하지 마라 중심에 선 햇살들이여
찻물이 바닥날 즈음 떫을 법도 하건만
오묘함 잃지 않음을 누구에게 물어보랴.
등 굽은 소나무가 宗山을 지키듯이
사람의 사는 일도 저와 같아서
외로운 향기까지 모여 무명차를 마신다.

조그만 사랑노래

황동규

어제를 동여맨 편지를 받았다
늘 그대 뒤를 따르던
길 문득 사라지고
길 아닌 것들도 사라지고
여기저기서 어린 날
우리와 놀아주던 돌들이
얼굴을 가리고 박혀 있다
사랑한다 사랑한다,
추위 가득한 저녁 하늘에
찬찬히 깨어진 금들이 보인다
성긴 눈 날린다
땅 어디에 내려앉지 못하고
눈뜨고 떨며 한없이 떠다니는
몇 송이 눈.

어제를 동여맨 편지를 받는다, 시인은 어제까지의 그 길이 사라짐을 느낀다. 어린 시절의 추억도 깨어지고…… 사랑이 멀어져 가는 순간이다. 차가운 겨울 밤 하늘에, 눈발조차 엉성하게 날린다. 제대로 자리하여 앉지도 못하는 눈발이 마음을 가누지 못하고 서성이고 있는 시인 자신임을 발견한다.

9. 시적 표현기교

시를 구성하는 요소가 시어, 운율, 심상, 어조이라면 시를 표현하는 예술적 기교에는 비유, 상징, 반어, 역설 등의 수사법을 활용한다. 이러한 수사법은 시어를 운용하는 표현 기술에 지대한 영향을 끼친다. 시어의 애매성이라든가 함축성, 암시성 등은 시적표현 기교와 밀접한 관계가 있다. 이를 아래에서 일별해보자.

1) 비유법

비유법에는 직유법, 은유법, 대유법, 의인법, 활유법, 풍유법, 중의법, 의성법(성유법), 의태법(시자법)이 있다. 이는 표현하고자 하는 사물(원관념)을 다른 사물(보조관념)에 빗대어 표현하는 것을 말한다. 이는 언어의 전이 현상으로 어떤 대상을 직접 설명하는 것이 아니라, 그것과 유사한 다른 대상을 끌어들여 그것에 빗대어 표현하는 것이다. 그 특징은 원관념과 보조 관념 사이의 유사성을 바탕으로 하여 대상의 인상을 구체적으로 정확히 전달하는 효과를 얻는다. 그리하여 일반적인 서술로는 나타내기 어려운 깊은 의미를 만들어 낸다. 이를 다음에서 보다 구체적으로 살펴보자.

(1) 직유(直喩)

원관념을 보조 관념에 직접 연결시키는 비유법이다. 아는 바와 같이 '~처럼, ~같은, ~인 듯, ~같이' 등의 말이 원관념과 보조 관념을 연결시킨다. 예를 들면 샛별 같은 눈동자, 사과 같은 내 얼굴, 풀 아래 웃음 짓는 샘물같이...

- 꽃처럼 붉은 울음을 밤새 울었다. — 서정주, 〈문둥이〉에서 —
- 돌담에 속삭이는 햇발같이 / 풀아래 웃음짓는 샘물같이 — 김영랑, 〈돌담에~〉—

(2) 은유(隱喩)

연결어를 사용하지 않기 때문에, 원관념과 보조 관념을 동일한 것으로 보는 비유이다. '~는 ~이다.', '~는 ~' 곧 'A=B'의 형식이다. 예를 들면 '내 마음은 호수요', '내 마음은 촛불이요', '나의 마음은 고요한 물결', '이별은 미의 창조' 등의 표현 기법이다.

- 침실이 부활의 동굴임을 네야 알련만 — 이상화, 「나의 침실로」

• 나의 가슴은 누구의 밤을 지키는 약한 등불입니까. — 한용운 「님의 침묵」

(3) 의인(擬人)

사물이나 관념, 식물이나 무생물까지도 인격을 부여해서 인간적인 요소를 지니게 하는 비유법으로 작자의 감정을 이입(移入)하거나 정서를 투사(投射)하는 기법이다. 예를 들면

'산은 사람들과 친하고 싶어서', '낙엽이 앞서가며 속삭이고', '별들이 내려와 소곤대는 이 한 밤' 등등 대상에 작자의 감정을 이입시켜 하나의 인격체로 표출하는 시의 표현 방식이다.

(4) 활유(活喩)

무생물에다 생물적 특성을 부여하여 살아 있는 것처럼 나타내는 방법이다. 단순히 생물적 특성을 부여하여 나타내면 "활유법"이고, 인격적 속성을 부여하여 나타내면 "의인법"이다. 보기를 들면 '청산이 깃을 친다', '대지가 꿈틀거리는 듯', '어둠은 새를 낳고…',

(5) 대유(代喩)

어떤 사물의 부분[제유법]이나, 속성·특성[환유법]으로 그 사물 전체를 나타내는 비유법이다. 예를 들면, 약주 → 술(제유), 백발 → 노인(환유), 빈 수레 → 모자란 사람(환유)등이다.

이 외에도 풍유법, 중의법, 의성법(성유법), 의태법(시자법)이 있다.

2) 상징

본디 상징은 어느 감각적 대상이 다른 대상을 표시하거나 본래의 고유한 의미에서 다른 의미를 제시할 때 쓰는 표현 기법이다. 상징은 서로 다른 대상이 결합되면서 새로운 의미를 지니게 되는 기능을 지니고 있다. 상징은 어느 대상이 다른 대상을 표시하거나, 본래의 고유한 의미 외에 다른 의미를 나타내는 표현 기법이다. 즉 어떤 사물이나 관념이 그 자체의 의미를 유지하면서 다른 사물이나 관념을 대표하는 것이다. 따라서 상징은 암시성과 다의성을 본령으로 한다.

브룩스에 의하면 상징이란 원관념이 생략된 은유로서, '소녀들의 장미 동산에 있는 여왕 장미'하면 은유이지만, 단순히 사랑의 성질을 암시하기 위해 장미를 제시하는데 그치고 비유의 틀을 내놓지 않는다면, 그것은 장미를 상징으로 바꾼 것이 된다.

상징은 비유 중의 은유와 혼동되기 쉬운 면이 있다. 그러나 은유가 한 관념을 설명하기 위해 다른 한 대상을 환기, 비교하는데 반하여 상징은 그런 비교에 의존하지 않고 독립적이다. '장미'는 사랑의 상징이며, '구름'은 유랑의 상징인 것이 그 대표적 예이다. 따라서 상징은 독립적 이미지라 할 수 있다.

3) 반어(反語, irony)

낱말이 문장에서 표면의 뜻과 반대로 표현되는 용법이다. 어원은 그리스어의 에이로네이아(eironeia: 위장)이다.

소크라테스가 무지(無知)를 가장하고 논적(論敵)에 접근, 지자(知者)로 자부하고 있는 상대방에게 질문하는 형식으로 상대방 입장의 내적 모순을 폭로하고, 그 무지를 자각하게 하는 문답법으로 사용한 일이 알려져 있는데 이것을 '소크라테스적 아이러니'라고 한다.

일반적으로 진의(眞意)와 반대되는 표현을 말하는데, 표면으로 칭찬과 동의를 가장하면서 오히려 비난이나 부정의 뜻을 신랄하게 나타내려고 하는 등의 예를 들 수 있다. 그것은 지적인 날카로움을 갖는 점에서 기지(機知)에 통하고, 간접적인 비난의 뜻을 암시하는 점에서는 풍자와 통하며, 표리(表裏)의 차질에서 생기는 유머를 포함한다.

4) 역설(逆說, paradox)

표면적으로는 모순적이고 불합리하지만, 사실은 그 속에 진실을 담고 있는 말이다. "도(道)를 도라고 하면 도가 아니다."라 든가 "님은 갔지만 나는 님을 보내지 아니하였습니다", "죽어도 아니 눈물 흘리오리다." 같은 표현이다.

이 외에도 강조법과 변화법으로 시의를 더욱 풍성하게 한다. 이를 열거만 해보면 강조법에는 과장법, 반복법, 대조법, 점층법, 점강법, 영탄법, 미화법, 열거법, 비교법, 억양법, 생략법, 현재법, 거례법(擧例法), 연쇄법(連鎖法) 등이 있는데 고등학교 시절 국어시간에 배운 것들이다. 변화법으로는 설의법, 도치법, 대구법, 인용법, 반어법, 문답법 등을 이른다. 이 또한 모두 익히 알고 있는 것으로 알고 여기서는 생략한다. 다만 연쇄법으로 이루어진 고시조 한편을 소개하고자 한다.[46)]

笑矣乎 四章[47)]

권 섭

1.
이바 우읍고야 우움도 우우올샤
우읍고 우우오니 우움고야 못흘노다
아마도 히히 호호 ᄒᆞ다가 하하 허허 흘셰라

2.
하하 히히 한들 내 우움(웃음)이 정 우움가
하 어척업서서(어처구니가 없어서) 느끼다가 그리되게
벗님네 웃지들 말구려 아귀(입) 찌여지이라(찢어지리라).

3.
아귀 찌어진들 우운 것을 어이 ᄒᆞ리
우운 일 슬큇 ᄒᆞ고 웃기조차 말라 ᄒᆞᄂᆞᆫ
이사람 저만 실커든 우운 일을 말구려

4.
아므리 마자ᄒᆞᆫ들 우움이 절로 나네
내가 이만 흘 제 자네네야 다 이롤가
슬토록 히히 하하 ᄒᆞ다가 박장대소 ᄒᆞ시소

위 시조 笑矣乎 四章의 특징은 첫 수의 종장을 둘째 수 초장이 받고 둘째 수 종장을 셋째 수가 또 그 종장을 넷째 수가 받는 구성법으로 수사법으로는 연쇄법(連鎖法)에 속한다. 표출된 시어 또한 점잖은 양반의 언어가 아니다. 아귀(입), 억척업어서(어처구니가 없어서), 찌어지이라(찢어지리라), 의성어 하하 히히 등 사대부 작품으로선 파격적이다. 이는 그 당시 중인들이나 무명씨들이 쓴 사설시조풍의 영향인 듯하다. 그리고 이런 시어들을 권섭이 썼다는 것은 사라져가는 사대부 작가의 변모이기도 하다. 또 권섭은 벼슬을 하지 않고 그 자신이 표현했듯이 칠도 강산을 유람하며 반·

46) 이정자, 시조 한수에 역사가 숨쉰다, 한국학술전보(주), 2009. pp.203-204 참조
47) 박을수, 한국시조대사전, 아세아출판사, 1992. 참고

상을 가리지 않고 많은 사람들과 접촉하고 사귄48) 그의 성품으로 보인다.

5) 낯설게 하기

낯설게 하기(ostranenie or defamiliarization)는 러시아 형식주의 이론가를 대표하는 슈클로프스키(V. Shklovsky)의 새로운 시어에 대한 명칭이다. 곧 일상화되어서 낯익은 사물이나 관념을 특수화하고 낯설게 하여 새로운 느낌을 갖도록 표현하는 것이다.

낯설게 하기를 창안한 형식주의를 비판적으로 바라보는 시각도 있다. 형식을 주요한 핵심으로 놓는다는 측면에서 형식주의가 표면인 형식만 강조하고 내면인 내용을 소홀히 한다고 보기 때문이다. 하지만 형식이 없이는 내용을 담아내지 못하므로 낯설게 하기와 같은 형식주의의 개념은 일상생활에서도 그렇지만 특히 예술에서 큰 의미가 있다. 또한 형식주의자들은 내용과 형식의 이분법은 존재하지 않으며 예술작품에서 내용과 형식은 변증적으로 통합된다고 주장한다. 무엇보다도 형식주의에서는 예술을 예술답게 만들어주는 예술성까지 낯설게 하기에서 찾는다.

이처럼 예술가들은 일상성, 단일성, 반복성을 넘어서 끊임없이 낯설게 하기를 시도한다. 똑같은 이야기나 똑같은 사상이라도 낯설게 표현하면 새로운 것으로 보이고 새로운 것으로 보이면 미적 또는 심리적으로 긴장하고 그 긴장이 건강한 감동을 유발한다는 것이다. 이처럼 낯설게 하기는 일상성이나 지루함을 극복하고자 하는 인간의 욕망이기도 하고 예술가들의 창작기법이기도 하다.

깃발

유치환

이것은 소리 없는 아우성
저 푸른 해원(海原)을 향하여 흔드는
영원한 노스탤지어의 손수건
순정은 물결같이 바람에 나부끼고
오로지 맑고 곧은 이념의 푯대 끝에
애수는 백로처럼 날개를 펴다.
아아 누구던가
이렇게 슬프고도 애달픈 마음을
맨 처음 공중에 달 줄을 안 그는.

48) 『玉所稿』, 卷八, 述懷詩敍 참조

여기서 '소리 없는 아우성', '노스탤지어의 손수건', '이념의 푯대' 등은 '낯설게 하기'의 은유적 표현이다. 이런 비유는 병치(竝置)를 통해서 생소화의 효과를 나타낸다. 곧 '소리 없는 아우성'은 '영원한 노스탤지어의 손수건'으로 이것이 다시 '맑고 곧은 이념의 푯대'라고 하여 깃대를 신선하고 생소한 이미지로 표출했다.

심야통화 3

정현종

별들은 연기를 뿜고
달은 폭음을 내며 날아요
그야 내가 미쳤죠
아주 우주적인 공포예요

어둠의 촛불에 몸 씻듯이
깊은 밤 속에 잠겨 있으면
귀 밝아오노니
지하수 같은 울음소리…

이렇게 낯설게 하기는 평면적인 표현에서도 풋풋한 해방감을 준다. '문학적 낯설게 하기'는 언어 기호로 된 모든 형식에서 여러 가지 방법과 층위로 나타난다.

시인의 관심은 새로움에 있다. 관습화된 것에서 벗어나 전혀 다른 시어를 읽어내려는 고뇌와 진통을 한다. 발상의 탁월함을 보이고자 한다. 그러기 위해 시인은 낯선 언어를 찾아 헤매기도 한다. 그리곤 이를 조합하여 새로운 문형까지도 찾아낸다. 이것이 시인에게는 새로움의 발견이요, 발상의 전환이 이루어지는 순간이다. 독자들이 전혀 생각할 수 없는 낯선 시어를 찾아 우주라도 가는 것이 시인의 마음이다.

땟국물

이주남

장마가 그쳤는가, 바람이 허릴 푼다. 치마폭 선뜻 날리는 신이
난 빨래감, 창틀을 덮었던 휘장을 걷어내어 빨았다.
직사 광선 걸러주어 분분한 분위기, 그 자리 그대로 진종일 치
댓건만, 꽤재재 땟물 거품들이 꽤나 많이 쏟아진다.
나발들의 땟국물은 비누로나 빤다지만, 마음 거울 낀 때는 혀
끝으로 빤다드냐. 가냘픈 나팔꽃 한 송이 피었다 지고 있다.

위의 시조 또한 '낯설게 하기'이다. 일반적인 시조의 형식을 줄글로 내리 써서 언뜻 보면 자유시이다. 하지만 구나 장을 쉼표나 마침표로 표기하여 완전한 3수로 된 시조임을 알 수 있다. 이를 기본 시조형태로 바꾸어 보자

장마가 그쳤는가. 바람이 허릴 푼다.
치마폭 선뜻 날리는 신이 난 빨래감,
창틀을 덮었던 휘장을 걷어내어 빨았다.

직사광선 걸러주어 분분한 분위기,
그 자리 그대로 진종일 치댓건만,
꽤재재 땟물 거품들이 꽤나 많이 쏟아진다.

나발들의 땟국물은 비누로나 빤다지만,
마음 거울 낀 때는 혀끝으로 빤다드냐.
가냘픈 나팔꽃 한 송이 피었다 지고 있다.

10. 제목 붙이기

우주 만물은 그 모두가 그대로의 특징을 나타내며 이름을 갖고 있다. 산천초목에서부터 조류와 동물에 이르기까지 그 이름을 갖고 있다. 뿐만 아니라 세계 방방 곳곳의 지방명과 60억에 이르는 전 세계 인구가 한 사람 한 사람이 다 그 나름의 특성을 가진 이름을 갖고 불리어진다. 이름은 그의 존재를 확인하는 의미이기도 하다. 부모가 아기에게 가장 좋은 이름을 붙여 주듯이, 시인은 그의 정신세계의 분신이기도 한 그의 창작품에 가장 적절하고 좋은 이름을 붙여 주고자 한다.

제목은 독자의 시선을 맨 처음 붙들어 글 속으로 안내하는 간판의 역할을 한다. 그래서 대개의 제목들은 독자로 하여금 글의 내용을 쉽게 짐작할 수 있도록 붙이는 것이 일반적인 상례다. 논리적인 내용의 글일수록 더욱 그렇다. 그런데 문학 작품인 경우는 좀 다르다. 물론 경우에 따라서는 다루고자 하는 주된 소재를 제목으로 삼거나 말하고자 하는 주된 생각(주제)을 제목으로 설정하여 글의 내용을 짐작하게도 한다. 하지만 문학 작품의 제목들은 대체로 글의 내용을 직설적으로 표출하지 않고 암시 혹은 상징적으로 드러내고자 한다. 특히 시(詩)인 경우는 더욱 두드러지게 나타난다.

시에서의 제목은 독자들의 궁금증을 빨리 풀이 주는 역할을 하기보다는 궁금증을

오히려 즐기면서 흥미로운 갈등을 맛보게 하는 미적 장치로 설정하는 글이기 때문이다. 시의 제목이 시를 읽어보기도 전에 내용을 짐작할 수 있도록 주어지는 것은 바람직한 제목이 아니다.

시의 제목도 시행(詩行)과 마찬가지로 시를 구성하는 또 다른 요소로서 유기적인 관계를 가진다. 그래서 이상적인 제목은 독자가 그 시의 마지막 행을 읽을 때까지 독자의 의식 속에 계속 다양한 의미망을 형성하면서 탄력 있게 작용하는 것이다.

다음은 시의 제목을 설명할 때 많이 인용되는 시이다. 감상해 보자

왕유(王維,699~759)[49]의 「녹시(鹿柴)」라는 절구이다.

空山不見人　(맑은 산 속 사람은 보이지 않고)
但聞人語響　(두런두런 말소리만 들려 올 뿐)
返景入深林　(저녁볕은 깊은 숲에 스며들어)
復照靑苔上　(파란 이끼 위를 다시 비추고 있네)

이 작품은 '鹿柴(녹시)'라는 제목으로 하여 의부진(意不盡)의 깊이를 간직하게 된다. '鹿柴'를 '녹채'라는 고유명사[地名]로 해석하려는 이도 있기는 하나 그렇게 되면 이 시의 맛은 반감이 되고 만다. '鹿柴'는 '녹시', 곧 글자 그대로 '사슴 울타리'의 의미로 보아야 멋이 살아난다. 그렇다면 시인은 왜 이 시의 제목을 '사슴 울타리'로 붙였을까? 시에 표출된 것은 깊은 숲 속의 저녁 볕, 맑고 조용한 자연을 노래하고 있을 뿐인데. 사슴은커녕 사람의 모습도 보이지 않는다. 웬 사슴 울타리?

이 작품의 배경과 행간에 숨겨진 내용을 유추해 보자.

깊은 산 숲 속에 한 채의 집이 있고 집 앞에 작은 텃밭을 가꾸며 사는 노부부라 상상해도 좋다. 두런두런 이야기 소리가 들리는 것으로 보아 두 사람이 있는 것은 틀림없다. 그 빈터에 조그만 채마밭이라도 가꾸는가 보다. 그 채소밭가에 나뭇가지를 듬성듬성 엮어 만든 울타리가 있다. 그것은 사슴이 자주 찾아와 채소를 뜯어먹으니 이를 막기 위한 것이리라. 그래서 제목 '鹿柴(녹시)'는 바로 이러한 상상력을 불러일으킨다. 만일 '鹿柴(녹시)'라는 제목이 붙어 있지 않다면 이 작품은 깊은 산 속의 자연을 노래한 것에 지나지 않는다. 그러나 이 작품은 그 제목으로 인하여 은자(隱者)의 깨

49) 왕유(王維,699-759)는 중국 문화사의 황금기에 활동한 유명한 예술가이며 문인이다. 후세에 성인에 버금가는 지위까지 올라간 것은 그가 화가인 동시에 위대한 시인이었기 때문이다. 중국 명시 선집에 그의 작품은 거의 빠지지 않고 등장한다. 그는 이백(李白: 701-762)·두보(杜甫: 712-770) 등의 유명한 당대 시인들과 함께 서정시 형식을 완성한 시인으로 손꼽힌다.

끗한 삶을 노래한 작품으로 평자들은 풀이하고 있다. 그러니 제목의 중요성을 새삼 느낀다. 하지만 그러한 제목을 누구나 쉽게 할 수 있는 것은 아니다. 왕유 같은 대 시인에게서나 찾아 배울 일이다. 그래서 이렇게 중요시되는 제목을 어떻게 붙일 것인가에 대해 '녹시'같은 고민은 접어 두고 일반적으로 운용되는 방법을 구체적으로 열거해 본다.

(1) 좋은 제목

① 시의 내용과 조화를 이루는 제목이 좋다.

귀천원(歸天苑)*

조주환

고향산 밑에 와 저승집 한 채 짓는다
나와 아우들과 2세 3세로 이어질
눈물이 반이나 섞인
긴 돌단을 쌓는다.

따뜻한 말 한 마디 그 무엇도 해 준 것 없이
여린 아우들 가슴에 큰 못도 박았으리
스스로 참회를 하듯
내 마음을 묻는다.

햇살 짱짱한 날 들꽃도 몇 옮겨 심으리
훗날 혼백들도 그 머리를 맞대고
벙그는 꽃의 말들을
가만가만 들으라고.

* 귀천원(歸天苑):가족묘지

② 시선(視線)과 마음을 끌 수 있는 제목이 좋다.

子葉頌 · 2

김월한

네 씨눈 하나로도
산야는 온통 다 들렌다
그때 그 살 아린 적

바람도 입맞추고
질펀한
열락의 마당에
깃발 함께 나부껴라.

'떡잎을 기리다'보다 子葉頌(자엽송)이 더 시선을 끄는 제목인 듯도 하다. 필자 또한 그러한 시선과 마음으로 다가가 읽었으니까 말이다. 때로는 순수국어보다 한자어가 효과를 나타낼 때도 있다. 하지만 현대시조에서는 한자어 제목을 꺼리는 것이 평자를 포함한 일반적인 경향이니 이 점도 고려해서 제목을 정해야 될 것이다.

③ 새롭고 참신한 것으로 호기심을 자극하는 것이 좋다.

낱말 새로 읽기 · 26

문무학

'엉거주춤'은 신명나는
그런 춤이 아니지

앉지도
서지도
자빠지지도 못하여

간신히 세상 붙들고
내가 춰온 춤이지.

④ 상상력을 자극하는 제목이면 좋다.

찻잔에 별을 담고

서공식

깊어가는 그믐밤 달은 아직 멀었는데
솔 향 가득한 곡차 찻잔에 별이 뜨고
가풀막 허덕이던 숨 찻물소리에 잠겨든다.

불참무방 새벽 예불 주지스님 주신 법문
"산사에 오신 것이 불법보다 앞 선 수행"
풋잠 든 풍경 소리도 귀를 씻고 듣는다.

사위가 고요하여 허허한 지경일래
돌아갈 까닭 없어 별만 헤며 새우는데
찬이슬 톡! 한 방울에 눈을 뜨는 봉래산

어느새 별은 지고 찻잔에 달이 뜨네
고운님 눈섭 닮은 그믐달 잠겨 있네
산보다 더 큰 그리움 창을 여는 신새벽.

* 시의 제목이 낭만적이다. 찻잔에 별을 담고 사랑 얘기가 펼쳐질 것 같은 상상을 해본다.

⑤ 추상적인 표현보다 구체적인 표현이 좋다.

눈물에 대하여

김 준

자기와 자기 아닌 또 다른 자기와의
치열한 갈등에서 마지막 속삭임이
마침내 가슴에 닿아
그지없는 이 환희.

너무 멀리 떠나 왔구나

지성찬

너무 멀리
떠나 왔구나
먼 세월의
굽이를 돌아

이 겨울
다시 피는
눈 속의
동백을 보며

당신은
꽃이라 불러도
나는 상처라 말하겠네.

⑥ 함축적인 제목이 좋다.

분수

조홍원

분수도 모르고 하늘로 솟는 물줄기
아래로 흐르는 것이 세상의 이치였음을
뒤늦게
깨달아 얻는
곤두박질의 저 미학.

거풍기(擧風記)

장지성

참으로 오랜만에 도배를 하기 위해
온 집 안 가구(家具)들을 꺼내어 거풍을 한다.
장롱 뒤 먼지만큼이나 쌓인 세월이 풍화된다.

켜켜이 배가 부른 앨범 속 추억이며
설합에 유배당한 한 시절 옷가지들
이제는 한 치쯤 작아진 육신을 걸어 본다.

어디 말릴 것은 땀이며 눈물이랴
어디 젖은 것은 꿈이며 이상뿐이랴
간밤에 시달린 악몽도 빨랫줄에 널어 본다.

조금씩 가벼워지는 중량을 가늠하며
밀쳐둔 한 생애도 바람결에 나부낀다.
다시금 곧추세우는 바지랑대 파란 하늘.

(2) 제목 붙이기

① 중심 소재를 제목으로 한다.

촛불

김광수

스치는 실바람에도
하얀 넋을 추슬러

한사코 어둠 내몰며
애태우던 우리 어머니

사위고
남은 심지(心地)엔
눈물만이 엉기었네.

미끄럼틀

원용문

대여섯살된 사내애가
미끄럼을 탄다
오르락 내리락 하면서
희망을 타는 모습
유심히 바라보면서
부러워하는 이가 있다.

여자애가 탈 때는
애써 외면하고
사내애가 탈 때만
뚫어지게 바라본다
그 아이 할아버지는
대통령 된 것 같겠다.

② 주제를 제목으로 한다.

장돌뱅이

김명호

집보다 밖으로 돌며
강물이나 축내다가

꽃다 지겠다고
젖은 소리 듣던 바람

돌아와
누운 자리에도
밤새 장이 섭니다.

③ 첫 행이나 마지막 행, 또는 어떤 한 행을 제목으로 한다.

변심활개

오동춘

그렇게 그렇게도
다짐다짐 했어도
빛바래 금간 마음
그 까닭 모르겠다
싹터서 잘 익던 사랑
싹이 싹둑 잘리다니.

누구도 그 누구도
믿기 어련 이 오늘
목숨처럼 가꾼 사랑
헌신짝이 되는가
칠면조 날뛰는 누리
변심활개 너무 크다.

물 위의 함성-연꽃·3

홍윤표

접어서
날려볼까
불어서 날려볼까
못가에 정이 들어 안주하는 빛들이여
물 위에 분홍빛 함성 부처님의 뜻일까.

물속이
하늘이라면
하늘은 물이 될까
별무리 총총 매달린 산중에 산수유여
애린한 심성의 연꽃 네 앞에서 합장하리.

④ 창작의 동기를 제목으로 한다.

자전거 생각

김몽선

비틀비틀 두 바퀴

페달에 힘 실으면
쓰러질 듯 등허리가
식은 땀에 절었섰지
없는 듯 잡아줬던 힘
그건 바로 나였다.

한치 앞 염(念)도 사치
삐걱대는 안장이야
벅찬 핸들 꺾고 돌려
미련 끝에 나선 미로
아직 난 키 낮은 주목(朱木)
바퀴살에 감긴 일상.

해금강 가는 길에

이지연

금강통문 열리는 북으로 북녘으로
산과 들 눈길 천리
모래톱 가시 천리
경상도 보리문둥이
겨울바다 갑니다.

누더기 걸쳤지만 낡은 영혼 아닙니다
청간정* 해돋이를
안태처럼 깔고 앉아
생과 사 넘나드는 파도를
파도 타고 왔습니다.

*청간정: 관동 팔경의 하나로 바다가 가장 아름답게 보이는 정자.

⑤ 시의 이미지를 제목으로 한다.

고백

이정원

내 안을 기웃대는
낯익은 그림자 하나
마음을 가로 질러 주붓한 길을 내고

난(蘭) 보다 더 짙은 향기 은밀하게 품고 있다.

몇 밤을 새워야만
섬돌 한층 앉혀 놀까
전갈처럼 꼬리 드는 아름다운 꽃말일랑
청태 낀 마음의 회랑에 호롱불로 밝혀 놓고

고샅길 돌고 돌아
바람처럼 다가와서
꽃잎을 베고 누운 사월의 저 손짓에
짜릿한 起承轉結을 홀로 어찌 피워 내나.

까치집

이근배

시인 박용래
눈이 젖어 바라보던

그 삭정이 둥지
삭정이진 슬픔

한 줌 詩
고독을 품던 새는
지금은 날아가고 없다.

제 4 장

시조의 이론과 실제

시조의 발생은 여러 이설이 있다. 외래적인 연원설로 한시의 영향에서 왔다는 설(안확)과 재래연원설로 巫歌(무가)나 민요에서 영향을 입었다는 설(이광수, 이희승)과 향가와 별곡에서 그 형태적 영향을 받은 것(이태극) 또 역학의 영향이란 설 등이 있다. 하지만 현재는 재래연원설로 정착된 것으로 본다.

이태극은 시조의 연원을 어디까지나 우리의 재래시가에서 온 것으로 보고 한시나 기타 외래적인 것에서 온 것으로는 보지 않는다. 그래서 시조는 어디까지나 우리 국어의 힘을 빌려 우리의 생활을 우리의 리듬으로 우리의 정서를 노래한 것인 만큼 우리 재래의 시가 형식 속에서 녹아나고 배태되어 우리의 입맛에 가장 알맞은 형식을 갖추어 700여년간 면면히 이어온 것으로 본다.[50)]

그래서 이를 종합해 보면 시조는 오랜 동안 민요에 그 뿌리를 두고 향가의 형태에서 일단 발원했을 것으로 본다. 그러다가 여요에서 배태되어, 음악과의 관련 속에서 역학을 원리[51)]로 하여 여말에 정형으로 독립된 것으로 본다. 또한 횡적으로는 한시와의 영향이 적잖게 반영[52)]되었을 것으로도 본다. 이를 도표로 나타내 보면 다음과 같다.

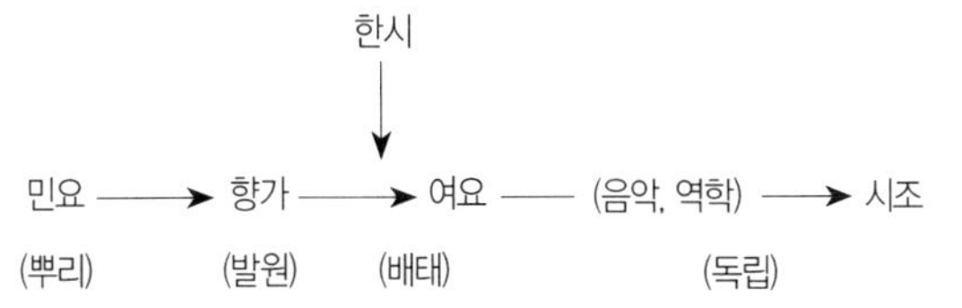

50) 이태극, 시조개설, 반도출판사, pp.261-267 참조
51) 3장6구 12음보(천 · 지 · 인 3재, 6효, 12간지)
52) 초기 시조 창작자들이 사대부 성리학자들이고, 한시 작자들이기 때문에 이를 가능케 함.

처음은 문학 형식을 가리키는 것이 아니라 음악 곡조의 명칭이었다. 조선 후기까지도 문학 형식의 시조라는 명칭이 통일되지 않아서 단가(短歌), 시여(詩餘), 신번(新飜), 장단가(長短歌), 신조(新調) 등이 혼용되었지만, 20세기 초부터 문학 형식의 명칭으로 사용되었다. 현재는 문학적으로는 시조시형, 음악적으로는 시조창이라는 개념으로 쓰이고 있다.[53)]

1. 시조의 개념과 명칭

1) 시조의 개념

시조의 정의를 이태극은 다음과 같이 내리고 있다.

> 보통 시조라면 단시조(평시조)를 말하는데, 그 단시조라는 것은 신라의 향가나 고려의 별곡 등의 영향에 힘입어 고려 중·말엽경에 그 형태가 확립된 우리나라 고유시가의 하나다. 그 형식은 3장 6구요, 한 구의 구성 자수는 7자 내외가 되고, 4율박(律拍)씩의 등시율(等時律)을 갖춘 정형시요, 자수율 44자(보통42 자에서 46자로 된 것이 대부분임) 중심으로 된 조선조 시가의 대표가 되는 단형시로서 오늘에도 그 형식의 시조가 창작되고 있다.

고 하여 '단시조형인 평시조가 향가나 속요의 영향을 받아 고려말경에 그 형식이 정립된 우리나라 고유시'임을 밝혔다. 시조에 대한 정의는 학자마다 언술(言術)의 차이는 있을지라도 특별하게 그 근원적인 차이는 없이 유사하게 내려지고 있음을 볼 수 있다. 이희승편 『국어대사전』에 의하면 '고려 말엽부터 발달하여 온 한국 고유의 정형시로서 보통 초장 3·4·3(4) ·4, 중장 3·4·3(4)·4, 종장 3·5·4·3 등의 격조로 되었으나 자수론은 구구한 바가 있고, 그 형식에 따라 평시조· 엇시조· 사설시조· 연시조로 나뉘며, 보통은 평시조를 이른다'.고 되어 있어 이태극이 밝힌 것과 비슷함을 볼 수 있다.

2) 시조의 명칭

시조의 명칭은 조선 영조때 시인 신광수(申光洙)가 지은 『관서악부(關西樂府)』에 의하여 알려진 것이며 그렇게 불리어진 것이다. 곧 이에 따르면 '일반으로 시조의 장

53) 이태극, 시조개론, 반도출판사, 1992. p.57.

단을 배한 것은 장안에서 온 이세춘'이라 한 것이 문헌상으로 나타난 최초의 기록이며 명칭이다.[54] 그 후부터는 시조라는 명칭이 종종 사용되었음을 볼 수 있다. 정조 때의 시인 이학규(李學逵)가 쓴 시 「감사(感事)」 장에 의하면 '그 누가 꽃 피는 달밤을 애달프다.'고 하는가. '시조가 바로 슬픈 회포인 것을'[55]이라 한 데서 '시조'란 어휘를 읽을 수 있다. 이에 대한 주석을 보면 '시조란 또 시절가(時節歌) 라고도 부르며 대개 항간의 속된 말로 긴 소리로 이를 노래한다'.[56]라고 되어 있어 '시조'를 '시절가'로도 불렀음을 알 수 있다.

이러한 기록들을 종합하여 볼 때 시조라는 명칭은 조선조 영조 때에 비롯된 것임을 미루어 알 수 있다. 시조라는 명칭의 원뜻은 시절가조(時節歌調)로 당시에 유행하던 노래라는 뜻이다. 그러므로 엄밀히 따진다면 '시조'라는 명칭은 문학상의 용어가 아니라 음악상의 용어이다. 하지만 오늘날은 문학상의 용어로 정착되었고 음악상 용어로는 '시조창'이란 명칭을 따로 쓰고 있다.

2. 시조의 형식

시조의 형식은 3장 6구다. 시조의 형식이 3장 6구란 것은 3·4 음절을 기준으로 해서 두 개의 숨 묶음(音步)으로 이루어진 것이 한 구인데, 이 구와 구가 합쳐져서 한 장을 이루며, 이 장이 초. 중. 종장으로 구성되어 시조 한 수가 된다. 그러나 종장의 첫 음보는 3음절이어야 하고, 둘째 음보는 5음절 이상이어야 한다. 초, 중장의 다른 음보는 우리글이 소리글자인 특성을 살려 한 두 음절의 가감이 허용된다. 이런 시적 장치는 초, 중장에서 평면적으로 전개되어 오던 음보가 평면성을 탈피하여 역동적으로 전개되게 하여 시적 생동감을 깃들게 하기 위한 것이다.

이 형식이 시조의 기본형이고, 이를 단형시조(단시조)라 한다. 기본 형식에서 종장의 첫 음보, 즉 고정된 3음절을 제외한 어느 한 구가 길어진 것을 중형시조, 2구 이상 길어진 것을 장형시조라고 한다. 이를 음악적으로는 평시조, 엇시조, 사설시조라고 하였다.

갑오경장(1894년) 이전의 시조는 제목도 없이 쓰여지는 단형시조가 대부분이었으

54) 申光洙, 石北集, 〈關西樂府〉 其15, 初唱聞皆說太眞 至今如恨馬嵬塵 一般時調排長短 來自長安李世春.
55) 李學逵, 洛下生稿 觚不觚詩集 「感事」, '誰憐花月夜 時調正悽懷'
56) 時調 亦名時節歌 皆閭巷俚語 曼聲歌之

나 근대 이후는 제목을 달고 한 제목 아래 단형시조를 거듭하여 한 편의 작품을 이루는 연형시조(연시조)가 창작되었으며, 현대시조는 대부분 이 형식을 취하고 있다.

문학의 형식은 어느 나라에서나 생멸(生滅)되는 것이 많은데, 시조는 발생 초기의 형식그대로 지금까지 창작되고 있다. 이것은 우리말의 구조의 특성을 가장 잘 살린 시형이기 때문이다. 곧 시조라는 문학의 형식이 한국인의 삶을 표현하는 데 가장 이상적이라는 사실을 잘 증명하는 것이다. 뿐만 아니라 시조의 단아(端雅)한 형식은 한시의 절구에 익숙한 선비들의 생태에 맞았기 때문이기도 하다. 이 형식은 누구 한 사람에 의해서 개발된 것이 아니라 민족 정서와 더불어 그것도 구전으로 역사의 흐름 속에서 다듬어져 왔으니 더욱 귀중한 자산이다.

발생 초기인 고려 말의 시조로는 우탁(禹倬 1262-1342)의 탄로가(嘆老歌), 2편과 그 외 몇 편이 더 전한다. 이를 감상해 보자.

> 春山에 눈 녹인 바람 건 듯 불고 간데 없다
> 저근덧 빌어다가 불리고자 머리 위에
> 귀 밑에 해 묵은 서리를 녹여볼가 하노라.

> 한 손에 가시 들고 또 한 손에 막대 들고
> 늙는 길 가시로 막고 오는 백발 막대로 치렀더니
> 백발이 제 먼저 알고 지름길로 오더라.

이조년(李兆年1269-1343)의

> 梨花에 月白하고 銀漢이 三更인제
> 一枝春心을 子規야 알랴마는
> 多情도 병인양 하여 잠못이뤄 하노라.

이존오(李存吾1341-1371)의

> 구름이 무심탄 말이 아마도 허랑하다
> 중천에 떠 있어 임의로 다니면서
> 구태여 광명한 날빛을 따라가며 덮나니.

등의 시조가 있다. 이상의 시조 발생 초기의 작품들의 형태가 그대로 지속되고 있는 것이다. 이후 성리학을 신봉하는 유학자들에 의해 절의가(節義歌)[57]와 회고가(懷古歌)[58]가 주로 전한다.

1) 평시조(단시조)

평시조(平時調)는 단시조(短時調)·단형시조(短形時調)·평거시조(平擧時調)라고도 한다. 초장·중장·종장의 3장으로 이루어졌으며 총자수 45자 내외로 된 정형시조이다. 평시조는 시조의 기본형으로서 그 형태가 가장 먼저 정립되었으며 양반계층에서 성행했다. 구의 구분에는 3가지가 있는데 1장을 4구씩 가르는 12구설, 1장을 2구씩 가르는 6구설, 초장·중장은 2구씩, 종장은 4구로 가르는 8구설 등이 있다. 12구설에 따른 자수(음수)는 3·4·3(4)·4, 3·4·3(4)·4, 3·5·4·3으로 1장을 15자 내외, 1수를 45자 내외로 가른다.

시조는 3장 6구 45자 내외로 구성된 우리 문학 고유의 정형시이다. 원래 시조는 3장으로 한 수를 이루며, 각 장은 4보격으로 되어 있고, 이 4보격은 중간에 휴지(休止)를 두어 두 개의 묶음으로 나눈다. 그리고 각 음보는 종장 둘째 음보를 제외하고는 3개 또는 4개의 음절로 구성되는 것이 가장 정격(正格)의 형식이다. 이를 도시해 보면 아래 〈표 1〉과 같다.

〈표 1〉

	음절수 (첫째음보)	음절수 (둘째음보)	음절수 (셋째음보)	음절수 (넷째음보)
초장	3	4	4(3)	4
중장	3	4	4(3)	4
종장	3	5(5-7)	4	3(4)

위 표에 나타난 정격의 기본형에 맞는 시조 몇 편을 살펴보자.

오백년 도읍지를 匹馬(필마)로 돌아드니
산천은 의구하되 인걸은 간데없네.
어즈버 태평연월이 꿈이런가 하노라

– 길 재, 懷古歌(회고가) –

57) 임금이나 나라에 대한 절개와 의리를 주제로 한 시조

58) 옛 자취나 지나간 일을 생각하여 지은 노래, 주로 고려가 망한 후, 그 유신들이 고려를 회상하며 부르는 노래를 말하는데 길재와 원천석의 시조가 유명하다.

이 몸이 죽어가서 무엇이 될고 하니
봉래산 제일봉에 낙낙장송 되었다가
백설이 만건곤 할 제 독야청청 하리라

– 성삼문, 節義歌(절의가) –

이런들 어떠하며 저런들 어떠하랴
만수산 드렁칡이 얼켜진들 어떠하랴
우리도 이같이 얽혀 백년까지 누리고져

– 이방원, 何如歌(하여가) –

가을은 그 가을이 바람불고 '입'드는데
가신님 어이하여 돌오실지 모르는가
'살뜰'이 기르신 아희 '옷'품 준 줄 아소서

– 현대시조;정인보 –

다음은 3장중 어느 한 구가 한자 더하여진 것을 살펴보자. 초장 둘째 음보가 5음절이다.

천만리 머나 먼 길에 고운 님 여의옵고 ➡ 15자
내 마음 둘 데 없어 냇가에 앉았으니 ➡14자
저 물도 내 안 같아야 울어 밤 길 예놋다. ➡ 15자 ➡ 44자

– 왕방연, 戀主歌(연주가) –

내 벗이 몇이나 하니 수석과 송죽이라 ➡ 15자
동산에 달오르니 긔 더욱 반갑고야 ➡ 14자
두어라 이 다섯 밖에 또 더하여 무엇하리 ➡ 16자 ➡ 45자

– 윤선도, 五友歌(오우가) 서수 –

다음은 3장 중 어느 한 장에서 음절수가 가감(加減)되어 이루어진 것을 살펴보겠다.

이몸이 죽고죽어 일백번 고쳐죽어 ➡ 14자
백골이 진토되어 넋이라도 있고 없고 ➡ 15자
임향한 일편단심이야 가실줄이 있으랴 ➡ 16자 ➡ 45자

– 정몽주, 단심가 –

어버이 살아실제 섬길일란 다하여라 ➡ 15자
지나간 후면 애닯다 어이하리 ➡ 12자
평생에 고쳐못할 일이 이뿐인가 하노라. ➡ 16자 ➡ 43자

– 정 철, 訓民歌(훈민가) 중 제4 子孝歌 –

반중(盤中) 조홍(早紅)감이 고와도 보이나다 ➡ 13자
유자(柚子) 아니라도 품은즉 하다마는 ➡ 13자
품어가 반길이 없으니 그를 설어 하노라. ➡ 16자 ➡ 42자

– 박인로, 思母歌 –

새해 새 아침에 옷깃 여며 앉으면 ➡ 13자
소식 끊인 북녘 땅이 눈에 암암 밝히어서 ➡ 16자
망향의 아픔을 딛고 새 소망을 드린다. ➡ 15자 ➡ 44자

– 현대시조: 이태극, 새 소망 –

다음은 두 음절 이상 음절수가 많아진 것을 살펴보자.

동짓달 기나 긴 밤을 한 허리를 버혀 내어 ➡ 16자
춘풍 이불 아래 서리서리 넣었다가 ➡ 14자
어론님 오신 날 밤이여든 구뷔구뷔 펴리라 ➡ 17자 ➡ 47자

– 황진이 –

내고향 남쪽 바다 그 파란물 눈에 보이네 ➡ 15자
꿈엔들 잊으리오 그 잔잔한 고향 바다 ➡ 15자
지금도 그 물새들 날으리 가고파라 가고파 ➡ 17자 ➡ 47자

– 현대시: 이은상, 가고파 첫째수–

높으락 나즈락하며 멀기와 갓갑기와 ➡ 15자
모지락 둥구락하며 길기와 져르기와 ➡ 15자
평생에 이러하였으니 무슨 근심 있으리 ➡ 16자 ➡ 46자

– 안민영 –

이상에 게재한 작품들은 과음보 현상이 나타난 것이 있지만 45자 내외(43-47)의 자수율이 지켜진 정격시조에 속한다.

그 외에 엇시조와 사설시조, 연시조라는 것이 있다. 엇시조는 단시조에서 어느 한 구의 자수가 길어진 것을 말한다. 사설시조는 말 그대로 사설이 길어져서 초장이나 중장에서 사설을 늘어놓고 종장에서는 평시조의 정격대로 이루어진다. 하지만 때로는 초·중·종장 전체가 길어지는 경우가 있다. 이때도 종장 첫 구만은 3음절로 이루어진다. 연시조는 평시조 형태가 2수 이상 연이어 지어진 시조 형태이다. 다음에서 실제로 작품을 살펴보자.

2) 엇시조(중형시조)

엇시조(旕時調)는 중형시조에 해당한다. 시조는 문학상 평시조·엇시조·사설시조로 분류해왔는데 이는 형태상 단시조·중시조·장형시조로 부를 수 있다. '旕'자는 '於'에 '口'를 합한 자로 우리말 '엇'의 음차자(音借字)이다. 엇은 횡(橫)으로 비끼다·빗나가다· 엇되다·엇갈리다·얼치기·중간치기의 뜻을 지니므로 엇시조는 정형이 아닌 변형에 속한다. 초장·중장·종장의 어느 한 장이 규칙 이상으로 길어진다. 평시조의 기본형은 3장 6구 12음보로 자수율이 '3·4 3·4 3·4·3·4 3·5·4·3'을 구성한다. 엇시조는 이 평시조의 기본형에서 어느 한 구의 자수가 벗어난 경우인데 보통은 초장 제1구 또는 제2구가 되는 일이 많고 그 자수가 10자 이상으로 늘어나게 된다. 만일 늘어난 부분이 종장일 경우 제1구는(첫 음보)는 변하지 않고 제2구(제2음보)가 9자 이상으로 벗어나게 된다.

ᄃᆞ나 쓰나 니탁주 죠코 대테 메온 질병드리 더욱 죠희
어론자 박구지롤 둥지 둥둥 띄여 두고
아ᄒᆞ야 저리짐철 만정 업다말고 내여라

– 채유후, 청구영언 164 –

앞 못에 든 고기들아 뉘라서 너를 몰아다 넣거늘 든다
北海淸沼(북해청소)를 어디 두고 이곳에 와 든다
들고도 못나는 정은 네오 내오 다르랴.

– 무명씨 –

3) 사설시조(장시조)

사설시조(辭說時調)는 '장시조', '장형시조'라고도 부른다. 본래는 만횡청(蔓橫淸)이라 하여 창법의 명칭으로 쓰였다. 만횡(蔓橫)의 내용은 가곡원류(歌曲源流)에 의하면[59] "엇농(旕弄) 즉 질러내어 흥청거리는 창조이며, 세 수의 큰 가락으로 희롱조로 흥취를 돋우는 것"이라고 하였다. 어쨌든 이때의 장형시조(長型時調)는 형식면에서 길이가 길어졌고 가사투(歌辭套)와 민요풍(民謠風), 대화(對話) 등이 삽입되어 나타난다. 내용면에서는 구체적인 이야기와 비유(譬喩) 및 인간본성의 적극적 표현이 자유분방(自由奔放)하게 표출되었다. 그것이 문학양식의 명칭으로 바뀌었다. 그 시작

59) 蔓橫 俗稱 旕弄 興三數大葉同頭而爲弄也

은 정철(鄭澈, 1536-1593)의 〈장진주사 將進酒辭〉에서부터이다. 그것이 조선 중기까지 간헐적(間歇的)으로 나타나다가 조선 후기에 들어 본격적으로 발달했다. 대개 17세기말부터 19세기말까지 지속된 것으로 추측한다. 종장은 비교적 평시조의 율격과 비슷하나 초·중장은 평시조의 율격에서 크게 벗어나 길어진 형태이다. 작품에 따라서 다르나 중장이 가사처럼 길어진 것도 있다. 그 발생에 대해서는 일반적으로 조선 후기 사회변동과 음악의 발달에 힘입어 평시조가 변형·파격을 이루었다는 견해와 조선 중기부터 민간가요가 시조창에 얹혀 불린 것이라는 주장이 있다. 내용은 평시조가 사대부의 사상을 담았던 것과 달리, 이것은 익살·풍자와 분방한 체험을 표현한 평민적인 것이 대부분이다.

내용에 따라 살펴보면 다음과 같다.

① 가장 작품성이 뛰어나며 당대 민중적 삶과 진솔한 정감을 역동적으로 노래한 것으로 평가되는 것으로 〈바람도 쉬여 넘는 고개……〉·〈서방님 병들여 놓고……〉·〈귓도리 져 귓도리……〉와 같은 작품이 대표적이다.

② 성적 충동을 노골적으로 드러내어 당대의 고정관념을 여지없이 깨트리는 작품들이 있다. 〈반(半)여든에 첫 계집을 하니……〉·〈간밤의 자고 간 그놈 아마도 못 이져라……〉 같은 작품이 대표적이다.

제목만 보아도 외설스럽다. 점잖은 사람은 입에 담기도 민망한 내용들이다. 이러한 작품들은 사설시조 중 가장 많은 부분을 차지하고 있는 것으로 작품에 대한 평가는 단순하지 않다. 그 시대의 도덕의 허위성을 폭로한다는 의미에서 긍정적 평가를 하는 평자도 있고, 반면에 삶의 가치를 성적 쾌락만으로 보는 퇴폐적·허무적 사고를 유포했다는 시각에서 부정적인 평가를 하기도 한다. 그 시대의 그릇된 가치규범과 억압에서 벗어나고자 하는 저항의식의 표출로 볼 수도 있으나 그렇다고 그것이 근대적 삶을 그려낸 것은 아니라고 본다. 이밖에도 조선 후기 도시의 발달이나 현세적 삶에 대한 긍정적인 면과 사대부적 삶에 대한 동경 등 다양한 내용이 있다.

이러한 다양한 내용으로 미루어 볼 때 여러 부류의 작자가 있었다는 것을 짐작해 볼 수 있다. 곧 지은이를 사대부와 대립하는 서민으로 추측하는 견해와 평시조의 부속 장르라고 보아 지은이를 사대부라고 추정하는 견해이다. 그리고 이 2가지 견해를 모두 받아들이는 견해이다.

다양한 계층의 속성을 반영하고 있다는 점에서 셋째 번 곧 두 견해를 수용하여 지은이를 조선 후기의 여러 계층 가운데 새로이 등장한 중간 계층으로 본다. 여기에는 경아전(京衙前)과 같은 중인들을 중심으로 당시 새로이 부상한 여항의 부호들이 포함된다. 이들은 중세기의 해체를 배경으로 축적한 부를 통해 당시 여항의 유흥과 예술을 장악하여 주도한 집단이다. 이들이 사설시조의 전승·향유·창작에 직접·간접으로 참여했다는 점이 여러 측면에서 입증되고 있다. 이는 사설시조의 전승과 창작에 중요한 역할을 수행한 김천택·김수장이 바로 경아전(京衙前) 출신이라는 점에서도 찾아볼 수 있다.

> 사람이/ 몇 생이나 닦아야 물이 되며/ 몇 겁이나 전화(轉化)해야 금강(金剛)에 물이 되나 /금강(金剛)에 물이 되나
>
> 샘도 강도 바다도 말고 /옥류(玉流) 수렴(水簾) 진주담(眞珠潭)과 만폭동(萬瀑洞) 다 고만 두고 /구름 비 눈과 서리 비로봉 새벽안개 풀끝에 이슬 되어/ 구슬구슬 맺혔다가 연주팔담(連珠八潭) 함께 흘러
>
> 구룡연(九龍淵) /천척절애(千尺絕崖)에 /한 번 굴러 /보느냐.
>
> – 조운(曺雲), 「구룡폭포」 전문 –

> 돌엔들 귀 없으랴 천 년을 우는 파도소리, 소리….
>
> 어질머리로다, 어질머리로다, 내 잠 머리맡의 물살을 뉘 보낸 것이냐.
> 천 년을 유수라 한들 동해 가득히 풀어 놓은 내 꿈은 천(阡)의 용의 비늘로 떠 있도다. 나는 금(金)을 벗었노라, 머리와 팔과 허리에서 신라 문무왕(文武王) 그 영화 아닌 속박,안존 아닌 고통의 이름을 벗고 한 마리 돌거북으로 귀먹고 눈멀어 여기 동해바다에 잠들었노라. 천 년의 잠을 깨기는 저 천마총(天馬) 소지왕릉(炤知王陵)의 부름이었거니 아아 살이 허물어지고 피가 허물어져 불타는 저 신라 어린 계집애 벽화(碧花)의 울음소리, 사랑의 외마디 동해에 몰려와 내 귀를 열어,
>
> 대왕암(大王巖) 이 골짜기에 나는 잠 못 드는 한 마리 돌거북.
>
> – 이근배, 동해 바닷속의 돌거북이 하는 말 –

사설시조는 이렇게 사설이 길어져서 초장이나 중장에서 사설을 늘어놓고 종장에서는 평시조의 정격대로 이루어진다. 하지만 이근배의 「동해 바닷속…」 에서는 초·중·종장 전체가 길어졌다. 그래도 중장이 마냥 길어졌을 뿐 초장과 종장은 평시조의 형식에서 크게 벗어나지는 않았다. 그리고 종장 첫 구는 3음절로 고정적임을 밝혀준다.

4) 연시조(聯詩調)

연형시조(連形時調)·연작시조(連作時調)라고도 한다. 한 제목 아래 2수 이상의 시조로 엮어진 것을 말한다. 문헌에 나타난 최초의 연시조는 맹사성의 〈강호사시가 江湖四時歌〉이다. 퇴계 이황의 〈도산십이곡〉, 율곡 이이의 〈고산구곡가〉, 고산 윤선도의 〈오우가〉, 노계 박인로의 〈오륜가〉, 송강 정철의 〈훈민가〉 등이 이에 속한다. 그리고 현대시조는 거의가 연시조로 창작되어짐을 볼 수 있다.

도산십이곡

〈前六曲:言志(언지)〉

1.
이런들 어떠하며 저런들 어떠하리
草野(초야) 愚生(우생)이 이렇다 어떠하리
하물며 泉石(천석) 膏肓(고황)을 고쳐 무엇하리

2.
煙霞(연하)로 집을 삼고 風月(풍월)로 벗을 삼아
太平聖代(태평성대)에 병으로 늙어가니
이중에 바라는 일은 허물이나 없고자

3.
淳風(순풍)이 죽다하니 眞實(진실)로 거짓말이
人性(인성)이 어질다하니 진실로 옳은 말이
천하에 許多英才(허다영재)를 속여 말씀 할까

4
幽蘭(유란)이 在谷(재곡)하니 自然(자연)이 듣기 좋아
白雲(백운)이 在山(재산)하니 紫煙(자연)이 보기 좋아
이 중에 彼美一人(피미일인)을 더욱 잊지 못하네

5
山前(산전)에 有臺(유대)하고 臺下(대하)에 流水(유수)로다
떼 많은 갈매기는 오며가며 하거든
어떠타 皎皎白駒(교교백구)는 머리 무엇 하는고

6
春風(춘풍)에 花滿山(화만산)하고 秋夜(추야)에 月滿臺(월만대)라

四時佳興(사시가흥)이 사람과 한가지라
하물며 魚躍鳶飛(어약연비) 雲影天光(운영천광)이야 어느 것이 있을까

〈後六曲:言學(언학)〉

1
天雲臺(천운대) 도라드러 琓樂齋(완락재) 瀟灑(소쇄)하다
萬卷(만권) 生涯(생애)로 樂事(낙사) 無窮(무궁) 하여라
이 중에 往來(왕래) 風流(풍류)를 일러 무엇할고

2
雷霆(뇌정)이 破山(파산)하야도 聾者(농자)는 못 듣나니
白日(백일)이 中天(중천)하여도 瞽者(고자)는 못 보느니
우리는 耳目聰明(이목총명) 男子(남자)로 聾瞽(농고)같이 말으리

3
古人(고인)도 날 못 보고 나도 고인 못 봐
고인을 못 뵈어도 가던 길 앞에 있네.
가던 길 앞에 있거든 아니 가고 어쩔고.

4
當時(당시)예 가든 길을 몇 해를 버려두고
어디가 다니다가 이제사 돌아 온고
이제나 돌아오나니 가던 마음 말으리

5
靑山(청산)은 어찌하여 萬古(만고)에 프르르며
流水(유수)는 어찌하여 晝夜(주야)애 긋지 아니난고
우리도 그치지마라 萬古常靑(만고상청) 하리라

6
愚夫(우부)도 알며 하거니 긔 아니 쉬운가
聖人(성인)도 못 다 하시니 긔 아니 어려운가
쉽거나 어렵거나 중에 늙는 줄을 몰라라.

전 6곡 言志(언지)는 때를 만나고 사물을 접하여 일어나는 감흥을 읊은 것으로 퇴계의 江湖閑情(강호한정)이며 후 6곡 言學(언학)은 勉學(면학)과 修德(수덕)에 임하는 姿勢(자세)를 읊은 것으로 퇴계가 후학들에게 주는 학문의 자세이다.

우람한 나무를 생각했네

김 준

산을 오르다가
문득 잡힌 소식 있어
가장 옹골차고
우람한 나무를 생각했네
눈보라 드리칠수록
더욱 정정함을 보았네

단숨에 육십을 헤듯
분주하게 걸어온 그 길
땀흘려 쌓은 탑이
학문이요 시조일세
게다가 도타운 정을 더하니
모두들 따르고 우러르네

못과 못질

김영덕

못 나서 /빈손으로
혼자서 갔습니다.

펴졌던 /주름살에
그늘이 내립니다.

어쩌면
달랑 혼자 간 것이
못(釘)이었나 봅니다.

가진 것 /다 버리고
감정없이 갔습니다.

신명난/잔치상에
무거운가 봅니다.

한 생을
내 준 알몸에
못질했나 봅니다.

낮달

양계향

밤하늘 여왕인양
군림한 때 있었건만

권좌의 뒤안길에
허전하게 밀려나서

산마루
외로이 걸린
빛을 잃은 하얀 달.

고뇌도 승화하면
사리로 빛을테지

서러운 마음일랑
다소곳이 접어 두고

옛 영화
되찾을 날만
숨죽이며 기다린다.

3. 시조 창작 원리

시조(단시조)는 3장 6구 12음보라는 정해진 틀 안에서 시상을 전개하되 45자 내외(43-47)의 자수율을 견지해야 한다. 이것이 시조의 정격이다. 여기서 벗어나는 것은 변격(41-49)으로 간주 한다. 기본음절(45자)에서 전·후로 4음절의 여유를 가진다.[60] 그 이하와 이상이 되면 자유시에 가깝다. 그래서 자유시 같은 시조란 말이 나온다. 시조는 자유시에 비해 보다 엄격한 언어의 압축과 절제가 필요하다. 음보라고 해서 마

60) 조윤제, 국문학개론, 탐구사, 1975(1955), pp.111-112.

	제1구	제2구	제3구	제4구
초장	3	3-5	3·4	4*
중장	3	3-5	3·4	4*
종장	3*(불변)	5-8	4*	3(4)

도남이 제시한 변형(조윤제, 국문학개론, 탐구사, 1975(1955), pp.111-112.) *될 수 있는 대로 불변

냥 늘어진 보폭이 아니다. 음보는 우리말의 형태적 특성에서 3·4음절을 휴지의 주기로 하여 나온 것이다. 그래서 음보에도 자수율이 있어 율격이 따른다. 이러한 고도의 절제와 압축을 요구하는 시조 쓰기가 어렵게 생각되는 것도 사실이다.

하지만 우리말의 언어구조를 잘 알고 요리하면 가능한 것이 시조의 형식이다. 대다수의 우리말은 2·3음절로 이루어진다. 이를 운용하고 활용하고 곡용하면 3·4·5음절이 된다. 이를 시조에 적용하면 시조가 요구하는 외형적인 율격과 함께 시어의 압축과 절제는 물론 구와 장간의 의미율을 충족시킬 수 있다. 다음에서 보다 구체적으로 살펴보자.

1) 시조의 형식과 한국어의 언어 구조

시조는 우리 민족의 언어구조와 그 특질에 바탕을 두고 있다. 우리의 말은 대개가 2음절 3음절 4음절로 이루어져 있다. 예를 들면

「웃으면(3) 복이 와요(4). 모두모두(4) 웃어 봐요(4).
신나게(3) 웃다보면(4) 근심 걱정(4) 달아나요(4)
모두들(3) 웃음보따리(5) 풀어 놓고(4) 웃어요.(3)」

위의 문장을 풀어 보면 〈2음절〉 〈3음절〉이다. 4음절은 2음절이 2개 모여서 이루어진 것을 알 수 있고, 5음절은 2음절과 3음절의 결합이다. 이러한 언어 구조로 이루어진 한국어의 특질이 시조의 형태를 가능하게 하는데 결정적인 요인이다. 이 형태는 다른 어떤 언어로도 살릴 수가 없다. 이것이 우리 시조의 정체성이다. 곧 한국어의 언어 구조가 〈시조 장르〉를 가능하게 했다. 각 음절의 자수에 약간의 변화를 허용하는 것이 정형속의 절제된 자유이다. 우리 고유의 시조 형식을 고수하면서 현대 감각을 살리는 것이 현대시조이다.

내설악/ 등에 업은
만해 마을 찾았더니(15자)

떠나간/ 임 그리는
설법이 넘쳐흘러(14자)

세루(世累)한 / 유랑의 심에

만심(卍心)가득 실어라.(15자) ➡ 44자

– 김영덕, 백담계곡을 에돌아 –

읽고 또 읽으며 음미해 보라. 해설이 필요치 않으리라. 풍(風)이 있고 격(格)이 있고 아(雅)가 있다는 말이 바로 이런 것이리라.

2) 시조의 요소

문학 장르 중에서도 작가의 사상과 감정을 가장 잘 드러내는 것은 시가 으뜸이다. 이러한 시인의 사상과 감정은 시인의 기본적인 인격 안에서 외부의 객관적인 사물에 접하면서 비롯된다. '시의 나라'라고 해도 과언이 아닌 중국에서는 '시의 나라'에 걸맞게 일찍부터 시학이 발달했다. 『상서·요전』에 의하면 '시는 뜻을 말하고 노래는 말을 길게 읊는 것이며 소리는 읊는 것에 의존하며 운율은 소리를 조화시킨 것이다(詩言志 歌永言 聲依永 律和聲)'라고 하여 시의 뜻과 시의 음악성과 시의 운율과 시의 조화를 말하고 있다. 이는 시조의 기본 요소와 잘 어울림을 보게 된다. 여기에 시조의 기본틀[61]을 올려놓으면 시조의 요소가 된다. 곧 ① 말뜻 ② 이미지 ③ 운율 ④ 어조 ⑤ 형식이라 하겠다.

일반적으로 시의 요소를 말할 때 ① 말뜻 ② 이미지 ③ 리듬(운율) ④ 어조를 든다. 시조는 시의 한 형태로서 정형시이다. 그래서 시의 요소를 다 가지고 있다. 단지 시조는 정형시인 만큼 그 형식을 알고 그 형태를 지켜서 작품을 형상화하는 것이 시조의 정체성을 유지하는 길이다. 그래서 시조의 요소에는 시의 4가지 요소에다가 시조의 구조 곧 그 형식을 더하여 다섯 가지 요소를 들고 있다.

구름

김석철

형상을 짓고 헐고
덧없는 일이로다

괘념치 말아야지
제 알아 하는 일을

61) 앞 면 3. 시조의 형태 1) 평시조 참조

뭐래도
세월은 간다.
시시비비 싣고서.

위 시를 읽으면서 이존오의 시조가 생각난 것은 왜일까.

"구름이 무심탄 말이 아마도 허랑하다/중천에 떠 있어서 임의로 다니면서/구태여 광명한 빛을 따라가며 덮나니" 구름은 광명을 가리니 좋은 의미로 쓰이는 이미지는 아니다. 이 시조는 여말 공민왕의 총애를 가리는 신돈의 횡포를 탄핵한 풍자 시조이다. 위 시에서의 구름 또한 괜히 맑은 하늘에 높이 떠서 형상을 짓기도 하고 헐기도 하는 제멋대로의 구름이다. 덧없는 일인 것을 -. 옆에서 무슨 말을 하랴. 알아서 하는 것을 -. 이래도 저래도 세월은 간다. 시시비비를 싣고서 -. 사필귀정(事必歸正)이란 말이 있듯이 시시비비는 세월 속에 묻어두자. 시조의 단수는 이래서 좋다. 행간에 많은 의미를 감추고 있기 때문이다. 그래서 독자로 하여금 많은 생각을 하게 한다. 그리고 그 시작(詩作)의 배경을 캐내고 싶고 알고 싶어진다. 그래서 때로는 시인의 시작 배경을 듣고자 한다.

3) 시조의 음보와 구

음보(音步, foot)는 말 그대로 소리 걸음으로 시(운문)의 최소 운율을 측정하는 단위이다.

우리시에 있어 음보(音步)는 영시의 음보(foot)와는 전혀 다른 개념이다. 우리시에 있어 음보는 롯츠(lotz)가 분류한 음수율, 고저율, 강약률, 장단율의 어느 것과도 다른 時間的 等長性에 근거하고 있다. 時間的 等長性이란 곧 음보(音步)를 쉽게 말하자면 음의 걸음걸이이다. 사람의 걸음걸이를 평상시 걸어 다닐 때의 걸음걸이는 그 보폭이 대개 비슷비슷하다. 이 걸음에 시간의 개념을 얹었다고 생각하면 된다. 일정시간에 일정 거리를 걷는다고 생각하면 된다.

우리말의 단어는 대개 2음절과 3음절로 된 것이 절대다수를 차지하고 있다. 여기에 조사나 어미가 붙어 실제는 3음절 내지 4음절이 절대적인 비중을 차지한다. 그러나 이보다 더 음절수가 늘어나 6, 7음절이 될 수도 있다. 이렇게 늘어날 경우라도 얼마까지 늘어나는 것을 허용할 것인가? 여기에 제한이 가해지는 것이 바로 시간성이다. 시간적 등장성이란 바로 이를 이름이다. 율독하는 데 걸리는 시간이, 다시 말해 한 걸음을 옮기는데 걸리는 시간이 허용되는 범주까지 가능한 것이다.

시의 보격은 그 시의 율격을 분석할 때 나타나는 형태·수에 따라 결정된다. 곧 시조의 각 장이 4음보일 때 이는 4박자에 4음보율이 된다. 음의 장단을 율격의 기초로 하는 고전 운문에서는 2음절 이상으로 된 장음절과 단음절의 묶음을 음보라고 하고 단음절은 약음절, 장음절은 강음절이라고 한다.

학자마다 이설[62]이 있지만 시조는 3장 6구 12음보이다. 시조는 2음보가 중첩되어 1구를 이룬다. 1구는 최소한의 의미를 가진 율격 단위가 된다. 이러한 2구가 짝을 이루어 독립된 하나의 문장 형태를 갖추면서 각 장을 이룬다. 각 장은 의미의 작은 단위가 되며 동시에 리듬의 작은 단위가 된다. 그래서 시조 한 수는 3장이 모여 통일된 의미를 가지면서 한 편의 시조가 된다.

시조는 3, 4, 5음절 단위의 음보로 이루어지는 시형이다. 곧 두 음보가 모여서 한 구를 이루고 각 구가 두 개 짝을 이루어 시조의 각 장을 만든다. 그래서 3장 6구 12음보이다. 각 구는 진술로서의 구체적인 의미를 띄운다.

연시조를 지을 때도 마찬가지이다. 각 수는 통일되고 완결된 의미 구조로 이루어져야 한다. 자유시에서의 연구조로 이어져서는 안 된다. 이 말은 자유시처럼 연 나누기가 아닌 연시조 각 수마다 통일되고 완결된 의미로 마무리 되어야 된다는 말이다.

겨울나무(冬木)

김사균

마지막/ 잎새마저(2음보 1구)
겨울새로 /떠나가고(2음보 1구)

안으로 살이 찌는(2음보 1구)
하아얀 함묵의 계절(2음보 1구)

심중에 청산을 빚어(2음보 1구)
먹빛하늘 받쳐섰다.(2음보 1구) ➡ 6구 12음보

– 한국시조시인협회 연간집(2004)에서 –

62) 이병기, 「시조와 그 연구」에서 8구설, 이광수 「시조의 意的 구성」에서 12구설로 논함. 다른 학자들은 6구체로 논함.

향수

고방규

1.
이른 봄 /새벽부터// 밭갈이 한낮인데///
어린 소/ 보리밭에// 누워서/ 봄볕 쬐고///
아버지/
훈훈한 입김//
피어나는 /고향이여///

2.
주는 정 /내 몰라도// 받는 정 /알 수 있듯///
언제나 /고향 오면 //마음은/ 기쁘지만///
떠날 땐 /
부모님 마음//
허전한 건/ 어머님///

3.
산마을/ 모락모락// 굴뚝에 /고향 연기///
실바람/ 풀잎바람// 물바람 /고을바람///
어울려/
향수를 내듯//
포근한 건/ 내 고향///

– 한국시조시인협회 연간집(2004)에서 –

이 작품을 율독(律讀)해 보면 /에서는 짧은 휴지(休止)가, //에서는 중간 휴지가, ///에서는 긴 휴지가 자연스럽게 느껴진다. 곧 몇 개의 음절이 모여 음보가 되고 두개의 음보가 짝을 이뤄 구를 이루고 연첩된 두 구가 장을 이룬다. 그리고 3장이 모여 한 편의 시조가 되는 것이다. 이와 같은 논리에서 위의 작품을 대비하면 /은 음보에, //는 句에 ///은 장에 연관되어 진다. 시조를 구성하는 가장 기초적인 단위는 음보이다. 이 음보는 율격의 단위인 어절이다. 한국어의 어절(語節)은 그 특성상 3·4음절을 휴지의 1주기로 한다. 이것이 바로 3·4음을 기조로 한 음보율이다.[63] 그런데 이 음보의 길이가 늘어나 6,7음절이 될 수도 있기에 제한이 가해지는 것이 바로 시간성이다. 앞에서 말한 시간적 등장성이란 바로 이를 말한다.

63) 김대행, 한국시가구조연구, 제2장 운율론 참조, 삼영사, 1976.

4) 각장의 의미

① 기·승·전·결의 의미

시조는 초장 중장 종장으로 이루어진다. 이것은 한시 절구를 지을 때의 기승전결의 의미와 같다. 그래서 한시를 시조로 옮기거나 시조를 한시로 옮긴 것을 보면 시조의 초장은 한시의 起에 해당하고 중장은 承에 해당한다. 종장은 轉結에 해당하는 것을 본다. 그래서 시조가 한시의 절구에서 변형된 형태라고 주장하는 학자도 있다.

기승전결의 의미와 관련하여 시조를 지으면 그 구성이 물 흐르듯 자연스럽게 펼쳐진다.

예시

한 고개 또 한 고개 고개를 헤여 오다
토암산 넘어 서서 동해 바다 바라보고
저믄 날 돌아갈 길이 바쁜 줄을 모르네.

– 이병기, 〈석굴암〉 1연 –

초장에서는 한 고개 한 고개 힘들게 넘어가는 시적 자아의 모습이(기) 중장에서는 훌쩍 토암산을 넘어 망망대해 동해 바다를 시원스레 바라보는 시적자아의 모습에 독자도 시원함을 느낀다.(승) 바다에 심취되어 해가 저무는(전)것 조차 깨닫지 못하는 시적자아의 모습을 석양에 비추어본다.(결) 시조의 맛은 이렇게 시상이 물 흐르듯 자연스럽게 이어지는 데에서 그 참맛을 느낄 수 있다. 오늘날 시조의 현대화가 마치 형식의 파괴인양 하며 자유시에 가까운 시조를 발표한 것을 읽으면 이 맛이 나지 않는다. '시조는 2음보가 중첩되어 1구를 이루고 그 1구는 최소한의 의미를 가진 율격 단위가 되며, 이러한 2구가 짝을 이루어 독립된 하나의 문장 형태를 갖추면서 각 장을 이룬다.'는 시조의 기본 개념도 무시하는 듯 하다. 시조의 현대화는 어디까지나 형식이 아닌, 그 내용에서 찾아야 한다.

② 병렬과 접속 관계

시조의 초장과 중장은 병렬관계이고 종장은 초·중장을 잇는 접속 종결이다 곧 병렬관계인 초·중장과 합일 또는 일반화되는 접속 종결로서의 종장이라는데 의미가 있다.

이런들 어떠하며 저런들 어떠하리
만수산 드렁칡이 얼켜진들 어떠하리
우리도 이 같이 얽혀 백 년까지 살아보세.

– 이방원, 하여가 –

위 시조는 초·중장이 '~런들 어떠하며'가 초장에 두 번 이어져 그 또한 병렬을 이루고 중장에서는 ~진들 '어떠하리'로 이어져 병렬관계를 나타낸다. 그리고 종장에서는 ~도, 이 같이, '살아보세'라 하여 접속 종결을 이루고 있다.

③ 대상(Object), 관계(Relation), 의미(Meaning)의 구실을 한다

시조의 각 장의 의미는 대상(Object)-관계(Relation)-의미(Meaning)의 구조를 가진다. 곧 초·중·종장으로 불리는 세 개의 단위가 상호간에 맺고 있는 관계는 한 편의 작품이 시조의 주제를 드러내기 위하여 지니는 성격과 같은 것이다. 작품을 감상하며 살펴보자.

내 고향 남쪽바다 그 파란물 눈에 보이네
꿈엔들 잊으리오 그 잔잔한 고향바다
지금은 다 무얼할까 가고파라 가고파.

– 이은상, 가고파 첫 수 –

대상은 고향의 바다이다. 그 대상은 꿈에도 잊을 수 없는 그런 관계이다. 그 바다는 어린 시절 친구들과 어울려 티 없이 즐기던 추억이 깃든 고향바다이다. 지금은 다 어떻게 지나며 무엇하고 있을까 보고 싶고 가고 싶은 시적자아의 순수한 마음이 간절하게 표출되어 고향을 그리는 의미를 더해 주고 있다

5) 시조의 행 배열

시조의 행 배열 방법은 현대시조로 넘어오면서 다양하게 나타난다. 고시조에서는 다른 문학 작품의 표기법과 마찬가지로 띄어쓰기도 하지 않았고 장의 구별도 없이 일행으로 연이어 표기한 일행 연서 표기법을 썼다. 다음에서 현대시조에 나타난 행 배열 표기에 따른 그 유형을 살펴보자

① 일행 장별 표기법: 일행 연서 표기법에서 장 구분에만 띄어쓰기를 하고 쓰는 것

② 삼행 연서 표기법: 3장으로 행갈이를 하되 띄어쓰기는 무시한 것

③ 삼행 구별 표기법: 3행으로 음보별로 띄어쓰기를 하는 것

④ 삼행어별 표기법: 3행으로 완전히 띄어쓰기를 하는 것

⑤ 4행 표기법: 띄어쓰기를 하고 종장 첫 음보를 한 행으로 하는 것

⑥ 6행 표기법: 구별로 나누어서 쓰는 것

⑦ 7행 표기법: 초장과 중장은 구별로 나누고 종장의 첫 음보와 둘째 음보를 한 행으로 나누어 쓰는 것

⑧ 12행 표기법: 음보별로 나누어 12행으로 표기하는 방법 등이다.

이 같이 현대시조의 배행은 다양하게 나타난다. 이것은 오직 시인 각자의 시작태도와 심상의 문제이다. 현대시조에서는 어떤 방법이 가장 좋은 표기법이라고 단정할 문제가 아닌 것으로 본다. 시의 의미를 가장 효율적으로 가장 풍성하게 전달할 수 있는 방법을 찾아 표기하면 된다. 그래서 현대시조에서는 시의 내용에 따라 적절한 표기법을 택하여 효율적으로 활용하고 있다. 시조의 배행이 시조의 형식을 파괴하는 것이 아니기 때문이다.

이 외도 구체시(具體詩)라고 하여 '글자가 가지는 의미는 무시하고 글자에서 도안이나 그림의 효과를 낼 수 있다는 생각에서 글자를 그림의 수단으로 활용하는 표기법'도 있다. 이런 유형은 한시에서도 나타나고 자유시에서도 나타난다. 정민의 『한시미학 산책』[64] '잡체시의 세계'에 의하면 글자로 쌓은 탑, 층시 또는 보탑시, 마름모형, 깔대기형, 나비모양, 접시모양 기타 여러 유형으로 나타나 시각적인 효과를 드러낸다.

시조의 배행 또한 시조시인 스스로가 그 내용에 따라 적절히 배행하여 시적 효과를 가장 높일 수 있으면 된다. 하지만 어느 것이든 넘치는 배행은 아니 하는 것이 좋다.

6) 시조의 서정성

시는 마음의 표현이다. 그리고 그 시대의 표출이다. 시인이 생각하고 느끼고 바라보는 세계를 향한 미적 표현이 시이다. 그러하기에 그것은 시인의 자기 성찰이고 내적세계이며 세상을 관조한 시인의 정서이다. 서정시의 본질은 안타까움의 정감을 일깨워주는 데에 있다

서정시의 형태는 그리스의 시형이 원형이며, 발라드[譚詩]·엘레지[悲歌]·오드[頌歌]

64) 정민, 『한시미학 산책』, 솔, 1996, pp.271-294.

등의 종류가 있다. 그 중에서 가장 대표적인 것은 소네트(14행시)로서 단테나 페트라르카에 의하여 완성되었다. 셰익스피어도 또한 뛰어난 소네트 작가였다. 릴케의 《오르포이스에게 바치는 소네트》는 그 걸작의 하나이다. 그러나 근대서정시는 19세기 말부터이다.

보들레르(Baudelaire,Charles-Pierre, 1821-1867)나 투르게네프(IvanTurgenev, 1818-1883) 등의 시에서 볼 수 있는 것 같은 자유시 또는 산문시의 형태로 발전하기 시작하였다. 근대문명의 여러 가지 모순이 예민한 시인들로부터 고전적인 시형을 빼앗았다.

한국에서는 신라 경덕왕 때 《도솔가(兜率歌)》를 지은 월명사(月明師)를 비롯하여 최치원(崔致遠), 고려시대의 이규보(李奎報), 조선시대에 들어와 황진이, 최근세와 현대에 걸쳐 김소월(金素月)· 한용운(韓龍雲)· 김영랑(金永郎)· 조지훈(趙芝薰)· 박목월(朴木月)등 대부분의 시인들이 서정에 바탕을 두고 시작(詩作)을 한다. 이것은 시의 본령이 역시 서정시에 있기 때문이다. 그래서 현대시조 또한 현대인의 서정이 그대로 표출된다. 이러한 의미에서 자유시나 시조나 그 표현되는 정서 일반은 동일하다. 단지 시조는 형식적인 면에서 정형시로서의 구속력을 갖는다. 그래서 자유시보다 정제되고 압축된 시어로써 그 의미를 형상화 한다.

바닷가에서

류상덕

눈물에 젖어 살던 사람 하나 그립거든
저녁놀 곱게 타는 바닷가에 앉아 보소
이 세상 험난한 시름 잊을 법도 합니다.

소식조차 끊고 살면 다가오는 파도소리
수평선에 홀로 앉은 외론 섬이 되더라도
밤이면 별 틈에 피는 그리움이 보입니다.

얼마나 부질없는 몸부림에 울었던가
모래밭에 새겨놓은 발자국보다 못한 것을
껴안고 살았던 육신 그도 잠을 청합니다.

채송화

김몽선

어머니가 웃고 있다
잊은 듯 내 뜨락에
작아도 질긴 목숨
척박한 땅 부여안고
꽃물 든
방물 바구니
햇살 속을 날고 있다.

가물도 족히 품어
낯빛 환한 한 짐 모정(母情)
허기도 남루도
족두리로 씌워 놓고
그 먼 길
돌아 돌아서
어머니가 웃고 있다.

4. 시조 창작 기술

1) 시조의 표현 양식[65)]

① 순진법: 기승전결의 순서로 가장 일반적이다. 기승전결(起承轉結)은 원래 한시에서 시구를 구성하는 방법이다. 기는 시를 시작하는 부분, 승은 그것을 이어받아 전개하는 부분, 전은 시의를 한 번 돌리어 전환하는 부분, 결은 전체 시의(詩意)를 끝맺는 부분이다. 절구에서는 제1구가 기, 제2구가 승, 제3구가 전, 제4구가 결이고, 율시에서는 제1·2 구가 기, 제3·4 구가 승, 제5·6 구가 전, 제7·8 구가 결이 된다.

청산리 벽계수야 수이감을 자랑마라
일도 창해하면 돌아오기 어려우니
명월이 만공산하니 쉬어간들 어떠리

– 황진이 –

65) 이태극론에 따름

② 점층법: 문장의 뜻을 점점 강하고 크고 높게 하기 위한 수사법의 하나이다.

간 밤에 불던 바람 눈서리 치단말가
낙락장송이 다 기우러 가노메라
하물며 못 다 핀 꽃이야 일러 무엇 하리오

– 유응부 –

③ 도치법(倒置法, inversion)

하나의 문장 안에서 낱말과 구가 놓여야 할 정상적인 순서를 뒤바꾸어, 읽는 이로 하여금 지루함을 없애주는 것으로 도역법(倒逆法)이라고도 한다. 문장 가운데 특별히 어떤 부분을 강조하거나 감정의 격화된 상태, 즉 놀람이나 감탄의 경우에 주로 쓰인다. 내용의 자연적인 순서를 바꾸는 것과 문법상의 정치법(正置法)에 의해 언어의 배열 순서를 바꾸어 놓는 2가지가 있다. 내용의 자연적인 순서를 바꾸는 것은 문법상으로는 정치법일지라도 논리적으로는 도치법이다. 언어의 배열 순서를 바꾸어놓는 경우는 시에서 가장 많이 쓰인다.

다음 홍랑의 시조에서 초장 '보내노라 님의 손에'가 순서가 도치된 것이다. 이는 화자의 각오를 더욱 강조하기 위해 '님의 손에' 앞에 '보내노라'를 놓았다. 이는 의미를 강조키 위한 순서 바꿈이다.

묏버들 가지 꺾어 보내노라 님의 손에
자시는 창 밖에다 심어두고 보옵소서
밤비에 새잎 곧 나거던 날인가도 여기소서

– 홍낭 –

④ 비유법(比喩法)

말을 강조하고 분명히 하며, 아름답게 꾸미기 위해 문자적 진술 또는 보통 어법에서 일부러 벗어나는 표현법으로 문어(文語)와 구어(口語)에 모두 운용된다. 비유는 세련된 시와 산문 및 일상적인 말뿐 아니라 원시적인 구전문학에서도 나타난다.

인간의 신체기관에서 파생된 은유적 표현은 '하구(河口, 강의 입)', '지구의 허파'(아마존 원시림), '바늘귀' 등에서 보듯이 자연이나 무생물로 확장된다. 반대로 자연현상에 근거하여 파생된 비유에는 '열광의 파도', '흥분의 도가니', '빗발치는 비난' 등에서처럼 다른 영역에 적용되는 경우도 많다.

직유법은 보동 '~처럼' 또는 '~같이'로 니디나는 표헌이다. '앵두처럼 빨간 입술',

'샛별같이 반짝이는 예쁜 눈' 등의 표현을 들 수 있다. 의인법은 추상적인 성질이나 무생물을 사람처럼 나타내는 표현법으로 '꽃잎이 하늘하늘 춤을 추며 어깨에 내려앉았다.' 라는 표현이다.

'펜은 칼보다 강하다'라는 말은 펜과 칼이라는 두 개체의 단어에서 '펜'은 '문화'를, '칼'은 '무력'을 상징하고 있다. 이렇듯 개별적인 특정한 대상을 지칭하여 어떤 전체적인 사물이나 사실을 지칭하는 화법을 '환유법'이라고 한다.

한편 제유법은 부분으로 전체를 나타내는 표현법으로 '별'은 장군을, '감투'는 직위를 나타내는 것 등이다.

그밖에 많이 쓰는 비유법의 형식으로는 과장법, 의성법 등이 있다.

순수한 시와 산문에서 비유는 더욱 의식적·예술적이며 훨씬 더 미묘하게 사용되어 강한 지적·정서적 효과를 내며 더욱 인상적이 된다. 때로는 일상적인 구어에서 사용하는 수사적 표현의 범위를 훨씬 넘어서 깊고 폭넓은 연상과 암시를 준다.

비유적 표현을 대체로 5가지 주요범주로 분류하기도 한다.

① 유사성이나 연관성을 표현 할 때는 직유법·은유법·완곡대칭법(婉曲對稱法)·기상(奇想) 대구법·의인법·환유법·제유법·완곡어법 등을 쓴다.

② 강조나 억제의 표현을 할 때는 과장법·완서법·수사의문·대조법·점층법·점강법·역설법·모순어법·반어법 등을 활용한다.

③ 소리의 표현에서는 두운법·반복법·수구(首句)반복법·의성법 등을 사용한다,

④ 말놀이에서는 동음이의어를 이용한 말놀이와 어구전철(語句轉綴)을 운용한다.

⑤ 발음은 비슷하지만 뜻이 전혀 다른, 우스꽝스러운 말의 오용을 'malapropism'이라 한다. 우언법(寓言法)·두음전환 등이 있다.

천만리 머나먼 길에 고은 님 여의옵고
내 마음 둘 데 없어 냇가에 앉았으니
저 물도 내 마음 같아 울어 밤길 가누나.

– 왕방연 –

⑤ 대비법: 서로 대립되는 감각이나 감정 또는 그 밖의 심적 활동이 시간적 공간적으로 접근하여 나타날 때 대립된 성질이 뚜렷하게 드러나 그 차이가 두드러지게 느껴지는 현상으로 두 개 이상 서로 맞대어 비교하는 것을 말한다.

북천이 맑다 커늘 우장 없이 길을 나니
산에는 눈이 오고 들에는 찬비로다
오늘은 찬비 맞았으니 얼어 잘까 하노라

– 임제 –

⑥ 문답법: 문답법은 대화법의 첫 단계이다. 원래 의미는 지식을 갖고 있는 자가 지식을 가지고 있지 않은 자에게 자신이 어떠한 것에 대하여 모르고 있다는 사실 자체를 깨달을 때까지 어려운 단계의 질문에서 쉬운 단계의 질문으로 계속해서 물어 가는 방법으로 소크라테스의 대화법이 유명하다. 시에서는 시의를 쉽게 또는 현장감 내지 생동감을 더하기 위해 표현하는 방식이다.

동창이 밝았느냐 노고지리 우지진다
소치는 아이 놈은 상기 아니 일었느냐
재 너머 사래긴 밭을 언제 갈려 하느냐

– 남구만 –

⑦ 반복법: 의미를 강조하거나 운율을 맞추기 위해 또는 흥미를 끌기 위해 같은 말이나 구절을 되풀이하여 표현하는 수사법의 하나이다. 예를 들면 "해야 솟아라 해야 솟아라/말갛게 씻은 얼굴 고운 해야 솟아라" 같은 것이다. 김소월의 〈초혼〉도 마찬가지이다.

이 몸이 죽고 죽어 일 백 번 고쳐 죽어
백골이 진토되어 넋이라도 있고 없고
임 향한 일편단심이야 가실 줄이 있으랴.

– 정몽주 –

⑧ 실사법: 보이는 대로 그려내는 방법으로 회고적 서정시나 명승고적·자연 풍광 등을 그려낸 서경시이다.

청려장 힘을 삼고 남묘로 나려가니
도화는 흩날리고 소천어 살쪘는데
원근에 즐기는 農歌는 곳곳에서 들린다.

– 김천택 –

2) 시조의 구조적 특성

① 4음보절의 길이를 기준으로 2개의 음보가 짝을 이룬다.
② 연접을 형성함으로써 시조의 율격 구조를 이룬다.
③ 각 장은 짝을 이룬 두 음보가 2번씩 나타나 4보격이다.
④ 시조의 구조적 특성은 장(章)의 형식이나 율독의 형식이나 3장 형식이 종결 징표를 나타낸다.

3) 의미단위로서의 구와 장[66)]

① 시조의 일차적 조건은 3장 6구 12음보라는 형식적 특성에 있다. 이 형식이 시조의 정체성이다. 이런 의미에서 '양장시조'나 '4행시조'는 시조가 아니다. '2행시'나 '4행시'라는 용어가 적절하다.
② 각 구는 2음보로 이루어지며 이것은 최소한의 의미를 가진 율격 단위이다.
③ 2구가 짝을 이루어 독립된 하나의 문장 형태를 갖추면서 1장이 된다. 곧 이 한 장은 의미의 작은 단위이며 동시에 리듬의 작은 단위가 된다.
④ 시조 한 수는 3장이 모여 통일되고 완결된다. 곧 3 개의 장이 의미를 가지면서 한 편의 시조가 된다.

이렇게 시조는 3, 4, 5음절 단위의 음보가 모여서 이루어지는 시형이다. 두 음보가 모여서 한 구를 이루고 각 구가 두 개 짝을 이루어 시조의 각 장을 만든다. 그래서 3장 6구이다. 각 구는 진술로서의 구체적인 의미를 띄운다.

연시조를 지을 때도 마찬가지이다. 각 수는 통일되고 완결된 의미 구조로 이루어져야 한다. 자유시에서의 연구조로 이어져서는 안 된다.

진달래 연가

이태극

철길 가 흐드러진(1구)
함박웃음 밀물로 와(2구)

66) 김대행, 한국시가 구조연구, 삼영사, 1984(1976) pp.31-42.

연분홍 맺힌 사연(3구)
찾아 드는 이 오후는(4구)

스치는 꽃샘바람도(5구)
가슴 깊이 안긴다.(6구)

낯설게 하기

바람 불어 그리운 날

홍성란

따끈한/ 찻잔 감싸 쥐고// 지금은/ 비가 와서
부르르 /온기에 떨며 //그대 여기/ 없으니
백매화 /저 꽃잎 지듯 //바람 불고 날이 차다

– 제24회 중앙시조대상 수상작:2005) –

위의 시는 두 구가 연첩되어 이루는 장의 개념에서 낯이 설다. 그래서 낯설게 하기로 본다. 두 음보간의 중첩은 잘 이루어졌다. 그런데 연접을 이루는 두 구간의 의미망은 불안하다. 자유시라면 구를 행으로 처리하여 낯설게 하기(make strange)로 얼마든지 가능하다. 하지만 시조에서 이러한 표현은 어색하다. 그래서 그 의미망 또한 매끄럽지 않다. 시조는 2음보가 중첩되어 1구를 이룬다. 1구는 최소한의 의미를 가진 율격 단위가 된다. 위 시에서 각 구만 떼어낸다면 각 구의 의미는 문제 될 것이 없다.

그러나 '이러한 두 구가 짝을 이루어 독립된 하나의 문장 형태를 갖추면서 각 장을 이룬다.'는 구와 구의 연접으로 이루어지는 장의 개념으로 보면 위 시조는 문장 형태상 비문이다. 따라서 어법상 문제가 있다. 그것은 시조의 각 장은 의미의 작은 단위가 되는데 초장의 '따끈한 찻잔 감싸 쥐고 지금은 비가 와서'를 표현 양식상 도치법으로 보아도 의미의 단위로는 어색하다. 또 중장에서도 '부르르 온기에 떨며 그대 여기 없으니'가 어색하기는 마찬가지다. '시조의 각 장은 하나의 독립된 문장의 형태를 갖추어야'하고 '시조의 각 장은 완전한 월의 형태를 이루어 각각 독립된 월'이 3장으로 이루어진다.[67]는 형식적 문장구성에도 맞지 않고 의미율도 어색하다. 종장은 아무문제가 없다. 그러나 초·중장의 표현 양식은 장의 개념을 충족시키기에는 여러 면에서 문제가 제기된다. 아마 작자는 낯설게 하기(ostranenie or

67) 임종찬, '시조의 3장 구조 연구' 『현대시조 탐색』 국학자료원, p.24.

defamiliarization)의 표현 양식을 운용한 것으로 본다. 그런데 시조의 양식으로는 재고해야 되지 않을까 한다.

낯설게 하기는 러시아 형식주의 이론가를 대표하는 슈클로프스키(V. Shklovsky)의 새로운 시어 운용에 대한 명칭이다. 곧 일상화되어서 낯익은 사물이나 관념을 특수화하고 낯설게 하여 새로운 느낌을 갖도록 표현하는 것이다.

낯설게 하기를 창안한 형식주의를 비판적으로 바라보는 시각도 있다. 형식을 주요한 핵심으로 놓는다는 측면에서 형식주의가 표면인 형식만 강조하고 내면인 내용을 소홀히 한다고 보기 때문이다.

이처럼 낯설게 하기는 일상성이나 지루함을 극복하고자 하는 인간의 욕망이기도 하고 예술가들의 창작기법이기도 하다. 하지만 이러한 이론을 정형화된 전통성을 가진 시조의 창작구조와 형식에 적용한다는 것은 무리가 따른다. 그래서 각 장 안에서의 두 구간의 결합이 어색하기 짝이 없다. 그래서 낯설게 하기로 돌렸다. 그 실험 정신을 인정받아 중앙시조대상 수상작으로 낙점된 것으로 본다.

4) 시조의 율격과 통사율

양영길은 「시조 미학의 율격은 통사적 긴장에 있다」에서 시조의 형식 미학을 통사율로 풀기도 했다. 통사율은 음보와 음보 사이의 긴장을 이루는 장치이다. 음보란 휴지(休止)에 의해서 구분된 문법적 마디로 이 음보가 규칙적으로 연속되어 되풀이될 때 음보율을 이루게 된다. 이러한 음보율은 음보와 음보 사이의 긴장 관계가 있을 때 더욱 뚜렷해진다. 시조의 형식에서는 각 장을 이루는 4음보는 2음보의 중첩으로 이루어진다. 2음보가 두 번 되풀이되는 4음보는 2음보보다 더 안정된 의미율을 가진다. 그러므로 시조의 기본 율격은 2음보격이 중첩되어 이루어지는 4음보격이다.

따라서 시조의 율격은 음보의 등장성에서 이루어지고 그 음보는 2음보씩 대응 연접함으로써 규칙성을 보이며 그 두 음보 사이에는 상대적인 강·약, 곧 약·강/강·약 규칙성을 이루는 것을 한국시조(시가)의 율격 특질로 본다.[68] 시조는 단순히 글자 수만 맞추는 것이 아니라 음보와 음보, 구와 구, 초·중·종장의 내적 율격까지 만족시켜야 한다. 외형적 율격만이 아니라, 내적 율격에서 오는 의미율이 시조 속에 스며들어야 한다. 그래서 전체적인 구조로 볼 때 시조의 한 구는 최소한의 의미 단위로 이루어

68) 김대행 전게서.

지고, 한 장은 하나의 독립된 문장의 형태를 갖추어야 하며, 한 수는 3장이 모여 통일되고 완결된 한 편의 의미 단위를 구축해야 한다.

도산십이곡

이 황

1.
이런들 /어떠하며// 저런들 /어떠하리
초야 /우생이// 이렇다/ 어떠하리
하물며/ 천석고황을// 고쳐 /무엇하리

2.
연하로 /집을 짓고// 풍월도/ 벗을 삼아
태평/성대에// 병으로/ 늙어가니
이 중에/ 바라는 일은// 허물이나/ 없고자.

성불사의 밤

이은상

성불사/ 깊은 밤에// 그윽한 /풍경소리(4음보 2구)
주승은/ 잠이 들고 //객이 홀로/ 듣는구나(4음보 2구)
저 손아 /마저 잠들어// 혼자 울게 /하여라.(4음보 2구).

– 첫째 수 –

위의 시조를 보면 연시조인데도 한 수 한 수가 완결되고 독립된 하나의 의미를 갖고 있다. 그래서 한 수는 연시조에서도 3장이 모여 통일되고 완결된 한 편의 의미 단위를 구축 한다는 것이다.

'7(3·4)·5(2·3)조'는 일본 율격에서의 영향이란 학자들의 논의가 있다. 하지만 꼭 그렇게만 생각하지 않는다. 우리 국어의 특성에서 온 우리 민요조이라고 보면 된다. 우리의 언어구조가 7·5조를 맞출 수 없다면 아무리 모방하고 싶어도 제대로 엮어지지 않는다. 우리의 자존을 세우며 우리 것으로 정착되었으면 우리 것이다. 또 우리의 언어구조상 우리의 것이 맞다.

양영길에 의하면 시조의 형식 미학의 질서는 음수율과 같은 산술적인 것이 아니라 음보율이 통사율과 그 긴장 관계로 이어지는 함수 관계로 본다. 그래서 시조 형식 미학의 참맛은 율격적 함수 관계에서 하나의 구(句)가 최소한의 통사적 온전성을 필요로 한다. 때문에 시조의 율격은 음보율로 설명할 수 있다. 하지만 두 개의 음보가 짝을 이루어 온전한 구(句)로서의 역할을 할 때 비로소 음보율은 얻어지는 것이다. 곧 두 개의 음보가 짝을 이루어 음보율을 이루었을 때 하나의 의미 단위가 생성되고 다음에 오는 음보율에 영향을 끼칠 수 있어야 율격이 이루어진다. 그래서 시조의 율격은 2음보가 중첩되는 4음보격이 되는 것이다. 이러한 통사율도 결국은 '의미단위로서의 구와 장'과 그 맥을 같이 한다. 통사론이 문장을 구성하는 요소의 결합·배열과 요소 상호간의 관계를 대상으로 하는 것인 만큼 통사율이 제대로 형성되면 의미율까지 얻어지게 마련이다. 시조가 자유시보다 암송하기 쉬운 이유도 음보와 음보 사이의 통사적 긴장 관계가 율격을 이루고 있기 때문이다.

단심가

정몽주

이 몸이 죽고 죽어 일백번 고쳐 죽어
백골이 진토되어 넋이라도 있고 없고
임 향한 일편단심이야 가실 줄이 있으랴.

시는 단순한 의미 전달만이 아니다. 시의 반복은 의미의 강조만이 아니다. 리듬이고 균형이다. '죽고 죽어', '고쳐 죽어', '있고 없고' 등은 시조 형식을 맞추기 위한 리듬이고 균형이다. 그래서 시조는 음악성인 율격을 최대한 살려야 한다. 따라서 현대시조가 율격을 무시하고 지나치게 자유시처럼 하는 것은 반성해야 한다.

5) 시조의 자수와 자수율

시조는 우리 고유의 정형시로서 우리 민족의 혼이 담겨진 그릇이다. 시조는 한시나 일본의 정형시처럼 그 자수에 변통이 없는 것이 아니라, 45자를 기준으로 몇 자의 가감을 허용한다. 그래서 자수만이 아니라 음보나 구로 설명하기도 한다. 그래서 긴축과 여백의 미학을 말하기도 한다. 시조의 기본형과 그 율격을 보자,

成佛寺(3) 깊은 밤에(4) 그윽한(3) 풍경소리(4)
주승은(3) 잠이 들고(4) 객이 홀로(4) 듣는구나(4)
저 손아(3) 마자 잠들어(5) 혼자 울게(4) 하여라(3)

위의 시조는 노산 이은상의 〈성불사의 밤〉이다. 기본형에 맞고 율격도 잘 이루어진 작품이다. 위의 기본형을 벗어난 작품을 보자.

아무리(3) 여름이 더워도(6) 싫단 말(3) 다신 않을래(5) ➡ 17자
이 밤도(3) 또 밤새워 우는(6) 저 가을(3) 벌레들 소리(5) ➡ 17자
더구나(3) 우수수 잎들이 지면(8) 어이 견딜(4) 까본가(3). ➡ 18자 ➡ 52자

이호우의 〈聽秋(청추)〉라는 작품의 첫 수다. 이 작품을 두고 어느 원로시인이 평한 것을 보니 "얼마나 자수나 틀에 구애받지 않고 내재율을 잘 살려 낸 작품인가. 그러면서도 파격이 전혀 없는 천의무봉한 가락인가."라고 극찬을 했다. 그런데 과연 그럴까? "자수나 틀에 구애받지 않고 내재율을 잘 살려낸 작품" 이라 했는데 시조를 쓰면서 '자수나 틀에 구애 받지 않으면' 자유시가 된다. 내재율은 자유시에도 산문시에도 있다. 시조는 3장 6구 안에서 외재율도 음보율도 자수율도 의미율도 함께 할 때 그 정체성이 보존된다. 시조를 쓰면서 할 말을 어찌 다 할 수 있으랴. 시조는 시어의 압축과 절제가 고도로 요구되는 시형이다. 그런 의미에서 다음과 같이 시어를 절제할 수 있다고 본다.

아무리(3) 여름이 더워도(6) 싫단 말(3) 다신 않을 래(5) ➡ 17자
이 밤도(3) 밤새워 우는(5) 저 가을(3) 벌레들 소리(5) ➡ 16자
우수수(3) 잎들이 지면(5) 어이 견딜(4) 까본가.(3) ➡ 15 ➡ 48자

중장에서 '또'를 버리고 종장에서 '더구나'를 버렸다. 내용이 변하지 않는 한에서 버릴 것은 버리고 줄일 것은 줄여야 한다. '이 밤도'란 '도'에 이미 '또'란 의미도 포함되어 있다. '더구나'란 부사를 종장 머리에 두면 그 다음 오는 음보가 과음보가 되어 사실 맞지 않다. 아니면 "더구나 잎들이 지면"으로 고쳐도 무방한 작품이다. 이러한 작품들은 가람을 포함하여 대가들에게도 부지기수이다. 절제와 압축 퇴고를 거듭하여 정격(43-47)으로의 기본형을 지키는 것이 바람직하다. 이를 다시 고쳐보자

아무리(3) 덥다 해도(4) 싫단 말(3) 않을 꺼야(4)
이 밤도(3) 지새우는(4) 저 가을(3) 벌레 소리(4)
우수수(3) 잎들이 지면(5) 어이 견딜(4) 까본가.(3) ➡ 43자

이다. 내용에는 변함이 없다. 내용상으로 볼 때 '여름'이란 계절을 밝히지 않아도 지난

여름 더운 것을 지칭함을 알 수 있다. '시'는 더 버릴 것이 없을 정도로 시어의 절제와 압축과 간결을 요구하는 언어미학이다. 하물며 시조에 있어서야 더욱 그렇다. 위의 시조의 고침은 다만 정격으로 가는 과정을 밝혔을 뿐이다. 어찌 할 말을 다 늘어놓고 시조를 쓰랴. 평시조의 단아함은 고도의 절제와 압축미를 필요로 한다. 그리고 행간에서 독자가 읽어내게끔 여백을 남겨 두어야 한다.

시조는 '압축의 원리'에 의한 암시성을 그 본질로 한다. 시조는 대상에 대한 구체적인 체험이나 직관, 감정 등이 최대한 집중되어서 압축성과 간결성에 의하여 시어가 갖고 있는 무게와 비중은 보다 커진다. 다음 에피소드를 살펴보자

헤밍웨이가 한 쪽 다리를 들고 서서 글을 쓰고 있는 것을 친구가 목격하고 그 이유를 물었다. 그러자 헤밍웨이 왈 "앉아서 쓰면 아주 편안하네. 그러나 써 놓은 글을 보면 문장은 길고 지저분하네. 한 쪽 다리로 서서 글을 쓰면 다리가 아프니까 간결하게 쓰도록 내 자신을 핍박하게 된다네." 하고 대답했다. 이 구절을 읽고 필자는 헤밍웨이의 「바다와 노인」을 생각했다. 대학교 1학년 때 그 원서를 읽은 적이 있다. 간결한 문체에 단어만 찾으면 읽을 수 있었다. 그 후 나는 단문을 즐겨 쓴다. 중문이나 복문은 우리글이라도 헷갈릴 때가 있다. 더구나 철학 서적이나 신학 서적에서 한 문장이 5줄~10줄이 되는 것을 본 적이 있다. 그런 문장은 우리 국어라도 재차 읽어야 그 의미가 닿을 때가 있다. 영어도 접속어가 들어가고 관계대명사로 몇 개가 이어지면 해석에 시간을 요하는 것을 본다. 그 때부터 필자는 단문을 쓰는 편이다. 그래서 필자의 책은 어렵지 않다는 말을 듣는다.

헤밍웨이의 글이 군더더기 없이 간결하고 아름다운 이유를 알 수 있는 대화이다. 시를 쓰는 시인들이 새겨야 할 전범(典範)이 되는 이야기이다.

다음 시조를 또 보자.

느티나무의 말

김상옥

바람 잔 푸른 이내 속을 느닷없이 나울치는 해일이라 불러다오.
저 멀리 뭉게구름 머흐는 날 한 자락 드높은 차일이라 불러다오.
천년도 눈 깜짝할 사이, 우람히 나부끼는 구레나룻이라 불러다오.

이 작품 역시 시조의 자수개념으로 따지면 그 기본형에서 한참 벗어나 있다. 이를 음수율은 무시하고 운율을 살린 음보로만 본다면 다음 빗금으로 나눌 수 있다.

바람 잔 /푸른 이내 속을 /느닷없이 나울치는/ 해일이라 불러다오.➡ 25자
저 멀리 /뭉게구름 머흐는 날 /한 자락 드높은 /차일이라 불러다오.➡ 25자
천년도/ 눈 깜짝할 사이,/ 우람히 나부끼는/ 구레나룻이라 불러다오.➡26자➡76자

이렇게 4음보로 보면 시조의 형식에는 맞다 하겠다. 하지만 가만히 따져 보면 각 장 첫째 음보를 제외하고는 사실상 두 음보로 나누어지는 음보인 셈이다. 그러니 정격에서 두 배의 음수율을 허용하면서까지 이를 평시조라 할 수 있는가라는 의문을 제기하게 된다. 제대로의 평시조가 되기 위해서는 과감하게 버릴 것은 버려야 한다.

바람 잔 / 이내 속은 / 나울치는/ 해일이고 ➡ 15자
저 멀리 /뭉게구름 /드높은 /차일이네 ➡ 14자
천년도/ 눈 깜짝할 사이,/ 나부끼는/ 구레나룻. ➡ 17자 ➡ 46자

시조는 각 음보 내에서는 수식어와 서술어가 들어갈 여지가 없다. 과감하게 버릴 수 없다면 자유시를 선택해야 한다. 즉, 초장의 경우 '푸른', '느닷없이', '불러다오', 중장에서 '머흐는 날', '한 자락', '불러다오' 그리고 종장의 경우 '우람히', '~라 불러다오' 같은 대목이다. 이러한 수식어와 서술어는 시조 형태의 자수개념을 무시한 소치이다. 그렇다고 엇시조도 사설시조도 아니다.

선배 시조시인들이 더구나 인지도가 높다는 시조시인들이 이렇게 썼으니 그 후배들이 어찌 따르지 않으랴. 또 감히 후배가 어찌 선배의 작품을 논할 수 있으랴. 이런 풍토가 오늘 날 변격과 파격의 원인이라 본다. 김상옥의 「느티나무의 말」은 시조가 아니다. 3행으로 곧 3장으로 발표되었다고 시조가 되는 것은 아니다.

새벽

이우걸

기다리는(4) 사람에게만(5) 새벽은(3) 새벽이 된다(5). ➡ 17자
봉두난발(4) 상처뿐인(4) 제 가슴(3) 쥐어뜯으며(5) ➡ 16자
유백의(3) 찻잔을 만드는(6) ➡ 9자
어느 도공의(5) 기도처럼(4) ➡ 9자 ➡ 51자
길은 아직(4) 헝클린 채로(5) 안개 속에(4) 묻혀 있는데(5) ➡ 18자
조간처럼(4) 달려온(3) 소중한(3) 여백 하나(4) ➡ 14자
새로운(3) 출발을 권하는(6) ➡ 9자
아~ 숨가쁜(4) 초인종이여(5) ➡ 9자 ➡ 50자

– 2008년 제28회 가람시조문학상 작품 –

새벽은 기다리는 사람에게만 새벽이다 ➡ 16자
봉발(蓬髮)에 상처뿐인 제 가슴 쥐어뜯으며 ➡ 15자
유백의 찻잔 만드는 ➡ 8자
어느 도공의 기도처럼. ➡ 9자 ➡ 48자

아직도 헝클린 채 안개 속에 묻힌 길에서 ➡ 16자
달려온 조간처럼 소중한 여백하나 ➡ 14자
새로운 출발을 권하는 ➡ 9자
아~ 숨가쁜 초인종! ➡ 7자 ➡ 45자)

다만 정격으로 갈 수 있는 길을 제시했을 뿐이다. 위의 시는 시어의 함축과 암시로 독자로 하여금 생각의 시간, 감상의 시간을 갖게 한다. 시어의 함축과 암시는 상상의 세계를 담아내는 역할을 한다. 하지만 지나친 암시는 난해시를 낳는다. 그래서 일반 독자들은 시가 어렵다고 한다. 그것은 또 일반 독자들을 멀리하는 원인이 되기도 한다. 적절한 암시는 독자로 하여금 사고(思考)의 세계를 달리며 상상의 날개를 펼쳐 또 다른 시의 세계를 창출할 수 있는 힘을 기르기도 한다. 위의 시는 독자나 평자에 따라 몇 개의 시의를 창출해 낼 수 있는 내포적 의미를 갖고 있다. 그래서 시적자아가 갖는 내부의 문맥을 명쾌하게 이해하기란 어렵다.

시조의 정격을 지키고 고수하고자 애쓰는 시인들도 많은 것으로 안다. 그래서 큰 상을 타는 작품만큼은 정격을 지켰으면 한다. 또 그들이 모범이 되어 시조의 정격을 지켜야 한다. 위 시조도 퇴고의 원칙을 따라 퇴고를 하면 얼마든지 단아한 정격으로 갈 수 있다. 각장 첫 음보를 3음절로 고쳐 보았다. 퇴고의 유래를 상기하며 퇴고의 원칙 세 가지를 제대로 활용하면 시조는 정격으로 갈 수 있다. 시조의 절제미와 함축미는 시어의 압축과 내포적 의미에서 온다.

*까치집

이근배

시인 박용래
눈이 젖어 바라보던 ➡ 13자

그 삭정이 둥지
삭정이진 슬픔 ➡ 12자

한 줌 詩
고독을 품던 새는
지금은 날아가고 없다. ➡ 19자 ➡ 44자

* 〈까치집〉은 44자로써 시조의 총자수율로 보면 정격이다. 하지만 각 장마다 시조의 기본틀에서 많이 벗어난다. 이는 음보 개념으로 쓴 것이 아니라 구 개념으로 창작 된 것임을 알 수 있다. 초·중장은 소음보이고 종장은 과음보이다. 따라서 자유시와의 구분이 분명하지 않다. 그래서 이 또한 독자들은 자유시로 볼 수 있다.

6) 시조의 퇴고

'퇴고(推敲)'는 국어사전에 의하면 '글을 지을 때 여러 번 생각하여 고치고 다듬음'이라고 풀이하고 있다. 한 작품을 고치고 다듬을수록 윤기를 더하기 때문이다. 퇴고는 작품을 완성하기 위한 최후의 작업이며, 작품에 대한 자기 평가라고 할 수 있다.

'상소잡기(緗素雜記)'에 의하면 한유(韓愈 768년-824년)[69]와 가도(賈島)[70]의 이야기가 나온다. 중국 당나라 때이다. 가도는 노새를 타고 가면서 시상을 떠 올렸다. 5언 절구에서 3행까지는 잘 나갔는데 4행에서 걸렸다. 2자 사이에서 골똘히 생각에 잠겨, 앞에서 오는 한유의 행차를 막았다. 그 시가 바로 퇴고(推敲)를 낳게 한 '이응(李凝)의 유거(幽居)에 제(題)함'이다.

한거인병소(閑居隣並少) 한가하게 사노라니 사귄 이웃 드물고
초경입황원(草徑入荒園) 풀밭 사이 오솔길은 황원으로 뻗었네
조속지변수(鳥宿池邊樹) 저녁 새는 연못가의 보금자리 찾는데

여기까지는 줄줄 내려왔는데 결구를

승퇴월하문(僧*推月下門) 스님은 달빛아래 문을 밀친다

69) 한유(韓愈, 768년~824년)는 중국 당나라의 문장가·정치가·사상가이다. 당송 8대가의 한 사람으로 자는 퇴지(退之), 호는 창려(昌黎)이며 시(諡)는 한문공(韓文公)이다. 하내군(河內郡) 남양(南陽) 출신이다.

70) 가도(Chia Tao, 779~843):중국 중당(中唐) 때 시인.자는 낭선(浪仙). 범양(范陽 : 지금의 허베이 성[河北省] 줘 현[涿縣]) 사람이다. 집안이 가난하여 일찍이 출가하여 승려가 되었으며 무본(無本)이라는 법명을 얻었다. 한유(韓愈)에게 시재(詩才)를 인정받은 그는 속세로 돌아와 쓰촨 성[四川省] 창장 현[長江縣]의 주부(主簿)로 시작한 그의 관직생활은 쓰촨 성 푸저우[普州]의 사창참군(司倉參軍)에 머물었다.. 승려로 있을 때부터 시인으로 이름을 날렸으며, 〈가랑선체 賈浪仙體〉라는 그의 시를 보면 시구 하나하나를 선택함에 있어 작가가 얼마나 고심했는가를 잘 알 수 있다. 표현이 날카롭고 간결하며 자연스러운 것이 가도 시의 전반적인 분위기이다. '퇴고'(推敲)라는 말의 유래가 된 유명한 일화로 잘 알려져 있다. 한유 문하에 같이 있던 맹교(孟郊)와 더불어 '교한도수'(郊寒島瘦 : 송의 蘇東坡가 한 말)라 일컬어진다. 시집에 〈가랑선장강집 賈浪仙長江集〉(10권)이 있다.

로 해야 할 것인지,

승고월하문(僧*敲月下門) 스님은 달빛 아래 문을 두드린다

로 해야 할 것인지, 여기서 갈등을 일으키게 된다. '고'와 '퇴' 이 두 자를 소리 내어 중얼대면서 손을 들어 문을 두드리고 미는 시늉도 해보곤 한다. 이렇듯 작품의 세계에 빠져 골몰하고 있던 가도는 저 앞에서 고관 일행이 오는 것도 몰랐다. 여전히 중얼거리며 손짓을 하면서 가다가 결국 노새는 그 행렬을 뚫고 들어가 부딪치고 말았다.

위병들은 저마다 소리치며 노새 위의 가도를 끌어내려 한퇴지 앞에 꿇어 앉혔다. 가도는 놀라면서 작시에 마음이 팔려 무례를 범했다는 사정을 말하고 사죄하였다. 퇴지는 말을 멈추고 잠시 생각하고 있다가 "'고'로 하는 것이 좋겠네." 라고 말하였다.

이 사건이 인연이 되어 한유와 가도는 좋은 시우(詩友)가 되었다.

이 고사를 통해서 퇴고(推敲)가 무엇인지, 또 어떻게 하는 것인지 알 수 있을 것이다. 가도가 노새를 타고 가면서 시를 짓는 것도 그렇지만 실감을 표현하기 위해서 행동으로 옮겨보는 것 등은 오늘날 시를 쓰는 사람도 본받을 만한 일이다.

퇴고는 모든 글쓰기에서 이루어진다. 문장론에서 집필을 끝낸 뒤 반드시 살펴야 한다는 뜻으로 '퇴고의 3원칙'이 있다.

첫째는 부가의 원칙이다. 쓰고자 하는 바를 충분하게 드러냈는가? 즉 요구조건이 충족되었는가를 살펴 빠뜨린 부분을 첨가 보충하는 것을 말한다.

둘째는 삭제의 원칙이다. 글 쓴 사람의 솔직한 심정이 드러났는가? 가식이나 허식이 없는가를 살펴 불필요한 부분, 지나친 부분, 조잡하고 과장된 부분 등을 삭제한다.

셋째는, 재구성의 원칙이다. 글의 순서를 바꾸어 효과를 더 높일 수는 없는가? 즉, 문장의 구성을 변경하여 효과를 높일 수 있다면 구성을 다시 한다는 것이다. 단어 하나하나, 절구 하나하나를 살피면서 가장 효율적으로 재구성해 보는 것이다.

시조가 갖는 형식적 특성을 비롯해서 자기가 의도 했던바 등 여러 가지를 점검해야 한다. 특히 시조의 경우는 퇴고하는 과정에서 음보간의 유연성과 율격, 자수율, 함축미, 의미율(통사율)을 점검할 필요가 있다. 그리고 작품을 쓰고 나서 어느 정도의 시간이 지난 뒤에 퇴고에 임하는 것도 좋은 방법이다. 퇴고에 따른 장지성의 퇴고론도 일가견이 있기에 옮겨본다.

"작품의 완성기간은 길면 길수록 좋다. 특히 삼단논법이 절실히 요구되는 시조의

특성상 초장, 중장, 종장의 연결고리가 유연하여야 하며 가장 압축되고 정제되고 농축된 것이 정형의 생명이라 할 때 한편의 시조가 세상(지면)에 빛을 볼 때까지 후속 기간을 얼마나 거쳤는지에 그 작품의 완성도가 높아질 것이다. 과일주를 빚을 때를 비유한다면 초고는 담글 때를 말하는 것이고 개고는 발효기간을, 탈고는 숙성기간을, 그리고 후속 기간은 마지막 점검을 말하는 것이다".라 하여 작품 발표에 신중성을 기했다.

낙엽을 밟으며

정완영

그렇게/ 붐비던 여름도 //이젠 물러/ 앉았는데 ➡ 17자
플라타너스 /낙엽 진 거리를// 혼자라도/ 걸어보아라 ➡ 20자
우리가 /세월의 강물이// 흘러간 걸 /금시 보리라. ➡ 18자 ➡ 55자

철새들/ 울고 간 하늘을// 목도리로 /둘둘 감고 ➡ 17자
플라타너스/ 낭자한 거리를// 손을 잡고/ 걸어보아라 ➡ 20자
우리가 /눈물의 行間이// 넓어진 걸 /서로 보리라. ➡ 18자 ➡ 55자

– 출처: 한국시조문학진흥회 홈페이지 현대시조란에서 –

원로시인이고 정격을 고수하고 있는 시인으로 안다. 그런데 요즈음 문예지에 발표되는 몇 편의 작품을 보고 많이 의아해 했다. 이 작품 또한 자유시의 표현을 닮은 과음보 투성이다. 자유시와 시조는 표현상에도 차이가 있다. 자유시 같이 표현하려는 데서 시조의 참맛을 잃어버릴 수 있다. 시조시인은 시조의 맛을 자랑스럽게 생각하고 표현해야 한다. 자유시와 시조는 율격에서부터 다르다. 앞에서 논한 율격론을 살펴보면 알 수 있다. 자유시를 모방하려 하면 그때부터 시조의 맛이 달라진다. 의미는 그대로 두고 충분히 다듬을 수 있는데도 자유시처럼 표현하여 발표하는 경우를 인지도가 높다는 시조시인들에게서 많이 보게 된다. 과음보를 하지 않고 아래와 같이 정격에 맞게 퇴고해 보았다. 퇴고의 원칙 중 둘째 삭제의 원칙과 셋째 재구성의 원칙을 적용하여 고쳐 보았다.

'플라타나스'는 물론 한 음보이다. 하지만 첫음보에서는 피하는 것이 시조의 기본틀에도 맞고 바람직하다. 그리고 각 장 둘째 음보는 모두 두 음보로 나눠도 무방한 음보로서 과옴보 현상을 보인다. 과음보란 위의 시조 둘째 구처럼 6음절 이상으로써 두 음보로 나눌 수 있는 음보를 과음보라 한다. 종장 둘째 음보는 예외로서 5-7음절

을 허용한다.

붐비던/ 한여름도 //이젠 물러/ 앉았는데 ➡ 15자
낙엽 진/ 저 거리를 //혼자라도 /걸어보라 ➡ 15자
흘러간/ 세월의 강물을// 우리 다시 /보리라. ➡ 16자 ➡ 45자

철새들/ 울고 간 하늘// 목도리로 /둘둘 감고 ➡ 15자
낙엽이/ 낭자한 거리를// 손을 잡고 /걸어보라 ➡ 17자
넓어진 /눈물의 행간을// 우리 서로/ 보리라. ➡ 16자 ➡ 48자

조지훈은 "승무"를 "착상한 지(그의 나이 19세) 열한 달, 집필을 시작한지 일곱 달 만"에 완성하였다. 즉 착상한 지 18개월-1년반 만에 발표했다. 시조는 우리의 언어구조와 풍성한 어휘를 잘 운용하여 퇴고에 퇴고를 거듭하면 시조의 정격을 얼마든지 지킬 수 있다.

이상에서 보았듯이 정격으로 가는 길로 조금만 마음을 돌리고 퇴고의 원칙에 따라 다듬으면 얼마든지 시조의 기본틀을 지키면서 정격으로 갈 수 있다. 그런데 이를 무시하고 오늘날 변격과 파격의 과(過·寡)음보 현상으로 시조의 격을 자유시화 하는 것은 지양해야 한다. 또 정격을 무시한 시조시인들의 시작(詩作)태도와 형식을 시조의 현대화인양 따르는 것도 문제이다. 정격시조에는 '定型而非定型'이니 '非定形而定形'이란 말이 들어올 수가 없다. 우리의 언어 구조를 잘 살려 운용하고 활용하고 곡용하며 퇴고의 원칙에 따라 글을 다듬으면 정격으로의 길은 자연적으로 열린다.

제 5 장

희곡의 이론과 실제

1) 희곡의 정의

희곡은 시와 소설과 더불어 문학의 한 장르로서 연극을 하기 위해 씌어진 작품이다. 그런 관계로 해서 다른 문학 형태와는 구별되는 것도 사실이다. 희곡은 배우, 극장, 관객과 더불어 연극의 기본적인 구성요소이기도 하다. 그러므로 희곡은 문학과 연극이라는 두 가지 성격을 공유한다고 보겠다. 곧 문학성으로서의 희곡작품은 무대위에서 공연됨으로 해서 연극으로 다시 태어나기 때문이다.

흔히 희곡을 각본과 혼합하여 쓰는 경우도 있지만 엄밀하게 따지면 희곡과 각본은 구별된다. 곧 둘 다 연극과 관계가 있다는 점에서는 동일하다고 할 수 있다. 하지만 각본은 연극 중에서도 연기자가 주체가 되는 마이모스(mimos: 연극의 한 형태)로서 그 연기자를 위해 작자가 만드는 구성이다. 이에 대해 희곡은 드라마로 칭해지는 연극과 관계가 있다. 드라마는 배우의 연기로 창조되는 예술이지만 배우가 독자적으로 할 수 있는 것이 아니다. 어디까지나 극작가와 협력해서 한 편의 드라마가 이루어지는 것이다. 곧 드라마는 문학작품과 함께하는 연극이고, 희곡이다.

2) 희곡의 성격

희곡이 드라마로 지칭되는 연극의 한 구성 요소이기는 하나 동시에 작가의 개성적인 사상과 철학으로 이루어진 소우주로서의 언어 예술이다. 따라서 희곡은 연극의 요소인 동시에 문학작품이라는 이중성을 갖고 있다. 문학 장르로서의 희곡은 아리스토텔레스에 의해 확립되었으나 중세에는 그 빛이 퇴색해지기도 했지만 르네상스에 이르러서 이탈리아를 비롯한 각 나라의 인문주의자들에 의해서 그 옛날 아리스토텔레스와 호라티우스의 명성을 되찾았다.

3) 희곡의 본질

희곡도 문학성으로서의 형태는 소설과 마찬가지로 고독한 묵독의 대상이 되기도 한다. 하지만 희곡이 소설이 될 수도 없고 소설의 영역을 넘볼 수는 없다. 어디까지나 희곡은 희곡으로서 그 위치를 다져야 한다.

희곡이 희곡일 수밖에 없다는 것은 소설에서는 지문의 묘사나 서술이 주가 되는 것과는 달리 희곡은 그 모든 설명이 등장인물의 대사와 행동에 의해서 제기된다는 것이다. 드라마라는 말 자체가 그리스어로 '행동한다'는 뜻의 동사 드란(dran)에서 나왔듯이 말이다.

희곡은 배우의 동작을 지시하는 극히 적은 부분을 제외하고는 대부분 대화의 형식을 취하여 서술된다. 독백이나 방백도 특수한 경우에 한한다. 대화는 행동적인 것으로 그 배후에는 항상 행위가 잠재해 있다. 따라서 희곡은 그 대본 만으로 완전히 표현되는 것은 아니다. 그런 의미에서 희곡은 미완성의 문학이다. 그래서 그 완성을 향하여 배우를 필요로 한다. 물론 레제 드라마(Lese drama 書齋劇)와 같이 배우를 등장시키지 않는 것도 있다. 하지만 이것은 어디까지나 특수한 경우일 뿐, 희곡은 배우를 필요로 하고 초대하는 것이 그 正道(정도)이다.

4) 희곡의 특성

(1) 언어

희곡의 언어는 대사이다. 그래서 대사는 희곡을 이루는 핵이다. 그렇다고 희곡의 언어가 따로 있는 것은 아니다. 단지 다른 장르와 구별되는 독특한 어법이나 문체가 있다. 그것은 희곡이 무대에서 연극으로 실연되는 극적 언어인 만큼 관중을 대상으로 한다. 그러므로 희곡의 언어는 무대 위에서 동적인 힘과 즉흥성을 가져야 한다. 그리고 사람들이 살아가는 일상에서와 같이 서로 얘기를 나누며 〈너〉와 〈나〉, 〈우리〉의 관계를 이어가는 협력의 대화에 의존한다. 이것이 희곡언어가 갖는 특징이다.

(2) 플롯(plot)

희곡 중에 등장하는 모든 인물과 그 행동을 총괄하여 하나의 통일된 극적 이야기로 이어나가는 것이 희곡의 플로트이다. 플로트에 있어서 사건은 단순히 시간적인 관계에서 뿐만 아니라 인과 관계로 이어져 있다. 그래서 이야기의 관심을 끄는 것은 그 전후관계보다도 오히려 인과 관계이다.

시간적으로 계속 일어나는 일련의 사건을 서술한다면 모든 희곡은 플로트뿐만 아니라 서술도 무시할 수 없다. 그러나 희곡에 있어 중요한 것은 플로트이다.

플로트란 극작가에게 있어서 낚시에서 대어를 낚기 위한 치밀한 준비와 같다. 그래서 극작가는 플로트를 성립시키기 위하여 인물을 등장시킨다. 이렇게 등장한 인물은 다만 극작가의 플로트에 의하여 움직이고 있다. 독립적으로 생존을 영위할 수도, 영위해서도 안 된다. 그래서 희곡에서 등장하는 인물은 극작가에 의해서 조종되는 꼭두각시의 역할을 성실히 이행해야 성공한다.

(3) 인물

희곡 작품에 등장하는 인물을 극 비평에서는 다음 세 유형으로 나눈다.

① 등장인물(person)

'정신적인 개체로서의 인간'을 말한다. 이 말은 라틴어의 'persona'에서 유래되었는데 그 의미는 배우가 사용하는 가면을 뜻한다. 그러한 의미를 음미해 본다면 희곡에서의 등장인물은 곧 연극의 가면이라는 뜻이 된다.

② 형상인물(figure)

이 낱말은 라틴어의 'figura'에서 연유된 말로 조형물 또는 형상물이라는 의미이다. 이 말은 작가의 피조물로서의 인간을 의미하는 것으로 곧 작가에 의한 인공적인 인물이다.

③ 성격(character)

그리스어인 'charakter'에서 연유된 말로서 원래 낙인 인쇄, 각인 등의 의미를 포함하고 있다. 오늘날 'character'는 개성, 특성으로 이해하지만 전형이라는 개념과도 관련을 갖고 있다. 하지만 오늘날 희곡 작품에서의 등장인물은 캐릭터라는 용어로 즐겨 사용하고 있다.

예문

- 나오는 사람 : 사냥꾼, 사냥개, 토끼1, 토끼2, 다람쥐1, 다람쥐2, 여우, 곰, 올빼미, 너구리, 원숭이
- 때 : 옛날
- 곳 : 제1장 토끼의 집 앞, 제2장 숲 속 제3장 · 제4장 여우네 집 앞, 제5장 올빼미 집 앞, 제6장 토끼집 앞

제 1 장

평화로운 숲 속 한 쪽에 토끼의 집이 있다. 가볍고 상쾌한 음악 흐르며 나비들이 날아다니고, 다람쥐와 토끼들, 숲 속을 왔다갔다 하며 놀고 있다. 잠시 후 사냥꾼 한 명 뛰어 들어오며,

사냥꾼 : (들어오며)어린이 여러분, 안녕하세요? 저는 사냥꾼이에요. 제가 오늘 이 숲 속에 사냥을 나왔다가 등산화 한 짝을 잃어버렸어요. 그래서 이렇게 한 쪽 발만 등산화를 신고 다니는 거에요.혹시 잃어버린 제 등산화를 발견하시면 잘 가지고 있다가 제가 나중에 오면 돌려주세요. 아셨죠.(이 때 사냥개 짖으며 들어온다)

개 : 멍멍……

사냥꾼 : 어? 넌 어디 갔다 오니? 등산화 한 짝 찾았니?

개 : 멍멍, 아직 못 찾았어요.

사냥꾼 : 그래? 그럼 저 쪽으로 가서 찾아보자.(개, 멍멍하며 뛰어간다. 사냥꾼 나가려다) 아참, 어린이 여러분, 제 등산화 한 짝을 꼭 찾아 주세요.(사냥꾼 뛰어 나간다. 잠시 음악이 흐르며 암전된 다음 다시 라이트 들어오면 다람쥐1,2들어온다)

다람쥐 : (사냥꾼 등산화 들고) 영차 영차, 아이 힘들어.

다람쥐2 : 이게 뭘까?

다람쥐1 : 넌 아무 것도 모르는구나. 이건 사람들이 신고 다니는 등산화야, 등산화!

다람쥐2 : 뭐? 등산화?

다람쥐1 : 그래, 아마 사람들이 버렸을 거야.

다람쥐2 : 버린 걸 주워서 뭘 하겠다는 거니?

다람쥐1 : 으음, 이 등산화는 아주 멋진 우리 다람쥐들의 집이 될거야. 이 속에다 나뭇잎을 조금 깔기만 하면 돼. 자, 여기 놔두고 나뭇잎을 주우러 가자.

다람쥐 : 그래, 가자(다람쥐1 · 2 나간다. 이 때 토끼1 · 2 들어오며)

토끼1 : (등산화를 발견하고) 어? 이게 뭐지?

토끼2 : 글쎄……?

토끼1 : 누가 이런 걸 여기 두었을까?

토끼2 : 그걸 내가 어떻게 아니?(다람쥐1 · 2 들어온다)

토끼1 : 어? 다람쥐들이 오는데……

다람쥐1: (들어오며) 토끼들 안녕?
토 끼2 : 응 안녕! 그런데 얘들아, 이걸 너희들이 갖다 두었니?
다람쥐1: 응, 이건 사람들이 신는 등산화라는 거야. 마술 걸린 등산화지!
토 끼1 · 2: 마술걸린 등산화?
다람쥐1: 이건 굉장한 힘을 가지고 있어. 이걸 가지고 있으면 무서울 게 없어.
토 끼1 · 2: 아니, 뭐라구? 그게 사실이니?
다람쥐2: 그럼, 누구한테라도 싸워서 이길 수 있어.
토 끼1 · 2: 와아, 굉장하구나!
다람쥐1: 이걸 너희들에게 줄까?
토 끼1 : 정말?
다람쥐1: 그래, 정말이야. 이걸 가지고 있으면 여우나 곰보다 더 힘이 세져.
토 끼1 · 2: 와, 대단하구나.
다람쥐2: 이걸 너희들에게 줄테니 너희 집을 우리에게 줘.
토 끼1 : 그럼 우린 어디서 살지?
다람쥐1: 으……음, 다른 집을 찾는거야. 가령, 으……음, 응, 그래. 여우집이 멋지니까 여우를 내쫓고 여우집을 차지한다든가……
토 끼2 : 야아, 그것 참 멋진 생각이다.
토 끼1 : 토끼가 여우집을 차지한다니 생각만 해도 신나는 일이야.
토 끼2 : 그런데 난 좀 무서운 생각이 든다.
토 끼1 : 무섭긴……
토 끼2 : 난 싫어. 괜히 쓸데 없는 짓 하다가 여우한테 혼나면 어떡하라구?
다람쥐1: 너는 참 의심이 많구나. 싫으면 그만 둬. 우리가 이 속에서 살테니까.
토 끼1 : 아냐, 아냐. 이 등산화하고 우리집하고 바꾸자.
다람쥐1: 진작 그럴 것이지. 자, 이 등산화를 가지고 가.
토 끼1 : 그래 좋아. 얘, 어서 등산화 가지고 가자.
토 끼2 : 응, 알았어.
토끼1 · 2 : 영차 영차(들고 나간다)
다람쥐1 · 2: (웃는다) 호호호 · · · · · · 헤헤헤.
다람쥐1: 야아 - 토끼들은 어리석구나.
다람쥐2: 얘, 토끼들이 등산화를 믿고 까불다가 여우한테 혼날텐데……?
다람쥐1: 헤헤헤…… 그 덕분에 이렇게 훌륭한 집이 생겼잖니. 자, 안으로 들어가자.
다람쥐2: 그래, 호호……(다람쥐1 · 2 웃으며 토끼집 안으로 들어간다. 음악 흐르며 잠시 암전)

– 이영준, 〈마술 걸린 등산화〉 –

제 6 장

평론의 이론과 실제

시인에 등단하고 얼마간의 세월이 흐르고 인지도를 얻었다고 자부하면 많은 시인들이 평론으로 등단하지 않았어도 타인의 시를 해설하거나 감상문을 쓰거나 시평도 하는 것을 쉽게 볼 수 있다. 사실 타인의 작품을 논한다는 것이 여간 어려운 일이 아니다. 필자가 평론에 등단한 것은 1990년이다. 하지만 논문을 쓰고 책은 내면서도 타인의 작품을 논한다는 것은 언제나 조심스럽다. 특히 현존 작가들의 작품을 논하기는 더 어렵다. 그것은 필자 또한 작품을 쓰는 입장이기 때문이기도 하다. 그래서 본서를 쓰면서 평론의 이론을 다시 점검해 보았다. 어느 분야든 이론을 제대로 익히고 알면 작품을 보다 바르게 쓰고 읽어낼 수 있을 것이기 때문이다.

1) 평론(비평)의 정의

문학작품이나 예술 및 문화일반에 대하여 전문적인 지식을 갖고 이를 분석하여 평가한 글을 평론 혹은 비평이라고 말한다. 사실 남이 이루어 놓은 작품에 대하여 이러쿵저러쿵 하며 공식적인 글로 표현한다는 것은 어려운 일이다. 그렇기 때문에 그 대상에 대한 전문적인 지식이나 상당한 식견을 가져야할 뿐만 아니라 그 대상을 정확하게 파악하고 이해하는 건전한 비평 정신을 필요로 한다.

비평문에서 삼가야 할 것은 그 개인에 대한 인신공격성이 있는 글을 쓴다든지, 실수를 부각시키기 위한 글을 의도적으로 쓴다든지 또는 저속한 언어 표현은 하지 않아야 한다.

2) 평론의 기준

평가에 대한 큰 틀은 유사하겠지만, 전문 분야에 따라 그 평가 기준은 다르게 표현될 것이다. 그래서 여기서는 시문학작품을 중심으로 기술하고자 한다.

(1) 진실성

작품에서 나타내고자 하는 중심 사상이나 표현된 내용들, 또는 세상을 보는 관점들에 대한 작자의 태도 등에 대한 진실성 여부를 평가한다.

(2) 효용성

그 작품이 독자에게 어느 정도 어떤 영향을 미치느냐에 대해 따져봐야 한다. 문학은 독자에게 즐거움과 더불어 교훈을 주어야 한다. 그것이 문학의 효용성으로 평가의 기준이 된다.

(3) 독창성

독창성은 예술, 문화, 어느 분야에서나 적용되고 중요한 요소로서 평가의 척도가 되기도 한다. 곧 새롭고 참신한 요소가 있는가. 그만의 개성적인 면모를 드러내고 있는가를 평가의 기준으로 삼는다. 여기에는 소재의 독창성, 시각의 독창성, 표현의 독창성으로 나누어 평을 한다.

(4) 통일성과 일관성

부분 부분이 연결되어 하나의 덩어리로 이루어진 작품 전체가 통일을 이루면서 일관되게 서술되고 표현되었는가를 살펴본다.

시조의 경우는 정형시인 만큼 그 형식을 따져봐야 한다. 정격인가 변격인가 아님 파격인가를 먼저 구분해야 한다. 엇시조와 사설시조인 경우는 변형의 규정에 따라서 제대로 지켜졌는가도 언급되고 제시되어야 한다. 그리고 종장의 처리는 바르게 되었는지도 살펴서 냉정하게 작품 평가를 해야 한다. 그런 연후에 ①·②·③·④번을 작품에 따라 적절히 다루어야 한다.

3) 평론의 기능

평론은 작품에 내재된 민족성과 시대성, 그리고 사회적 변화에 따라 상황에 대처하는 작가의 창작 정신과 인생관, 철학관, 그의 사상, 감정 등 다방면에 걸쳐 일단 작품을 분석한다. 그리고 일차적으로 분석 결과 얻은 그 의미를 밝히고 그 가치와 효용성을 제시하는 기능을 한다. 이차적으로는 책의 내용을 독자에게 해설하며 평가를 전달하는 기능을 한다.

Hudson William Henry(1841-1922)는 "비평의 중요한 기능은 작가에게 자극을 주기 위해 계발된 것으로, 해석과 비판이라는 두 기능이 있다"[71]고 했다. 여기에 의하면 작품의 해석이 첫째이고 비평은 이차적인 문제이다. 작품에 대한 올바른 이해가 첫째이다. 그 토대 위에서 올바른 비평이 나올 수 있기 때문이다. T.S.Eliot는 『비평의 한계』에서 비평의 기능을 '예술작품의 설명과 취미의 교정(矯正)'이라 하여, 문학비평의 기본적 기능을 '작품이해와 향수'에 있다고 했다.

비평의 과정은

① 작품 내용을 해설하고 해석하여 독자의 이해를 돕는다. 그래서 신작이 나오면 그 작품에 대한 전문가의 해설을 덧붙이는 것도 독자에게는 상당히 도움이 된다.
② 위의 해설에 대한 토대 위에서 작품을 판단하고 해석을 전개하여 작가로 하여금 각성의 계기가 되고 자기 작품에 대한 책임의식을 느끼게 된다.
③ 비평의 최후 단계는 평가이다. 평가의 과정은 작품의 비교와 분석이다. 곧 〈해석〉 → 〈이해〉 → 〈감상〉 → 〈비교〉 → 〈분석〉 → 〈평가의 과정〉이다.

4) 평론의 작성 요령

평론도 일종의 논문에 해당한다. 왜냐하면 그 과정에서 유사점이 많다. ① 주제가 설정되고, ② 재료의 조사 및 정리, ③ 개요 작성, ④ 구성과 형식 등이 유사하다.

다만 다른 점이라면 ① 논문이 연구 결과에 주력한다면, 평론문은 결과에 대한 가치의 평가에 주력하고 ② 논문이 참고문헌은 물론 하나하나 주석을 세미한 것까지도 달아야 하는 것에 비해 평론은 참고문헌이나 주석을 달 필요가 없다는 점이다.

71) W.H. Hudson, An Introduction to the Study of Literature(London, 1958) p.266.

다음에서 평론의 작성 요령을 알아보자.

① 좋은 주제를 선정해야 한다. 좋은 주제가 저절로 나오는 것이 아니라는 것은 누구나 다 알고 있을 것이다. 내가 관심을 가진 분야에서 꾸준히 책을 읽고 관찰해보면 그에 대한 나의 의견이 생기고, 나의 목소리가 나오고, 쓰고자 하는 낱말, 주제가 떠오른다. 그것은 나의 머리에서 탄생된 개성적인 주제가 된다. 이러한 개성 있는 주제는 좋은 주제가 될 수 있다.

② 주제가 정해졌으면 그와 관련한 자료를 논문을 작성할 때처럼 광범위하게 수집해야 한다. 그 주제에 대한 현재까지의 연구나 평가를 섭렵한 후 새로운 관점에서 접근하고 독자적인 평가가 이루어져야 한다.

③ 개요를 작성해 둔다. 그 시기는 주제선정에서 자료 정리까지 끝난 시점에서 나의 관점이 분명히 섰다고 인정될 때쯤 작성해 두는 것이 좋다.

④ 평론도 논문의 일종인 동시에 논술의 일종이다. 그래서 그 체제는 서론, 본론, 결론의 문장 구성 형식을 취한다. 서두에서는 이 글의 목적과 범위를 밝힌다. 본문에서는 논의의 근거를 제시하고, 기존의 성과에 대한 비판도 곁들이면서, 작품에 대한 분석과 논의를 일관성 있게 전개한다.

⑤ 정확하고 절제된 객관적인 문장이어야 한다. 여기서 정확하다는 것은 문법적으로 맞는 문장을 말한다. 절제된 문장이란 군더더기가 없는 깔끔한 문장을 의미한다. 객관적인 문장이란 주관적인 감상이나 자기 견해에 빠져서는 안 된다는 것이다. 평론의 문장도 논술이나 논문과 마찬가지로 객관성을 유지해야 한다.

⑥ 평론은 어디까지나 그 최종 목적은 대상에 대한 가치 평가에 있다. 대상의 가치를 올바로 평가하기 위해서는 평가의 기준에 준하여야 한다.

5) 현대 비평(평론)의 유형[72)]

(1) 정신분석적 비평(Psycho−analysis criticism)

이것은 작가의 창작심리나 작품내용을 정신분석적인 방법으로 비평하는 것이다. 심층심리에서 바라보는 무의식의 흐름(stream of unconsciousness), 리비도(libido), 콤플렉스(complex), 아니마(Anima), 아니무스(Animus), 페르소나(Persona) 등, 정신분석으로서 문학 작품을 분석 연구하여 비평하는 것이다.

72) 대백과 사전 및 이기반·김남석, 『문학개론』 교학연구사, 1983(1995) pp.436 442 참조.

프로이드는 무의식을 인간 심리의 본질로 보고, 심리현상의 동인(動因)이 성욕(性慾)에 있다고 보았다. 그래서 히스테리를 일으키는 것이라든지 신경성에서 오는 이상적인 현상을 성욕과 의식과의 알력에서 일어나는 것으로 간주했다.

아들러(A. Adler)는 이와는 달리 〈힘에의 의지〉를 인간 활동의 중요한 요인으로 인식하고, 리비도가 아닌 인간의 이기적인 요소를 심리현상의 동인으로 보았다. 우월감에 대립하는 열등감의 상극적인 현상에서 히스테리나 신경질환이 일어난다고 했다.

C.G. Jung은 무의식을 중요시하여, 인류 공동의 집단 무의식을 인정하며 사회적 자아인 페르소나, 남성의 내면에 자리 잡고 있는 여성적인 인격의 총체인 아니마, 여성의 마음속에 있는 남성성인 아니무스를 학적인 전문 용어로 발전시켰다. 이러한 정신분석으로 비평을 시도한 사람은 A. Mordell과 H. Read이다.

A. Mordell은 프로이드의 오디프스 콤플렉스로 Stendhal과 Shelley의 창작 심리를 분석했고, H. Read는 영국에서 처음으로 정신분석학을 비평에 접목시켰다. 또 F.C. Rrescott는 『The Poetic Mind』를 써 미국에서 처음으로 정신분석적 비평이론을 도입했다.

프랑스의 물리학 교수였던 G. Bachelard(1884-1962)는 철학으로 길을 바꾸어 소르본느 대학에서 강의하면서 『과학정신형성(1938)』, 『부정의 철학(1940)』의 비판적 합리주의적 의식론을 시도했다. 이어 그는 『물과 꿈(1940)』, 『공기의 꿈(1942)』, 『흙과 휴식의 몽상(1946)』등 일련의 상상력에 의한 형이상학을 발표했다. 이들 발표는 시적 감각에 충만한 정신분석적인 방법으로서 흙, 물, 바람, 불에 대한 근원적인 이미지의 분석으로 몽상이라는 진실을 구명하여 평가한 것이다. 몽상은 미래로 향하는 새로운 세계의 창조로서 고차원적 현실세계이다. 연이어 그는 시의 존재론을 그리며 『공간의 시학(1960)』, 『촛불의 시학(1961)』을 발표하여 현대 시 분석 이론의 새로운 장을 열었다.

(2) 창조적 비평(Creative criticism)

비평가의 독창성을 작품의 비평에 전개시키는 것으로 일종의 문학관을 비평에 주입시키는 방법이다. Oscar Wilde(1854-1900) 의 저서 『The picture of Dorian Grag』의 서문에서 "최고 비평가는 모든 예술 작품뿐 아니라 아름다움을 비평하는 것" 이라 했다.

T.S. Eliot의 고전주의에 대항하여 주관적 낭만주의를 주장한 Murray는 '비평가의

역할이란 자기 앞에 있는 작품에 대해 자기의 견해를 밝혀 자신을 표현하는 일'이라 하여 창조적 비평의 성격을 밝혔다. 그는 개성의 완성은 이성과 형식의 조화에서 구했으며, 시와 산문은 명백한 어휘, 엄밀한 사유, 단정한 기법, 견고한 구성에서 찾았다. 그것은 음악과 건축의 조화를 상기시킨다. 이러한 문학적 태도에서 그는 비평에 철학을 접목시켜 작품의 이해와 음미를 통한, 창조적 비평을 정립했다.

(3) 철학적 비평

철학적 비평은 인간과 세계, 그 모두가 비평의 대상으로 자신을 인간과 세계 속에 투사하여 세계역사에 창조적으로 가담하고 탐구하려는 이념을 실천하는데 그 목적을 두고 있다. 이것은 프랑스를 중심으로 P. Valery(1871-1945)의 비평론에 근거를 두고 있다. 문학비평의 방향을 철학으로 연장시켰다.

(4) 신비평(New Criticism)

신비평(New Criticism)은 제1차 세계대전 이후에 생겨난 비평이론의 하나이다. 예술작품의 내재적 가치를 강조하고 독립적인 의미단위로서의 개별 작품에 관심의 초점을 맞춘다. 따라서 작품 해석에서 역사적이고 전기적인 자료는 이용하지 않을 뿐더러 이들을 자료로 하는 역사비평을 거부한다.

신비평에서 사용되는 가장 기초적인 방법은 꼼꼼하고 분석적인 텍스트 읽기이다. 이것은 아리스토텔레스의 ≪시학 Poetics≫만큼이나 오래된 기법이다. 그러나 신비평가들은 이 방법을 더욱 세련되게 발전시켰다. 이러한 전통에서 선구적인 작품으로는 영국의 비평가인 I.A. Richards의 『문학비평의 원칙 The Principles of Literary Criticism』(1924)과 William Empson(1906-1984)의 『애매성의 7가지 유형 Seven Types of Ambiguity』(1930)이 있다. 그러나 이 운동이 이름을 갖게 된 것은 문학에 대해 기본적으로 언어학적인 접근의 원칙들을 모호하게나마 체계화한 작품은 John Crowe Ransom(1888-1974)의 『신비평 The New Criticism』(1941)이 나오면서이다. 신비평가들에게 시는 특별한 유형의 이야기, 즉 어떤 다른 언어로도 표현할 수 없는 느낌과 사고를 전달하는 수단이다. 시는 과학이나 철학의 언어와는 질적으로 다르지만 똑같이 타당한 의미를 전달한다. 그리하여 신비평가들은 작품에서 말의 함축적·연상적 의미와 비유적 언어의 다양한 기능인 상징·은유·이미지를 특별히 강조하면서 꼼꼼한 독서의 기법을 이용하여 시적 사고와 언어의 특징을 명확하게 밝히고자 한다. 시어는 과학언어와 구별한다. 실제비평(practical criticism)에서 작품분석을 중심으로 단어상호간의 관계 및 세부적인 그 의미까지도 파악하고 시어의 애매성, 이미지, 행간과 연간 및 그 전체의 관련성을 파악하여 분석 평가한다.

한국의 경우 일제의 강압에 의해 프롤레타리아 문학이 물러가고 모더니즘 문학이 본격화되던 1930년대 후반에 신비평 경향의 비평가들이 등장했다. 최재서와 김기림이 그들인데, 리처즈·흄·리드의 이론을 바탕으로 문학의 독자성을 강조했다. 그러나 이들은 문학을 객관적으로 이해할 것을 강조하면서도 형식이나 언어의 문제에만 집착하지는 않았다. 그런 점에서 본격적인 의미에서의 신비평의 대두는 1950년대 이후이다.

김용권·백철 등에 의해 영미의 신비평이 소개되면서 한국에서도 신비평에 입각한 비평작업이 활발하게 이루어졌다, 이 비평론은 1960년대에 구조주의가 들어오기 전까지 문학 비평계에 커다란 영향을 미쳤다. 이 계열의 중요한 비평가로는 백철·송욱·김종길·이상섭·문덕수 등이 있다. 영미의 경우와 마찬가지로 한국의 신비평도 주로 시를 중심으로 전개되었으며, 그 결과 시의 형식, 언어 조직, 운율, 비유, 문체 등의 분야에서 문학이론의 발전에 크게 이바지했다. 1960년대 이후에도 여전히 나름대로의 영향력을 행사하면서, 한국 비평계의 하나의 흐름을 형성하고 있다. 그러나 신비평이 보여주는 형식주의적이고 탈현실적인 경향은 커다란 한계로 지적된다.

(5) 구조주의 비평(structural criticism)

20세기 중엽, 미국에서 구조언어학을 강조하면서부터 문학작품의 비평도 형태 분석을 먼저하고 사상연구를 하게 되었다. 다분히 과학성에 입각한 방법으로 신비평의 결함을 극복하는 것이 목적이었다. 그 특징은 작품의 역사성을 무시하고 작품의 현실에 입각하여 작품의 존재 이유를 그 구조면에서 찾았다. 곧 시의 존재는 사상보다 '구조성'에 있다고 보았다. 1960년대에는 프랑스에서 유행했다.

1950년대 프랑스에서 인류학자 클로드 레비스트로스(Claude Levi-Strauss)와 문학비평가 롤랑 바르트(Roland Barthes)의 저작을 통해 선보인 지적 운동의 하나로 1960년대에 번성한 구조주의는 언어의 과학인 구조적에 근거를 둔 문학 분석 연구 방법이다. 구조주의는 문학 작품 뿐만 아니라 사회적 행위와 의사소통의 모든 형식에서 의미를 획득하는 방법에 관한 과학적 견해를 제공해 준다.

구조주의의 뿌리는 스위스 언어학자 소쉬르의 사상에 두고 있다. 소쉬르는 언어연구의 현대적 방법론을 개척한 핵심인물이다. 언어구조에 대한 소쉬르의 생각은 세 가지로 간추릴 수 있다.

첫째, 우리가 말에 부여하는 의미는 순전히 자의적이며, 의미를 이끌어가는 것은 관습이다.

둘째, 단어들의 의미는 서로 밀접한 관계를 맺고 있다.

셋째, 언어란 우리의 세계를 구성하는 것이며, 단순히 그것에 이름을 붙이거나 기록하는 것이 아니다.

소쉬르는 언어가 자의적이고 주변 단어들과 밀접한 관련을 맺고 있으며 우리의 세계를 구성하는 데 커다란 영향을 미치고 있는가를 강조했으며, 이러한 언어관은 구조주의자들에게 이어졌다. 모든 구조주의적 방법론은 텍스트 안에 작동하는 의미 생성 체계를 드러내려 한다. 방법론이 무엇이든 구조주의는 텍스트의 실제 내용보다는 형식과 구조를 강조한다. 구조주의자들은 텍스트 자체 안에서보다 텍스트들 저변에 있는 규칙의 지배를 받는 체계에 더 관심을 가진다. 텍스트가 무엇을 의미하는가보다는 텍스트가 어떻게 의미를 가지게 되는가가 이들의 주요 관심사이다.

(6) 역사주의 비평(historical criticism)

역사비평이 하나의 방법론으로 정립된 것은 19세기 프랑스의 문학사가이며 비평가인 생트뵈브(Sainte Beuve, 1804-1869)에 의해서이다. 한 작품을 역사적 사건으로 취급하는 데에서 문학 연구의 역사적 방법은 시작된다. 아리스토텔레스가 시를 논하면서 비극과 희극의 기원을 전통적 관습에다 둔 것은 문학의 역사적 접근을 최초로 시도한 예라고 할 수 있다.

생트뵈브는 '문학의 박물학을 설정하려는 것이 나의 의도'라고 하면서 그 시대의 특징인 과학의 인과율에 맞추어 그 나무에 그 열매(tel arbre, tel fruit) 라고 말하며 역사 중에서도 개인의 역사, 즉 전기를 이용하여 문학적 현상에 활용하려 했다.

생트뵈브의 제자인 이뽈릿 테느(1828-1893)는 문학비평의 주요기준으로 인종(race), 환경(milieu), 시대(moment) 를 들었다. 곧 종족은 개인이 세상에 태어날 때부터 가지고 오는 선천적이고 유전적인 기질로서 각 민족마다 고유의 문학적 특성을 갖게 된다는 것이다. 그리고 환경은 환경에 의해 한 인간의 성격이 결정될 수 있으며 문학작품의 경우도 마찬가지라는 논리이다. 시기 또한 종족과 환경이 이미 생산해 낸 작품이 또 다시 나음 작품에 기여하게 되는데 이 시기에 따라 낚겨지는 표적도 달라지며 전체의 인상도 달라진다는 것이다. 이것은 곧 민족적 성격, 사회적 환경, 역사적 시기를 의미하는 것으로 작품 이해에 필요한 자료들인 동시에 작품을 분석하고 비평하는데 결정적인 요인이 된다는 것이다. 그래서 이를 '환경결정론'의 3가지 요소라 부른다.

미국의 교육자이며 비평가인 William Morton Payne(1858-1919)는 Taine의 환경결절론(環境決定論)의 업적을 재인식하였으며 Edmond Wilson(1895-?)이 1940년 「역사적 비평」이란 강연을 한 것을 계기로 활기를 띠었다. 역사주의 비평은 원문의 전래 및 출처의 신빙성에 대한 문제, 고어 혹은 폐어의 문제, 자료의 출처와 문학상 차용·표절의 문제, 작가의 생애와 작품의 관계에 대한 문제들을 다룬다. 모든 작품은 역사의 산물이며 시대의 산물로서 그 성격을 한정할 수 있다는 입장에서 역사적인 세계관으로 작품을 분석하고, 해석하고, 이해한다.

제 7 장

비교문학의 이론과 실제[72)]

1. 비교문학의 정의

국적이 다른 나라의 작품을 비교·분석하는 문학 연구이다. 제각기 자신의 문학을 다른 나라의 문학과 견주어 연구하려는 태도는 18세기 후반부터 싹트기 시작했다. 이러한 태도가 독일에서[74)] 발원하여 프랑스를 거치면서 보다 구체화되고 그 방법도 다양화되어 차차 영국과 미국으로 파급되어 문학 연구의 중요한 분야로 이제 정착되었다.

19세기 낭만주의시대 이후 유럽 문학의 상호관련이 더욱 복잡화·긴밀화되면서 단일한 국민 문학적 연구체제로는 문학의 여러 가지 현상을 전체적으로 밝힐 수 없게 되자, 문학의 상호연관을 찾기 위해 프랑스를 중심으로 시작되었다. 20세기에 들어서 국제간의 문화교류가 활발해짐에 따라 이론적으로 발전하고 영역을 확장하여 지금은 서구에서 주목받는 문학연구 분야로서 활발히 논의되고 있다.

21세기는 새로운 변화의 흐름을 만들어내고 있다. 국경의 의미는 날로 희미해지고, 여러 인종과 문화와 역사는 점점 더 가까이 다가오고 있다. 이제 자기만의 고립된 영토를 고수하던 문학과 여러 학문들, 예술장르들 사이에 서있던 오래된 벽도 더 이상 견고하지 않다. 고급문화와 대중문화 사이에도 새로운 접합의 실험들이 시도되고 있다. 이질적인 것들과의 만남을 통해 고유한 것도 보다 고양되고 풍요로운 주체로 변

73) 이창룡, 비교문학의 이론, 일지사. 1990. 윤호병, 비교문학, 민음사. 2000 등을 참고하기 바라며 여기서는 간단히 그 기본적인 소개만 하고자 한다.

74) 〈에커만과의 대화〉에서 세계문학이라는 개념을 주창한 괴테의 경우

화시킨다.

비교문학은 한국문학과 외국문학, 외국문학 間 그리고 문학과 다른 예술장르와의 비교·대조연구를 통하여 그 영향과 수용 관계를 이해할 수 있다. 나아가 한국문학의 정체성의 확인 및 발전을 도모하는 데 크게 기여할 수 있다. 작가간의 영향관계 내지 작품 간의 수용 관계를 연구해 보면 작가들이 얼마만큼 영향을 받고 있는지를 알 수 있다. 그 예로 한용운은 타고르의 영향을 많이 받았음을 두 작품[75]을 읽어보면 훤히 알 수 있고, 이문열은 헤르만 헷세의 영향을 받고 있음을 영향관계에 있는 작품[76]들을 함께 읽어보면 쉽게 알 수 있다. 이렇게 국적이 다른 나라의 작품을 비교·분석하는 문학 연구 분야가 비교문학이다.

2. 연구방법과 영역

그 연구 방법은 각 나라의 작가, 작품의 상호 영향관계를 비교·분석하는 것이다. 구체적으로 문학에 있어 어떤 영향들이 받아들여지거나 거부되었고 그 영향들이 얼마만큼 성공을 거두었는지를 밝힌다. 이를 각 분야별로 나누어 보면,

첫째, 각 장르가 어떻게 발전·전파되었는지를 연구하는 문학형식 연구.

둘째, 문학의 소재가 되는 인간형과 전통의 문제를 다루는 제재 연구.

셋째, 작가의 사상과 철학, 또는 한 시대, 한 지역의 사조 등이 어떻게 전파되고 영향을 주었는지를 살펴보는 사상 및 감정의 영향 연구.

넷째, 한 나라 국민문학에 미치는 세계적 작가의 영향관계를 비교·검토하는 작가 연구 등이 있다.

이중 가장 중요한 것은 작가 연구이다. 그 이유는 한 작가로부터 비롯되는 여러 문제들 속에 형식·제재·사상의 연구가 집중적으로 포괄될 수 있기 때문이다. 1950년 이후 단순히 국가 간의 문학 영향관계뿐만 아니라 문학과 인접학문의 영향관계 곧 예술·철학·역사·사회과학·자연과학·종교 등에까지 관심영역을 확장했다. 문학이 단순히 자체 내의 영향뿐만 아니라 지식과 사고체계가 다른 여러 학문의 영향까지 받는 것으로 보고 단일한 비교체계로부터 사고체계의 전반적 영향관계에까지 연구 분야를 넓힌 것이다. 특히 문학과 기타 예술과의 관계는 1970, 1980년대 비교문학 연구

75) 타고르의 시집 〈원정〉과 한용운의 시집 〈님의 침묵〉

76) 헤르만 헷세의 〈데미안〉과 이문열의 〈우리들의 일그러진 영웅〉

의 중심을 이루고 있다.

한국에서는 1950년대 문학연구가들에 의해 비교문학이론이 받아들여지고, 1959년 한국비교문학회가 결성된 이후 상당한 연구 성과를 이루어냈다. 연구 분야는 주로 고전문학과 현대문학의 두 영역으로 나누어 고전문학 분야에서는 동양문화권 내에서 중국·인도 문학과의 영향관계를 다루고 있고, 현대문학 분야에서는 세계문학과의 교류라는 측면에서 근대적 유럽 문학, 영미문학, 일본문학과의 영향관계를 다루고 있다.[77]

3. 비교문학의 형성과정

르네 웰렉은 「비교문학의 이름과 성질」에서 '비교문학은 논쟁상의 학문이며 개념'이라고 하며 용어상의 애매성을 지적하였다. 그는 비교와 문학이란 두 개의 단어가 복합적으로 사용하는데 문제가 있다고 했다. 곧 각각 개별적으로 사용하면 문제될 것이 없다는 것이다.

비교문학이란 복합용어가 처음 등장한 것은 1848년 아놀드의 私信에서 발견되었고, 그 이전 1598년 신학자 프란시스 미어스(Francis Meres, 1565-1647)가 간행한 「영시와 그리스, 라틴, 이태리 시의 비교 강의」[78]에서 문학을 비교 연구한 것을 볼 수 있다. 그러나 비교문학의 이론이나 방법을 최초로 시도한 것으로 평가되는 것은 포스네트(Hutcheson Macaulay Posnett, 1855-1927)의 「Comparative Literature」(1886)이다. 그 후 지포드의 비교문학이 간행되기까지 영국에서의 비교문학 특징은 비평방법으로서의 비교연구가 중시되었다.

프랑스에서 비교문학 용어가 처음으로 등장한 것은 1816년 노엘과 라쁠라스가 공동 편집한「비교문학강의」였다. 그 후 1931년 방 띠겜이 「비교문학」[79]을 출간했다.

독일에서는 괴테가 1795년 「비교해부학」이라는 용어를 사용했고, 슐레겔이 1803년 비교 문법학을 출간했다. 그 후 1854년 뮌헨대학 교수 카리에르가 「시의 본질과

77) 대백과 사전 참조

78) Francis Meres, 「Comparative Discourse of our English Poets with the Greek, Latin and Italian Poets」,Author of Palladis Tamia: Wits Treasury(1598):As Greece had three poets of great antiquity, Orpheus, Linus and Musaeus, and Italy other three ancient poets, Livius Andronicus, Ennius &Plautus, so hath England three ancient poets, Chaucer, Gower and Lydgate. As Homer is reputed the prince of Greek poets, and Petrarch of Italian poets, so Chaucer is accounted the god of English poets.

79) 이창룡, 비교문학이론, 일지사. p.14 이하 참조

형식」에서 비교문학사라는 용어를 사용한 것이 문학연구에서는 최초로 한 용례라고 본다. 독일에서 비교문학에 대한 결실을 본 것은 1887년 막스 코어에 의한 「비교문학사잡지」이다. 이 책 서문에서 그는 독일에서의 비교문학의 전환점을 지적하였다.

이 같이 비교문학이란 용어 하나가 성립되는 것도 나라마다 그 과정이 다르고 시기 또한 다르다. 비교라는 낱말이 나온 후 비교문학이란 문학연구 분야로서의 용어가 나온 것을 볼 수 있다. 대체로 1828년부터 1854년 사이에 그 명칭이 정착된 것으로 본다.[80)]

4. 비교문학자의 조건

비교문학 전공자로서 무엇보다 비교 연구하고자 하는 언어에 능통해야 한다. 그리고 비교문학자로서의 임무를 수행하기 위해서는 그에 따르는 완전한 조건을 갖추어야 한다. 방 띠겜은 그 조건으로서 '수개 국어에 통하고 여러 나라 문학에 대한 역사가가 되어야 한다.'고 하였으며, 귀아르(M. F. Guyard)는 이를 세분화시켜 발표하기도 했다. 그에 따르면 첫째, 비교문학자는 문학에 대한 역사가가 되어야 한다. 그는 자신이 조사하고 있는 문학적 사실을 바르게 사회 속에 자리 잡게 하기 위하여 일반 역사에 대하여서도 깊은 교양을 가지지 않으면 안 된다고 하였다. 둘째, 비교문학자는 문학적 관계에 대한 역사가이기 때문에 가급적 널리 몇 개 나라의 문학에 대하여 알아야 한다.

셋째, 비교문학자는 원어로 연구하고자 하는 나라의 문학을 읽을 수 있어야 한다. 그것은 원전과 번역 사이에 존재하는 차이점을 알고 평가할 수 있어야 하기 때문이다.

넷째, 비교문학자는 제목의 서지를 조립하는 방법을 알아야 한다. 그것은 문헌학적 방법을 사용하여 실증적으로 연구를 진행해야 되기 때문이다. 문헌을 정리하고 연대와 작가 작품의 사회적 배경의 조사, 목록, 색인의 제작 등 서지학적 조사를 끝낸 다음 분석하고 판단을 내려야 되기 때문이다.

한국에서는 김병철의 「한국근대번역문학연구」(1975)와 「서양문학번역논저연표」(1978), 「한국근대서양문학이입사」(1980)등이 계속 발간되어 한국최초의 서지목록이 되었다. 그 후 김봉희의 「근대 인쇄문화의 도입과 발전 과정에 관한 연구」(2002)가 서지학의 큰 획을 그었다.

---

80) 이창룡, 비교문학이론, 일지사. p.14 이하 참조

5. 비교문학의 실제

우리나라는 조선조까지 주로 중국문학의 영향을 받아온 것은 잘 알고 있는 사실이다. 그러나 갑오경장 후 개화의 물결을 타고 구미 문학이 일본을 통하여 유입된 것을 볼 수 있다.

괴테가 우리나라에 이입된 것은 「청춘」 제14호(1918. 6. 16)에 양국여가 〈타산의 생〉에서 처음 소개된 이후, 1930년대에 들면서 독일문학 전공자에 의해 본격적으로 「베르테르의 슬픔」, 「파우스트」 등이 번역 소개되었다. 이렇게 꾸준히 번역, 소개된 괴테의 작품은 독자의 서정에 많은 영향을 주었다. 전자는 편지글이나 서간문 형태의 소설에, 후자는 희곡과 극시 형태에 많은 영향을 주었다.

정한모는 〈효석 문학에 나타난 외국문학의 영향〉[81]에서 이효석은 러시아의 작가 체홉에게서 영향을 받았음을 말했다. 그 스스로도 역시 체홉의 작품을 가장 많이 읽었다고 했다.[82] 그는 체홉의 단편집을 읽으며 문학에 눈을 떴다고 한다, 그래서 그는 체홉(Chekhov, Anton Pavlovich1.860-1904)과 맨스필드(Mansfield, Katherine.1888-1923)에게서 문학적 분위기와 단편소설의 구성과 기술, 그리고 자연과 배경묘사에서는 시적 정서와 그 정서로 인한 성격의 내면적 발전을 가져왔고, 아일랜드의 문예부흥을 가져온 싱(Synge,John Millington, 1871-1909)에게서는 사실적인 수법을, 로렌스와 케셀에게서는 성적 본능 처리방법을 차용했음을 밝혔다. 결국 이효석은 서구의 단편소설을 골고루 탐독하고 섭취하여 자신의 소설적 특성으로 창출해낸 것이다. 곧 탐독한 책들이 작가에게는 간접적인 스승이 된 셈이다. 그래서 어떤 경우든 자기에게 적절한 분야를 찾아 읽으면 그것이 스승이 되어 그 길을 밝혀주는 역할을 하는 것을 본다. 그래서 책은 사람이 만들지만 책 속에 길이 있고 책은 길을 밝혀준다고 한다.

육당 최남선도 바이런(Byron, George Gordon, 1788-1824)의 작품 〈대양〉과 테니슨(Tennyson, Alfred, 1809-1892)의 시 〈Break, Break, Break〉의 시를 〈해에게서 소년에게〉에서 차용했음을 이재호는 두 작품의 비교연구를 통해서 구체적으로 밝히고 있다.[83] 춘원 이광수 또한 〈문단생활 30년을 돌아보며〉에서 바이런의 작품을 읽고 감동 받았다고 회고했다.

작가간의 영향관계는 예부터 다반사로 있는 일이며 고려시대는 오히려 그것이 자

81) 문예사조2, 세계출판사.1973.
82) 문장(1940.2), 〈나의 문단 10년기〉에서 말함.
83) 이재호, "육당의 〈해에게서 소년에게〉와 Byron의 〈The Ocean〉과의 비교,"장미화 무궁화, 탐구당.1983. pp.122-129 참조.

연스러운 지식의 한 축으로 用事라 하여 신의(新意)와 함께 시창작 이론에 쌍벽을 이루었다. 용사를 아니 하면 도리어 무식의 소치로 치부되기도 했다.

현대도 초기 작품에서 영향관계에 있는 작가는 많다. 두 작가의 작품을 같이 읽어 보면 처음은 노랄 정도로 비슷한 점을 발견하게 된다. 특히 이문열은 헤르만 헷세의 영향을 받았고, 한용운은 타고르의 영향을 받았다. 심지어 한용운은 시집의 구성 체제도 타고르의 것을 모방했다. 김승현은 T.S Eliot의 영향을 받았고… 이 영향 관계에 있는 시인 작가는 수없이 많다. 그래서 요즈음은 한국 외대를 비롯해 비교문학을 따로 개설하여 대학원 과정에서 협동으로 하고 있는 학교도 있다.

참고문헌 및 자료

강헌규, 김진규, 언어와 사고, 형설출판사, 1998.

구현정, 대화의 기법, 한국문화사, 1997.

김대행, 문학이란 무엇인가.

김욱동, 문학이란 무엇인가, 문예출판사, 1996.

김영철, 현대시론, 건대출판부, 1993.

김숙현 외, 한국인과 문화 간 커뮤니케이션, 커뮤니케이션 북스, 2001.

김중술, 신사랑의 의미, 서울대출판부, 1998.

김　현, 문학이란 무엇인가, 문학과 지성사, 1990.

김희수, 화술의 이론, 전남대 출판부, 1994.

로버트 루트번스타인, 박종성 역, 생각의 탄생, 에코의서재, 2008.

르느웨렉 · 오스틴 워렌 공저, 김병철 역, 문학의 이론, 을유신서 6, 1988.

NEIL CAMPBELL 외 지음, 정정호 외 옮김, 미국문화의 이해, 학문사, 2002.

문예사조2, 세계출판사, 1973.

미하이 칙센트미하이, 이희재 옮김, 몰입의 즐거움, 해냄출판사, 2010.

송태현, 판타지, 살림, 2003.

모티머 J.애들로(외) 민병덕 역, 독서의 기술, 범우사, 1999.

문예사조2, 세계출판사, 1973.

문장, 1940.2

문화관광부 편, 바람직한 통신언어 확립을 위한 기초연구, 문화관광부, 2000.

바바라 민토, 이진원 역, 논리적 글쓰기, 더난출판사, 2005.

백철, 문학개론, 신구문화사, 1972.

스티븐 킹, 김진준 옮김, 유혹하는 글쓰기, 김영사, 2002.

시정수, 문장력 향상의 길잡이, 동광출판사, 1999.

신춘호 외, 문학이란 무엇인가, 집문당, 2003.
서완석, 성공적인 회의법, 예문당, 1998.
성환갑 외, 삶을 함께하는 국어화법, 동인 2002.
손승영 외, 청소년의 일상과 가족, 생각의 나무, 2001.
송태현, 판타지, 살림, 2003.
연문희, 성숙한 부모, 유능한 교사, 양서원, 1996.
유종호, 문학이란 무엇인가. 민음사, 1998.
윤치영, 당신도 화술의 달인이 될 수 있다, 책이 있는 마을, 2002.
원진숙, 논술교육론, 박이정, 1995.
이미나, 흔들리는 중년 두렵지 않다, 한계레신문사, 2001.
이기반 · 김남석, 문학개론, 교학연구사, 1995.
이기철, 시학, 일지사, 1989.
이대규, 독서와 작문의 이론, 신구문화사, 1998.
이문열, 한국문학이란 무엇인가, 민음사, 1995.
이순형, 대학생활과 교양, 서울대출판부, 1992.
이재호, 장미화 무궁화, 탐구당, 1983.
이정자, 글쓰기의 길잡이, 국학자료원, 2005.
이창룡, 비교문학이론, 일지사, 1990.
싸르트르, 정명환 옮김 문학이란 무엇인가, 세계문학전집9, 민음사, 1998.
정태영, 사이버 스페이스 문화읽기, 나남출판, 1997.
고토요시키, 안수경 옮김, 소크라테스처럼 말하라, 사과나무, 2000.
이브 미쇼 외, 강주헌 옮김, 문화란 무엇인가 2, 시공사, 2003.
조지프 캠벨 지음 과학세대 옮김, 신화의 세계 까치, 2009.
존 어데어(John Adair), 박종하 옮김, 창조적 사고의 기술, 청림출판, 2010.
프리먼 다이슨, 신중섭 번역 상상의 세계, 사이언스북스, 2000.
츠베탕 토도로프, 전성자 옮김, 개인의 탄생-서양예술의 이해, 기파랑, 2006.
츠베탕 토도로프, 송덕호 외 조명원 옮김, 담론의 장르, 예림기획, 2004.
츠베탕 토도로프, 이은진 옮김, 일상 예찬, 뿌리와이파리, 2003.
츠베탕 토도로프, 김치수 옮김, 러시아 형식주의, 이대출판부, 1997.
탁낫한, 최수민 옮김, 화anger, 명진출판, 2003.

토니 부잔 지음, 라명화 옮김. 마인드맵 북. 평범사, 1994.

한국어문교육연구소 편, 문장의 이론과 논문작성, 한국문화사, 1995.

한종구 · 이정자, 말과 글, 한올출판사, 2006.

한종구 · 이정자, 사고와 표현, 한올출판사. 2010.

황성근, 미디어 글쓰기, 박이정출판사, 2005.

Jung.C.G, Aion Researches into The Phenomenology of The Self, Princeton University Press. 1975.(1959)

Fromn. Erich, 이용호 역, The Art of Loving, 백조출판사, 1975.

Grice H.P, Logic and Conversation. In P. Cole and J. L. Morgan(eds), Syntax and Semantics. Vol.Ⅲ:Speech Acts. Academics Press, New York. 1975.

Leech G.N, Principles of Pragmatics, Longman, London. 1982.

Lowenthal M.F. Thurnthur, M&Chiribogal, Four stage of Life, San Francisco: Jossy-Bass Publishers. 1975.

W.H.Hudson, An Introduction to the Study of Literature, Lodon, 1958.

기 타 제 자료.

찾아보기

작품

ㅁ

ㅂ

ㅅ

ㅇ

ㅈ

ㅊ

인명(내국인)

인명(외국인)

기타

저자 약력

이 정 자 (李靜子)

- 한국교통대학교 외래교수
- 시인 문학박사. 이화여자대학교, 건국대대학원
- 건국대 교수 역임
- (사) 한국시조문학진흥회 이사장

논저는

- [한국 시가의 아니마 연구] (백문사, 1996)
- [시조문학연구론](국학자료원, 2003)
- [글쓰기의 길잡이](국학자료원, 2005)
- [제정공 이달충 문학](국학자료, 2006)
- [선인들의 길에서 지혜를 배우다]
- [시조 한 수에 역사가 숨순다](학술정보)

그 외 국문학 관련 논저 및 논문 다수

시집 및 시조집

- [가을꽃 여울타고](토방, 1996)
- [기차여행 - 사계의 노래](새미, 2005)
- [시조의 향기](새미, 2007) 그 외

한 종 구

- 한국교통대학교 교수
- 문학박사. 충북대학교 국어교육학과 졸
- 고려대학교 및 충북대학교 대학원
- 충주대학교 문예창작학과장 및 박물관장
- 기획실장, 인문사회예술대 학장 역임

논저는

- [언어와 문학] (한올출판사)
- [대화와 화술] (국학자료원, 2003)
- [글쓰기의 이론과 실제](한올출판사, 2002)
- [말과 글] (한올출판사, 2006)
- [개정 명심보감](한올출판사, 2008)
- [사고와 표현](한올출판사, 2011)

그 외 국문학 관련 논문 다수

문학의 이해

2012년 2월 15일 초판1쇄 발행
2012년 9월 5일 수정1쇄 발행

저 자 이정자 · 한종구
펴낸이 임 순 재
펴낸곳 **한올출판사**
등록 제11-403호
121-849
주 소 서울시 마포구 성산동 133-3 한올빌딩 3층
전 화 (02) 376-4298 (대표)
팩 스 (02) 302-8073
홈페이지 www.hanol.co.kr
e-메 일 hanol@hanol.co.kr
정 가 14,000원

저자와의 협의하에 인지생략

■ ISBN 978 - 89 - 94948 - 50 - 8